JN233048

防災の経済分析

リスクマネジメントの施策と評価

多々納裕一／髙木朗義 編著

勁草書房

まえがき

　1995年1月17日の阪神・淡路大震災から10年の月日が経った。この10年間にも，2000年9月の東海豪雨災害をはじめとして多くの自然災害が発生し続けている。特に，2004年には日本全国各地で台風による洪水・土砂災害が発生するとともに，10月23日には新潟県中越地震が発生，12月26日にはスマトラ島西方沖地震による津波災害が発生し，20万人を超える尊い命が失われ，多大な経済損失が発生している。

　災害は地震や台風などの自然現象を引き金とするが，それが被害を引き起こす過程には人間社会の複雑な営みが介在している。災害リスクに晒される地域への人口・資産の集積やそれらの災害に対する脆弱性，また，地域の災害からの回復力は人的・社会的・経済的資本の損傷状態とその調達可能性（流動性）によって左右される。したがって，災害を単に自然現象としてとらえるのではなく，人間社会の中で発生する社会経済現象としてとらえ，災害発生直後から復興期，さらには平常にいたる災害サイクルの中で発生する社会経済の復興過程を計画論的視点から分析し，次の災害に備えるための災害リスクマネジメント施策として活かしていくことが必要である。

　本書は，大学院修士課程学生やハード系の研究者や技術者の中でリスク評価をやってみたいと思っている方々を読者層としてとりまとめたつもりである。日本には防災に関する研究者や技術者は大変多い。しかし，その中で経済的な視点から防災に関わる問題を分析し，解決方法を見いだしている研究者や技術者はまだまだ一部だと思われる。一方，近年，ハード対策による防災対策には限界があるとの認識が高まっていることや政府の財政難などの問題から，ソフト対策を含めた総合的な防災対策に対して期待が大きくなっている。本書がこのような社会的ニーズに応えるための一助となり，より多くの研究者や技術者が防災対策を経済学的な視点から分析し，より良い防災対策を見いだせるようになることを目指している。

　本書は，基礎編，応用編，展望編という3編から構成されている。

　基礎編では，防災を災害リスクマネジメントとして捉え，その方法や手順

および評価について，理論と実際の両側面から基礎的な項目を整理している．まず初めに第1章では，災害リスクとは何か，またそのマネジメントとは何かについて述べ，次の第2章でその経済評価方法について述べる．その後，第3章から第5章にかけて，災害リスクアセスメント，災害リスクコントロール，災害リスクファイナンスの順に，その方法や手順を述べている．そして最後の第6章で，災害リスクマネジメントを実行していくシステムについて述べている．

応用編では，基礎編で示した災害リスクマネジメントの具体的な方法や手順について，重要なトピックを取り上げて書いている．その内容を少し整理してみると，第7〜8章が災害リスクアセスメント，第9〜14章が災害リスクコントロール，第15〜17章が災害リスクファイナンスとなっている．なお，各章が繋がっているわけではないので，読者のみなさんは興味のある章から読んでいただいてかまわない．また，ここでは以下に挙げるキーワードを意識して構成している．このキーワードを頭の片隅に置いて読んでいただくと，一層理解が深まるのではないだろうか．

- 時間と空間
- 地震と洪水
- 人と物
- 公共と個人
- 事前と事後
- 情報と認知

「どこから読もうか？」を助けるために，応用編の各章の内容を以下に簡単にまとめておきたい．

第7章は，横松・小林モデルを実河川に適用し，リスクプレミアムを考慮した治水対策の経済評価のあり方について紹介している．第8章では，空間的応用一般均衡モデルを援用し，大規模地震により交通施設とライフラインの社会資本が倒壊した場合を想定して，それらの被害を空間的に把握する手法を解説している．第9章では，災害リスクの情報提供が土地利用変化や社会厚生変化に与える効果を明らかにしたうえで，住民のリスク認知のバイアスが情報提供効果に与える影響について分析している．第10章では，家屋の更新の是非や安全性診断情報の利用に関する意思決定の行動メカ

ニズムをモデル化したうえで，家屋の耐震性向上を目的とした補修・改築を促進するための方策について紹介している．第 11 章では，災害脆弱地区の開発が進行しないメカニズムをモデル化し，災害脆弱地区の都市整備促進施策について分析している．第 12 章では，地域間の産業構造に着目して災害による被害の波及構造について分析するとともに，産業構造や人口・産業の集積の程度が防災投資の長期的な効果に与える影響について述べている．第 13 章では，治水施設整備，土地利用規制，洪水保険制度など災害リスクマネジメントに基づいた総合治水対策を立案する際に必要となる流出氾濫・土地利用統合モデルについて紹介している．第 14 章では，システムの運用に際して生じる期待費用に着目し，ライフラインシステムのダンダンシー効果を経済的に評価する方法について紹介している．第 15 章では，災害リスクが局地的現象であることに着目して，災害リスクに直面した地域政府の分権的な防災投資行動が社会全体にとって効率的なリスク配分を達成する可能性について紹介している．第 16 章では，自治体により公的な地震保険が提供されている状況を想定し，地域ごとに異なる地震リスクに応じた保険料率およびカバー率を求めるという自然災害保険の設計に関する実証分析結果を紹介している．第 17 章では，動学マクロ経済モデルを用いた災害復興過程の分析事例を示し，政府の災害後の財政調達施策が家計の行動やマクロ経済の長期的な動学過程に及ぼす影響について述べている．

　展望編では，防災の経済分析に関する今後の研究課題を挙げ，それらの展望について述べている．第 18 章では，多々納，上田，髙木，横松によるブレーンストーミングから出てきたキーワードについて，既往研究や現在の動向を詳しく調査したうえでまとめている．この章を読んでいただき，1 人でも多くの人がそこに記載されている研究課題に取り組んでいただけると幸いである．第 19 章では，社会的集団リスクの視点から防災投資に関する費用便益分析に関する基本的な考え方とその方法論の開発の方向性について，今後の研究展望を述べている．第 20 章は，本書の締めくくりとなる章であるが，岡田先生にお願いしたところ快くお引き受けいただいた．本書の締めくくりにふさわしい内容となっているとともに，岡田先生一流のユニークな整理がなされているので，是非読んで欲しい．

　本書の執筆者は，土木学会土木計画学研究委員会の下に組織された災害リスクマネジメント研究小委員会の研究班（第 I 期主査：小林潔司先生，第 II 期

主査：髙木朗義）および京都大学防災研究所共同研究「防災投資の費用便益分析法の課題と展望」（主査：多々納裕一）を契機として，1999年4月から活動してきた。メンバーの大半は土木計画に席を置く研究者であるが，それ以外にも，河川，保険，経済などさまざまな方面から研究者が集まって，研究を積み重ねてきた。

　基礎編と応用編の各章は，研究会のメンバーが研究グループの活動期間中に研究を行い，発表してきた論文をベースに，内容を整理したり，追加したり，書き直したり，あるいは新たに計算したりして，まとめたものである。もちろん，各章のベースとなっている論文をすべて集めて読めば，本書に書かれている大半の内容はカバーできるだろう。しかし，災害リスクマネジメントに関する研究を始めてみたいと思っている学生，あるいは，防災関連の研究者や技術者が自分の研究に経済評価をとり入れてみたいと思った場合，本書のベースとなっている論文すべてを読むのはかなり大変であろう。本書1冊あれば，災害リスクマネジメントに基づいた総合的な防災対策とはどういうものなのか，それを実行するためにはどうすればよいのかについて，基礎的なことは理解できるだろうし，とりあえず何かやってみることができるのではないかと考えている。ただし，限られたページ数でできるだけ広範囲なことをカバーするために，詳細な証明を各論文にあたることにしている点はご了解いただきたい。その一方でできる限り図表や例題計算を付けてわかりやすく記述したつもりである。

　本書の刊行にあたっては，編者の力不足から刊行時期が大変遅くなり，執筆者の方々にご迷惑をお掛けしたことをまずお詫びしたい。また，岡田先生，小林先生には，本書の一執筆者としてだけでなく，この分野の先陣役としてわれわれ若い（？）研究者を導いていただき，大変感謝している。そして髙木をこの分野に指南いただいた森杉壽芳先生（東北大学）に，この場をお借りして心より感謝することをお許しいただきたい。さらに，編者には名を連ねていないが，上田先生のアドバイスは本書の随所に活かされている。横松先生には3分の1に近い執筆分担だけでなく，編集作業にも多大なるご協力をいただいた。ここに記して感謝の意を表したい。ただし，本書の内容についての責任はすべてそれぞれに執筆した各筆者が負っていることを付記しておく。最後に，勁草書房の宮本詳三氏には出版全体にわたって大変ご尽力いただいた。ここに記して感謝したい。

若い研究者・技術者や学生諸君をはじめとする読者の皆様に防災経済分析に興味を抱いていただき，望むらくは防災経済分析を始めていただくきっかけとなれば望外の喜びである．

　なお，本書の刊行に際しては，財団法人京都大学教育研究振興財団から出版費用の一部を助成して頂いた．ここに記し感謝の意を表するものである．

2005 年 1 月末日

多々納裕一
髙木　朗義

目　次

まえがき

基　礎　編

第1章　災害リスクとそのマネジメント……………………… 小林潔司…… 3
　1. はじめに　3
　2. リスクマネジメントの体系　6
　3. 災害リスクマネジメントの技術　9
　4. 土木構造物の性能設計と維持管理　12
　5. 日本のリスクマネジメントの現状　15
　6. おわりに　16
　　付録　代表的なリスクのとらえ方　17

第2章　カタストロフリスクと経済評価……………………… 横松宗太…… 22
　1. はじめに　22
　2. 伝統的な防災投資の便益評価　24
　3. カタストロフリスクと防災投資の便益評価　29
　4. 動学的資産形成過程と防災投資の便益評価　41
　5. おわりに　46
　　付録　リスクプレミアムの導出　48

第3章　災害リスクのアセスメント：地震リスクの定量化
　……………………………………………………………………… 兼森　孝…… 49
　1. はじめに　49
　2. 地震リスク分析の方法　50
　3. リスク分析結果（リスクカーブ）の活用　68

第4章　災害リスクマネジメント施策の経済評価
　　　　　‥‥‥‥‥‥‥‥‥‥‥‥‥‥‥‥‥‥多々納裕一・髙木朗義‥‥‥ 72
　1. はじめに　72
　2. 静学的な評価方法（空間を考慮しない場合）　73
　3. 静学的な評価方法（空間を考慮する場合）　78
　4. 動学的な評価方法　82
　5. おわりに　87

第5章　リスクファイナンスの役割：災害リスクマネジメントに
　　　　おける市場システムと防災政策‥‥‥‥‥‥‥‥齊藤　誠‥‥‥ 88
　1. はじめに　88
　2. 事後的救済から事前的な措置へ　88
　3. ミチゲーションの重要性　89
　4. 伝統的な再保険市場の仕組み　90
　5. 伝統的な再保険市場の問題点　91
　6. 1990年代の再保険料スイング　92
　7. CATボンドの誕生　93
　8. CATボンドのデメリット　96
　9. CATボンドと再保険市場の補完関係　97
　10. 損失緩和インセンティブと保険　98
　11. 弱いミチゲーションのインセンティブ　99
　12. 政府の再保険キャパシティー　100
　13. 日本の家計向け地震保険制度　101
　14. おわりに　104
　　付録　再保険プログラムの実際　105

第6章　災害リスクのマネジメントシステム‥‥‥‥‥‥中嶋秀嗣‥‥‥ 107
　1. はじめに　107
　2. リスクマネジメントシステム指針　107
　3. 体　制　109
　4. 方　針　110
　5. 計　画　110
　6. 実　施　112

7. 評　価　113
8. 是正・改善　114
9. 最高責任者によるレビュー　114
10. RMS 維持のための仕組み　115
11. おわりに　116

応　用　編

第7章　洪水リスクの経済分析 ………………………… 小林潔司・湧川勝巳 …… 121
1. はじめに　121
2. リスクプレミアムの定義　122
3. 資産の形成過程を考慮した便益評価方法　123
4. ケーススタディ　126
5. 考　察　133

第8章　大規模地震による経済的被害の空間的把握：空間的応用一般均衡モデルによる計量厚生分析 …… 小池淳司・上田孝行 …… 136
1. はじめに　136
2. SCGE モデルの概要　138
3. 企業の行動モデル　138
4. 家計の行動モデル　141
5. 市場均衡条件　143
6. 実証分析例　144
7. おわりに　149

第9章　リスク情報とリスク認知：認知リスクバイアスが存在する状況での土地利用 ………………………… 多々納裕一 …… 151
1. はじめに　151
2. 災害危険度情報の提供と認知リスクの形成　152
3. リスク認知のバイアスを考慮した災害危険度情報の提供効果分析　154
4. 情報提供の効率性評価　160
5. 競争的土地市場を通じた最適土地利用状態の実現可能性に

　　　　関する分析　164
　　6．おわりに　171

第10章　家屋の安全性診断と補修・改築の意思決定………榊原弘之……173
　　1．はじめに　173
　　2．家屋の劣化モデル　174
　　3．家屋所有者の意思決定基準　176

第11章　市街地再生促進施策と経済評価……………上田孝行・髙木朗義……187
　　1．はじめに　187
　　2．モデル作成の要点と既往の関連研究　187
　　3．モ デ ル　188
　　4．都市整備促進施策とその効果　192
　　5．開発タイミングの早期化便益　198
　　6．おわりに　202

第12章　防災投資の地域的波及構造……………………………多々納裕一……204
　　1．はじめに　204
　　2．分析の枠組み　205
　　3．災害リスク下の一般均衡モデル　208
　　4．被害の波及構造に関する分析　215
　　5．防災投資の長期的効果に関する分析　221

第13章　土地利用変化を考慮した防災の経済評価……………髙木朗義……231
　　1．はじめに　231
　　2．評価モデルの構築　232
　　3．総合治水対策を評価するための条件設定　239
　　4．総合治水対策の評価結果と考察　242
　　5．おわりに　246

第14章　ライフラインシステムのリダンダンシーの評価‥谷本圭志……247
　　1．はじめに　247
　　2．基本モデル　249
　　3．分 析 例　252

4. おわりに 256

第15章 多地域経済システムにおける分権的災害リスクマネジメント
………………………………………………………… 横松宗太 …… 258
1. はじめに 258
2. 災害リスクと多地域経済システム 259
3. 分権的災害リスクマネジメントと地域間均衡 261
4. リスクファイナンスと地域間災害リスク配分 266
5. おわりに 273

付録 $x_h^0 = x_s^0, x_h^1 = x_s^1$ の証明 274

第16章 自然災害保険の設計 …………………………… 多々納裕一 …… 276
1. はじめに 276
2. 分析の視点 277
3. 保険構造のモデル化 281
4. ハイブリッドアプローチによる解法モデル 284
5. 対象地域と実証分析 287
6. おわりに 291

第17章 復興政策の経済評価 ……………………………… 横松宗太 …… 293
1. はじめに 293
2. 基本モデルの定式化 295
3. 閉鎖経済と災害復興過程 298
4. 開放経済と災害復興過程 304
5. おわりに 311

展　望　編

第18章 防災経済分析の課題と研究展望 ………… 横松宗太・髙木朗義 …… 315
1. はじめに 315
2. 代替的リスク移転市場 315
3. リスク認知とリスクコミュニケーション 321
4. 災害リスクとアセットマネジメント 325

5. 地域政府と中央政府の役割 328
   6. おわりに 333

第19章 防災施策の社会的規範 ………………… 小林潔司・秀島栄三 …… 334
   1. はじめに 334
   2. 社会的厚生関数の構築可能性 335
   3. 災害リスクの同時評価の不可能性定理 338
   4. 経済効率性に基づいた費用便益分析 339
   5. 費用便益分析の拡張 340
   6. おわりに 341

第20章 災害リスクマネジメントの方法論と経済分析の交差
   ……………………………………………………………… 岡田憲夫 …… 343
   1. はじめに 343
   2. 致命性をどのように扱うのか 343
   3. 生命の自活力として致命性を捉える 344
   4. 都市・地域，コミュニティを診断する 345
   5. 公助，共助，自助とパートナーシップによる防災 347
   6. リスクコミュニケーションにより意思決定にまつわるコスト
      を移転し，軽減する 348
   7. 想定外に及ぶ先見的想像力を喚起し，臨機可変文脈性（contingency）
      を措定する 349
   8. 分析的評価（analytical evaluation）と文脈全体的評価（holistic contextual assessment）との相互補完性に挑戦する 350
   9. 災害リスクマネジメントにおける経済分析のさらなる第一歩
      を目指して 351

参考文献 ……………………………………………………………………………… 352
索　　引 ……………………………………………………………………………… 366

基　礎　編

第1章　災害リスクとそのマネジメント

小林　潔司

1. はじめに

　現在，自然災害リスクマネジメント（以後，他の災害との混乱が生じない限り「災害リスクマネジメント」と略記する）の方法論は，理論と実践の両面において急進的な変革の最中にある。とりわけリスク移転の方法は著しく変化している。最も本質的な変化は，旧来，保険・再保険市場が引き受けていた自然災害リスク（以後「災害リスク」と略記する）を，それより格段に大きな金融市場において分散することが可能になったことである。CATボンド（Catastrophe Bondの略，大災害債券）をはじめとした金融デリバティブの流通に伴って，一地域の災害リスクは投機対象として世界市場で取引されるようになった。このように災害リスクマネジメントの技術革新に努力が傾注されるようになった背景には，80年代以降の災害被害の幾何級数的増大がある（図1.1参照）。

　1980年代後半より，自然災害の発生件数及び保険金支払い額は増加の一途を辿っている。また，保険の普及が発展途上段階にある開発途上国では，被害規模は膨大な死者数に反映されている。近年の世界の自然災害による死者の約85％，被災者の約95％が低所得国に所属するという結果がもたらされている。そのような災害被害の巨大化の主たる原因として，大気や水質の汚染や乱開発による自然破壊が，地球温暖化や異常気象等の災害リスクの巨大化の温床となっている点が指摘されている。また，開発途上国では爆発的な人口の増加やそれに伴う人口の集中が要因となっている。先進国では災害脆弱地域や都市部への人口・資産の集中や，産業の高度化，情報ネットワーク等を通じた相互関係の緊密化等が，災害による社会経済的被害を増幅させ

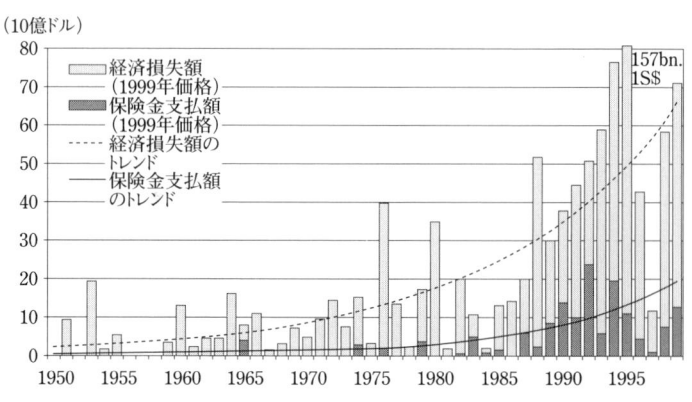

図 1.1　災害被害額の変遷

出典：Munich RE.

ていると考えられる．他方，わが国でもそれらの要因を可能な限り織り込んだ首都圏大震災の被害シミュレーションが盛んに実施されている．例えば東京都の防災会議がまとめた報告書では，東京に 1923 年の関東大震災と同じマグニチュード 7.9 の地震が発生した場合，都内だけで 9,300 人が死亡し，総被害額は 90 兆円から 130 兆円にのぼると試算されている（太田 2001）．

90 年以降の巨大自然災害は，学界においても多くの社会科学者を災害リスクマネジメントの研究に引き付けるようになった．とりわけ Hurricane Andrew（1992 年，アメリカ），Northridge 地震（1994 年，アメリカ）や台風 19 号（1991 年，日本），阪神淡路大震災（1995 年，日本）等における民間保険金支払い額の急激な上昇と，アメリカで発生した保険危機を契機として，災害リスクファイナンスに関する経済学的な研究が急増した．世界的な地震・台風大国であるわが国でも，以前よりハード面の防災技術が着実に発展を続けてきたのに加えて，90 年前後より土木計画学や経済学等の知見を応用したソフト面の災害リスクマネジメントの分野の萌芽と発展を認めることができる．したがって，90 年代以降になって，災害リスクマネジメントの問題に対してようやく土木計画学や経済学の研究者の集中的な関心が払われるようになったといえる．

しかしわが国は，個々の経済主体が，自身が直面するすべてのリスクをシ

ステマチックに管理する方法の開発や実践においてはいまだ発展途上であるといわざるをえない。家計や企業，政府は民間・公共プロジェクトを問わず，あるプロジェクトを遂行しようとする場合，プロジェクトがもたらす個々のリスクを1つ1つヘッジするよりは，さまざまな原因で生じるリスク全体を総合的に管理する方が合理的・経済的である場合が多い。よって災害リスクについても個別に対処するのではなく，自身が直面するリスク全体の中で他のリスクとの相関関係を考慮しながら管理していくことが望ましい。

　元来，リスクマネジメントはアメリカ的管理技術である。多様な人種で構成されるアメリカ社会では，事故の頻度は日本に比べてかなり多い。訴訟が日常化したアメリカ社会では家計や企業（組織）は常にリスクに対する配慮が必要であり，そこからリスクマネジメントの発想が生まれた。これに対して日本社会では個人間・組織間の相互信頼に基づいてリスク管理を行ってきた。個人間の信頼関係をもリスクマネジメントの対象としようとするアングロサクソン的発想に対して違和感を持つ日本人は少なくない。

　一方，日本経済はリスクマネジメントの失敗により不良資産の山を築いた後遺症から，いまだにたち直れていない。日本のリスクマネジメント技術は欧米に対して遅れているといわれる。土木関連業界でもリスクマネジメント技術の遅れを指摘する声は大きい。「リスクマネジメントには違和感がある。しかし，乗り遅れると生き残れないのではないかという不安がある」というのが，多くの日本人のリスクマネジメントに対する素朴な印象であろう。当然のことながら「なぜ，ことさらアメリカ的発想によるリスクマネジメントを行う必要があるのか？」，「日本的発想によるリスクマネジメントの方法はないのか？」という疑問が湧いてこよう。残念ながら著者にはこれらの難問に明快な回答を与える用意はないが，以下では市場のグローバル化に焦点を当てながら，否が応でもアメリカ的リスクマネジメントに対応しなければならない側面について所々で指摘していきたい。本章では災害リスクを含めた総合的なリスクに対応するためのリスクマネジメントの枠組みについてとりまとめるとともに，今後の議論の発展のための問題提起を行うことを目的とする。

2. リスクマネジメントの体系

2.1 リスクマネジメントの国際標準化

　世界経済のグローバル化は，同時にリスクのグローバル化をもたらしている。リスクのグローバル化に対応するため，さまざまなリスクマネジメントが必要になってきた。ISO9000 シリーズの品質保証マネジメント，ISO14000 シリーズの環境保全マネジメント，ISO 化が目前にきている労働安全衛生マネジメント，日本の提案で国際規格化に向けて検討が始まった危機管理システム，すべてリスクマネジメントのためのグローバルスタンダードであるといえる。さらに，リスクマネジメントシステム自体の国際標準化の動きがある。わが国においても，「リスクマネジメントシステム構築のための指針」が 2001 年 3 月に JIS Q 2001 として制定された（詳細は第 6 章を参照してほしい）。リスクマネジメントシステムの特徴は，組織の最高経営者がリスクマネジメントの最終責任者であることを明示的に位置づけるとともに企業・組織が事業活動を展開するに際して，人・もの・環境に与えるリスクを分析評価して，そのリスクを回避するための活動を一定のレベルで実施することを要求している。

2.2 リスクマネジメントの目的

　「リスク」とは，日本人になじみのない言葉である。対応する日本語の言葉が見当たらない。「リスク」という言葉は，分野や対象によってさまざまな使われ方をしており，その定義は曖昧である。例えば，武井（1987）によれば，「リスク」とは，少なくとも，①損失の可能性，②損失の確率，③損失の原因（ペリル），④危険な状態（ハザード），⑤損害や損失にさらされている財産・人，⑥潜在的損失，⑦実際の損失と予想した損失の変動，⑧不確実性という異なった意味を持っているとしている。ここでは，ひとまず人々の安心や行政や企業，組織の活動を攪乱する要因をリスクと呼んでおこう。付録にさまざまなリスクの概念や分類方法の例を示す。将来起こりうる事象や結果は，期待や予想と食い違い変動することが多い。時には利益をもたらしたり，損失をもたらしたりする。リスクマネジメントはリスクのもたらす

悪影響をできる限り少ないコストで抑えようとする行為である。リスクマネジメントの直接的な目的として次の2つがあげられる。第1に，万が一，不幸な事象が発生した時に受けるであろう被害をできるだけ小さくするように準備しておくことである。第2に，被害が生じた時の補償を行う方法や復旧・復興のための資金をあらかじめ用意しておくことである。しかし，その一方でリスクはより大きな飛躍やビジネスのチャンスであることを忘れてはいけない。リスクを恐れていては，新しい試みはできない。リスクマネジメントの最終的な目的は，あらかじめリスクを軽減する方法を用意しておくことにより，より大きなリスクに対してチャレンジすることを可能にする点にある。

2.3　リスクマネジメントの方法

　リスクマネジメントの標準的な分析手順を図1.2に示している。そこでは，「リスク分析」，「リスクアセスメント」，「リスクマネジメント」という概念の相互関係を示している。このような分析手順は，リスクマネジメントの基本的手順として定着してきたものであるが，リスクマネジメントシステムの流れの中の「計画策定」「実施」（詳細は第6章参照）の部分を支える方法論として位置づけることができる。

　個々人が認知しているリスクは，現実のリスクとは大きく異なっている場合が多い。したがって，災害リスクの最初の段階では，自分達や社会がどのような災害リスクに曝されているのか，それらの災害リスクはどの程度の頻度で起こり，一度発生するとどの程度の影響を被るのかを正確に把握することが必要となる。このようなリスク分析と呼ばれる作業は災害リスクにおいて極めて重要なプロセスである。第2段階は，推定した災害リスクが許容できるレベルにあるか否かを評価する。この評価作業まで実施することを通常リスクアセスメントと呼ぶ。

　伝統的なリスクアセスメントでは「リスク」＝「被害の大きさ」×「被害の発生確率」という視点でリスクを把握してきた。この方法では被害の分布の程度を把握することができない。期待被害額を用いた評価法は，小規模な危険事象が独立に多数生起するようなリスクを前提として開発されたものである。このような評価法を巨大性・同時性を有する災害リスクの評価に用いることには限界があろう。災害リスクの巨大性を考慮するためには期待被

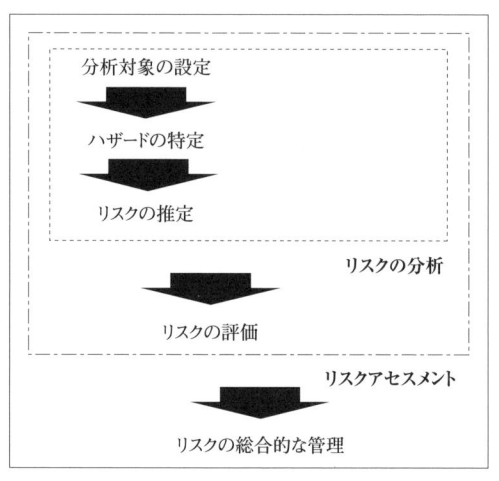

図 1.2 リスクマネジメントの手順

```
┌─────────────────────────────────────┐
│  ┌───────────────────────────────┐  │
│  │      分析対象の設定            │  │
│  │           ▼                   │  │
│  │      ハザードの特定            │  │
│  │           ▼                   │  │
│  │      リスクの推定              │  │
│  │                   リスクの分析 │  │
│  │           ▼                   │  │
│  │      リスクの評価              │  │
│  └───────────────────────────────┘  │
│                      リスクアセスメント │
│              ▼                      │
│      リスクの総合的な管理             │
└─────────────────────────────────────┘
                          リスクマネジメント
```

害額という発想ではなく，VaR（Value at Risk）等の災害リスクの分布を明示的に考慮したような新しい計測技法に基づいたリスクマネジメントシステムの確立が求められる．例えば，VaR は被害額の分布がある確率分布に従うものとし，「被害額の大きい方から 1％の金額がいくらか」というように表現される．

　リスクを評価した結果，そのリスクが許容できなければ，許容リスクレベルへの到達をめざして対応策を講じなければならない．リスクを回避・低減するためにさまざまな手段を講じ，リスクを総合的に管理するというトータルシステムをリスクマネジメントと呼ぶ．

　災害リスクマネジメントシステムを構築するためには，行政・企業・組織の最高責任者が災害リスクマネジメント方針を表明し，自ら状況をレビューし，災害リスク対応レベルを維持・改善するという強いリーダーシップを発揮することが不可欠である．トップの強力なリーダーシップの下に，次節で紹介するリスクコントロールとリスクファイナインスという 2 種類の手段を包括的・総合的に駆使した効果的なマネジメントシステムの確立・維持をめざすことが重要である．しかし，防災意識は時間とともに風化する可能性

が強い．また，リスク技術の急速な発展に対応するためにも，災害リスクマネジメントシステムの継続的な改善を行うことが不可欠である．

3. 災害リスクマネジメントの技術

3.1 リスクコントロールとリスクファイナンス

　リスクマネジメントを実行するための技術は多数存在し，それぞれの技術を適用した時の効果も多様に異なる．リスクマネジメントの技術はリスクコントロール手法とリスクファイナンス手法に分類して整理するのが便利である．リスクコントロールはリスク事象の生起確率ないしリスク発生時の損害規模そのものを減少させる技術であり，リスクファイナンスは災害により生じた被害を社会全体に分散させる技術である．災害リスクマネジメントの技術に着目すると，防災投資は災害の生起確率や被害額を減少させるリスクコントロールである．緊急時における避難・誘導システムや交通・情報・通信システムの管理・運営技術，復旧マネジメント手法も重要なリスクコントロールである．例えば米国の連邦危機管理庁では「時計モデル」と称して，リスクコントロールを時間軸上で4分割して，事前におけるミチゲーション（被害抑止），プリペアドネス（被害軽減），事後におけるレスポンス（応急対応），リカバリー・リコンストラクション（復旧・復興）の4つのフェーズを設けている．なお「ミチゲーション」については，「減災」や「緩和投資」などの訳を対応させながら，より広い概念として定義されることもある．一方，災害保険等によるリスクファイナンスはリスクを分散する手段である．

　災害が生じた場合，保険金の支払いにより被災者とそうでない家計の間で富の再配分が行われる．しかし，被災者に保険金の支払いが行われたとしても，社会全体で生じた富の総損失額が変化するわけではない．被害額が他人に移転しただけである．リスクコントロール技術とリスクファイナンス技術の本質的な違いは図1.3に模式的に示される．同図において，円の大きさは社会全体での富の損失を表す．リスクコントロール技術は社会全体で生起する富の損失の減少をもたらす．一方，リスクファイナンス技術は災害により生じた損害を家計間で配分する．被害がある特定の家計に集中しうるとき，事前において個々の家計が認識するリスクは膨大なものになり，家計は大きな心理的コストを負担することになる．しかし，損失を多くの家計の間で分

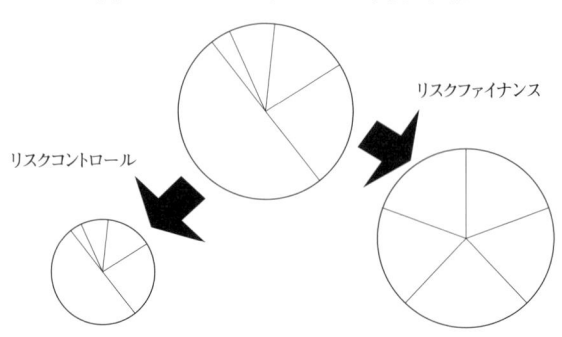

図 1.3 リスクマネジメント手法の比較

出典：小林他（2002）。

散するシステムが用意され，個々の家計が被りうる最大の損失水準が知れてしまえば，家計が認識するリスクは小さなものにとどまる。

　山口（1998）はリスクマネジメントの手段を図 1.4 に示すように，リスクコントロール手法とリスクファイナンス手法に整理している。図 1.4 では，リスクファイナンス技術のうち，とりわけ他の主体との間でリスクをシェアしない方法として自家保険，キャプティブやファイナンシャル・リインシュランス（FR）を紹介している。自家保険は特段の備えをせず事故発生の場合，自己資金や負債で対処するリスクの完全保有から自社内で保険スキームを作り事故に備えて社内積み立てをする方法である。そしてキャプティブは自家保険のスキームをさらに発展させて，保険子会社を設立し，そこにリスクを集中する方法である。それに対して，ファイナンシャル・リインシュランス（FR）方式では一般の保険を利用し一定期間でほぼ収支が均等するような契約方式をとることで自社の損害を時間的に平準化する。すなわち事故発生の時期のリスク（timing risk）を平準化することを主目的とするため，予想損害額と実際損害額の差のリスク（underwriting risk）をほとんど伴わない。そのため FR は保険とみなされず，保険料は損金扱いとならなかった。ファイナイトはその点を改善し，保険会社が部分的に underwriting risk を引き受ける形態となっている。

図 1.4　リスクマネジメントの手段

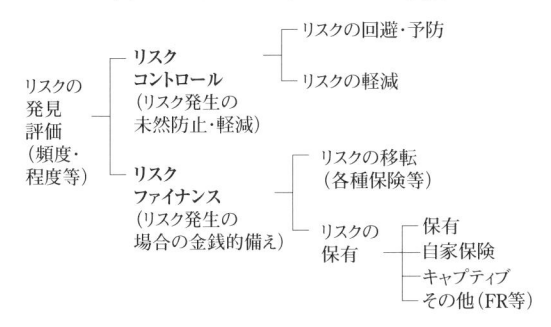

```
リスクの				リスクの回避・予防
発見		リスク		
評価		コントロール		リスクの軽減
(頻度・		(リスク発生の		
程度等)		未然防止・軽減)		
				
				リスクの移転
		リスク		(各種保険等)
		ファイナンス		
		(リスク発生の		保有
		場合の金銭的備え)	リスクの	自家保険
				保有	キャプティブ
				その他(FR等)
```

出典：山口（1998）。

3.2　災害リスクの計測・評価技術の体系化と情報公開制度

　前節ではリスクアセスメントにおける有効な視点として VaR に言及したが，VaR を導出するためには被害額の分布を詳細に計測する必要がある。そしてそのためには，災害事象の発生頻度とそのマグニチュード，伝播メカニズムに関する防災工学技術の体系化と，災害の生起が個人，組織・企業，地域にもたらす被害リスクを計測するためのシミュレーション技術の高度化が必要である。さらに個々人が防災意識を高めて災害リスクを的確に認知するためにも，災害リスクアセスメントの過程やその結果を公開するとともに，PR 活動を通じて住民や当事者達のアセスメントの結果を伝達する必要がある。災害リスクアセスメントは行政と地域住民，組織や企業の間のリスクコミュニケーションを促進するための重要な手段として位置づけられる。このようなリスクコミュニケーションを確立するためには，災害リスク情報の開示方法を含め，各種の制度的な条件を整備する必要があろう。また，災害リスク情報の開示は，災害保険の普及にとっても重要な課題である。災害リスクの市場評価を行うためには，個々の画地や施設における災害リスクを評価（格付け）する必要がある。格付けを行うプロフェッショナルの養成やその国際的な資格認定の制度が必要となる。この種の制度整備が焦眉の急となっている。

4. 土木構造物の性能設計と維持管理

4.1 ライフサイクルコストと維持補修・更新戦略，性能設計

　土木構造物に対して適切なリスクコントロールを施すためには，土木構造物のライフサイクルコスト（LCC）（あるいは期待便益）を考慮した土木構造物の効果的な性能設計，維持補修・更新戦略の方法論を構築する必要がある。LCCは，①土木構造物を利用することにより生じる利用者費用と，②土木構造物の建設費用，補修費用の現在価値の総和として定義される。利用者費用にユーザーが直接負担する費用だけでなく環境費用等の費用も含めよう。土木構造物のLCCを考える上で，構造物の劣化過程に関する知見を蓄積することが重要な課題である。

　いま，図1.5に示すような土木構造物の劣化過程を考えよう。簡単のために，構造物の利用者数が一定であり，劣化過程のみが不確実であるとする。土木構造物の劣化に伴い，性能水準sが低下すると考える。土木構造物の性能水準が初期水準から実線で示すように推移し，時点θ_1において水準$\underline{s}$になったとしよう。この時点で補修を行えば，性能水準は$\bar{s}$まで回復する。その時点から再び劣化が始まり，時点θ_2で再び補修が行われる。土木構造物が永久に供用される場合，このような劣化と補修の過程が無限に繰り返される。性能水準の劣化過程に不確実性が存在するとしよう。図1.5の実線で示した劣化過程以外にも無数に多くの経路が考えられる。その1つとして，図1.5の破線の経路を考えよう。この場合，土木構造物の性能水準は実線の場合よりも早く劣化し，時点θ_1よりも早い時点θ_1'で補修が行われる。実線・破線で示す経路は性能水準の2つの異なる劣化過程を示している。最適補修問題は，期待LCCを最小にするような$\underline{s}, \bar{s}$を求める問題として定式化される。

　ここで，図1.5の構造物の供給開始時点を初期時点と考える。土木構造物の力学的性能が時間とともに劣化していくと考えよう。この時，将来の維持補修の可能性も考慮に入れたような性能設計の問題は，期待LCCを最小にするような初期性能水準s_0を求める問題として表すことができる。将来時点における土木構造物の運用計画に応じて，多様な性能設計モデルを定式化することができる。例えば，将来時点において構造物の転用や容量増強を目

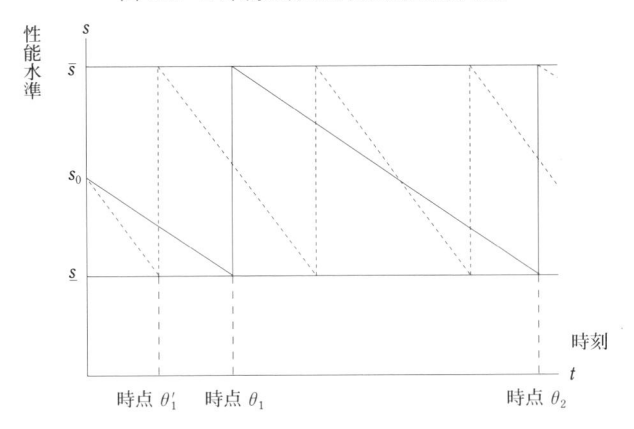

図 1.5　土木構造物の劣化過程と維持補修

的とした追加投資の可能性がある場合，構造物の供用年数の不確実性を考慮に入れた性能設計モデルが必要となるだろう．このように構造物の特性や構造物の管理・運営方法の目的に応じて多様な性能設計モデルを提案することが可能となる．

4.2　ファイナンス工学手法の適用

　ファイナンス工学では，株式の価格の変動を確率微分方程式（伊藤方程式）を用いて表現する．確率微分方程式を利用することにより，問題の直観的把握が容易になる．構造物の維持・管理問題では，株式の価格変動の代わりに，図 1.5 に示すような土木構造物の性能水準の劣化過程を確率微分方程式で表現することになる．企業財務や企業戦略の問題は，確率ダイナミックプログラミングの手法や最適制御理論を用いて確率微分方程式で表されるキャッシュフローをいかに制御するかという問題として定式化できる．土木構造物の性能設計や維持管理問題においても，確率微分方程式で表される劣化過程を補修・更新投資を通じて制御する問題として定式化できる．このような土木構造物の性能設計の問題や維持管理問題に対してはファイナンス工学の手法が効果的である．

　土木構造物の性能設計や維持管理問題にファイナンス工学を適用すること

の利点は，将来起こるであろう劣化過程，施設需要，災害といった多様なリスクを総合的に考慮しながら，多様な維持・管理戦略を期待 LCC（あるいは期待純便益）という統一的な視点から経済評価できることである．さらに，各時点で生じるキャッシュフローの不確実性を明示的に考慮することが可能であるため，維持管理を含めたプロジェクトファイナンスが可能となる．期待 LCC の計測結果を，対象とする土木構造物の費用対効果分析にも用いることができる．さらには，期待 LCC に基づいて構造物に対する災害保険料率も算定することができる．これまでは，構造物の性能設計，維持補修，プロジェクトファイナンス，費用対効果分析，災害保険等の問題が，それぞれ単独の問題として別々に処理されてきた．しかし，図 1.6 に示すように，これらの問題に個別にアプローチするのではなく，土木構造物の劣化過程を中心とするような総合的なリスク技術として体系化していく必要がある．そのための技術がファイナンス工学である．

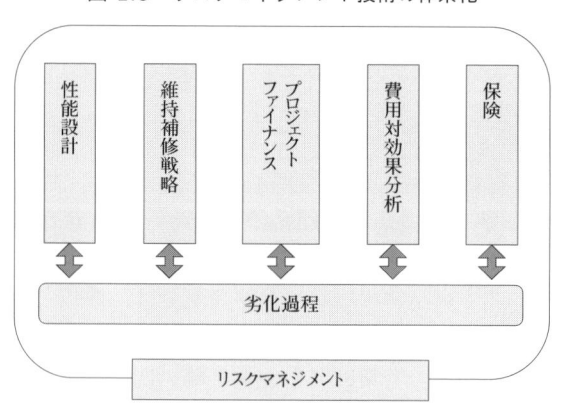

図 1.6 リスクマネジメント技術の体系化

土木構造物の維持・管理問題へのファイナンス工学手法の適用に関してはスタートラインに立ったばかりである．ファイナンス工学の導入により，土木構造物の維持・管理の問題に対してリスクという統一的な視点からアプローチすることが可能となる．そのためには，土木工学，ファイナンス工学，経済学という学際的な研究領域を開拓していく必要があろう．ファイナンス工学を維持・管理補修問題に適用する場合，構造物の劣化過程を確率微

分方程式としてどのように表現するかが重要な課題となる。一度，劣化過程をモデル化できれば，その確率微分方程式を用いて多様な性能設計モデル，維持管理モデル，ファイナンスモデルを定式化することができる。現在のところ，土木構造物の劣化過程（確率微分方程式のパラメータ値）に関するデータはほとんど蓄積されていないのが実状である。当面の間，暫定的な値を採用せざるをえず，分析結果の信頼性には問題が残ろう。しかし，思考実験を繰り返すことにより，少なくとも，今後「どのようなデータを蓄積していくべきか」は明らかになるだろう。社会資本の維持管理の合理化にとって，思考実験の効用は決して少なくないと思われる。

5. 日本のリスクマネジメントの現状

わが国のリスクマネジメント技術の遅れを懸念する声が高い。しかし，関係各位のご努力により，ISO 規格の取得状況は当初の出遅れをとり戻しつつある。もともとわが国のリスクコントロール技術は，品質管理をはじめとして世界の主導的水準を確保していた。しかし，率直にいって，リスクファイナンス技術に関しては未成熟だといわざるをえない。

わが国の金融業界では鎖国政策が長期間続けられ，リスクマネジメントの国際的常識に欠けていた。建設業界も海外では早くから国際競争に遭遇していたものの，それがリスクマネジメント技術として結実していない。多くの日本企業は，期間損益が不振になれば，含み益の一部を実現益として顕在化させることによりリスクを吸収してきた。金融市場のグローバル化とバブル経済の崩壊とともに，取得原価主義，市場管理，相互依存の原則を前提とした「リスク吸収モデル」から，現在価値に基づくリスク管理，自由市場，自己責任の原則に立脚する「リスクマネジメントモデル」への転換が要請されている。新しいモデルにおける国際競争は，規制された国内市場での競争とはまったく性格が異なる。むしろ，別のルールに基づいたゲームであると考えた方がよい。

建設業界にかかわらず，わが国にはグローバルな視点からリスクを分析し，自信をもって資産運用できるリスクエンジニアが少ない。近頃，金融取引やリスクマネジメントに関する膨大な種類の本が発行されている。「四則演算の算数だけでデリバティブが理解できる」という類の議論は，啓蒙とし

ての意義を持ちえても，プロフェッショナルにはほとんど意味のないものである。先端的なリスクマネジメント技術には，工学，経済学，法律学，統計学，会計学，心理学とコンピュータサイエンスの最新の成果がとり込まれている。一方，現実世界と遊離したリスクマネジメント技術もありえない。わが国のリスクマネジメント体制を強化するためには，ビジネススクールの設立など，リスクマネジメント技術の高度化とその普及を実施するための組織づくりが急がれる。

　リスクマネジメントは物づくりの技術ではない。リスクマネジメントは重要であるが，多くの企業にとって決定的な要素ではない。戦後の焼け跡の中から，多くのエンジニアの誠実な努力の積み重ねにより世界に通用する物づくり技術を確立したことが，わが国の経済的繁栄をもたらした。国民がファンドマネジメントに奔走するよりも，物づくりに勤しむ方が，わが国の経済風土に合っているように思える。しかし，国際経済ゲームのルールが変わったことは事実である。リスクマネジメントを怠れば，金融災害の被害者となる。リスクマネジメントは防災技術であるといってよい。国際的なリスクの荒波に対する防波堤を準備してこそ，日本経済の物づくり技術による国際競争力を発揮できるのである。

6. おわりに

　建設業界をとりまくリスクは，自然，社会，経済に関わる複雑な内容を持っている。複雑な内容を持つ土木プロジェクトのリスクマネジメントを他人任せにしてはいけない。何よりも数理分析の能力を持った土木技術者自らがリスクマネジメントを行う必要がある。デリバティブの基本方程式は放物型偏微分方程式で表される。有限要素法を用いて圧密方程式を解くことができる土木技術者にとって，ファイナンス工学の数理分析を理解するのはそれほど困難なことではない。しかし，理論が理解できることと，それを効果的に実践することの間には大きなギャップがある。

　詐欺師まがいの金融ブローカがビジネスチャンスを伺って世界中で暗躍している。金融災害の被害者になることを避けるため，欧米のリスクアナリストを法外な報酬を支払ってヘッドハントするよりも，信頼できる部下がリスクマネジメントを理解し，能力をつけることを待つ方が確実である。その中

から，少数でいい，しかしグローバル水準を超えたセンスと理論の双方を持ち合わせたリスクマネジメントのプロフェショナルが育ってくることを期待したい。そのためには，土木技術者が持っているリスクマネジメント技術，ファイナンス技術に対する偏見を排除することが必要である。せっかく育ちつつある芽を摘みとってはならない。土木分野におけるリスクマネジメントを強化するために，大多数の土木技術者の意識革命とリスクマネジメントの国際的プロフェショナルの育成が何よりも大事である。

　資本主義における国際競争は過酷であり，金銭的リスクに対して徹底的なリスクマネジメントが必要である。しかし，リスクマネジメントの対象は金銭的リスクだけではない。品質，安全性等，物づくり技術に深く関わる分野におけるリスクマネジメント技術の発展もそれ以上に重要である。また，防災分野におけるリスクマネジメント技術の確立は，多くの開発途上国に対して多大な貢献をなしとげよう。金融分野ではアングロサクソン的なグローバルスタンダードが今後も支配しようが，物づくりの分野における土木技術者の誠実な努力によるリスクマネジメント技術の発展がグローバルスタンダードとなる可能性も十分に残されている。そのためには，情報公開，リスク市場の創設，信用格付け制度の確立等，行政が主体となって解決すべき課題も少なくない。日本が世界の経済大国，防災大国としての義務と責任を果たすためにも，土木技術のたゆまぬ革新とリスクマネジメント技術の発展をなしとげることが，わが国の土木技術者に課せられたノブレス・オブリッジであるように思える。

付録　代表的なリスクのとらえ方

　あまねく「リスク分析」と呼ばれる研究領域において，多くの研究者が独自に「○○リスク」と名づけた新しい概念を創出している。あるリスクを分類するための空間には，もはや無限次元の軸が乱立している状況である。しかしながら，いまだ「リスク分析」という学問体系は確立されていない。さまざまな関連諸分野から多様なアプローチが志向されている状況である。そして「リスク」の概念や定義自体についても学問分野間で統一した見解がなされていない。本節では経済学やその周辺分野で唱えられた概念のいくつかを紹介しよう。

多くの経済学者が自身のリスクの概念を規定するに際して，はじめに Knight (1921) による「リスク (risk)」と「不確実性 (genuine uncertainty)」の区別に準拠するか否かを明確にする。現代企業の理論を確立したといわれる Knight (1921) は『リスク，不確実性および利潤』の中で，「リスク」を物理的・客観的査定を獲得でき社会が同一の確率分布を共有できるものと限定した。よって「リスク」に対しては大数の法則が作動するため保険が成立する。他方「不確実性」に関しては客観的確率が測定できず，よって付保可能性を満たさない。そのような「不確実性」を取り扱う「珍しい保険」としては，これまで人工衛星保険やネッシー保険などが供給されてきたが一般社会に普及したとはとうていいえない。そして Knight 流の区別に従えば，災害リスクもまた「不確実性」だと思われる。

しかしこの Knight 流の区別には賛否両論が唱えられている。Keynes (1936) も『一般理論』において両者を完全に異質なものとして論じている。それによると「リスク」に関しては，すべての経済主体が同じ評価を行い，保険や短期的投機によってマネジメントすることが可能であり，結果的に完全競争市場において効率性，ゼロ利潤が達成される。政府は利子率のコントロール等，金融政策で確実に対処することができる。一方「不確実性」に関しては，客観的確率が存在しないため各主体が独自の長期的予想を行う。保険が存在せず合理性のみでは克服できず，政府は景気刺激策で対応するのが限度である。しかしここに超過利潤を獲得できる可能性が存在する。主体はこの「超過利潤の源泉」を前にして，実物投資により「不確実性」の克服に臨む。Keynes (1936) はこの「アニマル・スピリット」とも呼ばれる非合理的・心理的ファクターこそが「企業家精神」であり，経済活性化の源であると唱えている。

他方，Hardy によると，Knight (1921) がいうところの「不確実性」の諸事象と統計的諸事象とは本質的には変わらない（武井 1987）。ただわれわれがたまたまそれらを扱う場合に手元にある情報の量や，統計的頻度を把握したり十分な一連の諸事象を集めたりするのに必要な時間ないし分類の適切さが違うだけである。平均の法則の応用はすべてがある種の類似性に基づいて多くの点では異なるものを集団化して分類したものに基づいている。もし近似した事象が頻繁には起こらないならば，われわれは集団化をより同質的でない分類に基づいて行わなければならない。もし分類が原始的であ

り，あるいは事象の数が多くないならば，統計的方法はその精密さを失ってしまう。再現不可能性をもつ災害リスクも，このような文脈の中で処理されることになる。

　また，Savage（1954）は人間の合理性を前提とする限り，部分的知識から各状態の生起確率を派生的に導出することができることを示した。このことは Knight 流の区別を強調するのは望ましくないとする，いわゆる主観的確率論者の拠り所となっている。すなわち主観的確率論者は，すべての確率を主観的なものに統合させることを通じて意思決定理論を構築することができると考える。酒井（1982）も，不確実性の世界において各主体は，いかなる状態の生起確率についても，それが漠然としたものであれ何らかの主観的な確率分布に基づいて決定を下していると主張する。そして新しい情報が入手されるたびにそれがより正確なものへと更新されるというプロセスをとらえることで客観的確率と整合することが可能となると述べている。さらに，土木計画学においても森杉・上田・髙木らのグループや岡田・多々納らのグループも主観的確率論の立場を貫いている（例えば髙木他（1996），森杉他（1999），髙木（2000），上田（1997），山口他（1999），庄司他（2001）など）。そして本書で解説される多くの知見もあらゆる確率を主観的確率と仮定した期待効用理論に準拠したものとなっている。

　一方，Vose（2000）は異なった視点から確率的事象を「変動性」と「不確実性」に区別している。Vose（2000）が意味する「変動性」とは偶然の作用であり，システムに固有の作用である。「変動性」は研究や詳細な計測によっては軽減できず，物理的なシステムを変更することによって軽減できる可能性がある。それに対して Vose（2000）の「不確実性」は，モデル化するシステムを特徴付けるパラメータに関する評価者の知識不足（無知の水準）に起因している。よって「不確実性」は詳細な計測や研究によって，あるいは多くの専門家に意見を聞くことによって軽減できることもある。そして「全体的な不確実性」は両者が組み合わされたものとなる。Vose（2000）にとって両者を分離することの意義はリスクマネジメント戦略に密接に関連している。すなわち，もし「全体的な不確実性」の大部分が「不確実性」であれば，詳細な計測や情報収集を重ねることによって将来の予測を改善できる。それに対して大部分が「変動性」であれば，物理的なシステムを変更することがとるべき対策となる。また両者を別個に評価することによって，より正

確に情報収集やシステム変更の経済価値を評価することが可能になる。

　また，これまでリスクは「純粋リスク」と「投機的リスク」に分類され，別々に扱われてきた。例えば伝統的な保険は原則として，事象の生起により経済的損害のみが生じる「純粋リスク」のみを守備範囲としている。株や為替のように，損をする機会と得をするチャンスが並立するような「投機的リスク」は対象としない。そして保険管理論の下で初期の発展を遂げた従来のリスクマネジメントはこのようなリスクの二分法を重視したうえで，対象を純粋リスクに限定してきた。投機的リスクの管理はジェネラルマネジメントと称され対象外とされてきた。従来のリスクマネジメント理論を繙くと投機的リスクを除外する理由が列挙されている。主な理由のうちいくつかは予測可能性等の技術的・実務的な限界に言及するものである。そのような中で，武井（1987）による次の記述は注目に値するだろう。「投機的リスクの場合には，個々の企業が損失を被っても社会全体としては利益を受けることがあるのに対して，純粋リスクの場合には，個々の企業が損失を被れば，社会もまた損失を被るという関係があること。」以上のように，従来のリスクマネジメントは純粋リスクマネジメントであった。しかし個々の経済主体からすれば，純粋リスクと投機的リスクを合わせた自己のリスク全体につき，保有とヘッジの最適な組み合わせを実現する手段こそがリスクマネジメントの手法なのであり，そのような分類には意味がない。2001年の日本版の金融ビッグバンにより再生した金融市場において，今後，保険・預金・証券等の機能を組み合わせた総合リスクマネジメントが脚光を浴びるようになるだろう。また，純粋リスクと投機的リスクの統合，とりわけ前段落の武井（1987）の観点からの脱却に，価値観における自己責任社会への潮流をみてもよいだろう。

　また，時間軸上の変化を考慮したリスクの分類方法も存在する。例えば「静的なリスク・動的なリスク」（スタティックリスク・ダイナミックリスク），「構造補正リスク・構造変換リスク」，「静態的リスク・動態的リスク」等の分類方法が提案されており，それぞれ定義は若干異なる。「静態的リスク」は，ほとんど人為が加わらないタイプのリスクを意味することもあるが，「純粋リスク」と同義とされることもある。そして，災害リスクに関してもさまざまな性格付けがされてきている。数点を紹介しよう。災害リスクは非恣意的な原因が引き金となり損害が生じるリスクである。徳谷（1980）は「自然系

リスク・人間系リスク・人工系リスク」という分類法を提唱し，自然系リスクは事前のコントロールが困難であり発生後の対策を事前に検討しておくことの必要性を説いた。例えばナショナルリスクと称される東京の巨大災害のリスクは，「自然系リスク」と「人工系リスク」のインターセクションに位置するものだろう。また前段落の分類に関して，自然災害の「静的リスクの動態性」ともいうべき一面に留意することも重要だろう。完全にスタティックなリスクであれ完全にダイナミックな社会において処理されざるをえない。例えば価値観の変化が，物理的には同一水準の損害に対する評価を変化させるだろう。また岡田（1993）はこれからの時代の土木計画に「構造変革リスク」に対する計画を要求している。これは「予測できないことがあることを予定する計画」でもある。

第2章　カタストロフリスクと経済評価

横松　宗太

1. はじめに

　大規模な災害が生じれば，多くの家計や企業が同時に被災し，巨大な被害が生じる危険性がある。災害リスクは巨大性，集合性を持つカタストロフリスクである。よって防災投資による災害リスクの軽減効果を計測する際には，リスクのカタストロフ性の軽減効果を評価しなければならない。本章ではカタストロフリスクの経済評価の基本的な考え方について解説する。

　近年，費用便益分析が公共プロジェクトの意思決定の現場に急速に浸透している。プロジェクト投資に伴う費用便益に不確実性が伴うことも認識されている。しかし，確実性下の費用便益分析が一般均衡モデルと整合する形で洗練の域に近づきつつあるのに対して，不確実性への対応に関しては未だに基本的枠組みが合意されていない。第4章で詳述するように，不確実性下では数多くの支払意思額指標を定義することができる。それぞれの指標は固有のリスク環境と公共のリスク管理のポリシーの下で正当化される。すなわち不確実性下のプロジェクト便益は，対象とするリスクとリスク市場の特徴や，政府による補償システムに依存して評価されなければならない。しかしながら，実務の現場においてそのような理論的整合性に対する検討が進んでいるとはいい難い。

　不確実性下のプロジェクト便益を確実性等価に基づいて評価すべきであることに関しては，大方の合意が得られているといえるだろう。しかし確実性等価に，家計のリスク回避選好に依存したリスクプレミアムが加味されるべきか否かに関してはさまざまな根拠による賛否両論が提示されている。そして少なくとも実務においては，長年，リスクプレミアムを考慮せずに，

状況依存的な社会厚生の増分の期待値によってプロジェクト便益を評価する手法が適用されてきた．それに対して，近年そのような期待値評価が，社会が備えるリスク配分システムと矛盾しているという指摘がなされている．とりわけ災害リスクを軽減する目的を持つ堤防やダムなどの治水投資や，建築物や土木構造物の耐震化・耐火化投資の便益を評価する分野から，投資が達成するカタストロフリスク軽減便益をリスクファイナンス市場において評価するべきであるという考え方が提示されている．災害リスクの市場評価へのパラダイムシフトは，災害リスク管理における自己責任原理の導入の潮流と整合性を持つものとして主張されている．

以下，第2節では，伝統的な防災投資の便益評価方法とその根拠となっている Arrow-Lind の定理について紹介する．そして伝統的な方法が災害リスクのカタストロフ性を考慮していない点について指摘する．

第3節では，カタストロフ性を考慮した防災投資の便益評価方法の考え方と，その理論的裏付けを提供するモデルについて概説する．モデル化の第1のポイントは災害リスクを集合リスクと個人リスクに分解し，家計の被害事象を「2段階のくじ」として定式化する点にある．そして第2に金融市場においてカタストロフリスクを効率的に配分するような災害保険システムを定式化し，市場均衡を導出する．そして最後にそのような市場を通じて防災投資の経済効果を計測・評価する方法を示す．市場を通じた評価とは，均衡状態にある市場で行動する家計の防災投資に対する支払意思額による評価をいう．リスクの軽減に対する家計の支払意思額には，割高の保険料が減少することに対する支払意思額が含まれる．これが集合的リスクの軽減便益に相当する．

第4節では，第3節で定式化した家計の災害保険の購入モデルを動学的枠組みに拡張する．ここでは災害リスク下にある家計が時間を通じて家屋や家財などの物的資産を形成する行動がモデル化される．家計は被災後に資産形成をやり直すリスクを考慮に入れて，災害の事前に損害保険を購入する．第4節では，このような家計の防災投資に対する支払意思額を導出する．

なお本書では，第4章において不確実性下のプロジェクト評価指標に関する体系的な解説を与える．ただし，そこで用いられる伝統的な von Neumann-Morgenstern 型・期待効用関数や確実性等価等の概念については，一般的な経済学の教科書（例えば，酒井（1995），西村（1995）など）における不確実性

を取り扱う章で解説されているため，本書では取り扱わない．それに対して，本章では新しい防災投資の費用便益分析の方法論に関する基本的なアイデアを概説する．よって本章で紹介する理論の裏付けとなるモデルを正確に理解したい読者は，第4章で費用便益分析に関する基礎理論を確認した上で，本章の元論文である小林他（2000a），横松他（2000a）にあたられたい．順番が前後しているようではあるが，本書ははじめに災害リスクマネジメントに関する知見のフロンティアを紹介することによって，基礎理論の想定や汎用性をより正確に理解する動機付けを与えることを意図した構成になっている．

2. 伝統的な防災投資の便益評価

不確実性下の費用便益分析は，Arrow and Lind（1970）やGraham（1981）によって初期の発展を実現した．費用便益分析の研究蓄積に関しては，Boardman（2001）が理論・実務の双方にわたるバランスの良いとりまとめを提供している．

リスクの存在下でのプロジェクト便益は，少なくとも概念的には，プロジェクトの影響を被る個人の当該プロジェクトに対する「事前の」支払意思額で評価されるべきであることに，ほとんどの経済学者（かつ経済学をアプローチとする土木計画学者等）が同意している．すなわち「どのcontingencyが実際に生起するか判明する前に，そのプロジェクトを実行することに対して抱く支払意思額の最大値」をプロジェクト便益と考えるべきであり，この値が「オプション価格（option price）」と呼ばれるものである．そして全家計のオプション価格を集計することによって，プロジェクトの集計的便益を得て，それを機会費用と比較することによってプロジェクトの採否を決定する．特定のcontingencyに依存しない事前の評価であることにより，他のプロジェクトとの比較における整合性等が保証される．したがって，不確実性下のプロジェクト評価において，理論的に正確な便益評価はオプション価格によってなされる．しかし実務上は，従来多くの場面で期待余剰（expected surplus）が用いられてきた．期待余剰はプロジェクトによって発生する状況依存的な余剰の期待値であり，防災投資問題の文脈においては，期待被害軽減額（expected-losses-reduction）と呼ばれることが多い．すなわち期待被

害軽減額により評価した防災投資便益は，各外力の発生下において対象とする防災施設がない場合とある場合の損失の差を状況依存的な余剰ととらえて，各外力の発生確率によってそれらの期待値を算出した額に相当する。そのような期待余剰評価の1つの拠り所となっていたのが2.1節で紹介するArrow-Lindの定理である。Arrow-Lindの定理は，公共プロジェクトではオプション価格と期待余剰評価が一致するため，プロジェクトの便益に家計のリスク回避選好に起因するリスクプレミアムを加味する必要がないことを主張する。

2.1　Arrow-Lindの定理

Arrow and Lind（1970）は公共プロジェクトが確実性等価を通じて評価されるべきであることを述べ，large economy を対象とする場合，確実性等価の評価の際にはリスクプレミアムが無視されなければならないことを主張した。Arrow-Lindの定理は以下の簡単なモデルより導出される[1]。

同質な N 人の家計 i $(=1,\cdots,N)$ で構成される社会を考えよう。家計の選好を von Neumann-Morgenstern 型・期待効用関数 $u(w)$ により表現する。ただし w は状況依存的な富を表し，効用関数はリスク回避型 $(u' > 0, u'' < 0)$ であるとする。各家計には確定的所得 y が与えられるとする。社会全体のリスクを確率変数 Z により表現する。Z の実現値を z，平均を $\bar{z}$，分散を σ^2 と表そう。もしあらゆる状態において z が均等に配分されるならば，各家計の期待効用水準は次式で表される。

$$EU = E\left[u\left(y + \frac{z}{N}\right)\right] = u\left(y + \frac{\bar{z}}{N} - \rho^i\right) \tag{2.1}$$

ρ^i は家計 i のリスクプレミアムを表す。$(\bar{z}/N) - \rho^i$ が家計 i のリスク (Z/N) に対応した確実性等価に相当する。上式よりリスクプレミアムを以下のように導くことができる（付録参照）。

$$\rho^i = -\frac{\sigma^2}{2N^2}\frac{u''(y + \bar{z}/N)}{u'(y + \bar{z}/N)} \tag{2.2}$$

---

[1] 本モデルは Laffont（1985）に従うが，著者によって若干の文字の変更や，リスクプレミアムの導出過程等の補足説明（付録参照）が加筆されている。

グローバルなリスクプレミアムは次式により定義される。

$$\rho = \sum_{i=1}^{N} \rho^i = -\frac{\sigma^2}{2N} \frac{u''(y + \bar{z}/N)}{u'(y + \bar{z}/N)} \tag{2.3}$$

したがって家計数が増加するにつれて社会全体のリスクプレミアムはゼロに近づく。

$$\lim_{N \to \infty} \rho = 0 \tag{2.4}$$

以上が Arrow-Lind の定理のエッセンスである。Arrow and Lind（1970）は，大規模なリスクを伴うプロジェクトであっても，ひとりひとりの国民の税負担はさほど大きくないように，家計の確実性等価はほぼ期待値によって近似でき，リスクプレミアムは無視されうると主張した。

2.2 災害リスクの経済評価における Arrow-Lind の定理の限界

Arrow-Lind の定理はいくつもの仮定のもとに導出されている。第1に社会的リスク Z が家計数 N から独立である。また保険等によってすべての家計の間で損失が均される状況（$z < 0$ の場合）ないし利得が均等に再分配される状況（$z > 0$ の場合）が想定されている。

それに対して，人口の一定の割合の家計が所得の変動にさらされるケースを考えよう。自然災害や原子力事故のようなリスクの場合，一家計にとって自身が資産を失うリスクは，対象地域に居住する家計数の増減には依存しない。いま，ある地域に居住する家計がリスクや所得等において同質的であるとする。そして以下のような2段階のリスクを考える。第1段階において，リスクが発生する（以下「被災する」と表現する）家計が決定する。当該地域の p の割合の家計が被災するとしよう。このとき一家計にとっての被災確率は p となる。家計の被災・無事に関する状態を δ により表そう。δ は被災するとき 1，被災しないとき 0 の値をとる離散的確率変数であり，$\bar{\delta}$ はその期待値である。上記の仮定より次式が成立する。

$$\delta = \begin{cases} 1 & \text{with Prob. } p \\ 0 & \text{with Prob. } (1-p) \end{cases} \tag{2.5}$$

よって次式が従う。

$$E[\delta] = \bar{\delta} = p \tag{2.6}$$

$$Var[\delta] = p(1-p) \tag{2.7}$$

第2段階においては被災家計の損失ないし利得の大きさ X が決まるものとする。X は被災した一家計当たりの損失ないし利得の大きさを表す確率変数である。X の実現値を x, 平均を $\bar{x}$, 分散を σ_X^2 で表そう。被災家計間で実現する x は同一であるとする。

はじめに，地域内の家計でリスクが配分されないケースすなわち保険や利得再分配が存在しないケースについてリスクプレミアムを導出しよう。家計 i のリスクプレミアム ρ_1^i は次式で定義される。

$$EU = E_{\delta,X}[u(y + \delta X)] = u(y + p\bar{x} - \rho_1^i) \tag{2.8}$$

ただし $E_{\delta,X}[\cdot]$ は δ, X に関する期待値操作を意味する。付録と同様の計算によって，ρ_1^i が以下のように導かれる。

$$\rho_1^i = -\frac{1}{2}\{p(1-p)\bar{x}^2 + p\sigma_X^2\}\frac{u''(y+p\bar{x})}{u'(y+p\bar{x})} \tag{2.9}$$

社会全体で集計されたリスクプレミアムは次式で表される。

$$\rho_1 = -\frac{N}{2}\{p(1-p)\bar{x}^2 + p\sigma_X^2\}\frac{u''(y+p\bar{x})}{u'(y+p\bar{x})} \tag{2.10}$$

また，地域内で相互保険や利得の再分配のシステムが存在するケースについては，リスクプレミアム ρ_2^i は次式で定義される。

$$EU = E_X[u(y + pX)] = u(y + p\bar{x} - \rho_2^i) \tag{2.11}$$

同様の展開により次式を得る。

$$\rho_2^i = -\frac{p^2\sigma_X^2}{2}\frac{u''(y+p\bar{x})}{u'(y+p\bar{x})} \tag{2.12}$$

$$\rho_2 = -\frac{Np^2\sigma_X^2}{2}\frac{u''(y+p\bar{x})}{u'(y+p\bar{x})} \tag{2.13}$$

家計のリスクプレミアム ρ_1^i, ρ_2^i ともに家計数 N には依存せず，グローバルなリスクプレミアム ρ_1, ρ_2 は家計数 N に比例する。ここでは Arrow-Lind

の定理は成立しない。したがって Arrow-Lind の定理を成立させる要因は，損失や利得の再分配などのリスク配分システムの存在ではなく，社会的リスクの規模が人口から独立して与えられる仮定にあることがわかる。すなわち人口を増加させることによってリスクを拡散し，一家計に帰着するリスクを減少させることが可能であるときには，社会的リスクの確実性等価は所得変動の期待値に一致する。しかし，拡散が不可能であるとき，すなわちリスクが公共財の非競合性に類する性格を持つときには，確実性等価を期待値に一致させてはいけない。

2.3　独立到着のリスクと期待被害軽減額

前節では社会全体の損失 Z が確率変数であったが，Z は人口規模とは独立に与えられたため，人口が増加することによって一家計当たりの損失を限りなく小さくすることができた。そしてそのような状況では，期待被害額に追加されるリスクプレミアムを無視してよいことが示された。

一方，交通事故のように毎年，社会の一定の割合の主体が被害に遭うようなリスクも存在する。交通事故のように，小規模な危険事象が独立に多数生起するようなリスクでは，大数の法則が機能することによって年間の被害者数や社会全体の損失の和がほぼ一定に保たれる。この性質によって，個人間で独立なリスクに関しては市場保険を通じて，すべての家計が完全にリスクフリーになれる。すなわち毎期，期待被害額に等しい保険料を支出することによって，被害家計の損害がフルカバーされる。家計の所得水準は，無事故の状態から期待被害額を減じた水準で一定になる。家計は所得の変動に起因するリスクプレミアムを負担することはなくなる。

独立到着のリスクに関しては，リスクを小さくするミチゲーション（緩和投資）の便益は，確率を減少させるものであれ，被害額を軽減させるものであれ，フルカバー保険料を減少させる効果と等価になる。ミチゲーションは期待被害軽減額に等しい保険料の減少をもたらす。したがってミチゲーションの便益を評価する際にリスクプレミアムを考慮する必要はなくなる。

3. カタストロフリスクと防災投資の便益評価

3.1 災害リスクの集合性のモデル化

　基礎編第1章で述べられたとおり，災害リスクは生起頻度の希少性，被害の巨大性，同時性という特徴を持っている．そのような特徴によって，災害リスクは伝統的な保険市場では担保しえない．防災投資による災害リスクの軽減便益は，災害リスクが伝統的な保険市場においては効率的に分散されない事実と密接に関係を持っている．

　本節では災害被害の巨大性，同時性をモデル化する方法について紹介しよう．本章では以後，経済主体の被害の同時性をリスクの「集合性」と呼ぶこととする．そして巨大性・集合性を持つリスクをカタストロフリスクと定義する．カタストロフリスクは図 2.1 に示すような「2段階のくじ」によりモデル化することができる．「2段階のくじ」の第 1 段階の「くじ」では，被災する家計の総数（ないし富の総損失額）が決定する．第 2 段階の「くじ」では，第 1 段階で決まる被災者数の中から，実際に被災する家計（ないし損失の配分）が無作為に選ばれる．すなわち災害リスクの特徴は，個々の家計が直面する個人リスク（第 2 段階のリスク）と社会全体が直面する集合リスク（第 1 段階のリスク）により構成される複合的な 2 段階のリスクとして表現される点にある．このように表されるリスクを，それを初めに指摘した研究者にちなんで「Malinvaud-Arrow 型リスク」と呼ぶ（Arrow 1964; Malinvaud 1972）．

　伝統的な損害保険は個人リスクを対象とするものである．個々の家計がそれぞれランダムに損害を被る場合，個人リスクを家計全体でプールすることができる．この場合，大数の法則により，社会全体の総期待被害額に関する状態間の分散は非常に小さい．例えば交通事故のリスクの場合，年間の被害者数は毎年ほぼ一定である．集合リスクは著しく小さいといえる．集合リスクが存在しない理想的な状況においては，個々の家計の被害リスクの軽減効果を期待被害額の変化により評価できる．しかし，希少性，同時性を持つ災害リスクの場合，ある地域社会においてほとんどの年で被害者はゼロであるものの，事象が生起した年にはほとんどすべての家計が被害者となる．すなわち社会全体の総被害額が大きく変動する．したがって，ここに第

図 2.1　「2 段階のくじ」モデル

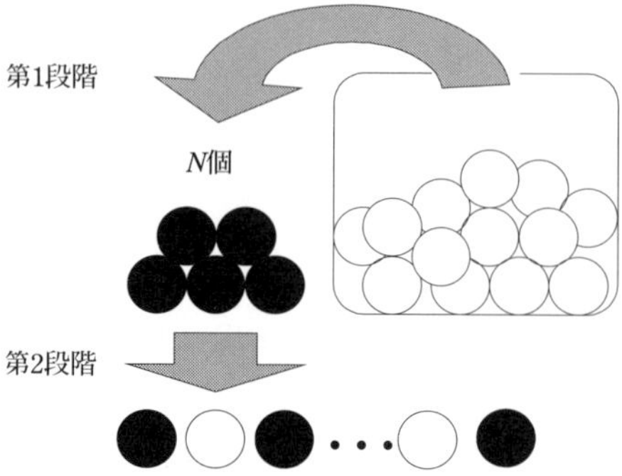

出典：小林他（2002）。

　1段階目の「くじ」で表される集合リスクが問題となる．多くの保険加入者が同時に損害を被った場合，保険加入者全体の富が減少するため，保険加入者による相互保険は有効に機能しない．カタストロフィックな被害が生じた場合，家計が互いに助け合うことには限界が生じ，社会全体として大きなロスが生じる．

　社会全体で生じる巨大な集合リスクをヘッジするためには，対象地域の家計や伝統的保険の加入者だけによる相互補助だけでなく，より広範囲の地域における家計や企業の間でリスクを分散するシステムが必要となる．後述するように，近年のファイナンス技術の発達により，国際資本市場を通じて災害リスクを分散することが可能となってきた．被害が巨大であるほど，災害リスクをヘッジするためにより多くの費用を要することになる．防災投資の経済便益は，防災投資が存在しなかった場合に存在するカタストロフリスクを国際資本市場でヘッジする際に要する費用を用いて評価することになる．

3.2　リスク配分と防災投資の便益評価

　防災投資によるカタストロフリスクの軽減便益を計測するためには，個人の効用最大化行動を通じてリスクが市場でどのように配分されるかを明示的に記述する必要がある．個人にとって，配分されたリスクが異なれば防災投資への支払意思額も異なることになる．よって防災投資の経済便益も異なっ

てくる．

　本節ではカタストロフリスクのパレート最適な配分状態を定義するとともに，このようなパレート最適なリスク配分を分権的に達成できるような災害保険市場を示す．さらに，パレート最適なリスク配分が可能な市場の存在を前提として，防災投資によるカタストロフリスクの回避便益を測定する方法を示す．当然のことながら本節で提案する保険市場は非常に理想化されたものである．現実には家計の道徳的危険やリスクの不認知によって保険市場が失敗する可能性がある．このような場合，次善の世界を前提とした防災投資の経済評価を行うことが必要となるが，次善の世界を想定した便益評価は分析の枠組みもそれだけ複雑にならざるをえない．これに対して，パレート最適な資源配分を想定した経済便益の測定は，現実的な制度条件の効率性を検討するための参照点を与えるという規範的な意義を有している．

3.3　モ デ ル

　カタストロフリスク（以下，災害リスクと呼ぶ）が生起する可能性がある単一，もしくは複数の地域（以下，災害地域と呼ぶ）を考えよう．災害地域が有する災害リスクを分散するために災害保険が売買される．災害保険とその原資となる状況依存型証券の売買は災害地域を含むより広範囲の地域（以下，対象地域と呼ぶ）で行われる．対象地域にはタイプの異なる家計が居住している．

　同タイプの家計は同一の富を保有し同一の災害リスクに直面していると仮定する．例えば，コミュニティをタイプと考え，同一のコミュニティに居住する家計は同一の災害リスクに直面すると考えることもできる．タイプ別の家計数は固定しており，家計のタイプ間の移動は起こらないと考える．家計の選好はタイプを問わず同一である．災害リスクは家計の富の損失をもたらす．災害リスクは，次節で詳述するようにタイプごとの災害被害の生起を表す集合リスクと各タイプの中で特定の個人が被災する確率を表す個人リスクによって表される．防災投資は集合リスクの生起確率を減少させる．災害リスクに対する保険市場は対象地域内で閉じている．

　タイプ h ($h = 1, \cdots, H$) の家計数を N_h と表す．地域全体では $N = \sum_h N_h$ の家計が存在する．個人リスクを災害が生起した場合に各家計が被る被害の状態により定義しよう．個人リスクの事象として，①平常の場合（$s = 0$），②

ランク s ($s = 1, \cdots, S$) の被害を受けた場合を考えよう。$L(s)$ (≥ 0) を家計が被るランク s の被害額とする。ただし $L(0) = 0$ である。次に集合リスクをモデル化する。いま，ある災害が発生した時に，タイプ h の家計の集計的な被害状況を被害者数ベクトル $n_{ht} = (n_{ht}^0, \cdots, n_{ht}^S)$ で表す。ここに，n_{ht}^s はランク s の被害を受けたタイプ h の家計数であり，$\sum_{s=0}^{S} n_{ht}^s = N_h$ が成立する。この時，集合リスクの各事象を被災した家計数ベクトル $n_t = (n_{1t}, \cdots, n_{Ht})$ で表せる。ここに，t ($t = 0, \cdots, T$) は集合リスク事象を表す添字である。平常時を表すリスク事象は，ベクトル $n_0 = (n_{10}, \cdots, n_{H0})$ として表記される。ただし，$n_{h0} = (N_h, 0, \cdots, 0)$ である。集合リスク事象 t が生起する確率を $\pi(t)$ と表す。ただし $\sum_{t=0}^{T} \pi(t) = 1$ である。集合リスク事象 t が生じた時に，タイプ h の家計がランク s ($s = 1, \cdots, S$) の被害を受ける確率は $\pi_h(s \mid t)$ で表される。ただし $\sum_{s=0}^{S} \pi_h(s \mid t) = 1$ である。

災害リスクは状態変数 t で記述される集合リスクと状態変数 s で記述される個人リスクという2段階の「くじ」で構成される「複合くじ」として表現されている。第1段階のくじでは家計全体の集合に対して無作為に集合リスク事象 t が選択される（集合リスクが決定する）。第2段階の「くじ」では，個人リスク事象が各家計に割り当てられる（誰が現実にどのランクの被害を受けるが決定する）。タイプ h の家計が個人リスク事象 s と集合リスク事象 t の状況 (s, t) に直面する同時生起確率を $\pi_h(s, t) > 0$ で表そう。ただし，$\sum_{s,t} \pi_h(s, t) = 1$ が成立する。集合リスク事象 t が生じた時，タイプ h のある個人にランク s の個人リスク事象が生起する確率は

$$\pi_h(s \mid t) = \frac{\pi_h(s, t)}{\sum_{s=0}^{S} \pi_h(s, t)} \tag{2.14}$$

と表せる。集合リスク事象 t が生じたとき，個人リスク事象 s が生起した家計数は $\pi_h(s \mid t) N_h$ と表せる。条件付き確率 $\pi_h(s \mid t)$ の定義より $n_{ht}^s = \pi_h(s \mid t) N_h$ が成立する。状態 (s, t) が生じた時のタイプ h の（所得移転が行われる前の）富を $e_h(s) = W_h - L(s)$ と表そう。W_h はタイプ h の家計の平常時の富である。災害が生じた場合，家計間で所得移転が行われる。災害リスク事象 (s, t) が生じた時の当該家計の所得移転後の富を $x_h(s, t)$ で表そう。家計の期待効用関数 u_h を次式で表す。

$$u_h(x_h) = \sum_{s,t} \pi_h(s,t) v_h(x_h(s,t)) \tag{2.15}$$

$x_h = \{x_h(0,0), \cdots, x_h(s,t), \cdots, x_h(S,T)\}$ は所得移転後の状況依存的富ベクトルである。また，間接効用関数 $v_h(s,t)$ は 2 回連続微分可能なリスク回避型基数効用関数であり，性質 $dv_h(x_h(s,t))/dx_h(s,t) > 0$, $d^2v_h(x_h(s,t))/dx_h(s,t)^2 \leq 0$ を満足する。

3.4 社会的最適解

事前における社会全体での最適リスク配分問題を考える。社会的厚生関数を家計の期待効用の加重和で表す。最適リスク配分問題（SO）は次のとおりである。

$$\max_{x_h} \left\{ \sum_h \nu_h N_h u_h(x_h) \right\} \tag{2.16}$$

$$\text{subject to} \sum_h N_h \sum_s \pi_h(s \mid t)(x_h(s,t) - e_h(s)) = 0 \tag{2.17}$$

$$x_h(s,t) \geq 0 \quad \text{for all } s,t \tag{2.18}$$

制約条件（2.17）のラグランジュ乗数を $p(t)$ とする。$p(t)$ は社会的厚生水準単位で評価した集合リスク事象 t の潜在価格を意味する。1 階の最適条件より次式を得る。

$$\pi_h(t) \frac{dv_h(x_h(s,t))}{dx_h(s,t)} = \lambda_h p(t) \quad \text{for all } h,s,t \tag{2.19}$$

$\lambda_h = 1/\nu_h$ はタイプ h の家計に対する重み ν_h の逆数である。上式は集合リスク事象 t のそれぞれが生起した事後において同タイプの家計の間で富が一定となるように富の再配分を行うルールを確立すれば，社会的に効率的な事前のリスク配分が可能となることを示している。すなわち，任意の t,h に対して

$$x_h(0,t) = \cdots = x_h(S,t) = x_h(t) \tag{2.20}$$

が成立する。集合リスク事象 t が生起した状況での所得移転後の富 $x_h(t)$ は集合リスク事象 t の生起に依存している。パレート最適な災害リスク配分は，(2.17), (2.19) 式を同時に満足するような状況依存的な富の配分パター

ン x_h ($h = 1, \cdots, H$) として求まる．社会的効率的リスク配分は，各タイプの家計の期待効用関数の加重和として定式化される社会的厚生関数に依存したパレート効率的な所得移転を意味している．

3.5 カタストロフ災害保険と市場分権解
3.5.1 カタストロフ災害保険市場

パレート最適な災害リスクの配分パターンは，災害が生起した事後において家計の間で富の再配分を行うことによって達成することができる．問題 SO は災害の事前の段階において，災害の事後の損害の配分のルールを形成する問題である．現実には，災害が生じた事後において，各タイプの家計は自発的に富を交換するような誘因を持たないため，パレート最適な災害リスクの配分を達成するためには何らかの制度的なシステムの導入が必要となる．本研究ではこのようなパレート最適なリスク配分を達成するための制度として，カタストロフ災害保険を定式化する．ここでのカタストロフ災害保険は集合リスクに対応した状況依存的証券と個人リスクの再配分を行う相互保険を組み合わせた金融デリバティブに相当する．

はじめに家計が同じタイプの家計と互いに個人リスクに対して相互保険契約を結ぶ場合を考える．タイプ h の相互保険 Ω_h を災害事象 (s,t) のそれぞれに対して保険金 $m_h(s,t)$ と保険料 $\mu_h(t)$ の組み合わせの集合 $\Omega_h = (m_h, \mu_h)$ として定義する．ただし，$m_h = \{m_h(0,0), \cdots, m_h(s,t), \cdots, m_h(S,T)\}$, $\mu_h = \{\mu_h(0), \cdots, \mu_h(t), \cdots, \mu_h(T)\}$ である．家計は集合リスク事象 t が生起した場合に $\mu_h(t)$ を拠金し，ランク s ($s = 1, \cdots, S$) の被害を被った家計に保険金 $m_h(s,t)$ が支払われる．被災しなかった家計には保険金は支払われず，$m_h(0,t) = 0$ である．相互保険を運営する保険会社は完全競争的であり，各 t につきゼロ利潤で営業すると仮定する．さらに事務経費等の取引費用が存在しないと仮定すると，保険料と保険金の関係は以下のように与えられる．

$$\mu_h(t) = \sum_{s=0}^{S} \pi_h(s \mid t) m_h(s,t) \tag{2.21}$$

また，保険会社は相互保険と同時に集合リスクの状態の数と同数の種類を持つ状況依存的証券（以下，Arrow 証券と呼ぶ）を販売する．Arrow 証券とは，集合リスク事象 t が生起した時に 1 が支払われるが，それ以外の場合には支

払いがないような証券である。Arrow 証券 1 単位当たりの事前の価格 $p(t)$ は市場において内生的に決まる。タイプ h の家計の Arrow 証券保有ベクトルを $a_h = \{a_h(0), \cdots, a_h(T)\}$ と表す。Arrow 証券の束 a_h の価格は次式で与えられる。

$$y_h = \sum_{t=0}^{T} \pi(t) a_h(t) \tag{2.22}$$

家計 h の期待効用最大化問題（IO）は以下のように表される。家計 h は (2.21) 式で表される相互保険料，Arrow 証券の価格 $p(t)$ を所与として，相互保険と Arrow 証券の水準を選択する。

$$\max_{m_h, a_h, x_h, y_h} \left\{ \sum_{s=0}^{S} \sum_{t=0}^{T} \pi_h(s,t) v(x_h(s,t)) \right\} \tag{2.23}$$

$$\text{subject to } \sum_{t=0}^{T} \pi(t) a_h(t) = y_h \tag{2.24}$$

$$x_h(s,t) = e_h(s) + m_h(s,t) - \sum_{s'=0}^{S} \pi_h(s' \mid t) m_h(s',t)$$
$$+ a_h(t) - y_h \quad \text{for all } s, t \tag{2.25}$$

$$x_h(s,t) \geq 0,\ a_h(t) \geq 0,\ m_h(s,t) \geq 0,\ y_h \geq 0 \tag{2.26}$$

制約条件 (2.24)，(2.25) のラグランジュ乗数をそれぞれ λ_h，$\lambda_h(s,t)$ と表そう。1 階の条件を整理すると，

$$\pi_h(t) \frac{dv(x_h(s,t))}{dx_h(s,t)} = \lambda_h p(t) \quad \text{for all } s, t \tag{2.27}$$

$$\lambda_h = \sum_{s=0}^{S} \sum_{t=0}^{T} \pi_h(s,t) \frac{dv(x_h(s,t))}{dx_h(s,t)} \tag{2.28}$$

そして (2.27) 式より任意の t, h に対して (2.20) 式が成立する。また，最適な相互保険金の水準は

$$m_h(s,t) = e_h(0) - e_h(s) = L(s) \quad \text{for all } s, t \tag{2.29}$$

となり，個人リスクは相互保険によって完全にカバーされる。一方，Arrow 証券の価格 $p(t)$ は，互いに排反である集合リスク事象 t ごとに証券市場が

清算される水準に決定される。集合リスク事象 t に対して，保険会社による Arrow 証券の支払い総額は $\sum_h N_h a_h(t)$，家計による Arrow 証券の購入総額は $\sum_h \sum_t N_h p(t) a_h(t)$ となる。したがって，証券市場における無裁定条件は

$$\sum_{h=1}^{H} N_h a_h(t) = \sum_{h=1}^{H} \sum_{t'=0}^{T} N_h p(t') a_h(t') \quad \text{for all } t \tag{2.30}$$

と表せる。証券価格は規格化条件 $\sum_{t=0}^{T} p(t) = 1$ を満足する。

ここで分権的市場における個人行動の最適化条件 (2.27) は，パレート最適なリスク配分条件 (2.19) と一致することに着目しよう。以下の命題が成立する。

命題 相互保険，Arrow 証券 (m_h, a_h) $(h = 1, \cdots, H)$ が事前に売買されるような証券市場を通じて，パレート最適な災害リスク配分を分権的に達成することが可能である。

さらに，災害保険を用いた市場均衡解は，市場均衡解の点で評価した状況依存的富の期待限界効用 λ_h の逆数 ν_h を重みとするパレート最適なリスク配分と対応している。

3.5.2 カタストロフ災害保険の性質

以上では，家計が相互保険と Arrow 証券の組み合わせを直接選択することを想定していた。この仮定は本質的ではない。保険会社が家計タイプごとに相互保険と Arrow 証券を組み合わせたような保険商品を販売すれば，同様のリスクヘッジ機能を実現することができる。このような保険商品をカタストロフ災害保険（以下，災害保険と略す）と呼ぶ。災害保険の保険料 c_h，保険金 $R_h(s,t)$ は以下のように表される。

$$c_h = \sum_{t=0}^{T} \{p^*(t) a_h^*(t) + \mu_h^*(t)\} \tag{2.31}$$

$$R_h(s,t) = m_h^*(s,t) + a_h^*(t) + \sum_{t' \neq t} \mu_h^*(t') \tag{2.32}$$

記号「*」は 3.5.1 節のリスクファイナンス市場の均衡解の水準を表す。保険

会社は家計から保険料 c_h を徴収するとともに，集合リスクを Arrow 証券の売却を通じてヘッジする。なお，以上の災害保険は一意的には決まらない。例えば，(2.31) 式の右辺にある一定額 A を増額（減額）させ，すべての s, t に対して保険金を同様に増額（減額）させた災害保険も，災害保険 (2.31)，(2.32) と同じ内容の災害リスクの担保機能を果たす。

カタストロフ災害保険は 2 つの注目すべき性質を持っている。第 1 に，災害保険は「給付・反給付均等の原則（Lexis の原則）」を満足しない。伝統的な保険の世界では，「収支相等の原則」と「給付・反給付均等の原則（Lexis の原則）」が基本原則とされている。「収支相等の原則」は通常，特定の保険会社が 1 社全体として収入と支出のバランスがとれているかを問題にする。本モデルにおいては保険会社が完全競争的に操業しており，また取引費用が存在しないと仮定しているのでこの原則は成立している。また「給付・反給付均等の原則」とは個々の保険契約者が支払う保険料が，当該契約者が受け取る保険金の数学的期待値に等しくなるという理念である。ここでタイプ h の家計について保険金の期待値 $\bar{R}_h$ は以下のようになる。

$$\bar{R}_h = \sum_{t=0}^{T} \{\pi(t) a_h^*(t) + \mu_h^*(t)\} \quad (2.33)$$

この式を保険料 (2.31) と比較しよう。問題は集合リスク t の生起確率 $\pi(t)$ と Arrow 証券の価格 $p(t)$ が等しいか否かである。最適な状況依存的富を $x_h^*(t)$ と表すと，$p(t)$ と $\pi(t)$ の間には以下の関係がある。

$$\frac{p(t)}{\pi(t)} = \frac{\dfrac{dv_h(x_h^*(t))}{dx_h(t)}}{\sum_t \pi(t) \dfrac{dv_h(x_h^*(t))}{dx_h(t)}} \quad (2.34)$$

すなわち $p(t)$ と $\pi(t)$ の比は集合リスク t が生起したもとでの限界効用と事前の期待限界効用の比に等しく，集合リスク t の式によって社会全体での富が異なるため，家計がリスク回避的である限り $p(t)/\pi(t) = 1$ となる保証はない。したがって，カタストロフ災害保険は「給付・反給付均等の原則」を満足しない。このことはリスクの大きなタイプの（リスクを分散させたい）家計にとっては保険料が期待保険金を上回る（保険料にリスクプレミアムが加算される）ことを意味する。逆に，リスクの小さなタイプの（リスクを引

き受ける）家計にとっては，期待被害額を上回る期待収益が見込まれることを意味している。

　第2の特徴は個人間の所得配分の衡平性の問題に関連する。前述のように，災害保険市場の均衡解は，市場均衡で評価した状況依存的富の期待限界効用 λ_h の逆数 ν_h を重みとするパレート最適なリスク配分と対応する。富の期待限界効用の小さいタイプの家計，すなわち富の大きい家計や被災確率の小さい家計に，より大きな重みが割り当てられており，期待効用の加法和を社会的厚生関数として用いる場合よりは逆進的な富の配分が得られる。よって衡平な災害リスク配分を行うための手段としては，地方自治体が相互保険を受け持ち，政府が集合リスクを担保するような強制保険を導入するなどの，政府の介入が考えられる。

　また本モデルでは家計のリスクの不完全認知や道徳的危険が生じず，保険市場における取引費用が存在しない状況が想定されている。このような要因が存在するとき災害保険市場は失敗する。また，本モデルのように個人リスク，集合リスクの組み合わせで定義される標本空間のそれぞれの標本点に正確に対応したような災害保険を設計することは不可能だろう。現実の災害保険は個人リスク，集合リスクの組み合わせにより定義される状態と1対1には対応しない不完全な保険とならざるをえない。しかし，本章で提案したモデルは，理想的な状況下での最適リスク配分という規範的な内容を持っている。今後，家計の災害リスク認知の不完全性，災害保険の逆進性を克服するためのリスク配分に関する制度設計に関する研究を蓄積していく必要があろう。

3.6　費用便益ルール

　災害保険の役割は，ある災害により生じた被害を家計の間で可能な限り分散することにある。災害により生じた経済全体での損失を回避することはできない。より大規模な被害が生じれば，経済全体でより大きな厚生損失が生じることになる。防災投資は災害リスクの生起確率を制御することにより，経済全体での厚生損失を減少させる役割を持っている。いま，タイプ h の家計が直面する災害リスク事象 (s,t) の生起確率を防災施設のストック量 z の関数として $\pi_h(s,t:z)$ と表現しよう。防災投資により z^0 が z^1 に変化し，それと対応して災害リスクの生起確率が $\pi_h(s,t:z^0)$ から $\pi_h(s,t:z^1)$ に変

化したとしよう．また添字「$*0$」は各変数の防災投資の前の市場均衡の水準を表し，「$*1$」は防災投資後の市場均衡の水準を表すとする．非状況依存的補償変分（補償オプション価格）OP_h^C は次式で定義される．

$$E[v_h(x_h^{*1} - OP_h^C) : \pi_h^1] = E[v_h(x_h^{*0}) : \pi_h^0] \qquad (2.35)$$

記号 $E[\cdot : \pi_h^i]$ は確率 $\pi_h^i(s,t)$ $(i=0,1)$ に関する期待値操作を表す．防災投資に不可分性が存在せず防災投資水準 z が連続変数で記述でき，かつ災害リスクの生起確率 $\pi_h(s,t:z)$ が z に関して連続微分可能であると仮定しよう．左辺を全微分して，無裁定条件式等を利用して整理すると次式のように限界的な防災投資の経済便益を表すことができる．

$$dOP_h^C = \frac{1}{\lambda_h^1} \sum_{s=0}^{S} \sum_{t=0}^{T} \frac{\partial \pi_h^1(s,t)}{\partial z} v_h(x_h^{*1}(s,t)) \cdot (-dz) \qquad (2.36)$$

$$\lambda_h^1 = \sum_{s=0}^{S} \sum_{t=0}^{T} \pi_h^1(s,t) \frac{\partial v_h(x_h^{*1}(s,t))}{\partial x_h(s,t)} \qquad (2.37)$$

λ_h^1 は集合リスク π_h^1 の下でのタイプ h の家計の富の期待限界効用であり，当該家計が有する Arrow 証券の束に関する潜在価格に一致する．災害保険のもとでは，集合リスク事象 t のそれぞれに対して，個人リスクは相互保険により完全にカバーされ (2.21) 式が成立する．したがって，集合リスク事象 t のもとで確保できる富を $x_h^*(t)$ とすれば次式を得る．

$$dOP_h^C = \frac{1}{\lambda_h^1} \sum_{t=0}^{T} \frac{\partial \pi_h^1(t)}{\partial z} v_h(x_h^{*1}(t)) \cdot (-dz) \qquad (2.38)$$

また，等価オプション価格は次式で定義される．

$$E[v_h(x_h^{*1}) : \pi_h^1] = E[v_h(x_h^{*0} + OP_h^E) : \pi_h^0] \qquad (2.39)$$

災害保険が市場に普及しているとき，等価オプション価格を用いた費用便益ルールは次式で表される．

$$dOP_h^E = -\frac{1}{\lambda_h^0} \sum_{t=0}^{T} \frac{\partial \pi_h^0(t)}{\partial z} v_h(x_h^{*0}(t)) dz \qquad (2.40)$$

$$\lambda_h^0 = \sum_{t=0}^{T} \pi_h^0(t) \frac{\partial v_h(x_h^{*0}(t))}{\partial x_h(t)} \qquad (2.41)$$

集合リスク事象 t が生起した事後の地域の富の総額は災害リスクの分散方法にかかわらず一定となる。災害保険は災害が生じた場合に異なるタイプの家計の間で所得移転を行う方法であるため，リスクファイナンスを行っても，対象地域全体での富の期待値が変化するわけではない。社会全体の集合リスクを軽減するためには防災投資が不可欠となる。防災投資の費用便益分析は，防災投資による災害リスクの軽減効果の経済価値と防災投資費用の両者を相対評価する方法である。

ここで，災害リスクの配分方式が異なれば，防災投資がもたらす災害リスクの軽減効果の経済価値が異なることに留意する必要がある。社会全体の損失が同一であっても，リスク配分の状況が異なれば個人は防災投資に対して異なった支払意思額を示すようになる。そして社会の構成員の支払意思額の総和も異なる水準となる。図2.2はある災害危険地域の防災投資水準が z であるときの，当該地域への限界的な防災投資（$dz=1$）に対する社会全体の家計の補償オプション価格の総和を示す。リスクファイナンス市場の条件として，①リスク分散の手段がない場合，②相互保険のみが利用可能な場合，③災害保険が利用可能な場合を想定する。防災投資水準 z が上昇するほど，防災投資の限界便益は減少する。またリスクファイナンス技術の利用可能性が向上するほど，防災投資への依存度は低下する。社会はリスクファイナンス市場の整備に要する小さい費用によって，ハードの防災施設整備に要する大きな費用を節約することができる。一方，図2.2には期待被害額の減少額で評価した防災投資の便益（期待被害軽減額）も併記している。災害保険が導入されてもオプション価格による防災投資の便益評価は期待被害軽減額による便益評価に一致しない。現行のように災害保険が十分に整備されていない場合や災害保険のカバー率が低い場合，オプション価格は期待被害軽減額より相当大きな値を示す。期待被害軽減額を用いた費用便益分析は，防災投資の経済便益を過小評価する危険性がある。なお，(2.40) 式で表される防災投資のオプション価格は，災害保険を通じてパレート最適な災害リスクの配分が達成されることを前提として導出されたものである。この意味で，カタストロフ災害保険市場を通じて評価する防災投資の便益指標は，ひとつの規範的な意味を持っている。

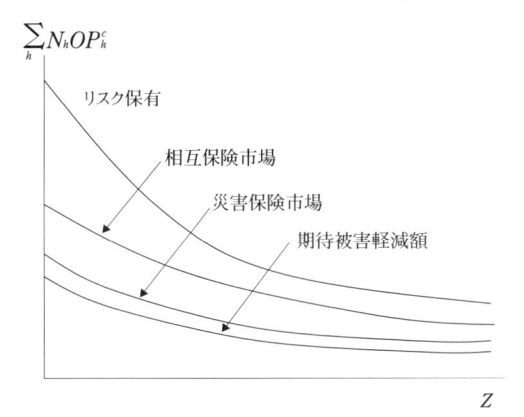

図 2.2 リスクファイナンス市場と防災投資便益

$\sum_h N_h OP_h^c$

リスク保有
相互保険市場
災害保険市場
期待被害軽減額

Z

4. 動学的資産形成過程と防災投資の便益評価

4.1 災害リスクと資産形成問題

　前節では防災投資の経済便益がカタストロフ災害保険市場の均衡において評価されることについて詳細に記述した。そこでは Arrow-Debrue 市場の一般均衡の記述に照射したため，リスク事象の事前・事後のみを考慮した静学モデルの枠組みを採用した。本節では焦点を一家計の時間を通じた資産形成行動におくこととしよう。そのために本節では各時点の災害保険市場のリスクプレミアムについては外生的に与えることによってモデルを簡単化する。

　災害により家計の家屋や家財に損壊や損失が生じても，再び資産を形成することにより元の状態に復帰することが可能である。本節の動学モデルにおいては，災害による物的被害リスクを可逆的リスクと考える。そして物的被害リスクに直面する家計の長期的消費・資産形成や保険の購入行動を表す動学的消費モデルに基づいた，防災投資の経済効果を計測するための方法論を提案する。

4.2 モデル

現在時点 $t = 0$ を起点とする時間軸を考え，無限期間 $[0, \infty)$ にわたる家計行動に着目する．災害の到着はポワソン確率過程に従うとする．期間 $[t, t + dt]$ における災害事象の到着率 $\bar{\mu}$ はハザードモデルを用いて $\bar{\mu}dt = \{\phi(t)/(1 - \Phi(t))\}dt$ により与えられるとする．ただし，$\Phi(t)$ は期間 $[0, t]$ の災害生起確率であり，$\phi(t)$ はその確率密度関数である．また，家計が災害時に α_j ($0 \leq \alpha_j \leq 1$) の割合の物的資産を失うことをランク j ($j = 1, \cdots, J$) の被災と呼ぶ．ランク j の被災の確率を q_j で表す．ただし $q_j \geq 0$, $\sum_{j=1}^{J} q_j = 1$ である．防災施設は被害率 α_j を制御するものと考える．防災施設の整備水準 x に対して被害率 $\alpha_j(x)$ は $d\alpha_j(x)/dx \leq 0$ を満足すると仮定する．

家計の時刻 t における物的資産，金融資産の保有水準をそれぞれ $s(t), m(t)$ により表そう．時刻 θ_i ($i = 1, 2, \cdots$) にランク j の災害が生起すると，家計は $\alpha_j s(\theta_i)$ の物的資産を損失する．同時に家計は保険金 $\beta(\theta_i)\alpha_j s(\theta_i)$ を受け取る．当該社会では掛け捨て型の災害保険が利用可能であり，$\beta(t)$ は毎期家計により選択される契約率である．保険料 $p(t)$ は $p(t) = \varepsilon \sum_{j=1}^{J} \beta(t)\bar{\mu}q_j\alpha_j s(t)$ により与えられる．すなわち期待保険金支給額に，集合リスクに対するリスクプレミアム ε をマークアップした水準に決定される．前述のように，本節では部分均衡モデルを採用して，災害保険市場のリスクプレミアム ε を外生的に与える．さらに ε は時間を通じて一定であるとする．また $\mu_j = \bar{\mu}q_j$ である．物的資産 $s(t)$ と金融資産 $m(t)$ の蓄積過程は次式により規定される．

$$\dot{s}(t) = z(t) - \delta s(t) \tag{2.42}$$

$$\dot{m}(t) = r(t)m(t) + y(t) - c(t) - z(t) - p(t) \tag{2.43}$$

$r(t)$ は金融資産の収益率，$y(t)$ は所得，$c(t)$ は消費水準，$z(t)$ は物的資産への投資額，δ は物的資産の減価償却率を表す．時刻 θ_i においては以下のように表現できる．

$$s(\theta_i : j) = s(\theta_i^-) - \alpha_j(x)s(\theta_i^-) + z_j(\theta_i) \tag{2.44}$$

$$m(\theta_i : j) = m(\theta_i^-) + \beta(\theta_i)\alpha_j s(\theta_i^-) - z_j(\theta_i) \tag{2.45}$$

総資産 $w(t)(= s(t) + m(t))$ の蓄積過程，ランク j の被災時の水準はそれぞれ以下のように表現できる．

$$\dot{w}(t) = r(t)w(t) + y(t) - c(t) - p(t) - (r(t)+\delta)s(t) \tag{2.46}$$

$$w(\theta_i : j) = w(\theta_i^-) - (1-\beta(\theta_i))\alpha_j(x)s(\theta_i^-) \tag{2.47}$$

4.3 最適値関数

家計は初期時点において1回目の災害が時刻 $T\,(=\theta_1)$ に生起するまでの消費計画をたてる。T にランク j の被災をすることによって総資産が $w(T:j)$ に変化する。第1期の終端時刻 T の総資産 $w(T:j)$ は関数 $v(w(T:j))$ により評価される。また家計は毎時 $c(t)$ と $s(t)$ により効用を獲得する。瞬間的効用関数は $u(c(t),s(t))$ と表される。家計の一般化効用関数を $U(t) = u(c(t),s(t)) + \sum_{j=1}^{J} \mu_j v(w(t:j))$ のように定義すると，第1期の期待効用最大化問題は以下のように表される。

$$\max_{\gamma(t)} \left\{ \int_0^\infty U(t)\exp(-\eta t)dt \right\} \tag{2.48}$$

subject to $w(t:j) = w(t) - (1-\beta(t))\alpha_j s(t)$ \hfill (2.49)

$$\dot{w}(t) = r(t)w(t) + y(t) - c(t) - p(t) - \kappa(t)s(t) \tag{2.50}$$

$$w(0) = w_0, \quad \lim_{t \to \infty} w(t)\exp(-\eta t) = 0 \tag{2.51}$$

$$0 \leq \beta(t) \leq 1 \tag{2.52}$$

$\gamma(t) = \{c(t), \beta(t), s(t)\}$ は時刻 $t \in [0,T)$ の制御変数ベクトルである。主観的割引率 $\eta\,(=\rho+\bar{\mu})$ は主観的時間選好率 ρ と災害到着率 $\bar{\mu}$ の和により表される。$\kappa(t)(=r(t)+\delta)$ は物的資産の瞬間的保有費用である。(2.51) 式の右式は No-Ponzi-Game 条件を表す。

第2期以降の家計行動も同様に定式化できる。確率的に到着する任意の $\theta_1\,(\theta_1 \geq 0)$ について，第2期の初期富 $w(\theta_1 : j)$ を定義できる。そして時刻 θ_1 以降の任意の時刻 $\tau\,(\tau \geq \theta_1)$ における最適制御 $\gamma^*(\tau \mid w(\theta_1:j)) = \{c^*(\tau \mid w(\theta_1:j)), s^*(\tau \mid w(\theta_1:j)), \beta^*(\tau \mid w(\theta_1:j))\}$ が既知であると仮定する。初期条件 $w(\theta_1:j)$ のもとで達成される期待生涯効用の上限値を最適値関数 $V(w(\theta_1:j))$ で表現する。最適制御系列 $\tilde{\gamma}(t)$ は $t < \theta_1$ について $\tilde{\gamma}(t) = \gamma(t)$，$t \geq \theta_1$ について $\tilde{\gamma}(t) = \gamma^*(t \mid w(\theta_1:j))$ と表される。状態変数 $w(\theta_1:j)$ に関する最適値関数 $V(w(\theta_1:j))$ を導入し，被災後の最適行動を再帰的に定式化することによって，無限期間の最適消費問題を第1期の最適

消費問題と同様に考えることができる。その結果，初期富 w_0 に関する最適値関数 $V(w_0)$ は次のように定義される。

$$V(w_0) = \max_{\gamma(\tau)} \left\{ \int_0^\infty \{u(c(t), s(t)) + \sum_{j=1}^J \mu_j V(w(t:j))\} \exp(-\eta t) dt \right\} \tag{2.53}$$

無限期間最適消費問題は，任意の w に関して関数方程式を満足する最適値関数 $V(w)$ を求める問題に帰着する。

4.4 費用便益ルール

$V(w(t))$ に関する Hamilton-Jacobi 方程式より各制御変数に関する最適化条件を得ることができる。ここではそれらの詳細な記述は省略する。保険料のマークアップ率 ε が $\varepsilon = 1$ のときのみ保険契約率 $\beta^*(t) = 1$ を選択することが最適となり，$\varepsilon > 1$ のプレミアムが存在するときには部分カバー $\beta^*(t) < 1$ を選択することが最適となる。

初期時点の最適値関数を $V(w_0 : x)$ と書き改めよう。x は防災施設の整備水準であり，関数 $V(w_0 : x)$ は x に関して連続的に変化すると仮定する。防災投資 $dx\ (= x^1 - x^0)$ が行われ，防災施設水準が x^0 から x^1 に変化したとする。dx に対応する等価オプション価格 dOP^E は次式で定義される。

$$V(w_0, x^1) = V(w_0 + dOP^E, x^1 - dx) \tag{2.54}$$

これより以下の費用便益ルールが導かれる。

$$dOP^E = \frac{V_x^0}{V_{w0}^0} dx \tag{2.55}$$

$$V_x^0 = \int_0^\infty \left\{ -\varepsilon V(t)_w^0 \sum_{j=1}^J \mu_j \alpha_{j_x}^0 \beta^* s^* - \sum_{j=1}^J \mu_j V_{w(t:j)}^0 \alpha_{j_x}^0 (1 - \beta^*) s^* \right.$$
$$\left. + \sum_{j=1}^J \mu_j V(t:j)_x^0 \right\} \exp(-\eta t) dt \tag{2.56}$$

記号「*」は最適解を示す。また下付 w_0, w, $w(t:j)$, x はそれぞれ w_0, $w(t)$, $w(t:j)$, x による偏微分を表し，上付き 0 は微係数を (w_0, x_0) において評

価することを意味する。また $V(t:j)_x^0 = \delta V(w^*(t:j):x^0)/\delta x$ は最適値関数の x の変化に沿った変分である。

(2.56) 式の右辺第 1 項は通時的な保険料の減少効果である。すなわち防災投資による災害時の被害率の減少は，保険料率の減少を通じて家計の可処分所得を増加させ，総資産形成過程を上方にシフトさせる。この効果を「資産の高度化効果」と呼ぶこととする。一方，右辺第 2 項は災害時の被害状況 j に依存した被害額の減少効果である。防災投資による災害時の損失の減少は，被災後の資産の再形成をより大きな資産水準から再出発させる効果を持つ。この効果を「事後的被害の減少効果」と呼ぶことする。第 3 項は防災投資により最適値関数自体がシフトすることにより生じる効果であり，(2.56) 式自体を逐次適用し反復的に展開していけば，第 1 項「資産の高度化効果」と第 2 項「事後的被害の減少効果」にグルーピングされる。

ε と $\beta^*(t)$ の関係を想起しよう。$\varepsilon = 1$ すなわち損害保険が完備した社会では $\beta^*(t) = 1$ により（2.56）式の右辺第 2 項が消滅するため，防災投資の便益は「資産の高度化効果」のみによって評価することができる。期待被害軽減額を用いた伝統的な防災便益評価はこの前提に基づいていることがわかる。また，大規模災害に対する社会保険が利用不可能な社会では $\beta^*(t) = 0$ であり，防災投資の便益は「事後的被害の減少効果」に集約される。

4.5 数値計算事例

家計の瞬間的効用関数を Cobb-Douglas 型で与えよう。

$$u(c(t), s(t)) = a \ln c(t) + (1-a) \ln s(t) \tag{2.57}$$

a $(0 < a < 1)$ は家計の選好特性を表す外生的パラメータである。被災ランクを 1 種類（$J = 1$）のみに限定する。利子率 r，所得 y は一定とする。このとき最適値関数を以下のように明示的に導出することができる。

$$V(w(t)) = A + B \ln\{w(t) + C\} \tag{2.58}$$

$$A = \frac{1}{\rho}\{a \ln a + (1-a)\ln(1-a) + \ln \rho - (1-a)\ln(\kappa + \varepsilon\mu\alpha) - 1\}$$
$$+ \frac{1}{\rho^2}\{r + (\varepsilon - 1)\bar{\mu} - \bar{\mu}\ln\varepsilon\} \tag{2.59}$$

$$B = \frac{1}{\rho}, \quad C = \frac{y}{r} \tag{2.60}$$

そして費用便益ルールは次式のように表される。

$$dOP^E = -\frac{\varepsilon}{\rho}\mu\alpha_x^0 s(0)dx \tag{2.61}$$

$$= \left\{ -\frac{\bar{\mu}\alpha_x^0\{\varepsilon\alpha\rho(1-a)-(\varepsilon-1)(\kappa+\varepsilon\mu\alpha)\}}{\alpha\rho^2(1-a)} s(0) \right.$$

$$\left. -\frac{\bar{\mu}\alpha_x^0(\kappa+\varepsilon\mu\alpha)(\varepsilon-1)}{\alpha\rho^2(1-a)} s(0) \right\} dx \tag{2.62}$$

(2.61) 式より等価オプション価格 dOP^E は期待被害額の減少額の現在価値の総和 $-\mu\alpha_x^0 s(0)/\rho$ に災害保険のマークアップ率 ε を乗じた値となる。また (2.62) 式は便益を第1項「資産の高度化効果」と第2項「事後的被害の減少効果」に分解して表現している。

本節では，家計が被災後に資産形成計画を再出発させる行動に着目して，防災投資便益の構造を分析した。(2.61) 式に示す dOP^E は，伝統的な防災投資の便益評価で用いられてきた期待被害軽減額に災害保険のリスクプレミアム率 ε を乗じた値に等しい。災害リスクに対する損害保険市場が未成熟な段階，すなわち市場の ε が大きな状況において伝統的な方法を用いれば，防災投資の便益を過小評価する可能性があることがわかる。なお (2.61) 式の結果は Cobb-Douglas 型効用関数の仮定に依存するものではあるが，支払意思額の指標として非常に簡単であり実用性も高い。ただし採用する ε の値については災害保険市場のデータの蓄積等を通じて，今後も検討を続けていく必要がある。

5. おわりに

災害リスクはカタストロフ性によって伝統的な保険市場（「給付・反給付の原則」が成立する保険市場。すなわち保険料が「保険数理上公正」である保険市場）では担保しえない。一方，防災投資の効果に関する経済評価は近年実務においても関心を集めており，その成果は防災投資の費用対効果分析マニュアルとしてとりまとめられつつある。しかし，これら既存の評価手法は，防災投資の効果を期待被害額の軽減額に基づいて計測している。期待被

害軽減額による評価方法は，リスクが伝統的な保険市場において完全に担保されえることを前提としている．すなわち既存の評価方法は，小規模な危険事象が独立に多数生起するようなリスクを前提として開発されたものであり，災害リスクのカタストロフ性を考慮していない．それに対して本章では，防災投資によるカタストロフリスクの軽減便益の評価方法の考え方について概説した．

本章では，通常の災害保険市場よりはるかに規模の大きい国際資本市場から資金を調達することによって，巨大な自然災害による損失に備える国際災害保険市場を整備することが可能であることを示すとともに，国際災害保険市場における評価を通じて防災投資による巨大災害リスクの軽減効果を計測・評価する方法論について概説した．災害リスクのカタストロフ性の軽減便益の評価は，災害リスクが備える，伝統的な保険市場では担保されえない性格をモデル化することによって可能となる．モデルではまず第1に，集合性を有するカタストロフリスクを効率的に配分するためのファイナンス市場について記述した．次いで防災投資の経済便益をファイナンス市場における家計の防災投資への支払意思額として導出した．

リスクファイナンス技術の発展によって，災害保険料をある程度は低減できよう．しかし災害リスクは保険会社にとってもやはり危険なリスクであり，保険料には期待保険金支給額の他に保険会社のリスクプレミアム（保険会社がリスクを避けるために必要とする安全率）が加算される．すなわち効率的なリスクファイナンス市場であっても保険料は保険数理上公正ではなく，給付・反給付均等の原則が成立しない．保険料が期待保険金支給額にある一定の割合（1以上）マークアップされた水準に決定されるため，家計にとって災害保険は常に割高な商品となりフルカバーの災害保険を購入するインセンティブは存在しない．災害による被害が災害保険によりフルカバーされない以上，家計は事前に期待被害額で評価される以上の心理的コストを負担することになる．例えば第4節で示した動学モデルにおいては，「事後的被害の軽減効果」が保険でヘッジできないリスクを防災投資が緩和する便益を含んでいる．「事後的被害の軽減効果」には資産水準の変動に伴う心理的コストの軽減効果も含まれている．一方，第3節で定式化したようなカタストロフ災害保険市場が発展した場合，防災投資は安全地域に立地して災害時に保険金を供給する主体にも影響を及ぼすことになる．災害リスクの

リスクファイナンスは同質なリスク下にある主体のみの間でリスクをプールするのではない。この時，防災投資の費用便益分析では「最終的に誰に損失が帰着するのか」という問題を避けて通ることができない。ハードの防災技術のカタストロフ軽減機能の評価は，カタストロフ性を考慮したリスクファイナンス市場を想定することによってはじめて可能となるということが本章の最も重要なアイデアである。

付録　リスクプレミアムの導出

リスク Z を一般性を失うことなく以下のように表すことができる。

$$Z = \bar{z} + \varepsilon \tag{2.63}$$

$$E[\varepsilon] = 0, \ Var[\varepsilon] = \sigma^2 \tag{2.64}$$

状況依存的効用関数を $y + \bar{z}/N$ の回りでテイラー展開すると，

$$u\left(y + \frac{\bar{z}}{N} + \frac{\varepsilon}{N}\right) = u\left(y + \frac{\bar{z}}{N}\right) + \frac{\varepsilon}{N}u'\left(y + \frac{\bar{z}}{N}\right) + \frac{\varepsilon^2}{2N^2}u''\left(x + \frac{\bar{z}}{N}\right) \tag{2.65}$$

上式の期待値を計算することにより（2.1）式の中辺は以下のように変形される。

$$E\left[u\left(y + \frac{z}{N}\right)\right] = u\left(y + \frac{\bar{z}}{N}\right) + \frac{\sigma^2}{2N^2}u''\left(y + \frac{\bar{z}}{N}\right) \tag{2.66}$$

一方，(2.1) 式の右辺をテイラー展開すると，

$$u\left(y + \frac{\bar{z}}{N} - \rho^i\right) = u\left(y + \frac{\bar{z}}{N}\right) - \rho^i u'\left(y + \frac{\bar{z}}{N}\right) \tag{2.67}$$

(2.66), (2.67) 式より，リスクプレミアムを (2.2) 式のように得る。

第3章　災害リスクのアセスメント：地震リスクの定量化

兼森　　孝

1. はじめに

　人はさまざまなリスクにさらされて生活を営んでいる。地震，台風，洪水などの自然災害リスクや火災，交通事故，テロなどの人為的災害リスクなどなど，さまざまなリスクがあるが，人々は，安心・安全の安定した生活を目指して，意識してあるいは無意識にこれらのリスクを回避・軽減する行動をとりながら生活している。リスクとは何か？　リスクの厳密な定義は別の専門書に譲るとして，平たくいえば，将来ひょっとすれば見舞われるかもしれない災害や事故の発生であり，それらの災害や事故が発生した際に，それが自己に少なからず影響を及ぼす類のものという。人はこれらのさまざまなリスクにさらされていることを認知すると，少なからず不安を抱き，リスクを回避する方策を思案する。しかしながら，もしその認知されるリスクが多種多様で曖昧模糊としたものであれば，リスクに対する回避処置や軽減処置をとることなく漠然とした不安を抱きながら時間が経過し，ついにはリスクが実現化し多大な影響を被ることとなる。リスク分析とは，この曖昧模糊としたリスクを，論理的な思考のもとに分類整理したうえで，科学的な手法を用いて被害の生じる過程をモデル化してリスクを定量化することをいう。いうなれば，「見えないリスク」を「見えるリスク」にすることである。本章では，地震災害を例にとって，地震リスク分析の方法について概説する。

2. 地震リスク分析の方法

2.1　地震リスク分析に関する基本的考え方

　ここで，紹介する地震リスク分析は，将来起きるかもしれない大地震が保有資産にもたらす経済的な損失の大きさとその発生確率を分析するものである。地震リスク分析は，基本的に将来の予測であるから，少なからず不確実性（uncertainty）が含まれる。特に地震リスクの場合，ハザードの対象が不均質な地盤・地殻でその構造や性状を十分把握することが難しいこと，大地震発生の再現期間は数十年から数万年と人の歴史と比較して極めて長く，現象を解明するために必要なデータ量が必ずしも十分でないことなどから，地震リスクの大きさを高い信頼性をもって予測することは難しく，不確実性はその他のリスクと比べて一段と大きいといわざるをえない。例えば，地震の規模，発生場所，発生時期を高い信頼性をもって予測することは地震学の最新の知見をもってしても困難であるし，発生した地震が分析対象所在地にどのような地震動をもたらすかを正確に予測することも難しい。さらに，予測した地震動に対して保有資産にどのような被害が予想され，これがいくらの損失をもたらすかについても，決して実被害額と予想被害額が厳密に一致するといい切ることはできない。地震リスク分析においては，算出した予測結果に少なからず不確実性が含まれていることを認識したうえで，最終的な分析結果の中に不確実性を合理的にとり込むことが不可欠といえよう。

　さて，想定地震による被害損失額を予測する手法には，極めて高度な手法から簡便な手法までさまざまな方法がある。どのような手法を採用するかは，分析の目的，使用できる情報量，許容される分析費用などに依存する。例えば，原子力発電設備を対象とする場合は，地震被害により重大事故が発生した時には設備の被害のみならずその周辺にも深刻な影響を及ぼすので，10^{-8}以下の発生確率が議論される。このように高い信頼性が要求される分析においては，最新の知見と技術を駆使した詳細で高度な分析手法が必要となる。より多くの情報も必要であり，情報収集コストも含めて分析費用は多額なものとなる。一方，商業用ビルを対象とした不動産取引や証券化のための地震リスク分析においては，ビルの収益性に対して地震リスクが大きなインパクトになるか否かを確認することを目的とするものであり，必ずしも原

子力発電設備のような高い信頼性を要求されるものではない。また，分析にかけられる費用についても制約があり，商業用ビルの地震リスク分析では比較的簡便な方法が用いられるのが一般である。さらに，損害保険会社の保有する地震保険に関する地震リスク分析の場合，分析対象建物数は数万棟から数百万棟に及ぶ膨大な数となる。このような膨大な数の建物を分析対象とするポートフォリオ地震リスク分析においては，個別に詳細な分析を行うことは，費用と時間の点から見ても現実的ではない。また，個別分析に使用できるほどの情報量は通常得られないのが実情である。このようなポートフォリオ分析では，必要最小限の基本情報を使用し，各範疇別に平均的な建物の地震時脆弱性を設定した簡易な分析手法が用いられる。ただし，極めて多数の建物の地震被害損失総額は，個々の予想損失額を加算することから求められるが，分析対象数が多ければ多いほど加算結果は平均値に近づくこととなり，結果的にポートフォリオ分析結果として得られる予想損失額の信頼性は向上する。

本章では，さまざまな分析手法のうち，図 3.1 のフローチャートに示す，実用的に用いられている比較的簡便な地震リスク分析手法を紹介する。この方法論は，大小多数の想定地震を設定することにより日本全域の地震活動度を表現する「地震活動度モデル」，個々の想定地震が発生した際に分析対象地での地震動の大きさを予測する「地震動予測モデル」，その地震動が分析対象物にもたらす被害損失額を予測する「被害損失予測モデル」，さらに得られた多数の想定地震による予想損失額からリスクの大きさを算定する「リスク算定モデル」から構成される。

2.2　地震活動度モデル

地震活動度モデルは，日本全国に所在する分析対象に被害を与える可能性のある大小の想定地震を多数設定して，日本全域の地震活動度を表現するものである。最大規模の想定地震だけでなく中小規模の想定地震も含めるのは，地震規模は小さくとも，分析対象が震源に近いところに所在していれば，分析対象に大きな被害をもたらす可能性があるためである。それぞれの想定地震には，マグニチュード，震源位置，および発生確率が設定される。

想定地震の震源モデルとして，線震源モデル，面震源モデルおよびランダム地震域モデルなどが用いられる。

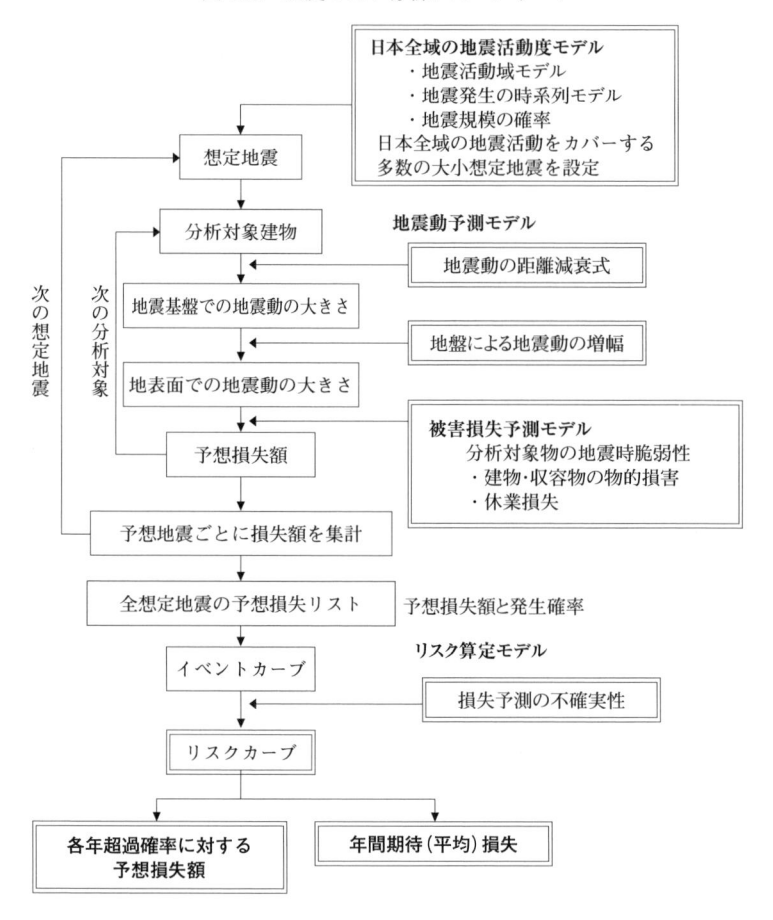

図 3.1 地震リスク分析フローチャート

```
                    日本全域の地震活動度モデル
                      ・地震活動域モデル
                      ・地震発生の時系列モデル
      想定地震 ←      ・地震規模の確率
        ↓           日本全域の地震活動をカバーする
                    多数の大小想定地震を設定
      分析対象建物
        ↓          地震動予測モデル
      地震基盤での地震動の大きさ ← 地震動の距離減衰式
        ↓
      地表面での地震動の大きさ ← 地盤による地震動の増幅
        ↓
      予想損失額 ←   被害損失予測モデル
        ↓           分析対象物の地震時脆弱性
                    ・建物・収容物の物的損害
                    ・休業損失
      予想地震ごとに損失額を集計
        ↓
      全想定地震の予想損失リスト   予想損失額と発生確率
        ↓
      イベントカーブ              リスク算定モデル
        ↓          ← 損失予測の不確実性
      リスクカーブ
        ↓
   各年超過確率に対する    年間期待(平均)損失
      予想損失額
```

（左側に「次の想定地震」「次の分析対象」の矢印ループ）

　線震源モデルは，活断層に適用されるモデルである。マグニチュードは，松田（1975）による断層の長さとマグニチュードの関係式などから設定する。大規模な活断層については，断層を分割して中規模な想定地震を設定する場合もある。発生確率は，活断層調査で報告されている活動度，平均変位速度，前回活動時期などから推定し，設定する。地震動の距離減衰式を用いて分析対象地での地震動の大きさを予測する際に用いる震源距離は，分析対象

地から断層線への最小直線距離を用いる。

　面震源モデルは，プレート境界で起きる巨大地震に適用される。地震動予測の際の震源距離は，面から分析対象地までの最小直線距離を用いる。

　ランダム地震域モデルは，活断層やプレート境界の巨大地震以外の地震活動に適用される。ランダム地震域モデルの設定に際しては，過去の地震データや地震地体構造の研究成果を参照して，地震活動がほぼ一様とみなせる複数の地震域に区分する。個々の地震域内では規模別の地震発生頻度は同一で，地震の発生場所はランダムであるとしてモデル化する。それぞれの地震域においては，既存の地震研究成果から，最大マグニチュードが設定される。また，被害が起きる可能性がある最小の地震規模という観点に立って，マグニチュード5.0程度が最小マグニチュードとして設定される。こうして，それぞれの地震域において，最大から最小まで複数のマグニチュードの地震が想定される。地震の規模別の発生確率は，過去に発生した地震データを使って，Gutenberg-Richter式を使って推定する。ところで，設定されるそれぞれの地震域は，一般に少なからない広さを持っている。その地震域の中のどこで地震が発生するかによって，被害の大きさは著しく異なってくる。ランダム地震域モデルにおいては，地震域内での地震の発生場所はランダムと定義している。これは，地域内に複数の線震源モデルあるいは面震源モデルを複数配列し，地域全体の地震の発生確率を配列したそれぞれの想定地震に配分することによって表現される（図3.2参照）。

　こうして，日本全域での大小さまざまな被害地震の発生を表現するモデルとして，少なくとも数千個以上の想定地震が設定され，地震リスク分析に用いられる。

　図3.3には，応用アール・エム・エス株式会社の自然災害リスク評価システム Risk Link の日本地震モデルにおいて使用されている地震活動度モデルを示す。太平洋側の海溝性地震の地震活動度を表現する海溝性地震モデル（面震源モデルを適用），内陸性地震のうち98の要注意活断層をベースに構成した線震源モデルを使用した活断層地震モデル，そして活断層では表現できない内陸性地震をランダム地域震源モデルを使って表現した内陸性地震モデルの3種類の地震モデルで構成されている。

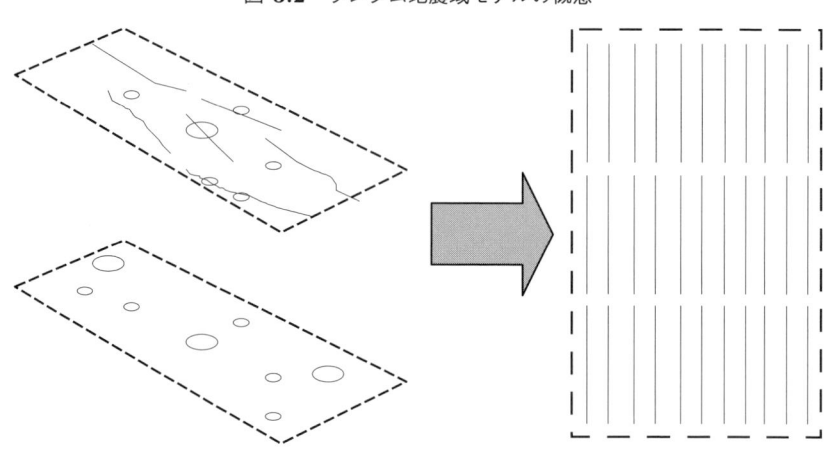

図 3.2 ランダム地震域モデルの概念

2.3 地震動予測モデル

地震動予測モデルは，想定地震が分析対象地にもたらす地震動の大きさを予測するモデルである。地震動の大きさの予測は被害損失予測を目的とするものであり，被害損失予測モデルとの関連で地震動の大きさを表す量が決められる。地表最大加速度（PGA: Peak Ground Acceleration），地表最大速度（PGV: Peak Ground Velocity）あるいは計測震度などが一般に用いられる。

地震動の大きさを予測する過程は，図 3.4 に示した地震動の伝播過程を表す概念図に示すように 2 つのステップに大別される。1 つは，基盤面における地震動の大きさを予測する過程，もう 1 つは表層地盤の地震動の増幅を考慮して地表面での地震動の大きさを予測する過程である。

基盤面での地震動予測には，マグニチュードと震源距離をパラメータとする地震動の距離減衰式が用いられる。ここで，基盤面としては，多くの距離減衰式が工学的基盤面を対象としていること，また表層地盤の地震動の増幅を考慮する際に表層地盤の情報が必要となるが，工学的基盤以浅の地盤情報は比較的入手しやすいこと，などを事由に，S 波速度 400m/秒～600m/秒のいわゆる工学的基盤面を対象とするのが一般的である。地震動の距離減衰式は，さまざまな式が提案されている。それぞれ特徴があるが，地震活動度

図 3.3 地震活動度モデルの例（Risk Link 日本地震モデル）

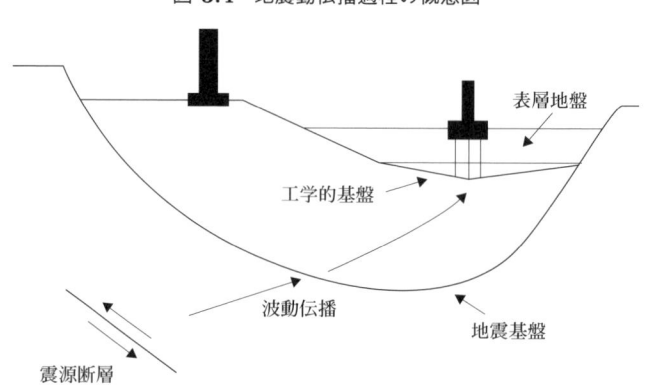

図 3.4 地震動伝播過程の概念図

モデルや被害損失予測モデルとの関連もあり，過去の地震被害データを使った予測モデルの検証作業を通じて，適切な距離減衰式を選定することが望ましい。モデルによっては，地震のタイプ別に複数の距離減衰式を適用して，予測と実際の乖離を小さくすることを試みているものもある。

距離減衰式の一例として，Fukushima and Tanaka（1991）の式をあげれば，以下のとおりである。

$$\log_{10} A_{max} = 0.51 M_j - \log_{10}(R + 0.006 \times 10^{0.51 M_j}) - 0.0034 R + 0.59 \quad (3.1)$$

ただし，A_{max}：観測点での平均的な地表面水平最大加速度（gal），R：観測点から震源断層までの最短距離（km），M_j：気象庁マグニチュード。

図3.5には，距離減衰式から算出される距離減衰曲線と観測データ値を示したが，同図に示すように予測値と実際の観測データ値には然るべきバラツキが見られる。このバラツキが予測の不確実性であり，最終的なリスク量算定に際してはこの不確実性を定量的に含めて分析結果に考慮しなければならない。

さて，工学的基盤面において予測した地震動の大きさから，表層地盤の地震動の増幅特性を考慮して地表面での地震動の大きさを予測する方法としては，重複反射理論に基づく等価線形手法が地震動評価の際に一般によく用いられている。しかしながら，重複反射理論に基づく方法では，詳細な表層地盤のS波速度構造とその動的特性に関する情報が必要なこと，また解析

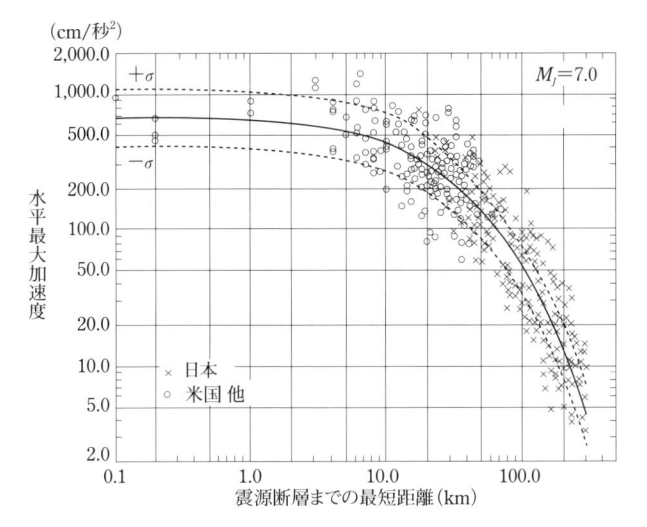

第 3 章　災害リスクのアセスメント

図 3.5　水平最大加速度の距離減衰曲線とデータ値

出典：Fukushima and Tanaka（1991）．

に必要な地震波形に多様性があることなどから，情報量に制約のある地震リスク分析では重複反射理論に基づく方法はあまり用いられず，もっと簡便な方法が用いられる。例えば，翠川・松岡（1995）は，深度 30 m までの平均 S 波速度をパラメータとして，地盤による地震動増幅率を設定する方法を提案し，この方法論に基づき，国土数値情報を利用して微地形区分，標高データ，河川からの距離から表層地盤の S 波速度を推定し，広範囲な地域における各地盤の地震動増幅率を設定し，地震動予測を行っている。参考までに国土数値情報を使って関東・東海地域の表層地盤の地震動増幅率を設定した例を図 3.6 に示す。このような簡便な方法論が地震リスク分析では一般に用いられている。

2.4　被害損失予測モデルの例

地震リスク分析においては，地震被害損失を，保有資産が地震被害を受けた場合に現状復帰するために必要となる費用として定義するのが通常である。古いビルが被害を受けた場合，復旧に際して併せて古い設備を新しい設

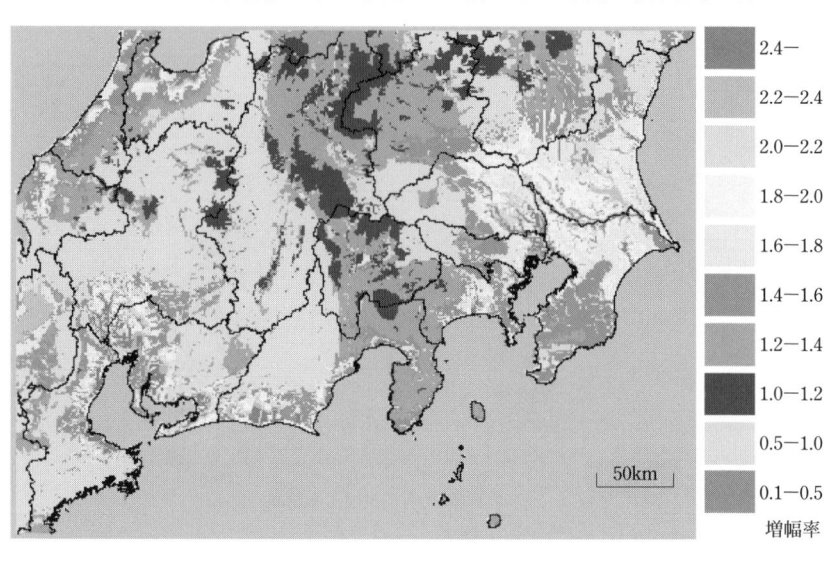

図 3.6 国土数値情報を用いて設定した表層地盤の地震動増幅率分布の例

出典：翠川・松岡（1995）。

備に更新する場合も多いが，更新の程度は所有者の判断に依存し，寓意性が大きいため，あえて古い設備もそのまま現状復帰するものと仮定している。よって，地震被害損失の予測においては，建物などの分析対象資産を現時点で購入あるいは建設するために必要な価額，すなわち再調達価額をベースに算定する。予想損失額の算定に際しては，分析対象資産の地震時脆弱性を分析評価し，この結果を地震動の大きさと予想損失率の関係を示す損失率曲線（Vulnerability Curve）にまとめ，この損失率曲線を使って地震動予測モデルから得られる各想定地震における地震動の大きさから損失率を求める。損失率に再調達価額を乗じて予想損失額が求められる（図3.7）。

被害損失予測の方法には，解析的方法と統計的方法の2種類がある。一般に，地震による被害損害額を解析的に求めることは困難である。例えば建物被害を考える時，建物は極めて多数の部材や設備で構成されており，想定しうる被害状況は多岐多様にわたり，これらすべての想定被害を網羅し，かつこれらすべての組み合わせを考えて予想損失額を推定するには，多大な手間

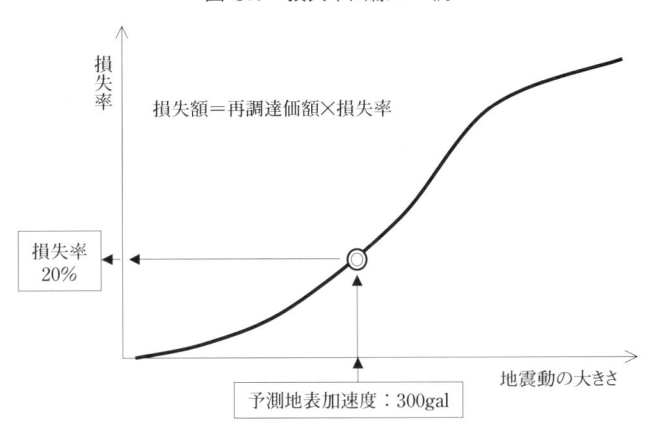

図 **3.7** 損失率曲線の一例

と費用が必要となり現実的ではない。したがって，損失額の予測は，基本的に過去の地震被害データを利用した統計的な手法を利用して行われる。

多数の保有資産を対象としたポートフォリオ地震リスク分析では，建物・施設に関する必要最小限の情報を用いた分析手法が多く用いられる。この際使用される被害損失予測モデルは，主として被害データの統計分析結果を利用して作成されるモデルである。これは，さまざまな地震による建物被害統計データを分析して，損傷度合いと関連の深い建物の基本情報（例えば構造種別や建築年など）を抽出し，被害統計分析手法を用いて基本情報で分類分けした損失率曲線を作成するものである。その一例を示せば，東京都の地震被害想定調査 (1997) では，兵庫県南部地震での被害事例から，加速度と建築年代別木造家屋被害率の関係が求められている。ここで，各損傷程度の建物被害損失の大きさ（平均的損失率）を全壊 100%，半壊 50%，一部損壊 10% と仮定して，損傷程度ごとにその被害率と平均的損失率を乗じ，さらにそれらを合計すれば，その種の建物の損失率（平均値）が得られる。表 3.1 には，昭和 36～55 年築造家屋の被害率データを例にして，この算出過程を示した。また，図 3.8 はこの結果をグラフとして表したものである。

中村 (2001) は，上記の方法と基本的に同様な考え方のイベントツリーによる予想損失額算出方法を提案している。その一例を図 3.9 に示す。同図に

表 3.1 各損傷程度の建物被害率から建物損失率を求める一例

(単位：％)

地表最大加速度	被害率（東京都 1997 年）				各損傷程度建物の損失率			平均損失率(合計)
	全壊	半壊	一部損壊	無被害	全壊(×100%)	半壊(×50%)	一部損壊(×10%)	
150gal	0.0	0.0	0.0	100.0	0.0	0.0	0.0	0.0
200gal	0.0	0.1	0.3	99.5	0.0	0.1	0.0	0.1
250gal	0.2	0.7	1.8	97.4	0.2	0.3	0.2	0.7
300gal	0.7	2.0	5.4	92.0	0.7	1.0	0.5	2.2
350gal	1.7	5.0	13.4	80.0	1.7	2.5	1.3	5.5
400gal	3.3	10.0	26.6	60.0	3.3	5.0	2.7	11.0
450gal	6.1	18.3	48.9	26.7	6.1	9.2	4.9	20.2
500gal	8.9	26.6	64.5	0.0	8.9	13.3	6.4	28.6

おいて，リスクあるいは損失期待値と記されているものが，ここでいう予想損失額（平均値）に相当する．この方法論においても，イベントツリーの各分岐の確率や各被害形態の損失の大きさは，主として被害統計データを用いて求められる．

2.5 リスク算定モデル
2.5.1 イベントカーブ

地震活動度モデルで設定した多数の想定地震に対して，地震動予測モデルおよび地震被害損失予測モデルを用いて分析対象物の予想損失額を求めれば，各想定地震による予想損失額と発生確率に関する一覧表が得られる．この予想損失額一覧表を損失額の大きい順に並べ替え，損失額上位から順に想定地震の発生確率の累積確率，すなわち超過確率を計算する．図 3.10 に示すように，予想損失額を横軸に，年超過確率を縦軸にとって描いた曲線がイベントカーブである．年超過確率は，図 3.10 に示すごとく，イベントを損失額の大きい順に並べ，大きい順にその年発生確率を累積した年間の累積確率を意味する．

イベントカーブの右下先端は，予想される最大の損失を表す．図 3.10 の例でいえば，予想最大損失は 108 億円となる．イベントカーブのそれぞれ

図 3.8 各損傷程度の建物被害率から建物損失率を求める一例

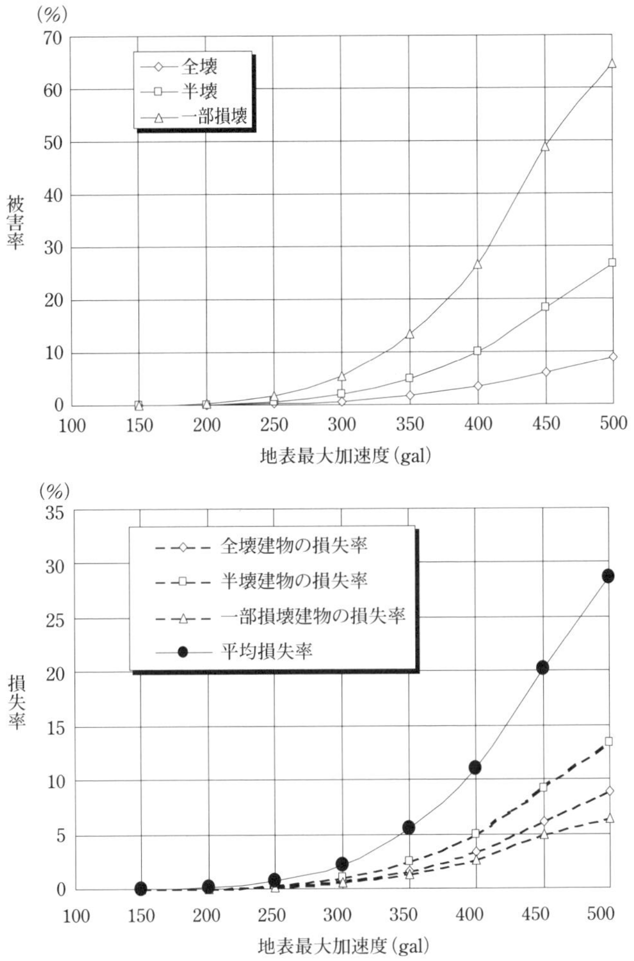

の値，例えば図 3.10 の例においては年超過確率 1％で 52 億円と読み取れるが，これは今後 100 年間（1％の逆数）に少なくとも 52 億円以上の損失が生じる可能性があることを意味する．すなわち，1 番から 5 番までの地震被害損失のいずれか 1 つが少なくとも起きる可能性がある．さらに，イベント

図 3.9　地震リスク評価におけるイベントツリーの一例

被害要因

液状化	構造物被害	設備被害	生起確率 $P(c_i \mid a) \times$	損失の大きさ c_i	リスク	被害形態
0.9	0.7	0.6	0.38	0	0	無被害
		0.4	0.25	$100U$	$25U$	設備被害
	0.3	0.4	0.11	$300U$	$33U$	構造物被害
		0.6	0.16	$500U$	$80U$	構造物被害と設備被害
0.1			0.1	$1000U$	$100U$	液状化による被害

地震動 a Gal　無／有

$\sum P(c_i \mid a) = 1.0$　損失期待値　$\sum P(c_i \mid a) c_i = 238U$

出典：中村（2001）。

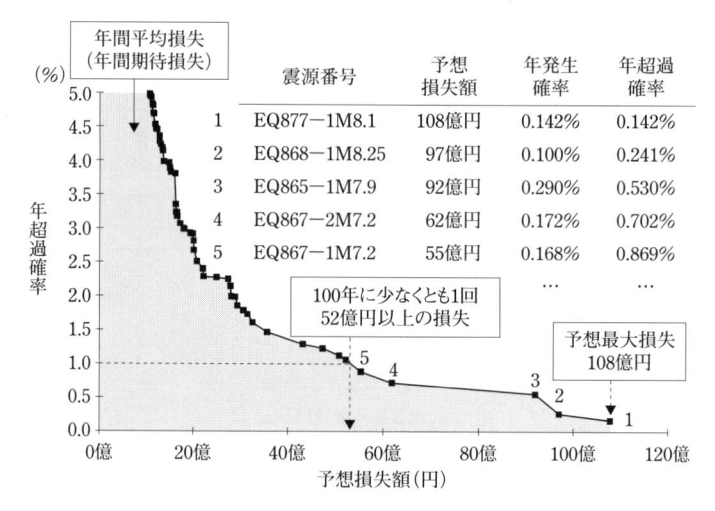

図 3.10　イベントカーブの作成

震源番号		予想損失額	年発生確率	年超過確率
1	EQ877−1M8.1	108億円	0.142%	0.142%
2	EQ868−1M8.25	97億円	0.100%	0.241%
3	EQ865−1M7.9	92億円	0.290%	0.530%
4	EQ867−2M7.2	62億円	0.172%	0.702%
5	EQ867−1M7.2	55億円	0.168%	0.869%

年間平均損失（年間期待損失）

100年に少なくとも1回 52億円以上の損失

予想最大損失 108億円

縦軸：年超過確率（%）　横軸：予想損失額（円）

カーブと縦軸，横軸で囲まれる面積は，∑（予想損失額 × 年発生確率）で算出されるが，これは年間平均損失額あるいは年間期待損失額と呼ばれ，1年当たりの平均損失額を意味する。年間期待損失額とは，これに相当する金額

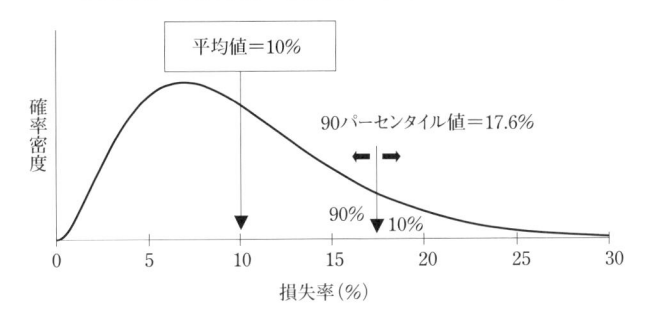

図 **3.11** 損失予測の不確実性を表すベータ確率分布

を毎年積み立てていけば，非常に長い期間をとれば，発生した損失額と積立額が同額となる，1年当たりの平均損失額を意味する．

2.5.2 損失予測の不確実性の取り扱い：リスクカーブ

損失予測の結果得られる予想損失額には大小の予測誤差，すなわち不確実性が含まれている．例えば，地震被害損失については，想定地震に関わる不確実性（地震発生のメカニズム，震源位置，地震の規模，発生確率など）や想定地震による対象物の損失予測過程に関わる不確実性（加速度距離減衰，地盤の増幅度特性，液状化の発生，建物の脆弱性評価，等々）が予測誤差の要因としてあげられる．一般に，地震の発生に関わる不確実性は一次の不確実性，想定地震による損失予測の一切の過程に関わる不確実性は二次の不確実性と呼ばれている．このうち，二次の不確実性については，図3.11に示すようなベータ確率分布で表現される．損失予測計算においては，平均値（ミーン値）をベースにするのが一般的である．安全側を考えて予想損失を大きめに評価する必要がある場合，90パーセンタイル損失額が用いられることが多い．90パーセンタイル損失値でリスク評価をする場合は，イベントカーブにおいて，平均損失値のかわりに90パーセンタイル損失値を用いる（図3.12）．

さて，ここでイベントカーブにおける予想損失値の意味を改めて考えてみよう．イベントカーブの縦軸の超過確率は想定地震の発生確率から算出したものである．したがって，イベントカーブにおいては，地震の発生確率に関

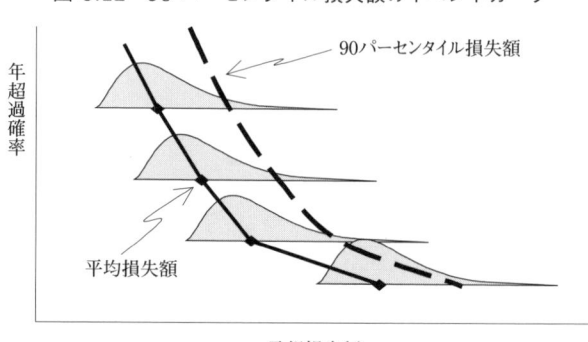

図 3.12 90 パーセンタイル損失額のイベントカーブ

しては確率論的なアプローチがなされているものの，損失額の予測に関しては平均値あるいは安全側を考えた90パーセンタイル値というように確定論的な要素が残されている。地震リスクを経済面のリスクとして考えるのであれば，求める確率は地震の発生確率ではなく経済損失の発生確率でなくてはならない。リスクカーブは，イベントカーブに損失予測過程の不確実性を織り込んで，予想損失額とその損失額が生じる超過確率の関係を示す曲線とすることを意図するものである。

リスクカーブの算出方法を図 3.13 に模式的に示す。同図には，それぞれの想定地震における平均予想損失額とその予測誤差分布が示されている。ここで，ある損失額 x の超過確率を求めてみよう。それぞれの想定地震において損失額 x 以上の損失が生じる確率は，同図の予測誤差分布においてハッチで示した部分である。この確率をすべて足し合わせた確率 $EP(x)$ が損失額 x 以上の損失を生じる超過確率となる。

これを数式で表せば，下式のとおりである。

$$EP(x) = \sum_i [\lambda_i \times P_i(x, \overline{x}, \sigma)] \tag{3.2}$$

ここで，x：損失額，$EP(x)$：損失額 x に対する超過確率，λ_i：イベント i の年間発生確率，P_i：予想損失 X の超過確率，X：平均損失，σ：標準偏差。

この手順を予想損失額の軸上で繰り返して，同図に示す「二次の不確実性を考慮したリスクカーブ」が得られる。

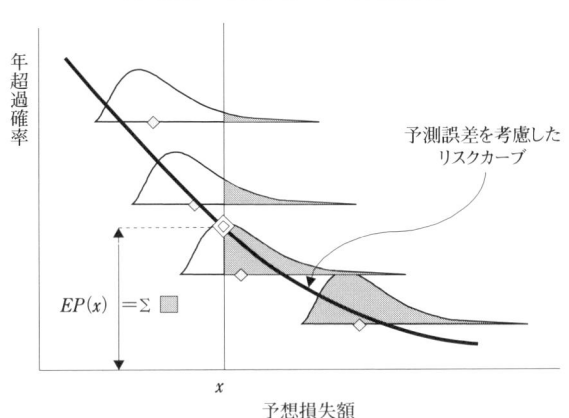

第 3 章　災害リスクのアセスメント　　65

図 **3.13**　リスクカーブの作成方法

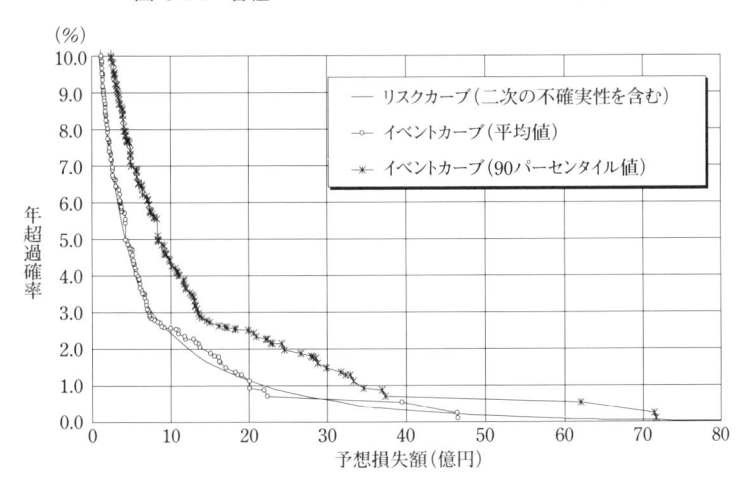

図 **3.14**　各種イベントカーブとリスクカーブの比較

　図 3.14 に，平均損失のイベントカーブ，90 パーセンタイル損失のイベントカーブおよび予測誤差を考慮したリスクカーブを比較した例を示す。本例は，不確実性の小さいポートフォリオ分析における例であるが，リスクカーブは，ほぼ平均損失のイベントカーブに沿ったカーブとなり，大きな損失額

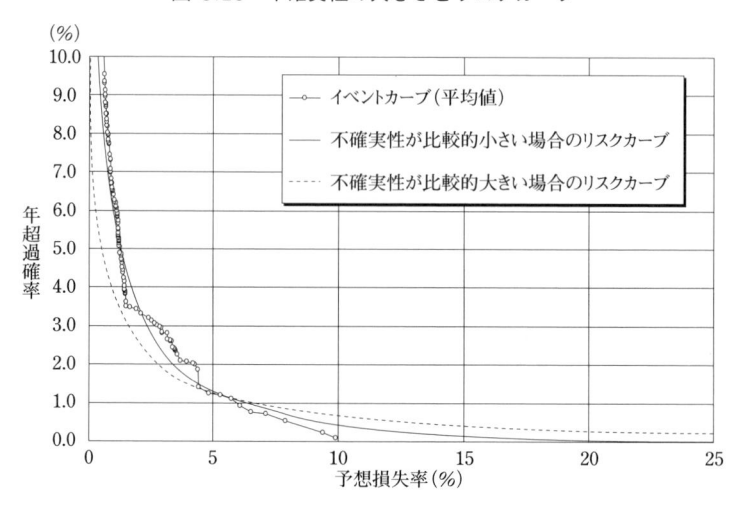

図 3.15　不確実性の大きさとリスクカーブ

グラフ凡例：
- イベントカーブ(平均値)
- 不確実性が比較的小さい場合のリスクカーブ
- 不確実性が比較的大きい場合のリスクカーブ

縦軸：年超過確率(%)
横軸：予想損失率(%)

の部分で不確実性が含まれていることを反映して，末広がりの形状を示している。年超過確率の小さいところで比較すれば，リスクカーブの損失額は平均損失のイベントカーブより大きく，また90パーセンタイル損失のイベントカーブより小さい損失額となる。図3.15は，不確実性の大きさの違いがリスクカーブにどのような形状の変化をもたらすかを見る目的で，同一の平均値のイベントカーブに不確実性が比較的大きい場合と比較的小さい場合のリスクカーブを比較した図である。同図に示すように，不確実性が大きいリスクカーブは平均値のイベントカーブとの乖離が大きくなる。特に年超過確率の小さい部分で予想損失がより大きくなる。地震リスクの場合，年超過確率1％以下の低い確率での財務的インパクトの大きさが問題となるが，上記の特性は不確実性が大きい場合リスクを大きめに見る必要があるという従来の考え方に合致している。

2.5.3　ポートフォリオ地震リスク分析の際の不確実性の取り扱い

　ポートフォリオ地震リスク分析とは，複数の資産（ポートフォリオ）を対象にポートフォリオ全体の地震リスクの大きさを分析するものである。分析方法は，図3.1のフローに示したように想定地震ごとに分析対象の予想損失

額を集計して各想定地震による予想損失額を求めればよく，基本的には個別資産の分析と同様である．ただし，不確実性の評価に関しては，多数の個別データを加算していくと次第に平均値に近づくという統計原則を反映させた配慮が必要である．その基本的な考え方は以下のとおりである．

多数の対象物を足し合わせて全体の損失額を算出する場合，標準偏差値についても合算が行われる．統計理論によれば，足し合わせるものが互いに完全に（100%）相関がある場合，合算した後の標準偏差も単純加算となる．すなわち，下式で与えられる．

$$\sigma_{TC} = \sum_{i=1}^{N} \sigma_i \tag{3.3}$$

ここで，σ_{TC}：100%相関のある事象の合算後の標準偏差，σ_i：個々の事象の標準偏差，N：事象の総数．

一方，互いに独立した事象を合算する際の標準偏差は，下式のとおりとなる．

$$\sigma_{TI} = \sqrt{\sum_{i=1}^{N} \sigma_i^2} \tag{3.4}$$

ここで，σ_{TI}：100%独立な事象の合算後の標準偏差，σ_i：個々の事象の標準偏差．

予測値は平均値を中心にしてばらつくが，それぞれのばらつきに100%相関があるとはいえないし，また100%独立であるともいえない．多くの部分は独立であるが相関する部分も含まれるというのが実際であろう．ポートフォリオ地震リスク分析における標準偏差の加算に際しては，独立と相関の割合を経験的に決めて，下式に用いて標準偏差を合算する．

$$\sigma_T = (1-k) \sum_{i=1}^{N} \sigma_i + k \sqrt{\sum_{i=1}^{N} \sigma_i^2} \tag{3.5}$$

ここで，k：独立事象の割合．

上記の方法で標準偏差を加算する時に不確実性がどの程度小さくなっていくかを理解するために行った1つの試算結果を図3.16に示す．この試算では，独立事象の割合を80%（$k=80\%$），相関事象の割合を20%として，す

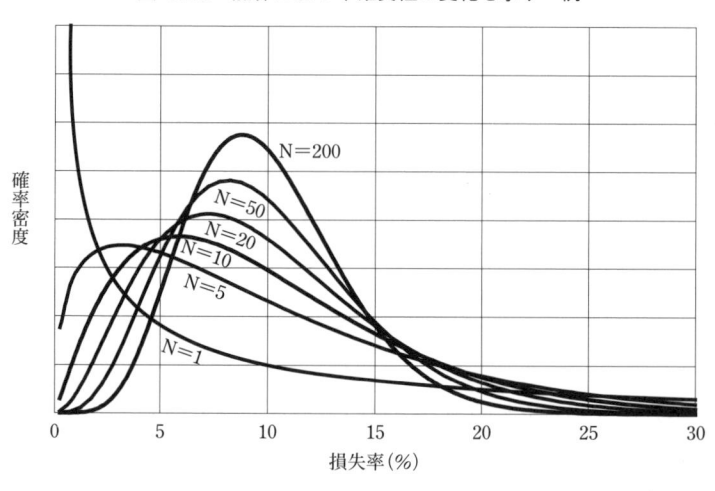

図 3.16 加算による不確実性の変化を示す一例

べての建物で資産額が同額,予想平均損失率はすべて 10%,変動係数もすべて 1.4（標準偏差 14%）と仮定した。加算するにつれて損失予測の確率密度分布が次第に狭まり,不確実性が小さくなっていく様子が理解できよう。

3. リスク分析結果（リスクカーブ）の活用

最後に,リスク分析の結果得られるリスクカーブの活用方法について簡単に述べる。

前述のとおり,リスクカーブは予想される損失額とその発生確率を表した曲線である。どの程度の損害額がどの程度の確率で発生するかを読み取ることができる。自己の財務力を分析して,許容できる損失額とその許容発生頻度が得られれば,リスクカーブと比較して保有しているリスクが許容できるものかどうか判断することができる。もし,予想される損害額とその発生確率が許容限度を超えていれば,なんらの対策を施さなくてはならない。図 3.17 は,対策が必要な場合の状況を模式的に表したものである。

一般にリスク対応策として,リスクの大きさを低減させるリスク低減策と,適正なコストを支払ってリスクを他者に転嫁するリスク転嫁策の 2 つが

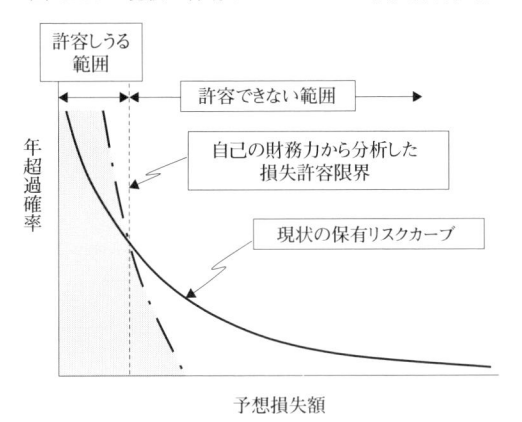

第 3 章　災害リスクのアセスメント

図 **3.17**　現状の保有リスクカーブと損失許容限界

図 **3.18**　リスク低減対策後のリスクカーブ

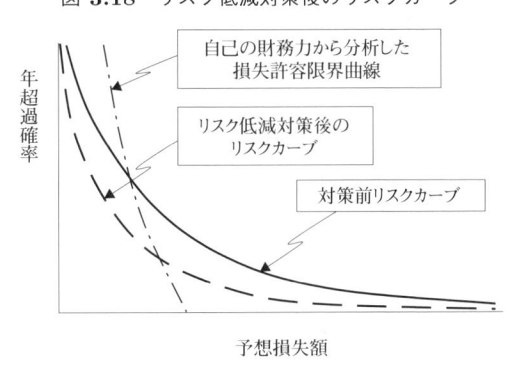

主要な対応策としてあげられる．地震リスクの場合，耐震補強や移転改築などがリスク低減策であり，リスク転嫁策の代表的なものが地震保険である．

　リスク低減策の場合，地震被災による損失額が低減するので，対策後のリスクカーブは左側に移動する．その様子を図 3.18 に示す．低減策に要した費用と低減効果としてリスクカーブが左側に移動した程度を比較することによって対策の費用対効果を検討することが可能である．ところで，図 3.18 の模式図においては，リスク低減策を施したのにもかかわらず予想損失額の

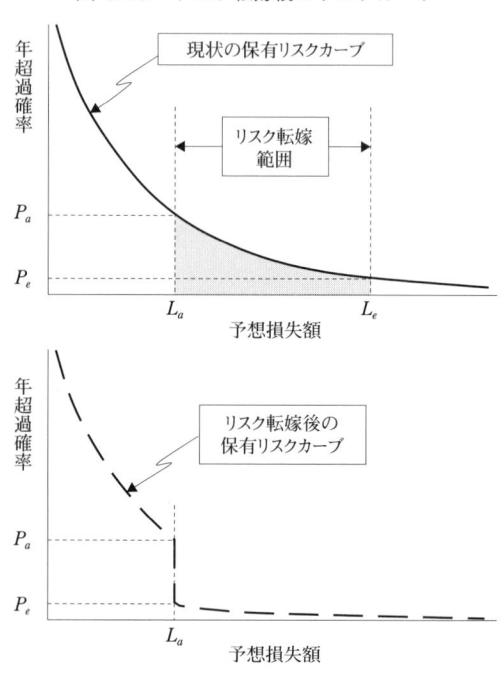

図 3.19 リスク転嫁後のリスクカーブ

大きい部分で保有リスクは許容限界を上回っている。このような場合，さらにリスク転嫁策を施し，保有リスクのレベルを下げる必要がある。

最も代表的なリスク転嫁策が地震保険などの損害保険である。損害保険の場合，ある一定額上の損害が生じた場合，最大いくらまで保障するという形で契約がなされる。保険金の支払いが生じる「ある一定額」のことを免責額といい，支払われる最大の保険金額を限度額という。保険契約をする場合は，分析されたリスクカーブと損失許容限界曲線を比較しながら，この免責額と限度額，すなわちリスク転嫁する範囲を決める。リスク転嫁後の保有リスクカーブは，転嫁した部分がすっぽりと抜ける形となる。図3.19にリスク転嫁後の保有リスクカーブの変化の様子を模式的に表した図を示す。同図において，L_a が免責額に，$(L_e - L_a)$ が限度額に相当する。ところで，同図上段の図においてハッチをした部分は，リスク転嫁する部分の年間期待

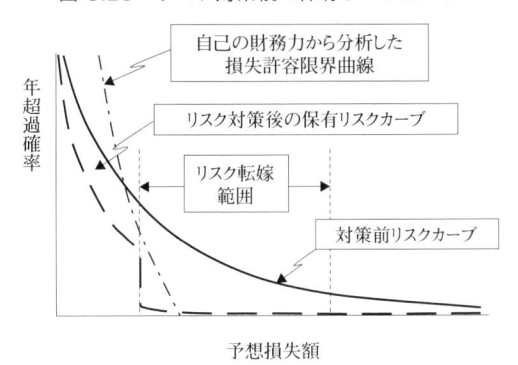

図 **3.20**　リスク対策後の保有リスクカーブ

(図：縦軸「年超過確率」，横軸「予想損失額」。「自己の財務力から分析した損失許容限界曲線」「リスク対策後の保有リスクカーブ」「リスク転嫁範囲」「対策前リスクカーブ」のラベル付き)

損失額に相当する。保険用語で言う純保険料に相当する額であり保険料率を算定する上での基礎となる数値の1つである。この他，限度額の大きさ，保険金の支払いが生じる確率 P_a，最大の保険金（限度額）の支払いが生じる確率 P_e も保険料率算定の基礎となる数字である。

　ところで，図 3.18 の例で，リスク低減後の保有リスクは大きな損失額の部分において依然財務上の許容限度を超えており，さらなる対策が必要であると述べた。この対策としてリスク転嫁策を施すとすれば，図 3.20 のとおりとなる。ここにおいて，対策後の保有リスクカーブは財務上の損失許容限界内にあり，大きな損失部分においても十分小さい確率となり，適切なリスク対応策が講じられたことになる。

第4章　災害リスクマネジメント施策の経済評価

多々納裕一・髙木朗義

1. はじめに

　本章では災害リスクマネジメント施策の経済的評価方法について述べる。先に述べたように災害リスクマネジメント施策には，大別してリスクコントロールとリスクファイナンスがある。リスクコントロールはリスクを回避・予防・軽減させる手段であり，防災施設整備や災害発生時対応策のほか，災害情報提供や災害教育，土地利用規制などもこれに当たる。一方，リスクファイナンスはリスクを移転・保有する手段であり，災害保険やCATボンドなどが該当する。このような災害リスクマネジメント施策の実施はさまざまな効果をもたらす。また，それらの効果は施策を実施した地域に留まらず，社会経済システムを通じて他地域にも波及する。さらに，施策を実施した時点に留まらず，将来にわたって効果は発生する。したがって，災害リスクマネジメント施策の経済的評価を行うためには，さまざまな場面や条件設定を考える必要がある。

　そこで本章では，まず時間軸を考えない場合，すなわち静学的な評価方法について示した後，時間軸を考慮した場合，すなわち動学的な評価方法について述べることとする。さらに，静学的な評価方法については，空間を考慮する場合と考慮しない場合に分けて説明する。災害リスク回避行動の1つに災害危険度の高い地区への立地を避けるというものがある。災害リスクマネジメント施策がある地区に実施されると当該地区の災害リスクが変化し，それが住民や企業に認知されて立地選択行動に反映され，最終的に土地利用の変化として現れる。このように災害リスクマネジメント施策による災害リスクの空間的な変化状況がわかり，リスク回避としての立地選択行動を評価

しなければならない場合には，空間を考慮する必要がある。ただし，読んでいただければわかるが，空間を考慮する場合の評価方法は空間を考慮しない場合の応用であり，言い換えれば，空間を考慮しない場合の評価方法は空間を考慮する場合の一部として位置付けられるため，評価方法の基本的な考え方は同じである。また，動学的な評価方法の解説では，災害リスクマネジメント施策の事前策だけでなく，事後策，すなわち復旧・復興施策の評価方法についても述べる。特に，復旧・復興施策が瞬時に行われるのではなく，遅れて実行されることによって損失が発生している点に着目して述べたい。

2. 静学的な評価方法（空間を考慮しない場合）

厚生経済学の分野では，不確実性下の便益評価のために多くの手法が提案されてきた（例えばJohansson 1987）。不確実性下において便益評価指標を構成する際に問題となるのが期待効用の変化との整合性である。ここではそのような条件として「符号保存性」，「順序保存性」を取り上げる。符号保存性はプロジェクトの整備に伴う期待効用の変化の符号と便益評価指標の符号が一致する性質である。順序保存性は便益評価指標によってプロジェクトに付される順序が期待効用による順序と一致する性質である。

2.1 さまざまな便益評価指標

便益評価指標の定式化に際しては，プロジェクトの整備無の状況 ξ_0 と整備有の状況 ξ_s の2通りの基準のとり方がある。これは確定状況下における等価変分，補償変分の定義と同様である。厚生経済学の分野の研究により，①等価変分 EV は符号保存性，順序保存性を共に有する，②補償変分 CV は符号保存性を有するが順序保存性は有さないことが示されている。したがって，補償変分はプロジェクトの選択指標として妥当ではない。このことは不確実性下でも当てはまる。そこで以下では ξ_0 を基準とした EV 系の評価指標を対象とする。

いま，家計は環境 Q とニューメレールである合成財 y を消費しているとする。この時，代表的家計の間接効用関数は $V(y, Q)$ として表せる。環境 Q の実現値 q はプロジェクトの整備状況 ξ_s とシステムの状態 x に依存し，$q = Q(x; \xi_s)$ で与えられるものとする。また，プロジェクトの整備状況が ξ_s

であるときシステムの状態が x である確率を $\pi_s(x)$ で表す. 不確実性下の代表的家計の厚生水準は次のような期待効用 $EU(y)$ で与えられる.

$$EU_s(y) = \sum_x V(y, Q(x;\xi))\pi_s(x) \tag{4.1}$$

プロジェクトに伴う期待効用の変化 $\Delta_{0s}EU$ は次のようになる. 以下で述べる便益評価指標はこれを金銭尺度で評価したものである.

$$\Delta_{0s}EU(y) = EU_s(y) - EU_0(y) \tag{4.2}$$

不確実性下の便益評価手法は, a) システムの状態の違いに対する支払意思額の期待値を用いる方法, b) プロジェクトの実施に対する支払意思額を用いる方法に大別される.

a) では, プロジェクトの実施前後の各状況において, システムのある基準状態と他の状態との家計の厚生水準の差を, 等価変分等の指標を各整備状況毎に期待値を求めその差により便益の評価を行う. 環境が状態 q_0 から q に変化した時の等価変分 $EV(q;q_0,y)$ は,

$$V(y + EV(q;q_0,y), q_0) = V(y,q) \tag{4.3}$$

のようになる. いま, この期待値は,

$$E[EV_s \mid \xi_s] = \sum_x EV(Q(x;\xi_s);q_0,y)\pi_s(x) \tag{4.4}$$

のように定義できる. この時プロジェクト実施の効果は期待等価変分の差 $\Delta E[EV]$ により評価される. q_0 は平常時の環境水準を表すため, この指標はプロジェクトの実施に伴う利得の期待増加額を表している.

$$\begin{aligned}\Delta E[EV] &= E[EV_s \mid \xi_s] - E[EV_0 \mid \xi_0] \\ &= \sum_x EV(Q(x;\xi_s);q_0,y)\pi_s(x) - \sum_x EV(Q(x;\xi_0);q_0,y)\pi_0(x)\end{aligned} \tag{4.5}$$

b) はプロジェクト実施前と実施後の期待効用の違いを支払意思額によって金銭換算する方法であり, さらに「システムの状態とは独立な確定的支払意思額を求める方法」と「システムの状態に依存した支払意思額を求める

方法」に分類できる。前者では，プロジェクト実施前の期待効用を実施後のそれと等しくする支払意思額は唯一に定まり，等価オプション価格と呼ばれる。代表的家計はプロジェクト整備後の厚生水準は $EU(\xi_s)$ である。システムの状態が x である場合の支払意思額を $s(x)$ とおく。いま，

$$E[V(y+s(x), Q(x;\xi_0)) \mid \xi_0] = EU_s(y) \qquad (4.6)$$

の関係が成り立つ。オプション価格は実現する状態 x とは独立なプロジェクトに対する確定的支払意思額であり，任意の x_0, x_s に対して $s(x_0) = s(x_s) = OP_e = \text{const.}$ となる。

$$E[V(y+OP_e, Q(x;\xi_0)) \mid \xi_0] = EU_s(y) \qquad (4.7)$$

一方，後者のような支払意思額の組み合わせは無数に存在する。このうちすべてのシステムの状態における家計の効用が等しい水準であるという条件を満たす支払意思額の組み合わせを Certainty Point $\mathbf{c_s} = \{c_s(x)\}$ といい，期待支払意思額を最小とする支払意思額の組み合わせを Fair Bet Point $\mathbf{f} = \{f(x)\}$ という。したがって，Certainty Point $\mathbf{c_s} = \{c_s(x)\}$ は，

$$E[V(y+c_s(x), Q(x;\xi_0)) \mid \xi_0] = E[V(y, Q(x;\xi_s)) \mid \xi_s] \qquad (4.8)$$
$$V(y+c_s(x), Q(x;\xi_0)) = u_0 \ (= \text{const.}) \qquad (4.9)$$

の解である。ここで (4.9) 式は，Certainty Point において，任意の x に対して間接効用値が一定値 u_0 であるという条件を表す。同様に Fair Bet Point $\mathbf{f_s} = \{f_s(x)\}$ は，

$$m(EU_s; \xi_0) = \min \ E[f_s(x) \mid \xi_0]$$
$$\text{subject to } E[V(y+f_s(x), Q(x;\xi_0)) \mid \xi_0] = EU_s \qquad (4.10)$$

の解として定義される。ここで Certainty Point $\mathbf{c_s}$, Fair Bet Point $\mathbf{f_s}$ はベクトルとして定義されているため，評価指標として用いることはできない。そこで次のように Certainty Point $\mathbf{c_s}$, Fair Bet Point $\mathbf{f_s}$ の期待値 EC, EF を定義する。

$$EC_s = E[c_s(x) \mid \xi_0], \ EF_s = E[f_s(x) \mid \xi_0] \qquad (4.11)$$

2.2 便益評価指標の図解

次に,プロジェクトの実施が,①システムの状態と家計の直面する環境との関係に影響を及ぼさず,②システムが2つの状態 x_0, x_1 のみをとる場合においてオプション価格,Fair Bet Point,Certainty Point を図解により示す。家計が直面する環境は $q_0 = Q(x_0)$, $q_1 = Q(x_1)$ のいずれかである。図 4.1 の第1象限の横軸は所得 y と状態 x_0 での支払意思額 $s(x_0|\xi$ の和を表す。縦軸は所得 y と状態 x_1 における支払意思額 $s(x_1)$ の和を表す。第1象限の2曲線は原点に近い方から,

$$E[V(y+s(x_i), Q(x_i)) \mid \xi_0] = EU_0(y) \tag{4.12}$$
$$E[V(y+s(x_i), Q(x_i)) \mid \xi_0] = EU_1(y) \tag{4.13}$$

を満たす点 $(y+s(x_0), y+s(x_1))$ の軌跡である。第2象限の横軸,第4象限の縦軸の値 V_i は各状態 x_i $(i = 0, 1)$ における間接効用値を示している。したがって,各象限の曲線は状態 x_i における所得 y_i $(i = 0, 1)$ と間接効用の関係を表す。第3象限の3本の直線は各々,

$$E[V(y+s(x_i), Q(x_i)) \mid \xi_0] = EU_0(y) \tag{4.14}$$
$$E[V(y+s(x_i), Q(x_i)) \mid \xi_1] = EU_1(y) \tag{4.15}$$
$$E[V(y+s(x_i), Q(x_i)) \mid \xi_0] = EU_1(y) \tag{4.16}$$

を与える間接効用値 $(V(y+s(x_0), Q(x_0)), V(y+s(x_1), Q(x_1)))$ の軌跡である。これらの直線はシステムの状態の生起確率 $(\pi_s(x_0), \pi_s(x_1))$ が法線ベクトルとなる直線であり,この直線上では期待効用は一定である。仮定より整備水準の変化はシステムの状態の生起確率の変化であるから,整備水準が ξ_0 から ξ_1 に変化すると,システムの状態の生起確率は $(\pi_0(x_0), \pi_0(x_1))$ から $(\pi_1(x_0), \pi_1(x_1))$ に変化する。この時,期待効用値は $EU_0(y)$ から $EU_1(y)$ へと変化する。この変化は第4象限上では直線 (4.14) から直線 (4.15) への変化として表される。ここで (4.12) 式と (4.14) 式,(4.13) 式と (4.16) 式は同一である。このことは第1象限の曲線と第3象限の直線が同じ内容を示していることを示している。すなわち,第4象限の直線 (4.16) 上の点を構成する間接効用値の組 (V_0, V_1) を実現するような点を第1象限にプロットすると曲線 $\mathbf{c_0 - f_0}$ となり,第4象限の直線 (4.14) 上の点を構成する間接効用値の組 (V_0, V_1) を

図 4.1 オプション価格, Fair Bet Point, Certainty Point の図解

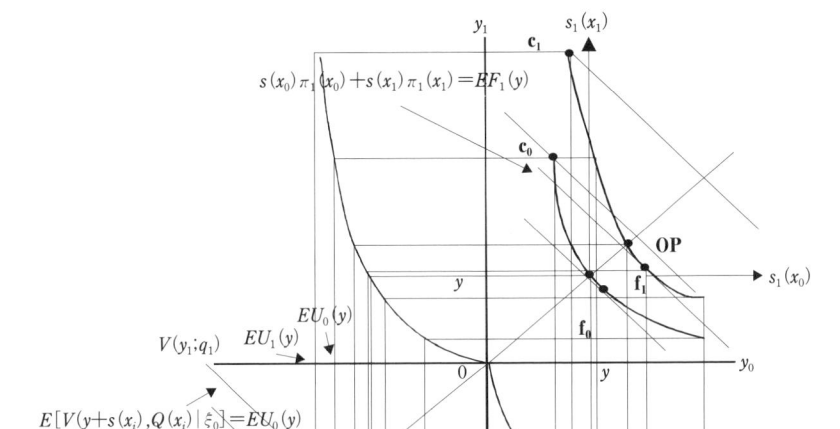

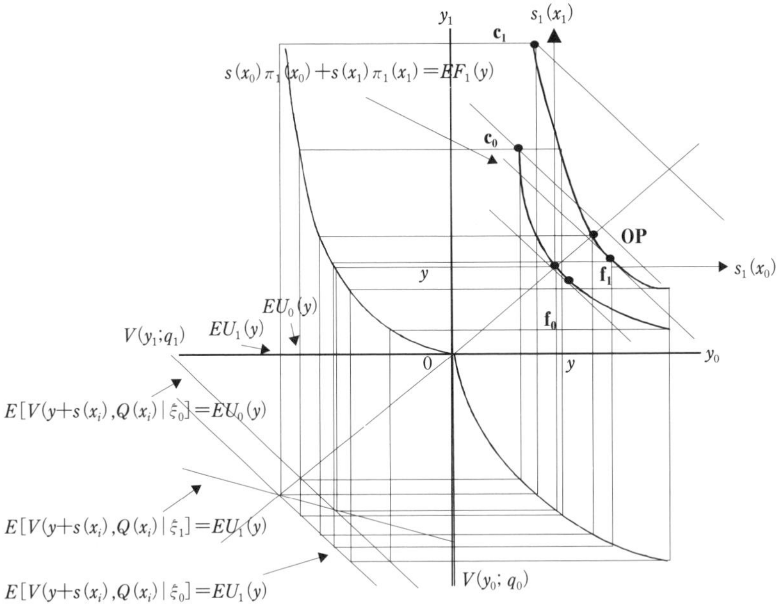

実現する点を第 1 象限にプロットすると曲線 $\mathbf{c_1} - \mathbf{OP} - \mathbf{f_1}$ となる。したがって，原点を第 1 象限の (y, y) に移動すると曲線 $\mathbf{c_1} - \mathbf{OP} - \mathbf{f_1}$ はプロジェクトに対する支払意思額曲線，すなわち $(s(x_0), s(x_1))$ の軌跡を与える。定義からオプション価格，Certainty Point, Fair Bet Point が各々点 $OP(OP_e, OP_e)$, $\mathbf{c_1}(c_1(x_0), c_1(x_1))$, $\mathbf{f_1}(f_1(x_0), f_1(x_1))$ として定まる。$OP(OP_e, OP_e)$ は支払意思額曲線上でいずれの状態においても等しい金額を与える点であるから，第 1 象限の 45 度線と支払意思額曲線の交点に対応する。$\mathbf{c_1}(c_1(x_0), c_1(x_1))$ は任意の状態において効用を等しくする支払意思額であるから，第 3 象限の 45 度線と直線（4.16）の交点がこのような効用となる。したがって，その効用に対応する点を第 1 象限上で求めれば $\mathbf{c_1}$ となる。$\mathbf{f_1}(f_1(x_0), f_1(x_1))$ は支払意思額曲線上で期待支払い金額 $s(x_0)\pi_1(x_0) + s(x_1)\pi_1(x_1)$ を最小にする点であるから，直線 $s(x_0)\pi_1(x_0) + s(x_1)\pi_1(x_1) = EF_1(y)$ と支払意思額曲線の接点として求められる。

2.3 便益評価指標の性質

これらの指標が符号保存性,順序保存性を有するかについては多々納 (1997) により検討され,次のことが明らかになっている。

- 期待利得増加額指標 $\Delta E[EV]$ は符号保存性,順序保存性を共に有さない。
- 等価オプション価格指標 OP_e は符号保存性,順序保存性を共に有する。
- Certainty Point の期待値 EC_s 及び Fair Bet Point の期待値 EF_s は順序保存性を有するが符号保存性は有さない。
- 以下のように Certainty Point, Fair Bet Point の期待値を補正すれば順序保存性,符号保存性を共に有する。

$$EC'_s = EC_s - EC_0, EF'_s = EF_s - EF_0 \tag{4.17}$$

したがって,符号保存性,順序保存性という観点から,等価オプション価格,原点補正後の Certainty Point, Fair Bet Point の期待値が不確実性下の便益評価指標として適当である(多々納 1998, 2003)。

3. 静学的な評価方法(空間を考慮する場合)

空間を考慮した不確実性下の便益評価指標としては,状態に対して不変であるとする(等価オプション価格を用いることを意味する)のと同様に,地域に対しても不変であることが必要となる(髙木 1996)。そこで,等価変分の概念を拡張して空間を考慮した場合の不確実性下の便益評価指標について以下のように定式化する(上田 1997; 上田・髙木 1997)。

3.1 空間経済システムのとらえ方

空間を考慮した不確実性下の便益評価指標を定式化するための空間経済システムのとらえ方について,以下に説明する。

① J $(j \in \mathbf{J} = \{1, \cdots, J\})$ 個の地域に区分されている。
② 各地域は I $(i \in \mathbf{I} = \{1, \cdots, I\})$ 個の状態をとりうる。
③ 状態の生起確率は ϕ_i^j で表される。
④ 地域内の属性は均質であり,立地点は地域によって表される。

⑤同質の選好を有する一定数の家計が存在する。
⑥ある地域に立地した家計がある状態で達成できる効用水準は，所得水準 Y_i^j，所得以外の経済変数 Q_i^j により，$V_i^j = V(Y_i^j, Q_i^j)$ と表される。
⑦ある地域に立地した家計が達成できる期待効用水準は，$E^j(V_i^j) = \sum_i \phi_i^j \cdot V_i^j$ と表される。
⑧家計の立地選択確率は P_i^j で表される。
⑨家計が達成できる最大期待効用値が，$S = \sum_j P^j \cdot E^j(V_i^j) = \sum_j \sum_i P^j \cdot \phi_i^j \cdot V_i^j$ と表される。

3.2 さまざまな便益評価指標

空間を考慮した場合の不確実性下の便益評価指標にはさまざまなものがある。以下では，それらを順に説明する。

(a) 地域・状態別等価変分（Zone-State Contingent EV）

災害リスクマネジメント施策を実施しなかった場合（以下，without と称す）のある地域のある状態において，施策を実施した場合（以下，with と称す）の効用水準 $V_i^{Bj} = V(Y_i^{Bj}, Q_i^{Bj})$ を維持する条件のもとに，without にとどまるために必要と考える最小補償額を便益評価指標とする。この場合，支払い形式は地域・状態ごとに異なるため，これを地域・状態別等価変分と呼ぼう。これは次式の $ZSCEV_i^j$ として表すことができる。

$$V_i^{Bj} = V(Y_i^{Bj}, Q_i^{Bj}) = V(Y_i^{Aj} + ZSCEV_i^j, Q_i^{Aj}) \quad (4.18)$$

ここで，A, B：without, with を表す添字。

(b) 地域別期待等価変分（Zone Contingent Expected EV）

地域・状態別等価変分に without の状態の生起確率を乗じて足し合わせることにより，地域別期待等価変分が次式の $ZCEEV^j$ として表すことができる。

$$ZCEEV^j = E^{Aj}(ZSCEV_i^j) = \sum_i \phi_i^{Aj} \cdot ZSCEV_i^j \quad (4.19)$$

(c) 地域別等価変分（Zone Contingent EV）

without のある地域において，with の期待効用水準 $E^{Bj}(V_i^{Bj})$ を維持す

る条件のもとに，without にとどまるために必要と考える最小補償額を便益評価指標とすることもできる．この場合，支払い形式は地域ごとに異なるため，これを地域別等価変分と呼ぼう．これは次式に示す $ZCEV^j$ として表すことができる．

$$E^{Bj}(V_i^{Bj}) = \sum_i \phi_i^{Aj} \cdot V(Y_i^{Aj} + ZCEV^j, Q_i^{Aj}) \qquad (4.20)$$

(d) 地域別オプション価値（Zone Contingent Option Value）

地域別等価変分と地域別期待等価変分との差は状態の生起確率の変化をとらえているかどうかの違いであるので，状態の生起確率の変化に対する便益をとらえていると解釈可能であり，災害リスクマネジメント施策の実施による災害リスクの軽減を反映した便益である．これを地域別オプション価値と呼ぶこととすると，次式の $ZCOV^j$ として表すことができる．

$$ZCOV^j = ZCEV^j - ZCEEV^j \qquad (4.21)$$

(e) 期待等価変分（Expected EV）

地域別等価変分に without の立地選択確率を乗じて足し合わせることにより，期待等価変分を次式に示す EEV として表すことができる．

$$EEV = \sum_j P_i^{Aj} \cdot ZCEV^j \qquad (4.22)$$

(f) 非限定等価変分または社会的等価変分（Non-Contingent EV）

without において，with の最大期待効用値 S^B を維持する条件のもとに，without にとどまるために必要と考える最小補償額を便益評価指標とする．この場合，支払い形式は地域，状態にかかわらず不変であるため，非限定等価変分または社会的等価変分と呼ぼう．これは次式に示す $NCEV$ として表すことができる．

$$S^B = \sum_j \sum_i P^{Aj} \cdot \phi_i^{Aj} \cdot V(Y_i^{Aj} + NCEV, Q_i^{Aj}) \qquad (4.23)$$

(g) 立地選択準オプション価値（Location Choice Quasi Option Value）

非限定等価変分（社会的等価変分）と期待等価変分との差は立地選択確率

の変化をとらえているかどうかの違いであるので，立地選択確率の変化に対する便益をとらえていると解釈可能である．これは災害リスクマネジメント施策の実施による地域の災害リスクが変化したことに伴うリスク回避行動としての立地選択行動の変化がもたらしたものであり，立地変更の機会の存在を反映した便益であるため，これを立地選択準オプション価値と呼ぼう．この指標は次式の $LCQOV$ として表すことができる．

$$LCQOV = NCEV - EEV \tag{4.24}$$

(h) 社会的期待等価変分（Social Expected EV）

地域・状態別等価変分に without の状態の生起確率と立地選択確率を乗じて足し合わせることにより，また別の便益評価指標が見つけられる．これを社会的期待等価変分と呼ぶこととすると，次式に示す $SEEV$ として表すことができる．

$$SEEV = \sum_j \sum_i P^{Aj} \cdot \phi_i^{Aj} \cdot ZSCEV_i^j \tag{4.25}$$

(i) 社会的オプション価値（Social Option Value）

地域，状態にかかわらず一定の便益としてとらえる非限定等価変分（社会的等価変分）と地域，状態毎に異なる便益の期待値として定義された社会的期待等価変分との差は，立地選択準オプション価値と地域別オプション価値に立地選択確率を乗じた値の和となる．よって，このオプション価値を社会的オプション価値と呼び，次式のように SOV として表す．

$$SOV = NCEV - SEEV = LCQOV + \sum_j P^{Aj} \cdot ZCOV^j \tag{4.26}$$

3.3 便益評価指標の性質

以上のように述べてきた立地選択行動を考慮した不確実性下の便益評価指標を表 4.1 に整理する．

この表では災害生起確率と災害危険度の低下，およびそれに伴う土地利用変化に対する効果がとらえられている．このうち，前者は災害生起確率・危険度の変化に対する便益である地域別オプション価値であり，後者はリスク回避としての立地選択確率の変化に対する便益である立地選択準オプション価値としてとらえられている．この2つのオプション価値をとらえている便

表 4.1 空間を考慮した便益評価指標のまとめ

地域	$1\cdots$		j		$\cdots J$
状態		$1\cdots$	i	$\cdots I$	
地域・状態別等価変分			$ZSCEV_i^j$		
地域別期待等価変分			$ZCEEV^j$		
地域別オプション価値			$ZCOV^j = ZCEV^j - ZCEEV^j$		
地域別等価変分			$ZCEV^j$		
期待等価変分			$EEV = \sum_j P^{Aj} ZCEV^j$		
立地選択準オプション価値			$LCQOV = NCEV - EEV$		
社会的期待等価変分			$SEEV = \sum_j P^{Aj} E^{Aj}(ZSCEV_i^j)$		
社会的オプション価値			$SOV = LCQOV + \sum_j P^{Aj} ZCOV^j$		
非限定等価変分（社会的等価変分）			$NCEV$		

益評価指標は非限定等価変分（社会的等価変分）のみである．なお，2つのオプション価値は常に正となるわけではない．よって，非限定等価変分（社会的等価変分）が社会的期待等価変分や期待等価変分より，あるいは地域別等価変分が地域別期待等価変分より常に大きくなるとは限らない．しかし，非限定等価変分（社会的等価変分）が2種類のオプション価値を捉えた唯一の指標であることは変わらないため，空間を考慮した災害リスクマネジメント施策の経済評価としては非限定等価変分（社会的等価変分）を最適な便益評価指標と考える．

4. 動学的な評価方法

4.1 被害および防災投資の整合的な計量化方法

自然災害による被害の整合的な計量化方法について，これまで伝統的に用いられてきた分類である「直接被害」，「間接被害」を，被害の計量化方法として用いる場合には，二重計算をしないように留意する必要がある．自然災害によって生じるストックの損傷の結果として生じるフローの減少を「間接被害」として計量化する場合には，特に留意する必要がある．これは，自然災害によって生じるストックの損傷によって生じるフローの減少効果こそが「直接被害」であり，それはストック損傷に伴うフローの減少（地域総生

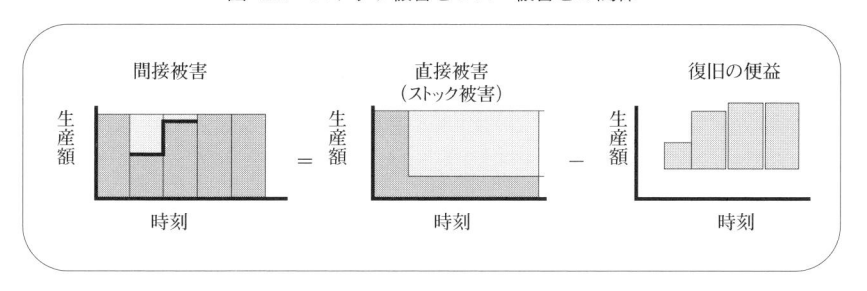

図 4.2 ストック被害とフロー被害との関係

産の減少）の現在価値として評価されるべきである。一方,「間接被害」は，ストックの損傷の結果として生じたフローの減少分から「復興」のための投資によって達成される経済成長（経済復興）によって達成されるフローの拡大分との差として表現される（図 4.2 左のパネルを参照）。したがって，①直接被害（＝失われたストックの価値）に復興の純便益を加算するか，②観察される間接被害（フローの減少）に復興のための投資額を加えることが必要である。このような計量化の考え方を用いることによって，整合的な被害の評価を行うことが可能となる（図 4.2 参照）。ただし，いずれの場合も,「自然災害によってもたらされたストック損傷」と「復興のための投資」という2つの現象の効果を同時に評価したものとなっていることを注意しておく必要がある。

4.2 災害リスク下における経済成長と防災投資の効果

自然災害による被害は，それまでに蓄積されてきたストックの少なからぬ量が同時的に損傷することによってもたらされる。自然災害は，再現期間が数 10 年から 100 年以上と非常に低頻度であるが，そのストックに与える影響は甚大であり，長期的に資本ストックの形成を考えていくうえでは無視することのできない要素である。すなわち，そのような大規模な災害リスクに直面するわが国においては，災害リスクを事前に考慮した経済成長についての議論をする必要がある。また，大規模な自然災害に備えて，わが国でもかなりの防災投資が行われている。防災投資は，自然災害時に発生するストック損傷の大きさを低下させる。このことは，自然災害発生以前の資本ストッ

ク形成，すなわち経済成長にも影響を与えるであろう。すなわち，自然災害発生時に想定される被害規模の低下は，事前の経済成長にもフィードバック的に影響を与える。

　以上で説明したように，災害リスクの存在や防災投資の実施が事前の経済成長に与える影響を分析できる枠組みが必要である。ここでは，このようなフィードバック的な影響を分析するために，災害リスクが存在するもとでの経済成長経路を分析できる枠組みについて述べる。

　いま，自然災害によって資本ストック被害が生じた状況を考える。このことは，各財やサービスの生産水準の低下をもたらし，GDP を低下させる。例えば，図 4.3 ではある時刻に災害が生じ，GDP が減少している状況が描かれている。破線は自然災害が生じなかった時の GDP の予測経路を表している。したがって，D は災害が発生しなかった場合を基準とした長期的な GDP の減少幅の推移を表している。このような被害は失われた生産資本を復旧することによって回復する。この復旧には通常長い年月を要するため，被害は長期にわたって持続することになる。ところで，復旧のためには多額の費用が必要となり，これは GDP の一部から拠出される。この復旧のために必要な追加的投資量を R で表す。この時，自然災害が生じなかった場合に比べて，この追加投資分 R がさらに当期の消費水準を減少させる。すなわち，自然災害が発生しなかった場合に比べて，消費水準の減少は $R+D$ の距離によって表され，家計が消費できる水準は C で表される。したがって，社会厚生を高めるためには，GDP の変化ではなく消費の変化に着目する必要がある。すなわち，経済成長による C の増加と災害による C の不確実な減少の双方を考慮したうえで，各期の投資と消費の配分を決定する必要がある。したがって，この将来の C の不確実な減少が自然災害発生前にも考慮されることから，資本蓄積にフィードバック的に影響を及ぼす。図では，点線が災害リスクの発生しない場合における経済成長経路を表している。自然災害発生以前においても，災害リスクの存在する場合の経済成長率の方が低いため GDP はより低くなっている。

　いま，防災投資が行われ，災害時における生産資本の被害の大きさが減少したとする。このとき災害後における GDP の低下の幅 Δ が小さくなり，復旧に要する追加的投資額も小さくなる。前者が D の減少をもたらし，後者は R の減少で表わされる。この $R+D$ の減少に伴う C の増加が，防災投資

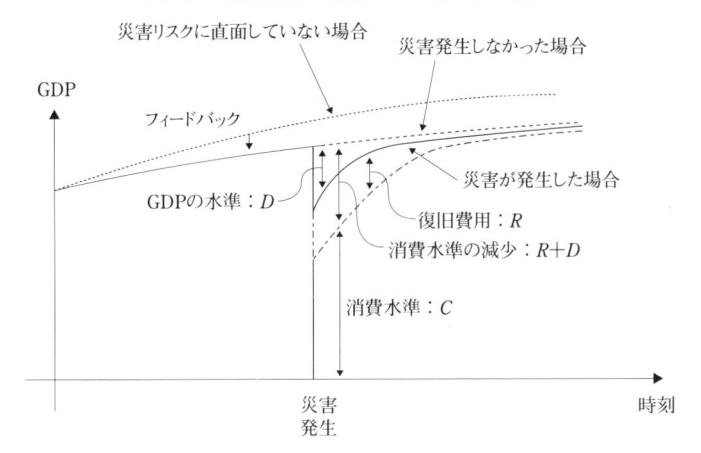

図 4.3 防災投資と災害リスク下の経済成長

[図: GDPの時間推移を示すグラフ。災害リスクに直面していない場合、フィードバック、災害発生しなかった場合、災害が発生した場合の曲線。GDPの水準：D、復旧費用：R、消費水準の減少：$R+D$、消費水準：C、横軸は時刻、災害発生時点を示す。]

の事後的経済における効果である。この将来の予測被害の大きさの減少は，同様のフィードバック的な効果から当該国の経済成長率を押し上げることになるであろう。

災害リスクが存在する場合には，災害リスクの存在しない場合と比較して経済成長率が低くなる。また，防災投資の効果は，代表的家計の異時点間代替弾力性に依存して異なる。多くの場合には防災投資は経済成長率を高める効果を持つ。しかしながら，異時点間代替弾力性が非常に小さい場合には，防災投資を行うことにより，予備的な動機によって多くの資本を持つ必要がなくなるために経済成長率の差はより小さくなる可能性がある。

4.3 不均質な被害とそれらの経済成長への効果

大規模な災害が地域を襲った場合，それまで蓄積されてきた物的ストックに離散的な変化（ショック）が生じる。自然災害による被害は，このようにして生じたショックからの回復過程（図 4.4 参照）に依存する。災害による被害は空間の中で一様に発生するわけではなく，資本間，地域間で不均質に発生する。災害による物的資本ストック被害の資本間の不均質性，自然災害の局所性を考慮した災害後の復旧過程を内生的経済成長モデルによって描き，社会的に最適な復旧過程を求めるとともに，経済的被害の極小化を図るため

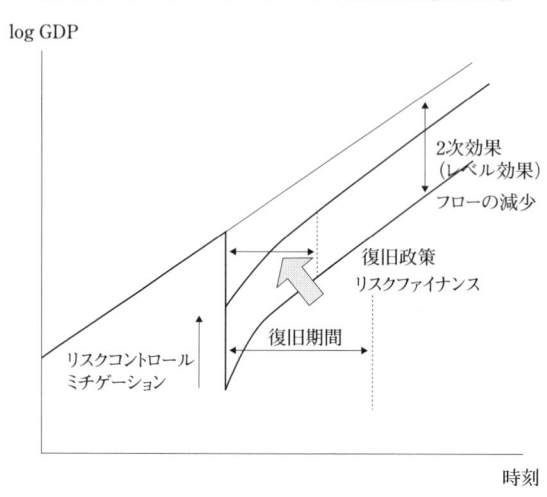

図 4.4　リスクマネジメントの手段と経済復旧経路

の最適な復旧政策に関する分析を行ったところ，災害が発生した地域（被災地域）内の資本ストックの損傷は，当該地域の資本間の限界生産性に不均衡をもたらすだけでなく，災害が発生しなかった地域（非被災地域）の限界生産性に対しても影響を及ぼす．社会的計画者は限界生産性が他の資本に比べて高い資本に対して優先的に投資を行うことを選択し，残りの資本は外生的に所与の資本減耗率で減少することになる．第1次復旧過程では，発災前に非被災地域の生産資本，社会資本に対して行われていた投資が，限界生産性の高い被災地域の生産資本の投資に移り，次第に被災地域の生産資本と社会資本とのバランスは均衡していく．第2次復旧過程では，被災地域の生産資本と社会資本に対して投資が行われ，資本の限界生産性は最適な限界生産性の値に収束し，再び持続的成長経路に復帰する．

　限界生産性の高い資本に対して投資を行う効率的な復旧を行うことによって，経済は最適な復旧経路をたどることになる．ある地域の生産資本と社会資本が自然災害によって損傷を受けた場合，社会資本は地域間の共通資本であるため，その復旧は損傷を受けていない他地域の生産資本の有効活用を可能とする．このため，被災時の社会資本の限界生産性は，相対的に生産資本に比べて高くなる可能性が高く，復旧において優先されることが望ましい状

況が生じやすい．さらに，政府が税，公債発行，補助金の再分配などの各期における最適な資本投資をもたらすような復旧政策を講じることが，地域全体にとって最適な復旧をもたらし，その結果，災害による経済的被害を極小化することが可能である．

5．おわりに

　本章では，災害リスクマネジメント施策の経済的評価方法について，時間軸を考慮しない静学的な評価方法と時間軸を考慮した動学的な評価方法に分け，さらに，静学的な評価方法については，空間を考慮する場合と考慮しない場合に分けて解説した．なお，動学的な評価方法の説明についてはマクロ的な視点によるものであり，静学的な評価方法で示したようなミクロ的なものではない．もちろんミクロ的な視点から空間まで考慮して動学的に評価する方法についても，状態と地域と時間の組み合わせを丁寧にしていけば考えることができそうであるが，それについては現在までに整理していないので，今後の課題にしたい．

第5章 リスクファイナンスの役割：災害リスクマネジメントにおける市場システムと防災政策*

齊藤　　誠

1. はじめに

　本章は，地震，火山，台風などの巨大自然災害に対する事前的な対策を，①防災の徹底と，②保険システムの活用の両側面から論じていく。最近の金融技術の進展を踏まえながら，巨大自然災害のリスクマネジメントにおいて市場システムがどのように機能するのかを考察するとともに，市場システムを補完する公的措置のあり方を提起する。特に，ミチゲーション（損失緩和装置）を促進する政策や，民間の再保険キャパシティーを補完する政策によって，①と②の側面を有効に結び付ける方策を考えていこう。

2. 事後的救済から事前的な措置へ

　1995年の阪神淡路大震災時にも，2000年の有珠山爆発や三宅島噴火においても，家計が被ってきた経済的損失が莫大であった。その損失が損害保険契約によってカバーされている割合は極めて低く，私有財産の補填を公的にできないという資本主義経済原則があいまって，被災地域の家計は，深刻な経済的ダメージから回復するために，辛く，長い時間を過ごさなければならなかった。
　現在，資本主義諸国では，被災した家計や企業を経済的に深刻な状態に追いやってしまう可能性のある自然災害に対して，災害が起きる前に講じる事

---

　*初出：齊藤誠「自然災害リスク・マネジメントにおける市場システムと公的システム」『エコノミックス』2000年秋号，pp.148-160。データなどは，基本的に初出公刊時点のものを用いている。その後の自然災害保険市場の展開については，齊藤（2002）を参照にされたい。また，市場システムのインセンティブメカニズムを活用した防災政策については，山鹿・中川・齊藤（2002a, 2002b）が実証分析に基づいて具体的な事例を考察している。

前的な措置（ex-ante measures）によって有効に対応しようとしている。ここでいう事前的な措置には，災害発生時における命助活動や災害復旧などの手順，すなわち，危機管理マニュアルを周到に作成しておくことばかりではなく，自然災害に頑強な街作りを進めるとともに，自然災害保険制度を充実していくことも含まれている。

　上のような事前的な措置が注目されるようになってきた直接のきっかけは，深刻な財政問題を抱える公的セクターが災害発生後に救済的な政策措置を行う余裕がなくなってきたからであった。しかし，より本質的な理由には，「事後的な救済に伴う経済的なコストよりも，事前的な措置にかかる費用の方が割安になる」という理解が防災に関わる人々の間に浸透してきたからである。

　確かに，いっさいの事前的な措置を講じなかったのにもかかわらず，幸運にも大規模な自然災害に遭遇することなければ，自然災害対策にかかったコストはゼロである。しかし，自然災害のように将来発生する可能性が不確実である事象に関して，事後的な，結果としてかかったコスト・ベースで災害対策費用を評価することは適切とはいえない。あらゆるリスク管理がそうであるように，自然災害リスクに関しても，事前的な措置のベネフィットやコストを期待値（平均）やそれらの変動の度合い（分散）などの事前の評価で考えていく必要がある。

　さらには，公的セクターの事後的な救済への期待が，家計や企業の事前的な措置を実施しようとするインセンティブを削いでしまう可能性も，広く指摘されてきた。例えば，「どんな自然災害が起きても政府が救済してくれる」という期待が蔓延していれば，家計や企業の民間主体は事前的な措置を行おうとするインセンティブは著しく弱まる。その意味では，政府部門の財政事情とはまったく別の理由から，政府機関の事後救済を制限し，事後救済への期待を遮断しなければならない事情があるわけである。

3．ミチゲーションの重要性

　本節では，家計や企業の災害リスクマネジメントにおいて有効な事前的な措置を組み込んでいくうえで，市場システムがどのように機能するのか，市場システムの有効性を高めるためにどのような公的システムを導入すれ

ばよいのか，を考察していく。

特に，自然災害保険市場整備という側面に焦点を当てていきたい。ここでいう保険市場の整備には，保険市場や保険契約そのものばかりではなく，防災インセンティブを保険契約に組み込む観点にも配慮していく。

事実，ミチゲーションと呼ばれている自然災害損失を緩和する措置を実施するインセンティブを保険契約に組み込むことは，自然災害保険契約を組成していくうえで非常に重要な役割を果たしている。保険会社から見れば，ミチゲーションを施した物件は，損失可能性が低く損失規模の小さい良質の付保対象であり，当該物件を対象とした保険料を低めに設定することが可能となる。家計や企業から見れば，こうして低く設定された保険料はミチゲーションを実施する強いインセンティブとなろう。

リスクマネジメントの用語に従うと，損失の可能性を引き下げ，損失の規模を縮小することをリスクコントロールと呼んでいる。一方，起こりうる損失をあらかじめ保険しておく（ヘッジする）ことをリスクファイナンスと呼んでいる。

しばしば，自然災害リスクのマネジメントにおいてリスクコントロールとリスクファイナンスは切り離して議論されることがあるが，両者は密接に関連している。上の例が示すように，建造物の耐震構造を強化するというリスクコントロールが自然災害損失を引き下げる点でミチゲーションとして機能するとともに，保険契約に組み入れられたミチゲーションのインセンティブが耐震構造を強化する契機ともなる。この場合，ミチゲーションがリスクコントロールとリスクファイナンスを結び付けていることになる。

4. 伝統的な再保険市場の仕組み

まず，民間市場において災害リスクがシェアリングされているのかを概観していこう。元受保険会社（primary insurer）は，家計や企業に自然災害保険を提供して，災害リスクを引き受ける。そのうえで，元受保険会社が自ら留保するリスクと，再保険会社（reinsurer）との再保険契約を通じてリスクを転嫁する部分に分けていく。

自然災害リスクが他の損害保険リスクと大きく異なる点は，その発生可能性が小さいものの，ひとたび大規模な自然災害が発生すると災害の地理的な

広がりがあるうえに，保険金支払も莫大な規模に達する。こうした特性のために，元受保険会社が引き受けてきた契約をプールしても自然災害リスクを完全に分散することができない。その結果，元受保険会社は，引き受けてきたリスクを再保険しようとするインセンティブが極めて高い。

逆にいうと，元受保険会社が自然災害保険を引き受ける能力は，再保険市場のリスク引受能力に大きく依存していることになる。したがって再保険市場は，自然災害保険市場のパフォーマンスを決めるうえで重要な役割を果たしている。

元受保険会社が1つの再保険契約によって元受リスクを再保険会社に丸投げすることはない。通常は，元受けしてきた保険金支払規模をレイヤー（layer）と呼ばれる部分に切り分け，それぞれのレイヤーごとに再保険会社にリスクが転嫁（出再）され，再保険契約が結ばれている。高い保険金支払をカバーしているレイヤーを高レイヤー，低い保険金支払部分を低レイヤーと呼んでいる。

付録では，実際に再保険契約がどのように結ばれているのかを概観するとともに，再保険契約に関わる専門用語を概説している。

5．伝統的な再保険市場の問題点

再保険会社は，家族経営的な小規模なものから，高格付けを誇る大規模なものまでさまざまである。自然災害保険に対して再保険契約を提供している会社の多くは，英国，ヨーロッパ大陸，米国にベースを持っていた。一方，バーミューダ諸島は，1992年に再保険会社に対して税制上の優遇措置を実施して以降，重要な再保険市場の拠点となった。1990年代後半には，ロイズ保険組合の相次いだ事故で再保険機能が顕著に低下したロンドン市場を食う形で，バーミューダ市場のシェアは世界全体の4分の1強にも達した。最近では，米国で税法の変更があり，バーミューダ市場の優位性も相対的に低くなってきた。

再保険市場の最も深刻な問題点は，再保険料が再保険会社の資本力に大きく左右されてきた点である。従来から指摘されてきたことであるが，再保険会社は，再保険料をそもそも高い水準に設定しているうえに，元受保険会社を引き受けてきたリスクを再保険することに極めて抑制的である。

例えば，Froot（1999b）によると，カリフォルニア州が主催している地震保険制度（CEA: the California Earthquake Authority）が1996年に米国再保険会社 Berkshire Hathaway と結んだ再保険料は，保険数理的な保険料の6.3倍にも相当している。

また，Cummins, Doherty, and Lo（1999）は，元受保険会社が引き受けてきた自然災害リスクを必ずしもすべて再保険できていない事実を次のように具体的に指摘している。

1. 元受保険業界が支払う保険金総額が150億ドルから200億ドルを超える自然災害に対する再保険市場は事実上存在しない。
2. 1997年において米国の損害保険業界は530億ドルの自然災害保険金支払義務を負っているのに対して，その39％だけが出再されている。
3. 元受保険会社1社を対象に提供される再保険規模は5億ドルである。
4. 米国の4地域の各々に対して，再保険会社は140億ドル規模の再保険を提供している。

6. 1990年代の再保険料スイング

再保険市場のリスク引受け能力に限界があることを象徴的に示したのが，1990年代に経験された再保険料水準の大きなスイングであった。

1990年代の前半は，世界的にも自然災害が集中したことから保険金支払がかさみ，再保険会社は支払準備が激減してしまった。特に，再保険業界は，1992年のハリケーン・アンドリュー，1994年のノースリッジ地震に起因した保険金支払で枯渇した資本を即座に回復することができなかった。

支払準備不足に陥った再保険会社は，株式による資金調達を進めるとともに，再保険の引受けに抑制的に，引き受けた再保険契約に対しては高額の再保険料をチャージすることで支払準備を回復しようとした。新たに資金提供をした株主が株式収益率の向上を要求したこともあいまって，再保険料はいっそう高騰していった。

こうした資本再構築の結果，再保険会社全体で留保している保険金支払準備（保険料収入＋自己資本）は，1993年に1500億ドルに落ち込んだものが，1995年以降には2000億ドル台に回復している。

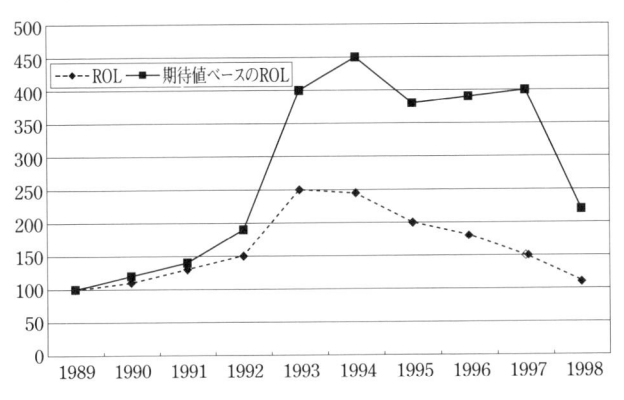

図 5.1　1990 年代の再保険料の推移（1980 = 100）

[グラフ：1989–1998 年の ROL と期待値ベースの ROL の推移]

出典：Froot（1999c）.

　この間，再保険料は，再保険会社の資本力に大きく左右されてきた。図 5.1 が示すように，標準的な再保険料指標である ROL で見た再保険料（付録参照）は，支払準備が不足していた 1990 年台前半に大幅に上昇している。逆に，資本再構築がなされた 1990 年代後半には ROL が顕著に低下している。
　Froot（1999c）が指摘しているように，1990 年代には再保険会社のリスク引受け態度が大きく変化していることから，ROL（rates in line）で見た再保険料の傾向は必ずしも実態を反映していない可能性がある。しかし，再保険契約のリスク内容をより正確に反映している「期待値ベースの ROL」（付録参照）でも，上昇傾向を示してきた再保険料が 1998 年には大きく低下してきた（図 5.1 参照）。1999 年も保険価格指数の低下傾向が継続している[1]。

7．CAT ボンドの誕生

　前節までに見てきたように，伝統的な再保険市場の欠陥は，再保険のキャパシティーが再保険会社の支払準備余力に大きく左右されてしまう点である。特に，巨大災害の発生に起因する保険金支払いで自己資本が不足する

---

[1] しかし，1999 年代の後半に発展途上国を中心に自然災害が相次いだことから，再保険会社の支払準備が減少してきたことを反映して，再保険料が再び上昇する気配を示している。

図 5.2　CAT ボンドの仕組み

　　　　　　元受保険会社（再保険会社）

（再保険料の支払い）↓　　↑（自然災害時の保険金受取り）

　　　　　　特別目的再保険会社（SPR）

（再保険料＋マネーマーケット利回りの受取り）↓　　↑（元本の払込み）

　　　　　　キャットボンドの投資家

と，再保険会社は引き受けるリスクの量を制限するとともに，再保険料を高めにチャージするようになる。また，資本が回復するまで，リスク引受けに抑制的な経営が継続される。

　1990 年代前半に伝統的な再保険会社のリスク引受能力に限界があることが強く認識されてきたことから，資金力が格段に豊富な資本市場（米国では 20 兆ドル規模）を活用した再保険スキームが検討されるようになった。資本市場を活用した保険スキームには，さまざまなタイプのものがあるが[2]，ここでは CAT ボンド（キャットボンド）[3]と呼ばれている代表的な再保険スキームを概観していこう。

　「保険契約の証券化」と呼ばれている金融技術を活用した金融商品である CAT ボンドは，次のように仕組まれている（図 5.2 参照）。まず，元受保険会社（再保険会社のケースもある）は，特別目的再保険会社（special purpose insurer，以下では SPR）を立ち上げる。SPR は，元受保険会社は再保険契約を取り結ぶとともに，資本市場の投資家に対して CAT ボンドを発行する。

　CAT ボンドで調達された資金は，マネー・マーケットで運用されている。その運用益と元受保険会社が SPR に払い込んだ再保険料を合わせたものから手数料を控除したものが，CAT ボンドの保有者に利回りとして支払われる。したがって，CAT ボンドの利回りは，通常の市場金利よりも再保険料分

---

[2] 資本市場を活用した再保険スキームに関する詳細については，齊藤（1999, 2000, 2001）を参照にされたい。
[3] CAT ボンドの呼び名は，当該債券が catastrophic risks を含有していることに因んでいる。

第 5 章 リスクファイナンスの役割

表 5.1 CAT ボンドの事例

年	発行体	金額	備考
1994 年	Hannover Re	0.85 億ドル	
1996 年	St. Paul Re	0.69 億ドル	
	AIG	0.25 億ドル	
1997 年	USAA	4.77 億ドル	(東海岸ハリケーン災害)
	Swiss Winterthur	2.69 億ドル	
	Swiss Re	1.37 億ドル	(カリフォルニア地震災害)
	Tokio Marine and Fire	1.00 億ドル	(南関東地区地震災害)
1998 年	USAA	4.50 億ドル	(東海岸ハリケーン災害)
	Centre Solutions	0.835 億ドル	(フロリダの風水災害)
	Yasuda Fire and Marine	0.80 億ドル	(日本の台風災害)
	Centre Solutions	0.566 億ドル	(フロリダの風水災害)
	Mosaic Re	0.59 億ドル	(再保険支払い)
	Mosaic Re	0.54 億ドル	(再保険支払い)

だけ高いことになる．もし，満期までに条件を満たす自然災害が発生しなければ元本は全額償還されるが，自然災害が発生すれば元受保険会社が支払った保険金総額に応じて元本が部分的に，もしくは全部没収されてしまう．

上のような CAT ボンドの仕組みは，資本市場の投資家から見れば保険リスクを引き受ける代わりに高い利回りを得ていることになり，元受保険会社から見れば高い利回りを支払う代わりに元受けの保険リスクを投資家に転嫁していることになる．

CAT ボンドは，1994 年にはじめて発行された後，年々発行実績が積み重ねられてきた．表 5.1 は，1994 年から 1998 年の間に発行された主要な CAT ボンドがリスト・アップされている．

CAT ボンドは，1996 年以前に 2.46 億ドル，1997 年に 6.77 億ドル，1998 年に 12.61 億ドル，1999 年に 12.12 億ドル，それぞれ発行されてきている．金融技術的には類似の構造を持った証券化商品と比較すると，自然災害保険の証券化規模は，信用リスク仕組み債や生命保険証券化の規模をはるかに上回り，気候デリバティブ証券化の規模に匹敵している．

CAT ボンドに投資を行っている投資家には，投資信託，ヘッジ・ファンド，再保険会社，生命保険会社，銀行，非生命保険会社などがある．投資信託の中には，CAT ボンドや自然災害関連デリバティブを中心に運用してい

るものも現れてきた。

8. CATボンドのデメリット

CATボンドが発行され始めた当初は，再保険料を飛躍的に低下させる効果が期待された。CATボンドに含まれている自然災害リスクは地域限定的なリスクであり，グローバルな資本市場における経済的なリスクと連動する部分は極めて少ない。したがって，国際分散投資を行っている機関投資家は自然災害リスクを十分に危険分散することが可能なことから，CATボンドを保有することに対して高いプレミアムを要求しないことが予想されていた。

ファイナンス理論では，他の金融リスクと連動しない危険資産を無相関資産と呼んでいる。無相関資産のリスクは十分に危険分散することができるので，無相関資産のリスク・プレミアムはゼロになることが理論的に予想されている。当初は，CATボンドがまさに無相関資産として位置付けられていたわけである。

しかしながら，多くの研究が示しているように，CATボンドの収益が他の金融資産の収益とほとんど連動していないのにもかかわらず，CATボンドに投資する投資家からは極めて高い利回りが要求された。その結果，元受保険会社から見ると，CATボンドの活用は必ずしも大幅な再保険コストの節約にはならなかったのである。

Babtwal and Kunreuther (1999) は，CATボンドの利回りが高止まりした理由として次のような仮説を提示している。

1. 再保険市場との裁定が働いているために，CATボンドの利回りが，保険数理的な水準をはるかに上回っている高い再保険契約のプレミアム分を反映している。
2. 再保険契約にはクレジット・リスクがある一方，CATボンドを通じた再保険にはクレジット・リスクがないことから，元受保険会社がクレジット・リスク回避分を上乗せして支払っている。
3. CATボンドの流通市場が未整備で，ボンドの流動性が低いことから，CATボンドの利回りに流動性プレミアムが上乗せされている。

4. 投資家が CAT ボンドに反映されている自然災害リスクの特性に馴染んでいないことから，将来収益を高めに割り引いてしまう傾向がある。

9. CAT ボンドと再保険市場の補完関係

先述したように資本市場を活用した CAT ボンドなどの代替的リスク移転手段の検討が，1990 年代前半の再保険市場におけるキャパシティーの大幅な減退と再保険プレミアムの高騰を契機とした。当初は，資本市場の資金力（米国市場に限っても 20 兆ドル）が再保険市場の支払準備（1990 年代後半でたかだか 2000 億ドル超）をはるかに上回っていることと，CAT ボンドが無相関資産であることから再保険プレミアムが期待損失（保険数理上のプレミアム）の水準にまで低下する理論的な可能性から，伝統的な再保険市場は CAT ボンドなどの代替的リスク移転手段にとって代わられるのではないかという憶測さえあった。

仮に，再保険市場が CAT ボンドによって完全に置き換わり，再保険契約が資本市場の資金によって完全に担保されるとすると，CAT ボンドの市場規模は数兆ドル規模に達してしまう。しかしながら，1999 年時点で CAT ボンドの残高規模は，たかだか 30 億ドル代半ばにとどまっている。

CAT ボンドを仕組む際には取引コストがかさみ，投資家の CAT ボンドの商品特性に習熟することに経験や学習が必要であった。そのために，活発な CAT ボンドの発行が再保険プレミアムを期待損失レベルにまで引き下げていくという事態にまでいたることはなかった。一方では，再保険会社が 1990 年代後半にかけて，保険料の引き上げ，消極的なリスク引受け，再保険業界の統合を通じて支払準備を徐々に回復したことから，再保険市場は軟調に転じてきた。

むしろ，CAT ボンドが再保険市場に規律を与えるという意味では，CAT ボンド市場と再保険市場は補完的な関係にあるといえる。CAT ボンドの導入に対抗するために，再保険会社は相次いで再保険料の値下げに踏み切った。CAT ボンドの存在は，元受保険会社にとって好条件の再保険契約の引き金になったという点で再保険市場の規律付けになっている。

今後とも，CAT ボンドと再保険市場は補完関係を保っていくことが予想

される。CATボンドの発行残高が必ずしも急激に拡大しなくても，CATボンドの存在が再保険市場に規律を与えるとともに，巨大自然災害後に陥りやすい再保険会社の資本不足を補っていこう。

　1990年代に見られた再保険市場のプレミアムの顕著なスイング，すなわち資本不足期における再保険プレミアムの上昇，再保険カバレッジの低下，時間を要する再保険会社の資本再構築といった現象は，CATボンドのような代替的リスク移転スキームによって緩和されていく可能性が高い。CATボンドの償還期間の長期化傾向が進行すれば，そうしたサイクルそのものが完全に消失してしまう可能性もある。

10. 損失緩和インセンティブと保険

　上に議論してきた民間の自然災害保険システムを前提とすると，公的なセクターは民間システムの機能を向上させるためにどのように関与していけばよいのであろうか。以下では，自然災害リスクのマネジメントにおける公的システムのあり方を考えていこう。

　ただし，自然災害対策における政府の役割は多岐にわたることから，特に本章では，①自然災害損失規模そのものを引き下げるミチゲーションのインセンティブを高めるうえでどのような政策をとるべきなのか，②民間市場では限界のある再保険キャパシティを向上するうえで政府がどのような役割を果たしていくべきなのか，を検討していく。

　自然災害損失を縮小するうえでミチゲーションの役割は極めて重要である。例えば，Kunreuther (1997) は，適切な建築基準 (building codes) が導入されていれば，ハリケーン・アンドリューの災害で発生した150億ドルの保険金支払いの25%が節約できたという推定結果を紹介している。

　適切な建築基準に適合するようにミチゲーション措置をとることは，自然災害損失の平均的な水準（期待値）を引き下げるばかりではなく，その変動を緩和させる。当然ながら，災害損失のばらつきが狭まり，自然災害リスクの大きさが小さくなることは，保険料の節約にもつながる。

　情報技術（IT: information technology）の進展でリスク評価モデルの性能が飛躍的に向上し，ミチゲーションの損失削減効果について正確な推定値を得られるようになったことも，保険業界のミチゲーションへの関心を高める

契機となった．有力なモデリング会社は，ミチゲーションの経済的な効果についても情報提供サービスを行っている．

11. 弱いミチゲーションのインセンティブ

しかしながら，家計や企業の被保険者の側でのミチゲーションへの関心は極めて低く，ミチゲーション措置をとるインセンティブが非常に弱い．Kunreuther（1997）は，その理由として，家計や企業は，①自然災害リスクを誤認し過小評価している，②短視眼的な行動をとっている，③借入制約に直面していてミチゲーション費用を調達できない，などの要因をあげている．

また，Kunreuther（1997）は，適切なミチゲーションのインセンティブが欠如する重要な理由として，建物保有者は自らの建物の災害が引き起こす波及的な災害について関知しないことを指摘している．大規模な自然災害においては，ある私的な建築物の崩壊は，他の建築物に間接的な被害をもたらしたり，交通機関などのネットワーク，電気，ガス，水道などのライフ・ラインを損傷してしまう可能性がある．

上のように，ある建物災害が他の損害を誘発してしまうという「負の外部性」が存在すると，家計や企業は自らのインセンティブだけでは十分なミチゲーションの措置をとらないことになる．そこで，適切なミチゲーションのインセンティブを与えるうえで，公共セクターの役割は極めて重要である．

最も肝要なのは，建造物の頑強性について適切な基準を設定し，それを建物所有者に強制することであろう．また，家計が借入制約に直面しているためにミチゲーションが実施できないとすれば，住宅改善のための公的なローンを提供する余地もある．

一方では，自然災害保険市場からのインセンティブも，家計や企業のミチゲーション措置を促進する．従来は，保険契約については建物が位置している環境に応じて保険料が差別化されていたが，建物の強度については保険料に反映される度合いが低かった．保険料のディスカウントがミチゲーションの度合いに連動していれば，家計や企業の被保険者はミチゲーションを行うインセンティブが高まろう．

Kleindorfer and Kunreuther（1999）は，さらに踏み込んで，新築の建造

物には自然災害保険への加入を義務付けるべきことを主張している。彼らは，ミチゲーション措置で自然災害保険プレミアムがディスカウントされることを通じて，建造物所有者がミチゲーション措置をとるインセンティブが高まることを期待している。

12. 政府の再保険キャパシティー

　先に詳しく見てきたように，民間自然災害保険市場の大きな問題点は，再保険キャパシティーが極めて限定されていることである。制約された再保険キャパシティーのために元受保険会社は，家計や企業に対して，カバレッジが高くプレミアムが低い自然災害保険を提供することが困難になっている。
　また，取引コストの高さやモラル・ハザードの問題が制約となって，金融技術を駆使して保険リスクを資本市場に移転する手法も，再保険キャパシティーを劇的に向上させることはなかった。CATボンドをはじめとした代替的リスク移転手段は，再保険市場の規律付けを与える点では大きな役割を果たしてきたが，これまでのところ再保険キャパシティーの飛躍的な拡大にはそれほど貢献してきたとはいえない。
　再保険キャパシティーに限界があると，地域特定的なリスクに相当する自然災害リスクをグローバルなマーケットを通じて地域分散することが困難になってしまう。民間再保険市場のリスク地域分散能力には深刻な限界があるといえる。
　理論的には，地域分散できないリスクについては，ある時点に生じた損失負担について長い期間にわたって費用を按分するという時間分散を行うことができるはずである。しかし，民間再保険会社の長期資金調達力に限界があり，民間再保険市場の時間分散能力が極めて低い。
　①民間再保険会社は常に信用リスクにさらされているとともに，②再保険会社経営の不透明性や経営規律の不十分さのために外部投資家が再保険会社へ積極的な資金供給を躊躇することから，民間再保険会社は自然災害リスクの時間分散に必要な数十年単位の資金調達を行うことが不可能である。
　Lewis and Murdock (1999) は，国の長期資金調達力を担保に時間分散を活用した公的再保険制度を提唱している。具体的には，米国保険業界の保険金支払が300億ドルを超えるような自然災害をターゲットとして，連邦政

府が再保険キャパシティーを提供する。この再保険契約によって生じる再保険金支払は，再保険料とともに長期国債で調達する。再保険勘定に再保険料積立からの支払準備金があれば国債市場で運用し，巨大自然災害で再保険勘定が支払超過になった部分は長期国債によって調達する。この仕組を通じて，政府の長期資金調達力に裏付けられた時間分散効果を活用することができる。

上の再保険プログラムは政府の長期資金調達力に依存しているが，必ずしも納税者にコストを転嫁していない。自然災害の発生間隔に見合う期間で見れば，再保険勘定に入ってくる再保険料の現在価値と，そこから出ていく再保険金支払の現在価値が一致するように再保険料が設定されているからである[4]。

しかし，公的な再保険プログラムが合理的な保険料を設定することを怠り，不健全な運営に陥れば，納税者にコストが転嫁されてしまう。政府の長期資金調達力を積極的に活用した再保険制度は，運営規律への細心の配慮があってはじめて機能するのである。

13. 日本の家計向け地震保険制度

最後に，これまでの議論を踏まえながら，日本において官民で提供されている家計向け地震保険制度を検討してみよう。日本の地震保険制度は，家計向け元受保険，再保険，再々保険を包括したものであり，地震保険の契約内容についてもさまざまな取り決めのある複雑な制度である[5]。

本制度の大きな問題点は，元受段階で提供されている保険契約が極めて限定的であることである。第1に，地震保険契約が火災保険に付帯する形で提供され，保険金額の上限は火災保険金額の5割が限度とされている。第2に，保険料に地震リスクの度合いが十分に反映されていない。建物構造については，木造と非木造という分類しかなされておらず，地域特性については都道府県別に4等区分がなされているだけである。県内の地域特性の違いはいっさい反映されない。

---

[4] Cummins, Lewis, and Phillips (1999a) は，オプション価格理論に基づきながら，この再保険プログラムのプレミアム水準を推定することに成功している。

[5] 山口 (1998) は，地震保険制度の創設経緯や概説している。

特に，保険料設定については，地震リスクをより木目細かく反映する工夫が必要であろう。現在のような粗い設定では，ミチゲーションのインセンティブが阻害されてしまう。建物構造部分については，公的な機関が評価基準を定めた建築基準によって，適切に評価された情報に基づいて保険料が設定されるべきであろう。

また，県内の地域特性の違いも保険料設定に十分に加味されるべきである。地理情報システムなどの情報技術の進展で，木目細やかな地域特性に関する情報を効率的に取り扱えることを考慮すると，地域特性を反映した保険料設定は技術的に十分に可能であろう。

また，現在の制度では，民間損害保険会社が非営利ベースで関与していることから，積極的なセールス・インセンティブがなかった。そうしたことも要因となって，地震保険制度はそれほど普及していない。世帯ベースでみると全国平均で13%である。高いリスクが指摘されている南関東地域でも20%前後にしか満たない。兵庫県は，1995年の震災前は3%，震災後でも10%である。

①所得再分配的な政策は防災対策レベルで

確かに，現行のメリハリのない保険料設定には，地震リスクの高い地域や建造物への所得再分配を意図した政策的な配慮がある。しかし，こうした所得再分配的な機能を保険システムに組み入れてしまうと，本章で繰り返し指摘してきた保険市場が元来持っているインセンティブ・メカニズムを壊してしまいかねない。

むしろ，地震リスクの高い地域への政策は，公的な防災投資というリスクコントロールの側面に重点を置くべきであろう。地震保険市場が効率的に機能していれば，防災プロジェクトを適切に評価する際にもおおいに役に立つ。効果的な防災プロジェクトの実施による当該地域の保険料の大幅な引下げ分を防災プロジェクトの便益として考慮すれば，プロジェクトを市場ベースで評価することが可能となるからである。こうした点でも，防災というリスクコントロール機能と保険というリスクファイナンス機能は建設的なつながりを持っている。

②高い公的再保険キャパシティー

一方,本地震保険制度の大きなメリットは,政府が高レイヤーの損失について再保険キャパシティーを提供している点である。表5.2が示すように政府が引き受けている再保険部分は,8186億円を超え4.1兆円までの保険金支払いについては,実に95％の比率で再保険を提供している[6]。

表 5.2 家計向け地震保険の政府再保険部分（1998年度）

保険金支払規模	政府再保険比率	政府再保険リミット
750億円から8186億円	50%	3718億円
8186億円から4.1兆円	95%	3兆1173億円

日本政府が地震保険制度に提供している高レイヤーに対する再保険キャパシティーは,Lewis and Murdock (1999) が提案している政府再保険スキームのキャパシティー数百億ドルのオーダーにほぼ匹敵している。その意味で現行の地震保険制度は,「再保険において政府が時間分散の役割を担っていく」という考え方を先取りしていると解釈することもできる。事実,海外の保険業界や行政の関係者の間では,日本の地震保険制度の再保険キャパシティーに高い関心が持たれている。

③公的関与は高レイヤー再保険機能に純化を

このような現行制度の先進的側面を積極的に活かしていくためには,政府の積極的な関与を高レイヤーに対する再保険キャパシティーの提供に純化していくことが1つの選択肢であろう。過度的な措置としては,すでに引き受けてしまっている中・低レイヤー（約1兆円を下回る部分の保険金支払い）の再保険について民間市場で十分に受容できることから,政府が民間再保険市場で再保険契約を結ぶか,政府自らがCATボンドを発行することを考慮する余地もある。

一方では,元受市場における地震保険契約内容や保険料設定については民間保険会社に完全に委ねてしまう方向を打ち出すべきであろう。また,政府

---

[6] 1999年3月末現在で地震保険特別会計には約6300億円の準備金があり,仮にそれを超える再保険金支払が発生すれば当該会計で資金調達を行うか,他の政府会計から振替を行う必要がある。

が提供する再保険キャパシティーについても，民間保険会社が引き受けてきた契約の地震リスクの程度や，ミチゲーションの度合いなどを，再保険プレミアムに的確に反映する仕組みを築く必要がある。

民間保険会社の効率的な経営と公的再保険制度の効率的な運営が伴ってはじめて，元受市場におけるリスク引受キャパシティーが高まるとともに，地震災害損失規模そのものを縮小させるインセンティブ・メカニズムを取り込むことができる。

そのための環境整備として，公的セクターは，建築基準の設定や建物構造の強度情報の開示制度を整え，木目細かな地域別の地震リスクに関する基本的な情報の公開を促進するべきである。特に，地方自治体は，地盤情報の積極的な開示をすすめるべきであろう。自然災害リスクに関する基本情報の開示が不十分であると，民間再保険会社や投資家は過度な情報収集コストを負担する必要に迫られ，CATボンドの発行コストや再保険契約の締結コストを不必要に高めかねない。

14. おわりに

自然災害保険における政府の関与は，民間保険市場の機能を向上させ，それを補完するという観点からなされるべきである。本章では，その具体的な方策として，公的な再保険キャパシティーの提供とミチゲーション・インセンティブを促進する政策を検討してきた。そうした政策を推進するためには，地震リスクに関する基本的な情報を公に開示していくことが大前提となる。

公共投資としての防災プロジェクトは，今後ともますます重要性を増していくであろう。先述したとおり，民間の保険市場が効率的に機能している環境では，公的な防災プロジェクトを市場ベースで評価することも可能となる。自然災害保険市場における民間のリスク・ファイナンス機能の充実は，公的セクターによる防災というリスク・コントロールを効率的に推進する環境を整えるという側面にいっそう留意していくべきである。

付録　再保険プログラムの実際

　Froot（1999b）に従って，USAA（United Services Automobile Association）の再保険プログラムの実態を概観してみよう。米国の大手損害保険会社であるUSAAは，自動車保険，家財保険を対象としているとともに，米軍に勤務している軍人の損害保険を一手に担っている。地理的に広範な範囲の損害保険を取り扱っていることから，USAAが引き受けている自然災害リスクは極めて大きい。以下の表は，USAAが自動車保険分を除去した損失（1997年7月から1998年6月）について採用している再保険プログラムの概略をまとめたものである。

レイヤー	下　限 （億ドル）	保険料 （万ドル）	ROL （%）	共同保険部分 （%）
5（上限15億ドル）	10.00	2400	6.0	20
4	8.00	660	5.5	40
3	6.00	1500	10.0	25
2	4.50	1690	12.5	10
1	1.25	2440	7.5	10

　上の表にあるように，元受保険会社であるUSAAが引き受けてきた保険金支払を5つのレイヤーに区分けして，それぞれのレイヤーについて再保険会社と**超過損失契約**（excess of losscontract，略してXOL contract）と呼ばれる再保険契約を取り結んでいる。なお，レイヤー5については，USAAが特別目的再保険会社として設立したResidential Reが発行しているCATボンドによって再保険されている。

　ただし，超過損失契約がレイヤーのすべての損失がカバーされるわけではなく，レイヤーの一定割合の損失については，元受保険会社もリスクを引き受けている。このように元受保険会社が引き受けている部分は，**共同保険**（coinsurance）と呼ばれている。共同保険部分が取り入れられているのは，元受保険会社にもリスクを分担させることで元受保険会社の側のモラルハザードを防止するためである。

　また，それぞれのレイヤーに関する超過損失契約に保険料が元受保険会

社から再保険会社に支払われるが，保険料はリミット（limit）という単位によって標準化されて表示されることが多い．リミットとは実際に超過損失契約がカバーしている保険金支払規模であり，

$$\text{リミット} = (1 - \text{共同保険比率}) \times (\text{レイヤーの上限} - \text{レイヤーの下限})$$

のように定義される．

　もっとも一般的に用いられている再保険料の表示方式は，**ROL**（rates on line）である．ROLは，超過損失契約の再保険料をリミットで標準化した保険料（再保険料/リミット）に相当する．

　代替的な指標としては，リミットそのものではなく，元受保険会社の保険金支払がレイヤーの下限を超える確率で評価した「リミットの期待値」で再保険料を標準化したものがある．ここでは，こうした指標を「期待値ベースの**ROL**」と呼ぶ．「期待値ベースのROL」が1の値を上回る場合には，再保険料が保険数理的にフェアーな保険料を上回ってしまうことになる．

　例えば，レイヤー2は，下限4.5億ドルと上限6億ドルに設定された保険金支払いに関して，再保険部分が9割，共同保険部分が1割にの再保険契約を結んでいる．したがって，再保険が実際にカバーしているリミットは$0.9 \times (6.00 - 4.50) = 1.35$億ドルに相当する．また，保険料をリミットで除したROL（rates on line），すなわち損失1単位当たりの保険料は12.5％となる．レイヤー2の下限に達する確率は4.5％であるので，「期待値ベースのROL」は2.8倍である．実際の再保険料は，保険数理的な理論値を大きく上回っていることになる．

　Froot（1999c）が指摘しているように，USAA再保険プログラムでは，損失が高いレイヤー部分については，元受保険会社であるUSAAの共同保険部分（自らがリスクを引き受けている部分）が非常に大きい．総損失が15億ドルを超える部分については，USAAが100％負担している．また，レイヤー3や4の共同保険部分は，レイヤー1や2の共同保険部分を大きく上回っている．レイヤー5については，CATボンドを活用することで共同保険部分は押さえられてはいるものの，2割の水準に達している．

第6章　災害リスクのマネジメントシステム

中嶋　秀嗣

1. はじめに

　地方公共団体の役割として，住民の安全，健康および福祉の保持があげられる。特に甚大な損害をもたらす台風，洪水，土砂崩れなどの災害リスクに対しては，災害対策基本法に基づいて災害想定，予防計画，応急計画，復旧計画などを策定した地域防災計画が推進されている。
　一方近年，国際標準化機構（ISO）などの標準規格では，環境汚染や労働災害問題等のリスクへの対応ツールとしてマネジメントシステムの構築が数多くとり入れられている。また国内でも，阪神淡路大震災を契機に危機管理システムの検討が始まり，2001年3月にはJIS Q 2001「リスクマネジメントシステム構築のための指針」が制定された。
　本章では，災害リスクに対する管理体制にマネジメントシステムを応用する可能性に注目し，地方公共団体の災害体制にJIS Q 2001を適用した場合の各プロセスを解説するとともに，その効果と今後の課題を検討した。

2. リスクマネジメントシステム指針

　リスク管理の活動として，リスクマネジメント（Risk Management）が古くから提案されている。具体的には，リスク特定，分析，評価・優先順位決定，処理に分かれ，さらに処理は，リスクを排除，回避，極小化するリスクコントロールと，損失を財務手段で処理するリスクファイナンシングに分かれると規定する提案が多い。
　JIS Q 2001は，このようなリスクマネジメント活動を組織的に実行してい

くためのリスクマネジメントシステム（Risk Management System，以後 RMS と略する）の枠組みと諸要素を提示する指針として制定された。阪神淡路大震災を契機に検討が始まった本指針は，当初，危機発生直後の緊急時対応を中心とした危機管理（Crisis Management）であったが，その後，より幅広いリスクへの対応，また事前対策・復旧対策にも言及するものに拡大した。

　RMS 指針で示すリスクマネジメント業務の各要素間の関係を明確にするためのシステム全体の構成（プロセスモデル）を図 6.1 に示す。指針では，組織（地方公共団体も含む）が，リスクに関する体制を構築し（①），組織の最高責任者がリスク管理に関する方針を定め（②），計画を策定し（③），実施すること（④）を求めている。そして，監視測定された実施状況を評価し（⑤），定められたトリガー基準に従って是正・改善され（⑥），定期的な

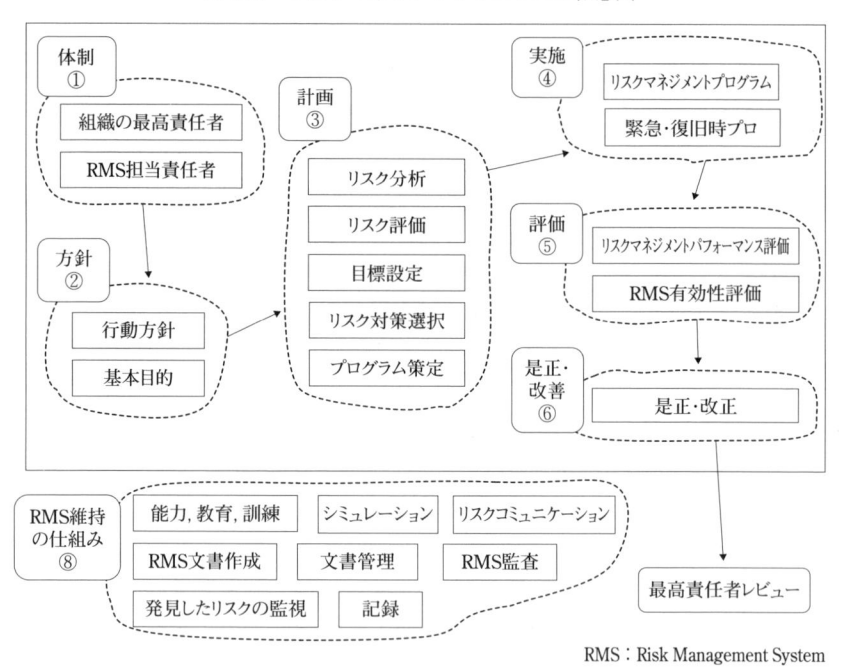

図 6.1　リスクマネジメントシステムの概念図

RMS：Risk Management System

出典：JIS Q 2001 に基づき筆者作成。

監査に基づき最高責任者の手でレビューする流れ（⑦）によって自らの継続的改善を確保することを求めている。またこれらの RMS を維持する仕組み（⑧）を規定しておくことも求められており，この構成は一般の経営管理システムにも見られる構成であり，前述の ISO 規格でも同様である。

　マネジメントシステム構築の目的は，パフォーマンスの向上と，システムの確立・維持である。パフォーマンスの向上は本質的な目的であり，組織における管理対象のレベル（例えば災害リスクに対する安全度など）を向上させることである。しかし良好なパフォーマンスを得るためには，ある時点だけの良好なパフォーマンス達成だけでは不十分であり，その状態が維持・継続されなければならない。本質的な目的は管理対象レベルの改善であるが，そのために適切なマネジメントシステムの確立・維持が必要となる。

　忘れた頃にやってくる災害への対策にもパフォーマンスの向上が求められる。今年だけでなく来年も再来年も災害は防がなくてはならない。災害リスクに対してマネジメントシステムを構築し，継続的に改善する必要性がここにある。次節以降，地方公共団体の災害体制に JIS Q 2001 を適用した場合の各プロセスを見ていく。

3. 体　　制

　マネジメント構築は，関係者の役割，責任および権限を定め，関連する機関・部署に伝達することから始まる。特に広域の多数の関係者が存在する災害リスクの場合，その重要性は高い。また伝達は周知徹底に加えて，リスクコミュニケーションや PR の側面が重要となろう。

　まず RMS の構築および維持に関して責任を持つ最高責任者を明確にする。そして最高責任者は，RMS を構築および維持するために必要な経営資源を用意する。災害リスクの場合，最高責任者は地方公共団体の首長になると想定される。用意すべき人・物・金・情報などの資源については，利害関係者（ステークホルダー）の責務の分担，負担割合，原資をめぐる基準に関する議論が重要となる。

　次に最高責任者が指名する RMS 担当責任者（例えば地方公共団体の防災部署の長）が RMS に関わるすべての業務を統括する。災害の種類や担当地域などに応じて下位の部署や委員会などの RMS 担当者に権限を委譲するこ

とができるが，RMS担当者を定めない残りの全事項をRMS担当責任者が所管することが求められる。なぜならば災害対応の失敗の多くが，各RMS担当者の間に落ちた「ポテンヒット」だからである。また災害が「思いもよらぬ状況」へ変化した場合のスィーパーの役割を求められている。RMS担当責任者の役割は，RMS構築およびリスクマネジメント実施であるが，災害リスクの場合はRMSの継続的改善を最高責任者へ提案することが最も重要な責務であろう。

4. 方　　針

RMSの第2ステップは，災害リスクに取り組む地方公共団体の方針の表明である。方針は行動指針と基本目的からなる。

行動指針は，人的・物的・財政的資源等の保全や，組織の機能責任・地位責任等の遂行などのリスクマネジメントに関する指針である。地方公共団体の行動指針は住民の安全・健康・財産の保全および被害の速やかな回復などになろう。

基本目的はリスク低減の到達点である。災害リスクに対してどのような安全度を目指すのか，逆にいえば損害を容認するのかを明確にする。その到達点および結果は可能な限り定量化することが望ましい。抽象的になりがちな行動指針や目的は総論賛成にはなるが，定量化されると各論反対になることが多い。目的の定量化は，目指す安全レベル，容認する損害の規模・頻度，対策コストおよび実施対策の優先順位などに関する合意形成に不可欠である。この目的設定および後述の目標設定は，地方公共団体がすでに取り組んでいる政策評価制度との連携も必要である。

5. 計　　画

他のマネジメントシステムに対するRMSの特徴は，この計画プロセスにある。なぜならば管理する対象がリスクというつかみ所のない不確定なものであるだけに，計画の段階からの関係者間のリスクに関する認識の共有化が重要となる。

計画は，以下のプロセスから構成される。

①リスク分析
　リスク分析は，さらにリスク発見，特定および算定の3つからなる。
　災害リスクの発見は比較的容易であろうが，画一的なリストアップに終始することなく，地域に応じたリスクの発見につとめたい。必要なのはリスクを知覚する感性を向上させることである。
　リストアップしたリスクの中から，重大な結果をもたらすと懸念されるリスク，または結果の重大性の判断が困難なリスクを特定する。組織の運営にあたっては，この特定されたリスクを常に意識して対応することが必要である。リスク特定では，なるべく幅広く保守的にとらえるべきであろう。リスク特定には，組織活動の点検・分析作業，内外における事例調査，ブレーンストーミング，インタビュー・アンケート調査などの方法がある。
　特定したリスクを評価するために，リスクの発生確率ならびに影響の大きさを，定量的または定性的に把握する。リスク算定は定量的把握が望ましいが，ランク付けなどの定性的把握でも良い。指針ではリスク算定の手法に言及していないが，災害リスク，特に巨大な地震や台風災害では，その発生確率や影響の大きさの算定は難しく，課題が多い。

②リスク評価
　特定したリスクについて，リスク算定した結果をリスク基準に照らし合わせて，対応すべきリスクを明らかにするとともに，その優先順位を決める。地方公共団体では災害リスク対策事業に対する政策評価システムも導入されている。しかしリスクという不確実な対象に関する評価手法や評価基準の設定は難しく，関係者の合意も得にくい。リスク評価はリスク算定とともに，災害リスク対応計画の策定時の最大のハードルである。

③目標設定
　組織はリスクマネジメント基本目的を達成するためにリスクマネジメントの目標を設定し，文書化する。目標は費用対効果を考慮し，実行可能であり，関係者が容易に理解できるものが望ましい。仮に年度単位で設定された目標は，年度単位で評価される。関係者との約束を守り，評価に耐えうる実質的な目標の設定が望まれる。

④リスク対策選択

　リスク対策の手法は，リスク回避，リスク移転，リスク低減およびリスク保有があり，リスクの特性に応じて適切な対策を選択し，また組み合わせる。またリスク対策を時間軸に位置付けると，事前対策，緊急時対策および復旧対策に分類される。事前対策はリスクの顕在化の防止およびリスクを低減することである。緊急時対策には被害の最小化，拡大防止，二次被害の防止などがあり，復旧対策は通常活動への早期復旧である。地域防災計画も時間軸で整理されているが，手法面ではリスク低減に多くの紙面が割かれている。

⑤プログラム策定

　目標の設定および対策の選択が出来ると，次にリスク対策を具体的に定めるリスクマネジメントプログラムを策定する。これは地方公共団体の年度政策に組み込まれることが望ましい。内容は責任の範囲・所在や日程などの具体性（5W1Hなど）が不可欠である。またリスク対策の実現性，効果，緊急性などを考慮して決定した優先順位が必要である。記載内容には監視およびレビューなどの手順も含めることが望ましい。

6．実　　施

　リスクマネジメントプログラムまでできあがると後は実行である。担当部署は，プログラムに従って対策を実行し，その実施状況をRMS担当責任者に定期的に報告する。関係機関・部署が多い地方公共団体の場合，策定したリスクマネジメントプログラムに基づき，実施手順を作成し，関連者に提示し，内容について調整を図り，相互理解を深めておくことが望ましい。

　自然災害では，緊急時・復旧時対応に失敗すると損害は何倍にも膨れ上がり，住民の不満も大きくなることが多い。したがって損害規模の拡大防止や迅速な復旧のプログラムが重要となる。事前対策も，緊急時・復旧時対策をできるだけ前倒しで行っておく意味合いが強い。緊急時プログラムでは，緊急時対応の発動および終了，適切で有効な緊急時実行組織の編成，実行責任者の選任，動員計画策定が重要となる。また予測外の緊急事態に対しても，

速やかに緊急時実行組織を編成できることが望ましい。復旧リスクマネジメントプログラムでは，関係機関の協力関係構築と，限られた資源を有効に活用する手順の整備が重要となる。

プログラムの実行，運用管理に際しては，対策の実施手順や報告などを文書化し，適切に管理することが望ましい。また手順は定期的に見直して更新することが望ましい。

7. 評　　価

リスク対策は実施したままで放置しておいてよいものではなく，その実施状況および結果を常に監視する必要がある。そして目標に達していないと評価された場合は，是正・改善のプログラムを発動させる。評価の対象は，まず災害リスクに対する安全度の向上のために実施しているリスクマネジメントの実行度合い，すなわちリスクマネジメントパフォーマンス（以後 RM パフォーマンスと略する）である。次に災害リスクに対する安全度の向上を得るために不可欠なマネジメントシステムの有効性の評価である。

RM パフォーマンスとは，「リスクマネジメント目的および目標に基づいて組織が行うリスクマネジメントに関する測定可能な結果」と規定されている。リスク対策の計画策定および実施状況を監視・測定する。計画策定の監視対象は下記事項などである。

ア．信頼できる情報・データを用いて合理的で論理的なリスク算定手法が採用されていること
イ．論理的で納得性のあるリスク基準が設定され合理的なリスク評価がなされていること
ウ．リスクマネジメントの目標が社会的合理性を持ち，かつ受容可能および合意可能であること
エ．選択されたリスク対策が客観的優位性を持ち，経済上・技術上実行可能なものであること

対策実施の監視・測定では，リスク対策の実施状況，報告状況，そして手順が不適当な場合に是正・改善を実施する基準の設定などが対象となる。監視・測定の時期・頻度は，災害リスクの発生頻度や損害規模などを考慮して

定めることが望ましい。刻々と近づく台風に対してリスク対策の監視の頻度を高めることはすでに実施していることであろう。監視・測定されたリスクマネジメントパフォーマンスは事前に定めた指標と比較され，評価される。このRMパフォーマンスの評価は，その後に続く是正・改善のトリガーとなる。また緊急時対策や復旧対策の有効性は，平常時にはシミュレーションによる方法などによって検証することが望ましい。RMSは通常のISOモデルと同様にパフォーマンスの内容やレベルまでは言及しない。しかし方針でリスク低減（パフォーマンス改善）を表明し，目標を策定し，パフォーマンスを監視・測定・評価しているので，実質的にはリスク低減のパフォーマンスの向上が期待されている。

　目的および目標達成に関するRMSの有効性を評価する際の指標は，まず目的およびリスクマネジメントの目標の達成度そのものである。しかし災害リスクにおいては，同等の台風でも人口や資産の増加によって損害規模がシステムの有効性と無関係に悪化する場合や，発生頻度が低い場合は偶発的な結果と真の災害傾向の区別ができないなど，評価が難しい。RMSの個別機能やRMパフォーマンスなどの複数の指標を用い，相対的な有効性評価が望ましい。

8. 是正・改善

　組織は，監視・測定，RMパフォーマンス評価，RMSの有効性評価ならびにRMS監査に基づいて，必要に応じて是正・改善を実行する。RMSの是正・改善の際には，関係する機関・部署の責任者，リスクマネジメントの専門家など広範囲の関係者の参画を得て検討することが望ましい。

9. 最高責任者によるレビュー

　最高責任者は定期的にRMSをレビューし，RMSを維持・改善する。レビューはRMSの全プロセスに関して包括的に行い，結果を適切に文書化する。このトップレビューはRMSの第1プロセスである方針の表明と対をなしている。最高責任者自ら表明したリスクマネジメント方針およびRMSの状況を，毎年の最終プロセスでまた自らレビューする。このリスクマネジメ

ントに対するトップの強い関与がRMSの特徴であり，これが欠如するとシステムとして成立しないであろう．

10．RMS維持のための仕組み

前節までのRMSを適切に維持する仕組みとして以下のプロセスがあげられる．

①能力，教育，訓練
　RMSを運用するための要員は，その役割ごとに必要な能力を持つことが望ましい．そのために適切な教育・訓練を実施する．災害リスクの場合，地方公共団体および関連機関の要員のみならず，一般住民へのリスクマネジメントの重要性や直面しうる災害状況を想定した教育・訓練が必要であろう．

②シミュレーション
　シミュレーションは災害リスク対応手順の検証に有効である．シミュレーションは，できるだけ広範囲の関係者に参加を求め，災害リスクの顕在化過程，緊急時，復旧時などを想定して実施することが望ましい．シミュレーションでは，緊急時組織の適切性および機能，関連部署ならびに機関との調整・協力状況，情報管理・広報の機能，是正・改善の発動基準などを検証することが望ましい．

③リスクコミュニケーション
　リスクコミュニケーションは，関係者間の誤解または理解不足に基づくリスク顕在化の防止のために重要となる．リスク対応に関する平常時および緊急時の広報活動計画を策定し，住民や関係機関に適切な情報を開示することが望ましい．また災害対策事業に関する合意形成の点からもリスクコミュニケーションは欠かせない．ハザードマップなどの災害危険度情報提供などが有効である．

④文書作成，文書管理，記録
　RMSの構成を示す情報や重要文書の入手方法がわかる手段を確立する．

また必要文書の作成・改訂・管理手順や記録の識別・維持・廃棄手順を確立し，維持する。

⑤発見したリスクの監視

災害リスクは刻々と変化するために，その変化を継続的に監視し，収集した情報を適宜リスク分析に活用する。そのために発見したリスクに変化を与える因子を特定し，情報を収集する。ここにも継続的な活動および関係機関の緊密な連携が求められる。

⑥リスクマネジメントシステム監査

RMS に関する監査のプログラムと手順を確立し，維持する。監査の目的は，RMS が適切に構築・維持されているか判断するためと，最高責任者によるレビューに資するためである。監査手順は，通常の業務監査手順と統合してもよいし，独自に定めてもよい。監査は先ずリスクマネジメント目標を立てた小さな職場単位で行うことが望ましい。次ステップとして，これらの職場単位の RMS が寄り集まって大きな部署の RMS を適切に構成していることを監査し，最終的に最高責任者によるレビューに至る。

11．おわりに

本章では，地方公共団体の災害リスク管理体制に JIS Q 2001 を適用することを想定し，各プロセスを解説するとともに，その効用と今後の課題を検討した。

この指針のメリットは，トップの関与，明確な目標・責任体制，継続的改善，文書化・記録化・標準化などが組み込まれている点である。また RMS としてとらえることで，各プロセスの残課題がより明確に整理できる。デメリットは，WHAT はあっても HOW を提示していないために，現場での具体的な対応が難しい点がある。マネジメントシステムの限界である。

総合的な災害リスク対策組織が機能不全を引き起こすのは，残課題を持つプロセスおよびプロセス相互関係の連携欠如にある。いま求められているのは，おそらく個々の残課題への取り組みだけで災害リスク対策の行き詰まりの打開を図る方向ではない。むしろ一貫したリスクマネジメントシステムを

具体的に構築していく作業ではないだろうか。

　システムである以上，構成する要素が互いに関連性を持って相互に補完する構造を持つべきである。要素の単なる寄せ集めや取りまとめではシステム固有の目的を達成できない。このための必要条件は，災害リスクのマネジメントシステムの各要素に携わる関係者が，各要素間の緊密な相互作用を作り上げることではないかと考える。

応　用　編

第7章　洪水リスクの経済分析

小林潔司・湧川勝巳

1. はじめに

　1998年，わが国では，国が関与する社会資本整備事業について，その事業実施の妥当性，効率性を事業者自らが確認し，その結果を対象事業の効果が及ぶ地域の住民をはじめ国民に広く知らせることを目的として「社会資本整備に係る費用対効果分析に関する統一的運用指針（案）」が策定され，この運用指針に基づいて，それぞれの社会資本整備事業において費用対効果分析を行うことが義務付けられた。

　これを契機として，1970年に策定された「治水経済調査要綱」が有する問題点を整理し，現在の社会経済情勢に適合した一般資産評価の見直し，家屋等一般資産被害率の見直しを行うとともに，事業実施のスケジュールを考慮した費用便益分析を行うことを基本とした「治水経済調査マニュアル（案）」（建設省 2000）（以下，マニュアル）が2000年5月に策定された。マニュアルでは，図7.1に示される治水事業効果（宮田・山村・加賀屋 1984）のうち，主として資産被害軽減効果を便益とし，氾濫解析を通じて得られる洪水規模別浸水深より被害軽減額の年期待値を算出し，治水施設完成後に毎年その効果が発生するとして治水施設整備の総便益を算出することとされている。マニュアルでは上記の便益算出において，直接的な資産被害は瞬時に回復することを想定し，また，期待被害軽減額そのものを便益としてとらえている。しかし，水害による資産被害額は同じでも，被災者の収入や資産によって，また被災地域の経済力や地域における被災者の割合等によって，被災後の資産回復・形成過程が異なってくる。また，治水施設のように全体としてのリスクを低下させるプロジェクトについては，リスクプレミアムを考慮する必

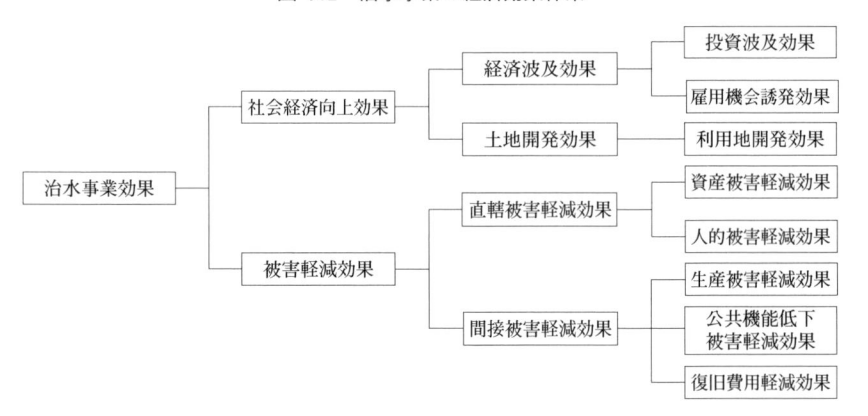

図 7.1 治水事業の経済効果体系

```
                                    ┌── 投資波及効果
                   ┌─ 経済波及効果 ──┤
         ┌─ 社会経済向上効果 ─┤              └── 雇用機会誘発効果
         │         └─ 土地開発効果 ──── 利用地開発効果
治水事業効果 ─┤
         │         ┌─ 直轄被害軽減効果 ┬── 資産被害軽減効果
         │         │                  └── 人的被害軽減効果
         └─ 被害軽減効果 ─┤
                   │                  ┌── 生産被害軽減効果
                   └─ 間接被害軽減効果 ┼── 公共機能低下被害軽減効果
                                      └── 復旧費用軽減効果
```

要があるといわれている（例えば，野口（1998））。

これらの課題に対して横松・小林（2000a）は水害リスクに直面する家計の長期的な消費・資産形成と損害保険の購入行動を表す動学的消費モデルを定式化し，リスクプレミアムを考慮した治水事業の便益評価方法を提案している（第2章参照）。本章では，横松・小林モデルを実河川に適用し，リスクプレミアムを考慮した治水事業の経済評価のあり方について検討した結果について報告する。

2. リスクプレミアムの定義

いま，簡単のため資産 s に対して，その家計の効用 $u(s)$ が与えられ，u は s に関して上に凸であるとする（図7.2）。例えば，この家計が2年に1回の割合で水害により全資産を失い，次の年には資産が元に戻る場合を考える。

この家計の資産の期待値 p は $p = s/2 + 0/2 = s/2$ である。一方，効用の期待値 v は $v = u(s)/2 + u(0)/2 = u(s)/2$ であり，これに対応する資産は u が上に凸であることから，図7.2に示すように p よりも小さい値 q となる。

すなわち，期待効用でとらえた場合，家計の被害は $(s-q)$ で表され，資産の被害 $(s-p)$ よりも $(p-q)$ だけ大きくなる。経済的には，この被害防止に家計は $(s-q)$ を支払うことが合理的であるといえ，その場合，水害を

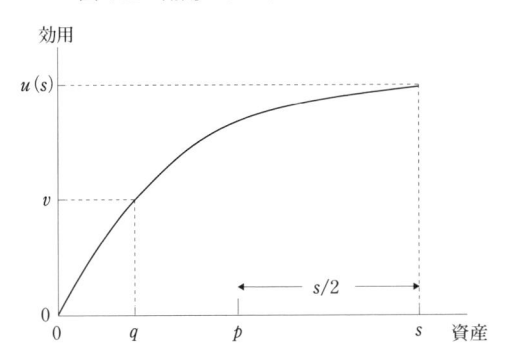

図 7.2 効用によるリスクプレミアム

防止する事業の便益は $(s-q)$ で評価されるべきである。

現行の治水経済調査では $(s-p)$ を便益としており，効用からとらえた便益との差 $(p-q)$ をここでは治水事業のリスクプレミアムという。

3. 資産の形成過程を考慮した便益評価方法

横松・小林は，水害に備えて家計が水害保険に加入するとし，水害被害後の資産再形成を考慮した時の終期資産が治水施設の整備前後でどれだけ異なるかについて，家計行動モデルを通じて解析している。

3.1 横松・小林モデルの前提

同モデルでは，以下の条件を仮定し，家計が期待生涯効用を最大化するように資産の蓄積と水害保険の購入を決定するとしている。

a) 家計の条件
 1) 家計は一定の土地に永久に住み続ける。
 2) 家計は土地の売買を行わず，毎年一定の収入を得る。
 3) 家計は物的資産と金融資産の形成を通じて富の蓄積を行う。
 4) 家計は毎期の消費と物的資産の利用により効用を獲得し，生涯効用を最大化するように行動する。
 5) 家計は現時点から無限大にわたる計画視野を持つ。

6) 家計は災害リスクを完全に認知する。
7) 家計は洪水氾濫による物的資産の損害に対する水害保険を利用できる。

b) 資産の条件

8) 物的資産は水害により被害を受ける可能性のある危険資産であり、また、時間を通じて減価する。
9) 金融資産の利子率は固定である。
10) 金融資産から物的資産への交換はできるが、物的資産を金融資産に交換できない。

c) 水害の発生条件

11) 洪水はランダムに発生し、浸水深に応じた被害率で物的資産に被害が生じる。
12) 防災投資が洪水の生起確率を制御することはない。

d) 水害保険の条件

13) 災害保険の料率には集団リスクに対するマークアップ率が加算され、保険料は期待被害額にマークアップ率を乗じた額に設定される。
14) 家計は被害リスクと保険料を比較し、最適なカバー率 β（＝保険金/被害額）の保険を選択する。
15) 保険料は掛け捨てである。

3.2 効用関数

横松・小林モデルでは、上記4) の効用を表す効用関数として、次の Cobb-Douglas 型関数を仮定している。

$$u(c(t), s(t)) = a \cdot \ln c(t) + (1-a) \cdot \ln s(t) \quad (7.1)$$

ただし、u：時点 t における効用、c：物的資産への投資を除く消費額、s：物的資産額、a：家計の選好特性を表すパラメータであり、最適家計行動条件により導かれる (16.2) 式より求めることができる。

$$a = \frac{1}{(r + \delta + \varepsilon\overline{\mu\alpha})s/c + 1} \quad (7.2)$$

ただし、r：利子率、δ：減価償却率、ε：マークアップ率であり、保険料÷期待被害額、α：被害率、μ：被害の発生確率であり、$\overline{\mu\alpha}$ は期待被害率（被害率の年期待値）。

3.3 治水投資の便益
3.3.1 保険の利用が可能な場合

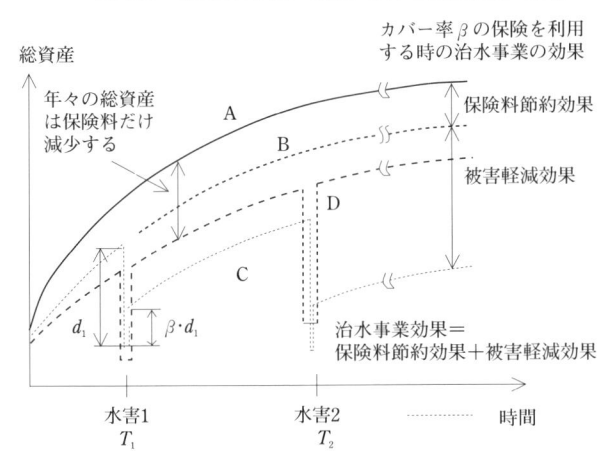

前述の仮定から家計の総資産は，概念的には図 7.3 のように推移する。資産は時刻 T_1 において d_1 の物的被害を受けて減少するが βd_1 の保険金を受け，その時点から再び新たな資産形成が開始される。この時，終点時刻における A と C の資産の差が治水投資の効果となる。

図 **7.3** 保険の利用が可能な場合の資産形成の推移

A：災害リスクがない時
B：カバー率 β（$0<\beta<1$）の保険に加入し，水害にあわない場合（仮想）
C：カバー率 β の保険に加入する時
D：カバー率100%の保険に加入する時

また，D のラインは $\beta = 100\%$ の保険に加入する場合を示したものである。$T_1, T_2, \cdots$ で被害を受けても，被害額と同じ保険金を得ることができる。このため，リスクのない場合との総資産の差は保険料支払いによる資産減少分のみとなる。

これらの効果は前項の仮定から導かれる（7.3）式によって与えられる。（7.3）式の右辺第 1 項は治水整備による「保険料節約効果」を表し，A のラインと B のラインの差に相当し，第 2 項は B のラインと C のラインの差である「被害減少効果」を表している。これからわかるように，便益は年平均被害軽減期待額（$\overline{\mu\alpha s}$）を ε 倍することにより評価できる。この ε をここで

はマークアップ率，あるいは，便益評価におけるリスクプレミアムと呼ぶ．

$$WTP = \frac{1}{\rho}\left(\varepsilon\beta\overline{\mu\alpha}s + \varepsilon(1-\beta)\overline{\mu\alpha}s\right) \qquad (7.3)$$

ただし，WTP：住民の治水投資に対する支払意思額，ρ：主観的時間選好率．

また最適カバー率 β は，(7.4) 式で計算できる．

$$\beta = 1 - \frac{(\varepsilon-1)(r+\delta+\varepsilon\overline{\mu\alpha})}{\varepsilon\overline{\alpha}\rho(1-a)} \qquad (7.4)$$

ただし，$\overline{\alpha}$：平均被害率（水害が発生したときの被害率の平均値）．

3.3.2 保険を利用できない場合

料率が高すぎて保険契約すると終期資産が減少する場合，また，水害保険が利用できない場合，総資産は図 7.4 に示すとおりに推移し，治水事業の効果としては被害減少効果のみが現れる．この効果は，(7.5) 式を満足する ε_c と $\beta = 0$ を (7.3) 式に代入することにより評価できる．

$$\frac{(\varepsilon_c - 1)(r+\delta+\varepsilon_c\overline{\mu\alpha})}{\varepsilon_c\alpha\rho(1-a)} = 1 \qquad (7.5)$$

4. ケーススタディ

4.1 対象河川

N 川を対象にケーススタディを行った．N 川は，河口から約 12km にわたって築堤され，5km の位置で H 川が合流する河川で，氾濫原は，河川の堤防や山付きによって4つのブロック（氾濫ブロック A〜D）に分割できる．H 川沿川およびその合流点付近には資産が集中し，海岸線に沿った低地は主に水田として利用されている．

現在の N 川は，一部を除きおおむね 20 年に 1 度の洪水に対しては安全であり，さらに，150 年に 1 度の洪水に対して安全となるよう，堤防の整備等が計画されている．

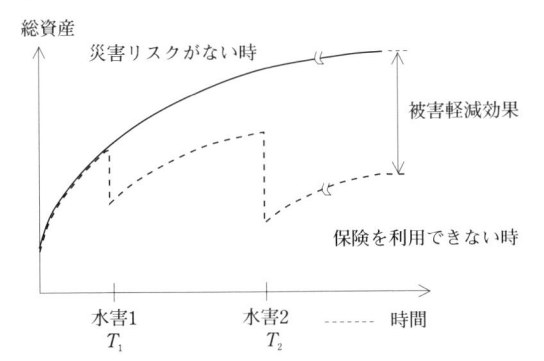

図 7.4 保険の利用が不可能な場合の資産形成の推移

4.2 氾濫解析

建設省土木研究所（現国総研）によって示されている氾濫計算手法（建設省土木研究所 1996）に従い，河道上下流端に流量，水位ハイドログラフを境界条件として与えて河道の水位・流量を追跡し，あらかじめ設定した破堤地点の水位が破堤水位に達した以降，破堤流量を本間の公式から求め，それを境界条件として約 100m のメッシュについて氾濫流の二次元平面流れを追跡した．破堤地点はマニュアルに従い，氾濫ブロックごとに最大被害を生じる 1 箇所を想定し，1/30〜1/1000 の 8 規模について氾濫計算を行った．図 7.5 は 1/1000 規模の洪水における浸水深の分布とブロックごとの浸水深別世帯数を示したものである．

ブロック A では床下および床上 50cm 未満のランクが最も多く，全体の 8〜9 割を占めている．ブロック D では浸水深の大きな世帯が多く分布する．これらに比べ，ブロック C は 1/150 でも浸水せず，1/1000 規模でも約 8 割が床下となっている．

4.3 被害額

ここでは家計を対象にすることから，100m メッシュごとの世帯数と氾濫計算による浸水深をもとに，マニュアルに示された方法により家屋被害額，家庭用品被害額を算出した．家屋被害額は対象地域の 1 世帯当たりの平均

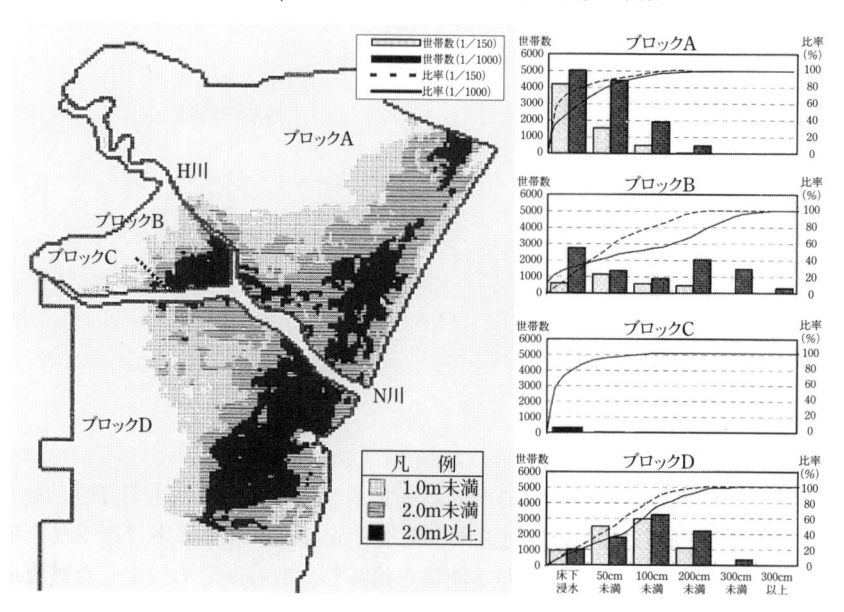

図 7.5 1/1000 浸水区域とブロック別浸水世帯数

表 7.1 洪水規模別被害額（億円）

確率年	ブロックA	ブロックB	ブロックC	ブロックD	合計
5	0.0	0.0	0.0	0.0	0.0
30	13.7	0.0	0.0	0.0	13.7
50	78.1	13.2	0.0	249.3	340.6
70	105.4	29.9	0.0	295.6	430.9
100	106.9	89.1	0.0	353.7	549.7
150	154.6	161.7	0.0	492.1	808.4
300	185.5	466.2	0.0	574.2	1225.9
500	269.1	617.3	0.1	636.8	1523.3
1000	452.5	864.9	7.8	717.8	2043.0

床面積に建築単価を乗じて求めた家屋資産額に，浸水深別被害率を乗じて算出した．また，家庭用品被害額は全国平均の1世帯当たりの資産額に被害率を乗じて算出した．洪水規模ごとの被害額計算結果を表7.1に示す．

第 7 章 洪水リスクの経済分析

表 7.2 年平均期待被害額 b

確率年	ブロック A	ブロック B	ブロック C	ブロック D	合 計
b (億円/年)	4.4	3.3	0.0	9.3	17.0
1/1000 規模 浸水世帯数	11,830	8,841	395	8,615	29,681
世帯当たりの b (万円/年)	3.7	3.7	0.0	10.8	5.7

この洪水規模別被害額に，洪水発生確率を乗じて積分することにより，1/1000 までの年平均期待被害額を求めると表 7.2 のとおりである．

4.4 横松・小林モデルを用いた治水便益の評価

保険を利用できる場合，利用できない場合について，(7.3) 式に従って便益の算出を行った．

4.4.1 計算条件

a) 家計の条件

日本における各種の統計資料（『地域経済総覧'02』）をもとに，対象地域の初期家計条件を 1 世帯当たり物的資産 2970 万円，消費水準 330 万円/年等と設定した．

b) マークアップ率

日本では独立した水害保険制度がなく，一般には火災等の災害とセットになった住宅総合保険が普及している．また，個別には特約保険があり，主として企業が加入しているが，加入率は小さい．これらの保険に関するマークアップ率を保険会社における近年の保険料収入と保険金支払い額（『インシュランス』1998 年度版）から求めると，住宅総合保険で $\varepsilon = 1.92$，特約保険で $\varepsilon = 2.78$，両者の合計で $\varepsilon = 2.02$ となっている．そこで，保険を利用できる場合の計算では $\varepsilon = 2$ を条件として与えることにした．

c) 計算手順

1/1000 規模までのリスクに対して，外生的に与えられるマークアップ率

と期待被害率から，メッシュごとに最適カバー率 β を（7.4）式から求め，$\beta \geq 0$ ならば，（7.3）式から WTP を計算し，$\beta < 0$ となった時は保険が利用できないとして，ε_c を（7.5）式から求め，これと $\beta = 0$ を（7.3）式に代入して WTP を計算した．

4.4.2 治水整備の効果

表 7.3 は 1/1000 洪水までを対象としたときの年便益を上記の方法により求めた結果である．これによると，$\varepsilon = 2$ の水害保険が利用できる場合の年便益は，マニュアルの 1.7 倍の 29.3 億円/年となり，その内訳は保険料節約効果が 54%，被害減少効果が 46% となっている．なお，すべての家計で水害保険を利用できないとした場合（マークアップ率の上限値 ε_c を用いた場合），年便益はマニュアルの 7.3 倍となる．

表 7.3 横松・小林モデルによる年便益（億円/年）

		ブロックA	ブロックB	ブロックC	ブロックD	合計	比率
マニュアル		4.4	3.3	0.0	9.3	17.0	1.0
$\varepsilon = 2$	保険節約	2.3	4.0	0.0	9.5	15.8	1.7
	被害減少	4.2	2.0	0.0	7.2	13.4	
	合計	6.5	6.1	0.0	16.7	29.3	
保険を利用できない時		20.1	44.1	0.2	59.0	123.4	7.3

4.4.3 水害リスクによる便益の特徴

ブロックごとに $\varepsilon = 2$ の水害保険を前提とした便益の構成比を示すと図 7.6 のとおりであり，水害リスクの特徴によって便益の構成が変化することがわかる．

水害リスクの程度によって最適カバー率が変化することや $\varepsilon = 2$ の保険に加入しないことが経済的に合理的となる家計が存在することにより，上記の差異が現れたものである．

図 7.7 はブロックごとの $\varepsilon = 2$ の保険に対する加入率 R，カバー率 P を

第 7 章　洪水リスクの経済分析

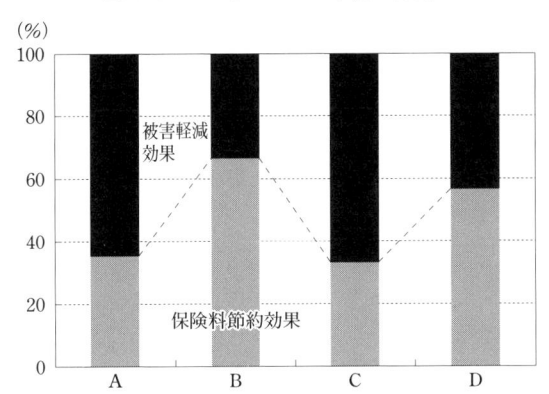

図 **7.6**　ブロックごとの年便益構成比

被害軽減効果

保険料節約効果

図 **7.7**　ブロックごとの加入率とカバー率

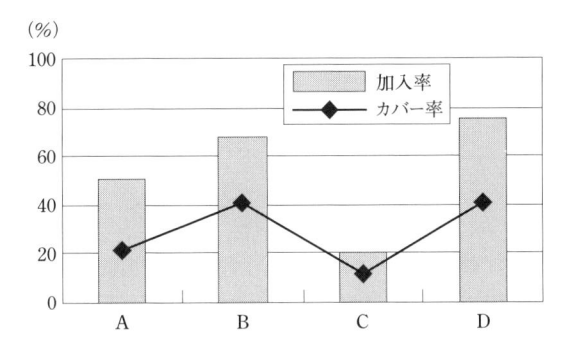

加入率
カバー率

示したものである．なお，全体の母数は 1/1000 洪水での浸水世帯とし，次式より計算した．

$$R = \frac{\sum_{i=1}^{N} n_i|_{\beta_i > 0}}{\sum_{i=1}^{N} n_i} \tag{7.6}$$

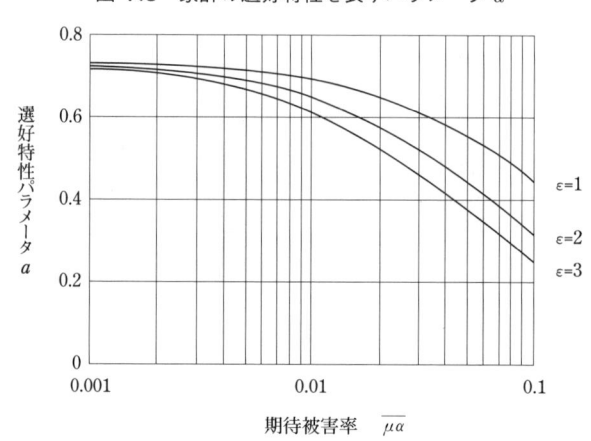

図 **7.8** 家計の選好特性を表すパラメータ a

$$P = \frac{\sum_{i=1}^{N} \beta_i n_i}{\sum_{i=1}^{N} n_i} \tag{7.7}$$

ただし，i：メッシュ，N：メッシュ数，n：世帯数，β：最適カバー率。

これによれば，ブロック B で P が最も大きくなっており，保険料節約効果が卓越することになる．なお，現行の水害保険加入率は 60～70% 程度であり，ここでもブロック C 以外は同程度の値となっている．

最適カバー率は a（家計の選好特性）と水害リスクを表す $\overline{\alpha}$（平均被害率），$\overline{\mu\alpha}$（期待被害率）によって変化する．

図 7.8 は当該地域の資産・消費特性 $S/C = 9$ について，(7.2) 式の a を図示したものである．N 川の場合，$\overline{\mu\alpha}$ はおおむね 1/100～1/1000 の範囲にあり，このとき a は 0.7 程度となる．

これに対し，N 川では $\overline{\alpha} = 0.1$～0.3 であることから $\overline{\alpha} = 0.2$ を条件に (7.5) 式から β を求めた結果が図 7.9 である．β は $\overline{\mu\alpha}$ によって 0.3～0.7 程度の値となり，現行保険の免責条項を加味したカバー率と類似した値となっている．

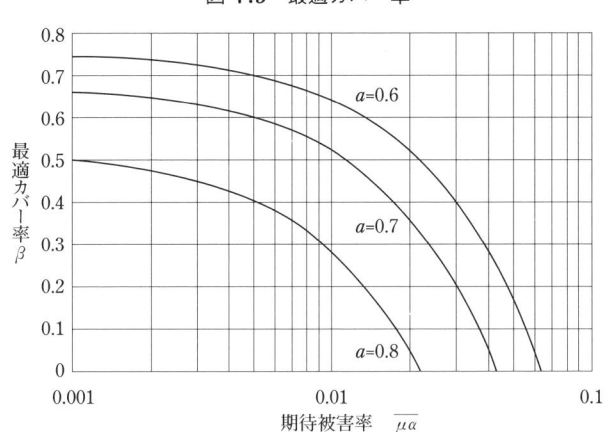

図 7.9　最適カバー率

5. 考　察

5.1　モデルの有用性

　繰り返し被害を受ける可能性のある資産について，従来の治水経済調査では被害を受けた資産が次の水害では回復していると仮定して期待被害額を算出し，これを治水事業の便益としている。

　この仮定はいわゆる給付・反給付の原則が成立し（$\varepsilon = 1$ の水害保険が存在し），住民がフルカバー（$\beta = 1$）の水害保険に加入することを前提としていることと同等である。災害保険市場においては給付・反給付の原則が成立せず $\varepsilon > 1$ に設定されることから見て，この仮定は現実的ではない。また，この仮定に従って計測される便益は表 7.3 に示したように，治水事業の経済効果を過小評価することになる。

　横松・小林モデルは治水事業の投資便益が期待被害額に水害保険のマークアップ率を乗じた値となることを理論的に示したものであり，水害保険が実体として確立した場合には，便益評価において簡便で実用性の高いモデルといえる。

5.2 地域の資産水準の差等を考慮する方法

　治水事業の費用は防御目標とする洪水氾濫の規模によって変化し，その氾濫による被害額とは無関係である．したがって，資産の少ない地域では事業の経済的妥当性が成立しづらくなり，安全度に関して社会的公平性を確保するうえで，従来の費用対効果（B/C）は必ずしも適切な指標となりえない．
　しかし，横松・小林モデルでは，例えば（7.2）式に示すような形で，地域ごとの資産等の違いを便益評価に加味できることから，B/C の指標に公平性への配慮を加えることのできる可能性がある．そこで，(7.5) 式をもとに $\overline{\alpha} = 0.2, 0.1$ として $\overline{\mu\alpha}$ と S/C に応じた ε_c を計算した（図 7.10）．S/C は地方ほど大きな値となり，例えば，東京都は 7，島根県は 10 程度である．$\overline{\mu\alpha}$ が同じ場合，S/C が大きいほど ε_c は大きくなり，便益を高く評価すべきことが図 7.10 に示されている．

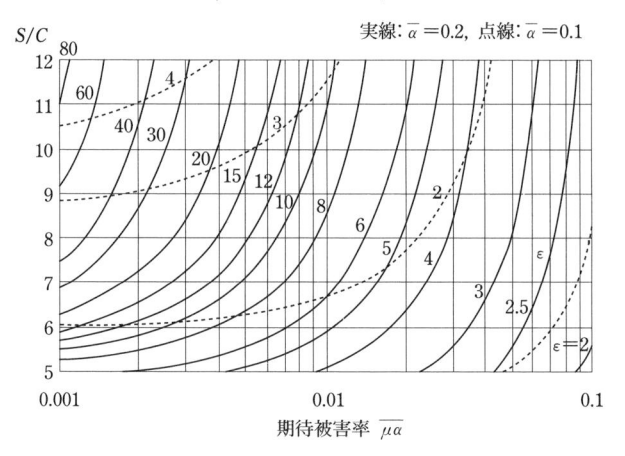

図 **7.10**　資産・消費水準 S/C と期待被害率 $\overline{\mu\alpha}$ に応じたリスクプレミアム

　また，同図には S/C が同じ場合，治水安全度が向上し，$\overline{\mu\alpha}$ が小さくなるほど ε_c が大きくなり，安全度の向上に応じてもプレミアムを高く評価すべきことが示されている．

5.3　課　　題

　日本では現在のところ災害保険市場が未整備であり，現実の災害リスクを反映したリスクプレミアムに関する情報を市場から得ることは困難である。今後，災害保険の市場開放が急速に進むことが予想され，リスクプレミアムに関する情報が蓄積されれば，市場評価に基づいた治水事業の経済評価が可能となろう。

　また，同時に住民が水害リスクを十分把握できるよう，水害の危険性や予想される被害に関して住民への情報提供が求められる。

第8章 大規模地震による経済的被害の空間的把握：空間的応用一般均衡モデルによる計量厚生分析

小池淳司・上田孝行

1. はじめに

　地震などの大規模災害の影響は，私たちの生活に多大な影響を及ぼす。その影響は，私たちの生活のみならず，企業の生産性や公的機関の活動へも影響するであろう。また，地震などの被害は，当該地域のみならず，広く日本全体あるいは世界規模で影響する可能性がある。防災計画を充実したものにするため，特定の地域への災害が日本経済全体あるいは全国の各地域にどの程度影響するのかを事前に評価する必要がある。そのためには，交通施設などの社会資本が倒壊することで，社会経済にどの程度の影響が起こるかのメカニズムを正確に描写したモデルが必要となる。

　ある外的ショックによる社会経済への影響を空間的に把握可能なモデルとして空間的応用一般均衡モデル（Spatial Computable General Equilibrium Model: SCGE Model）がある。このSCGEモデルは関税政策や交通政策が社会経済にどの程度影響するのかを分析可能なモデルとして，数多くの政策評価に用いられている。そのため，本章では，このSCGEモデルを援用し，大規模地震を想定した災害の被害を空間的に把握する手法を解説する。想定する地震災害は当該地域の交通社会資本および上下水道，電力，ガスなど交通以外の社会資本が倒壊することを想定している。

　交通社会資本（以下，交通施設）の倒壊は地域間の交通時間の増大，すなわち，交易抵抗の増加で表現が可能である。一方，交通以外の社会資本（以下，社会資本）の倒壊を正確に描写するためには，社会資本による効果の空間的帰着構造を考える必要がある。

　社会資本の空間的波及（スピルオーバー）効果に関する研究は，Holts-

Eakin and Schwaltz（1995）以来，社会資本を投入要素とする生産関数を推定する時に，空間隣接行列を利用することで，他地域の社会資本ストックが自地域の生産効率性にどの程度影響するかという分析が行われている。これらの論文成果は，吉野・中島（1999），三井・大田（1995），江尻・奥村・小林（2001）に詳細にまとめられている。一方，ここで対象としている社会資本の空間的波及効果は，上述のように他地域の社会資本が自地域の生産効率性に直接影響する効果とは異なり，自地域の社会資本が自地域の生産効率性のみに影響する場合にも，自地域の生産効率性の変化が地域間交易を通じて他地域の生産財市場，生産要素市場へ影響を及ぼし，最終的に他地域の世帯の効用水準に影響を及ぼす効果を対象としている。すなわち，前者は他地域の社会資本ストックが自地域の生産効率性に直接的に影響するため社会資本の直接スピルオーバー効果と呼び，後者は他地域の社会資本が地域間交易を通じて自地域の世帯の効用水準に間接的に影響するため社会資本ストックの間接スピルオーバー効果と呼ぶことができる。

　社会資本の間接スピルオーバー効果に関する研究は，筆者の知る限り，現在までに行われているものはない。その理由として，Kanemoto and Mera（1985）に記されるように社会資本整備の効果は完全競争を仮定する限りにおいて，直接効果のみを計算することで便益を把握することができ，間接効果については各々の市場を介してキャンセルアウトされることが知られていることに起因している。そのため，多大な労力をかけてまで間接スピルオーバー効果を計算する必要はないと考えられてきた。しかしながら，災害の経済的被害を空間的に把握するため，すなわち，どの地域のどの主体にどれだけの被害が被るかを知るためには，SCGEモデルなどを用いてこの効果を定量する必要がある。

　そこで，本章では交通施設倒壊の効果および社会資本倒壊の効果を把握可能なモデルの構築および実証研究を通じた算出結果の紹介を行う。

　交通施設倒壊および社会資本倒壊を把握しその影響を地域別に知るためのモデルには以下の3つの特徴を有しておく必要がある。①社会資本水準の影響が当該地域の企業における生産性に反映される，②地域間交易量が交通抵抗の値により内生的に表現できる，③地域間交易を通じた市場の影響が地域間で把握できる。そのため，本モデルは交通施設水準は交易抵抗に，社会資本は生産要素として生産関数で表現された構造のSCGEモデルとなる。

2. SCGE モデルの概要

図 8.1 の社会経済モデルを想定し,以下の仮定を設ける.

1. I 個に分割された国土空間を考える.
2. 各地域には J 個のアクティビティベースの企業と代表的家計が存在する.
3. 社会資本水準は,当該地域の企業の生産性に直接的に影響する.
4. 財市場は地域外に開放されているのに対し,生産要素市場は地域内で閉じている.
5. 各財は Armington 仮定を前提としている.
6. 社会経済は完全競争下の長期的均衡状態にある.

さらに,地域間交易の際,各地域の交通条件の違いを表現するために,生産財価格は次のような関係を満たすとする.

$$P_j^{i'i} = (1 + t^{i'i}) \, P_j^{i'} \tag{8.1}$$

ただし,$P_j^{i'i}$:生産財消費地価格,$P_j^{i'}$:生産財生産地価格,$t^{i'i}$:地域間マークアップ率.

3. 企業の行動モデル

i 地域に立地し j 財を生産する企業は,自地域および他地域で生産された中間投入財と労働,資本,社会資本により構成される生産要素を用い,図 8.2 に示すようなネスティド型の生産構造の生産技術を用いて財を生産するとする.

以下に,j 財を生産する企業の行動を定式化する.まず,第 1 段階においては,生産関数を以下のように Leontief 型で定式化する.

$$Q_j^i = \min \left(\frac{VA_j^i(l_j^i, k_j^i, g^i)}{a_{0j}^i}, \, \frac{x_{1j}^i}{a_{1j}^i}, \, \ldots, \, \frac{x_{j'j}^i}{a_{j'j}^i}, \, \ldots, \, \frac{x_{Jj}^i}{a_{Jj}^i} \right) \tag{8.2}$$

ただし,Q_j^i:生産量,VA_j^i:付加価値,$x_{j'j}^i$:中間投入合成財,$a_{j'j}^i$:投入係数,a_{0j}^i:付加価値比率.

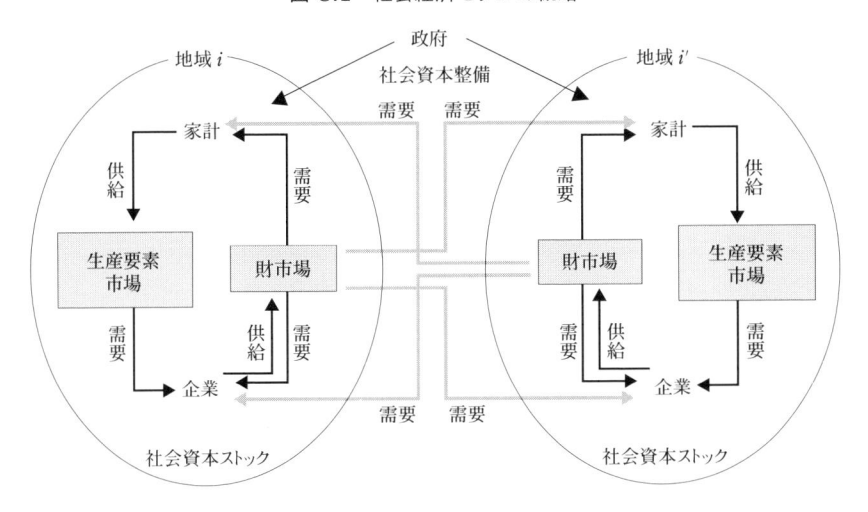

第 8 章　大規模地震による経済的被害の空間的把握　　　*139*

図 **8.1**　社会経済モデルの概略

図 **8.2**　生産関数の階層的構造図

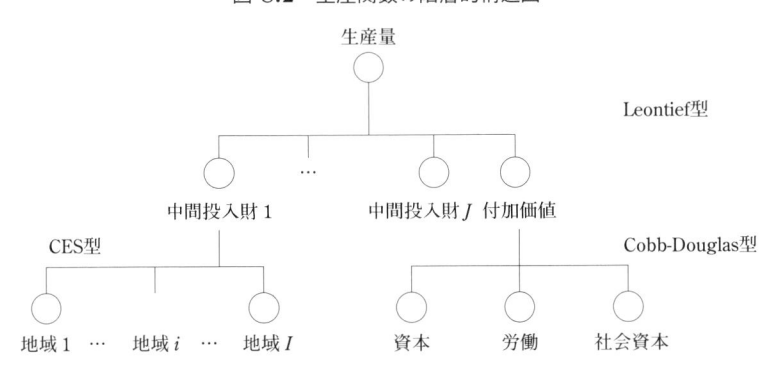

　次に，第 2 段階における付加価値に関する最適化問題は以下のように生産技術制約下での費用最小化行動として定式化する．ここで，付加価値関数は労働と資本に関して収穫一定を仮定した Cobb-Douglas 型を仮定し，かつ，効率パラメータが社会資本ストックの増加関数であることを仮定する．これは，環境創出型の社会資本を想定した生産関数と同様のモデル化である．

$$\min w^i l_j^i + r^i k_j^i$$
$$\text{subject to } VA_j^i = \eta_j^i(g^i)(l_j^i)^{\alpha_{1j}^i}(k_j^i)^{\alpha_{2j}^i} = 1 \tag{8.3}$$

ただし，w^i：労働賃金率，r^i：資本のレント，l_j^i：労働投入量，k_j^i：資本投入量，g^i：社会資本投入量，η_j^i：効率パラメータ，α_{1j}^i：生産要素（労働）の分配パラメータ，α_{2j}^i：生産要素（資本）の分配パラメータ（$\alpha_{1j}^i + \alpha_{2j}^i = 1$）。

さらに，付加価値関数の効率パラメータを社会資本の関数として，以下のように定式化する。このような付加価値関数の形は，Solow 以来の新古典派成長モデルにおける技術進歩の考え方と同様であり，社会資本ストックが直接的に企業の生産性を向上させると解釈できる。

$$\eta_j^i(g^i) = \mu_j^i \cdot (g^i)^{\alpha_{3j}^i} \tag{8.4}$$

ただし，$\mu_j^i \alpha_{3j}^i$：パラメータ。

上式より，付加価値 1 単位当たりの生産要素需要 cl_j^i，ck_j^i が得られる。

$$cl_j^i = \left\{(\mu_j^i)^{-1}\left(\frac{\alpha_{1j}^i \cdot r^i}{\alpha_{2j}^i \cdot w^i}\right)^{\alpha_{2j}^i}(g^i)^{-\alpha_3^i}\right\}^{\frac{1}{\alpha_{1j}^i + \alpha_{2j}^i}} \tag{8.5a}$$

$$ck_j^i = \left\{(\mu_j^i)^{-1}\left(\frac{\alpha_{2j}^i \cdot w^i}{\alpha_{1j}^i \cdot r^i}\right)^{\alpha_{1j}^i}(g^i)^{-\alpha_3^i}\right\}^{\frac{1}{\alpha_{1j}^i + \alpha_{2j}^i}} \tag{8.5b}$$

同様に，第 2 段階における中間投入合成財に関する最適化問題は以下のように中間投入合成財投入制約下の費用最小化行動として定式化する。

$$\min \sum_{i' \in I} P_{j'}^{i'i} x_{j'j}^{i'i}$$
$$\text{subject to } x_{j'j}^i = \phi_{j'j}^i \left(\sum_{i' \in I} \delta_{j'j}^{i'i}(x_{j'j}^{i'i})^{\frac{\sigma-1}{\sigma}}\right)^{\frac{\sigma}{\sigma-1}} = 1 \tag{8.6}$$

ただし，$P_{j'}^{i'i}$：生産財消費地価格，$x_{j'j}^{i'i}$：中間投入財，$\phi_{j'j}^i$：効率パラメータ，$\delta_{j'j}^{i'i}$：分配パラメータ（$\sum_{i' \in I} \delta_{j'j}^{i'i} = 1$），$\sigma$：代替弾力性パラメータ。

前式より，中間投入合成財 1 単位当たりの中間投入需要 $cx_{j'j}^{i'i}$ が得られる。

第 8 章 大規模地震による経済的被害の空間的把握

$$cx_{j'j}^{i'i} = \frac{x_{j'j}^{i'i}}{x_{j'j}^i} = \frac{(\delta_{j'j}^{i'i})^\sigma (P_{j'}^{i'i})^{-\sigma}}{\phi_{j'j}^i \left(\sum_{i'^* \in I} (\delta_{j'j}^{i'^*i})^\sigma (P_{j'}^{i'i^*})^{1-\sigma} \right)^{\frac{\sigma}{\sigma-1}}} \tag{8.7}$$

さらに，企業の生産関数が規模に関して収穫一定であるため，企業の利潤はゼロなり，かつ，企業の提供する生産財の価格は単位生産量当たりの費用（平均費用）に等しい水準になる．すなわち，以下の式が成立する．

$$\begin{aligned}P_j^i = &a_{0j}^i(w^i c l_j^i + r^i c k_j^i) \\&+ \sum_{j' \in J} a_{j'j}^i (\phi_{j'j}^i)^{-1} \left(\sum_{i' \in I} (\delta_{j'j}^{i'i})^\sigma (1+t^{i'i})(P_{j'}^{i'})^{1-\sigma} \right)^{\frac{1}{1-\sigma}}\end{aligned} \tag{8.8}$$

4. 家計の行動モデル

i 地域には代表的な家計が存在し，自地域および他地域の財を消費すると仮定し，図 8.3 のような構造の効用関数を仮定する．すなわち，第 1 段階においては各合成消費財の代替関係を CES 型で表現し，第 2 段階においては合成消費財の自地域製品と他地域製品の代替関係を CES 型で表現する．

以下に，世帯の行動を所得制約条件下での効用最大化行動として定式化する．まず，第 1 段階における最適化行動は以下のように定式化する．

$$\begin{aligned}V^i = &\max \left(\sum_{j \in J} (\gamma_j^i)^{\frac{1}{\rho 1}} (q_j^i)^{\frac{\rho 1 - 1}{\rho 1}} \right)^{\frac{\rho 1}{\rho 1 - 1}} \\&\text{subject to} \sum_{j \in J} p_j^i q_j^i = w^i L^i + r^i K^i\end{aligned} \tag{8.9}$$

ただし，V^i：間接効用関数，q_j^i：合成財消費量，L^i：労働供給量，K^i：資本供給量，γ_j^i：消費の分配パラメータ，$\rho 1$：消費財の代替弾力性パラメータ，p_j^i：合成消費財の価格．

上式より，合成消費財の需要関数 q_j^i が得られる．

図 8.3 効用関数の階層的構造図

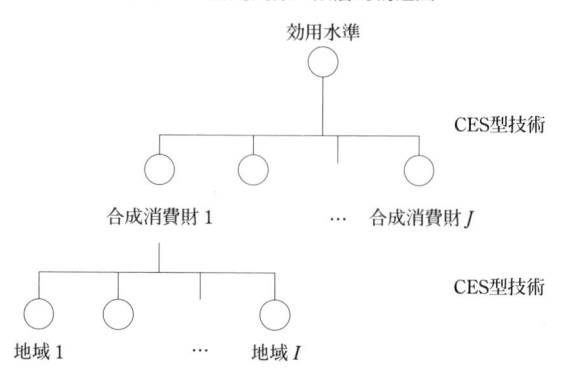

$$q_j^i = \frac{\gamma_j^i(w^i L^i + r^i K^i)}{(p_j^i)^{\rho 1} \sum_{j \in J}(p_j^i)^{1-\rho 1}\gamma_j^i} \tag{8.10}$$

次に，第 2 段階では，合成消費財需要関数から各地域の需要を求めるため，以下のように合成消費財消費制約下でのサブ効用最大化行動を定式化する。

$$V_j'^i = \max \left(\sum_{i' \in I}(\gamma_j^{i'i})^{\frac{1}{\rho 2}}(q_j^{i'i})^{\frac{\rho 2 - 1}{\rho 2}} \right)^{\frac{\rho 2}{\rho 2 - 1}}$$
$$\text{subject to } p_j^i q_j^i = \sum_{i' \in I} P_j^{i'i} q_j^{i'i} \tag{8.11}$$

ただし，$V_j'^i$：地域 i 産業 j の間接効用関数，$q_j^{i'i}$：地域 i' から地域 i への産業 j の合成財消費量，$\gamma_j^{i'i}$：地域 i' から地域 i への産業 j の消費の分配パラメータ，$\rho 2$：消費地域の代替弾力性パラメータ。

上式より，地域ごとの合成消費財の需要量 $q_j^{i'i}$ が以下のように求まる。

$$cq_j^{i'i} = \frac{q_j^{i'i}}{q_j^i} = \frac{(P_j^{i'i})^{-\rho 2}\gamma_j^{i'i} p_j^i}{\sum_{i' \in I}(P_j^{i'i})^{1-\rho 2}\gamma_j^{i'i}} \tag{8.12}$$

さらに，合成消費財の価格は (8.10) 式の最適化におけるラグランジュ未定

乗数の逆数として，以下のようになる．

$$p_j^i = \frac{1}{\lambda} = \left[\sum_{i' \in I} \gamma_j^{i'i}(P_j^{i'i})^{1-\rho_2}\right]^{\frac{1}{1-\rho_2}} \tag{8.13}$$

5. 市場均衡条件

　企業に対して，規模に関して収穫一定の仮定をおいているため，生産財市場は常に，需要量に応じた供給量が生産される．そのため，財市場における市場均衡条件式は，つねに成立し，財価格は単位生産量当たりの費用として決定される．しかしながら，(8.8) 式で表されるように生産財価格を未知数とする $i \times j$ 個の方程式体系となっている．そして，生産要素市場の需給均衡は，家計の生産要素供給量と企業の生産要素需要量が等しくなるとし以下のようになる．すなわち，ここで，(8.8)，(8.15a)，(8.15b) 式を満たす生産財および生産要素の価格を求める方程式体系が得られることになる．すなわち，これらの方程式体系から生産財価格，生産要素財価格を求めることで，一般均衡体系が求まる．

　なお，本章では生産要素市場が地域で閉じていると仮定しているが，地域で開放されている場合は地域で集計された生産要素需要と生産要素供給が等しくなるとする条件を加えることで，方程式体系を変更することが可能である．

$$Q_{j'}^{i'} = \sum_{i \in I}\sum_{j \in J}(1+t^{i'i})P_{j'}^{i'}x_{j'j}^{i'i} + \sum_{i \in I}(1+t^{i'i})P_{j'}^{i'}q_j^{i'i} \tag{8.14}$$

$$P_j^i = a_{0j}^i(w^i cl_j^i + r^i ck_j^i)$$
$$\quad + \sum_{j' \in J} a_{j'j}^i (\phi_{j'j}^i)^{-1} \left(\sum_{i' \in I}(\delta_{j'j}^{i'i})^\sigma (1+t^{i'i})(P_{j'}^{i'})^{1-\sigma}\right)^{\frac{1}{1-\sigma}} \qquad \text{再掲 (8.8)}$$

$$\sum_{j \in J} w^i \left[a_{0j}^i Q_j^i cl_j^i(w^i, r^i)\right] = L^i \tag{8.15a}$$

$$\sum_{j \in J} r^i \left[a_{0j}^i Q_j^i ck_j^i(w^i, r^i)\right] = K^i \tag{8.15b}$$

6. 実証分析例

実証分析として,災害による交通資本と社会資本の崩壊を想定した経済被害の空間的帰着構造を計測した。災害シナリオは,静岡県における大規模地震発生を想定し,交通資本崩壊シナリオとして静岡県内の東名高速道路が通行不可能になることによる交通一般化費用の上昇,また,交通以外の社会資本崩壊シナリオとして社会資本ストック額が10%減少することを想定している。また,分析にあたり,宮城・石川他(2003)により作成された47都道府県間産業連関表を用いている。そのため,想定している地域は,わが国の47都道府県であり,産業は表8.1に示す8産業としている。

表 8.1 産業分類

	産業名
1	農林水産業
2	製造業
3	建設業
4	電気・ガス・水道業
5	商業
6	金融・保険業
7	運輸・通信業
8	サービス業

モデルのパラメータは付表に示すパラメータキャリブレーション手法・既存研究のサーベイ法で決定している。なお,パラメータの詳細は紙面の都合上割愛する。ただし,(8.4)式に示す付加価値における効率パラメータは社会資本ストックの関数として時系列分析で統計的に推定した。推定にあたって,説明変数である効率パラメータの値は1985〜98年の県民経済計算年報および三井情報開発(株)の労働データを使用し,被説明変数である社会資本ストックは同年次の電力中央研究所の社会資本ストックデータを用いた。推定結果は以下に示すとおりである。ここで,符号条件からα_{3j}^iの推定値が負の場合はゼロと扱った。

マークアップ率の導出方法は,震災前後の交通一般化費用を算出して,その増加率に財価格に占める交通費用の割合(基準値10%)を乗じて求めて

いる．ただし，この財価格に占める輸送費用の割合に関する明確な根拠がないため，後の感度分析により挙動の確認を行っている．

$$t^{i'i} = \frac{C_1^{i'i} - C_0^{i'i}}{C_0^{i'i}} \times \beta \tag{8.16}$$

$$C_0^{i'i} = v \times T_0^{i'i} + d_0^{i'i} \tag{8.17}$$

$$C_1^{i'i} = v \times T_1^{i'i} + d_1^{i'i} \tag{8.18}$$

ただし，$t^{i'i}$：マークアップ率，β：財価格に占める輸送費用の割合，v：時間価値（円/分），$T^{i'i}$：所要時間，$d^{i'i}$：所要費用（高速道料金など），0,1：震災前後を表すサフィックス．

上記の手法でモデル内のすべてのパラメータを決定し，シミュレーション分析を行った．非線形方程式の解法にはニュートン法を用いている．なお，プログラムの詳細は省略する．

シミュレーション分析では災害前と災害後を想定した均衡計算結果から，各種経済変数および効用水準を算出し，その結果を以下に示す．なお，経済的被害の計測は，等価的変差 EV の概念を用い以下のように定義し，計測した．

$$EV^i = e\left(w^{i0}L^i + r^{i0}K^i\right)\left[\frac{V^{i0} - V^{i1}}{V^{i0}}\right] \tag{8.19}$$

ただし，EV^i：等価的変差で定義された i 地域の経済的被害，0,1：災害前後を表すサフィックス，$e(\cdot)$：支出関数．

以降，計算結果の一部を紹介する．まず，図 8.4 には静岡県の震災による経済的被害額が各県ごとに示されている．静岡県での被害が高いこととと同時に，静岡県を中心に太平洋ベルト地帯での被害額が大ききことが示されている．一方，東北地方と比較して北海道の被害が大きいこともわかる．これは，静岡県が，東北地方と比較して北海道と経済的繋がりが大きいことに起因していると考えられる．また，全国での被害額は 37,179 億円/年，そのうち，静岡県は 18,313 億円/年であることがわかった．同様に，図 8.5 は 1 人当たりの経済的被害額の分布を示している．

一方，図 8.6 は震災による潜在所得の変化を示している．この図からは，静岡県での潜在所得のみが減少し，その他すべての都道府県での潜在所得が増加していることがわかる．これは，静岡における社会資本倒壊による静

表 8.2 社会資本の生産性推定結果

	農林水	製造業	建設業	電ガ水	商業	金保不	運輸通信	サービス
北海道	0.12 (0.62)	0.19 (0.31)	0.20 (0.41)	0.03 (0.65)	−0.04 (0.35)	−0.11 (0.77)	0.36 (0.33)	0.01 (0.23)
東北	0.11 (0.77)	0.05 (0.40)	0.03 (0.43)	0.03 (0.76)	0.05 (0.38)	−0.12 (0.80)	0.23 (0.38)	−0.13 (0.21)
関東	0.14 (0.73)	−0.04 (0.38)	−0.25 (0.24)	0.06 (0.71)	−0.07 (0.31)	−0.09 (0.73)	0.15 (0.38)	−0.04 (0.25)
中部	0.23 (0.68)	−0.02 (0.43)	−0.06 (0.38)	0.04 (0.67)	−0.18 (0.28)	−0.15 (0.79)	0.18 (0.42)	−0.02 (0.26)
近畿	0.15 (0.82)	−0.02 (0.37)	0.01 (0.38)	−0.03 (0.67)	0.06 (0.46)	−0.07 (0.78)	0.07 (0.21)	0.01 (0.21)
中国	0.13 (0.76)	0.02 (0.44)	0.05 (0.27)	0.07 (0.71)	0.03 (0.41)	−0.12 (0.78)	0.37 (0.38)	−0.14 (0.18)
四国	0.18 (0.71)	0.08 (0.47)	0.02 (0.42)	0.03 (0.70)	0.06 (0.39)	0.01 (0.76)	0.25 (0.39)	−0.09 (0.23)
九州	0.08 (0.77)	0.05 (0.44)	−0.06 (0.29)	−0.04 (0.72)	−0.02 (0.35)	−0.14 (0.77)	0.16 (0.35)	−0.00 (0.21)
沖縄	0.08 (0.81)	0.36 (0.33)	0.02 (0.45)	−0.04 (0.70)	0.04 (0.55)	0.12 (0.75)	0.02 (0.52)	0.04 (0.30)

( ) 内は相関係数.

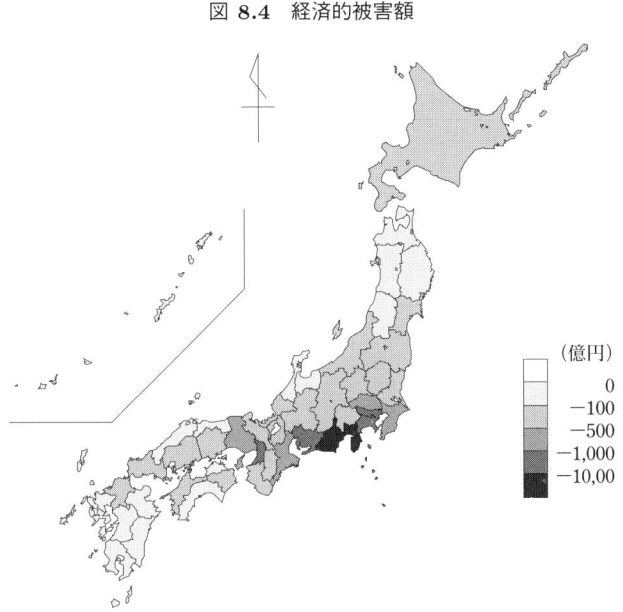

図 8.4　経済的被害額

（億円）
0
−100
−500
−1,000
−10,00

岡県内産業の供給量減少および交通資本倒壊による静岡県内産業の需要量減少が，県内での生産要素価格を引き下げたために起こっていると考えられる。一方，静岡以外の都道府県では静岡県での供給量減少に伴う，それ以外の県での供給量増加から，生産要素価格が引き上げられ，潜在所得の増加につながっていると考えられる。

しかしながら，図 8.4 から示されるように，静岡県以外の都道府県であっても，潜在所得の増加以上に生産財価格の増加が起こっているため，日本全国で効用水準が減少していることがわかる。

最後に，財価格に占める輸送費の割合および社会資本崩壊の程度に関する感度分析の結果を表 8.3 に示す。この表は横に輸送費の割合，縦に社会資本減少率をとり，それぞれ，全国・静岡での経済的被害を示している。当然のことであるが，交通資本崩壊は他地域への経済的被害を増大させる傾向にあるが，社会資本崩壊と比較して交通資本崩壊の経済的被害が大きいことがわかる。また，この表から交通資本の防災対策の効果をある程度知ることが可

148　　　　　　　　　　応　用　編

図 8.5　人口 1 人当たりの経済的被害額

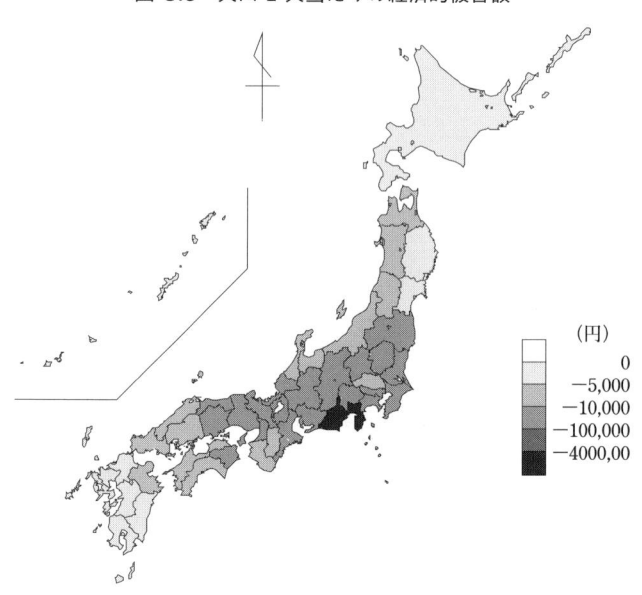

(円)
0
−5,000
−10,000
−100,000
−4000,00

図 8.6　潜在所得の変化

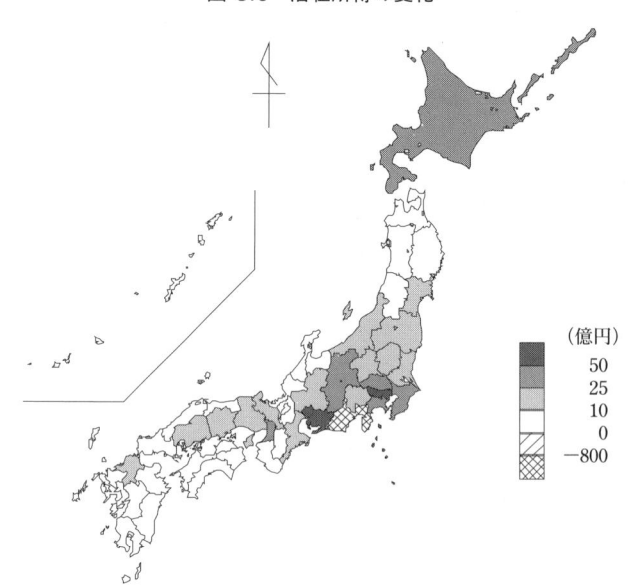

(億円)
50
25
10
0
−800

表 8.3 経済的被害額と人口1人当たりの経済的被害額（億円）

B\A	0%		10%		20%	
	静岡	全国	静岡	全国	静岡	全国
0%	−	−	18,313	36,995	33,600	72,507
	−	−	(487)	(29)	(894)	(57)
10%	162	205	18,461	37,179	33,734	72,687
	(4.3)	(0.16)	(491)	(29)	(897)	(57)
30%	553	652	18,818	37,637	34,071	73,106
	(15)	(0.51)	(500)	(30)	(906)	(58)
50%	1,100	1,352	19,308	38,408	34,514	73,790
	(29)	(1.1)	(514)	(30)	(918)	(58)
70%	1,937	2,542	20,069	39,355	35,205	74,711
	(52)	(2.0)	(534)	(31)	(936)	(59)
100%	123,463	110,125	128,008	139,599	131,652	167,249
	(3,284)	(87)	(3,404)	(110)	(3,501)	(132)

（　）内は人口1人当たりの被害額（単位：千円）。
A：生産財価格に占める輸送費用の割合。
B：静岡県の社会資本額の減少率。

能である．具体的には，社会資本10%減のシナリオでは，仮に輸送費の割合が10%であるとすると，もし，防災対策により交通資本が倒壊しなければ全国で37,179 − 205 = 36,974億円の経済的被害の軽減がなされることがわかる．

7．おわりに

本章では，災害による経済的被害を事前に知るための方法として，空間的応用一般均衡分析を用いた方法を紹介した．この方法を援用することで，特定の地域への災害が，経済的構造を通じて，どの地域にどの程度の経済的被害を引き起こすのかを具体的に知ることが可能となる．また，紙面の都合上割愛したが，災害による各種経済指標あるいは経済変数を同時に知ることができる．

このように事前に災害の経済的被害の空間的な帰着構造を知ることで，防災計画策定に役立つものである．具体的には災害が起こったときの復興計画における地域間費用分担の合意形成問題，あるいは，震災の保険制度設計問題など多様である．

なお，本章の一部は文部科学省「大都市大震災軽減化特別プロジェクト」で取り組んだ研究の成果である。

表 8.4 パラメータ決定方法およびその出典

変数	推定方法	出典
$a_{j'j}^i$：投入係数行列	$a_{j'j}^i = \dfrac{x_{j'j}^i}{P_j^i Q_j^i}$	宮城・石川他 (2003)
a_{0j}^i：付加価値係数	$a_{0j}^i = \dfrac{w^i l_j^i + r^i k_j^i}{P_j^i Q_j^i}$	宮城・石川他 (2003)
η_j^i：企業の付加価値に関する効率パラメータ	$\eta_j^i = \dfrac{w^i l_j^i + r^i k_j^i}{\left\{l_j^i\right\}^{\alpha_{1j}^i} \left\{k_j^i\right\}^{\alpha_{2j}^i}}$	宮城・石川他 (2003)
$\alpha_{1j}^i \alpha_{2j}^i \alpha_{3j}$：企業の付加価値に関する分配パラメータ	$\alpha_{1j}^i = \dfrac{w^i l_j^i}{w^i l_j^i + r^i k_j^i}$ $\alpha_{2j}^i = 1 - \alpha_{1j}^i$ $\alpha_{3j} = $ 回帰分析	宮城・石川他 (2003)
$\delta_{j'j}^{i'i}$：企業の中間投入合成財に関する分配パラメータ	$\delta_{j'j}^{i'i} = \dfrac{(1+t^{i'i})P_{j'}^{i'}(x_{j'j}^{i'i})^{\frac{1}{\sigma}}}{\sum_{i \in I}(1+t^{i'i})P_{j'}^{i'}(x_{i'j}^{i'i})^{\frac{1}{\sigma}}}$ $\sum_{i' \in I} \delta_{j'j}^{i'i} = 1$	宮城・石川他 (2003)
$\phi_{j'j}^i$：企業の中間投入合成財に関する効率パラメータ	$\phi_{j'j}^i = \dfrac{\sum_{i' \in I}(1+t^{i'i})P_{j'}^{i'}x_{j'j}^{i'i}}{\left(\sum_{i' \in I}\delta_{j'j}^{i'i}(x_{j'j}^{i'i})^{\frac{\sigma-1}{\sigma}}\right)^{\frac{\sigma}{\sigma-1}}}$	宮城・石川他 (2003)
σ：企業の中間投入合成財に関する地域選択の代替パラメータ	$\sigma = 0.8$（既存研究より）	Roson (1994)
γ_j^i：消費の分配パラメータ	$\gamma_j^i = \dfrac{(p_j^i)^{\rho_1} q_j^i}{\sum_{j \in J}(p_j^i)^{\rho_1} q_j^i}$	宮城・石川他 (2003)
ρ_1：消費財選択の代替パラメータ	$\rho_1 = 0.8$（既存研究より）	市岡 (1991)
$\gamma_j^{i'i}$：消費の分配パラメータ	$\gamma_j^{i'i} = \dfrac{\left\{\left(1+t^{i'i}\right)P_j^{i'}\right\}^{\rho_2} q_j^{i'i}}{\sum_{i' \in I}\left\{\left(1+t^{i'i}\right)P_j^{i'}\right\}^{\rho_2} q_j^{i'i}}$ $\sum_{i' \in I}\gamma_j^{i'i} = 1$	宮城・石川他 (2003)
ρ_2：消費財の地域選択の代替パラメータ	$\rho_2 = 0.8$（既存研究より）	Roson (1994)

第9章 リスク情報とリスク認知:認知リスクバイアスが存在する状況での土地利用

多々納裕一

1. はじめに

　自然災害による被害の程度は,災害危険度に依存して異なったものとなる。したがって,災害に対して安全な都市の形成のためには,ハード的な防災対策とともに,災害危険度の高い地域から事前に人命・資産を分散させておくようなソフト的な防災対策を講じておくことが有効であると考えられる。

　防災上望ましい土地利用を実現するためには,個々の経済主体が立地選択時に,都市内の土地の位置と災害危険度に関する知識を持っていることが重要となる。近年以上のような観点から,ハザードマップ等に代表される,都市内における災害危険度の分布を示す情報(以下,「災害危険度情報」と呼ぶ)を作成・提供することの必要性が高まっている。経済主体は,災害危険度の空間的分布に関する信念に基づいて,立地選択を行う。この際,災害危険度情報の提供は,各主体の信念の更新を促し,結果として立地選択を誘導する働きを持つ。災害危険度情報の提供は,各主体が立地選択に際して,都市内の位置と災害時の被害の程度を認知すること(以下,この認知行動を「リスク認知」と呼ぶ)を可能にする。このように災害危険度情報の提供は,その土地の災害危険度に応じた経済活動や施設の再配置を促す効果を潜在的に有しているのである。したがって,災害危険度情報の提供は防災上安全な都市を形成する上で,極めて本質的な施策であると考えられる。

　以上のような観点から,これまでにも災害危険度情報の提供効果は理論的に分析されており,例えば Bernknopf et al. (1997) や山口他 (1999) は,多くの場合においてその提供は,より望ましい土地利用を実現するという結

論を導いている。

しかしながら，災害危険度情報の提供が必ずしも情報の受け取り手の正確なリスク認知を導くとは限らないということも指摘されている（例えば，東京大学新聞研究所（1979），Fischhoff et al.（1981），Viscussi（1992））。情報が提示する客観的なリスク水準と，家計がその情報を利用することによって主観的に認知するリスク水準との乖離を，リスク認知のバイアスと呼ぶ。このリスク認知のバイアスは，各主体のリスク対応行動に影響を及ぼし，災害危険度情報の提供効果を不十分なものとしてしまうことが予想される。

山口他（2000）は，リスク認知のバイアスが存在する状況を想定したうえで，災害危険度に関する情報提供が，都市の土地利用状態や各主体の厚生について与える影響について都市経済学的な視点から分析している。本章では，山口他（2000）の研究に依拠しながら，災害脆弱性を軽減するための施策としての情報提供や土地利用規制の意義について考察したい。

2. 災害危険度情報の提供と認知リスクの形成

災害危険度情報が利用可能である場合，家計は土地の位置と災害危険度の関係を認知したうえで居住地選択を行うことができる。この場合には，家計が形成する期待効用は土地の災害危険度にも依存して決定され，均衡によって達成される土地利用が効率的な土地利用を導くことがわかっている（山口他 1999）。

しかしながら実際には，災害危険度情報の提供が，家計の正確なリスク認知を導くとは限らない。災害危険度情報が利用可能であっても，情報が提示する客観的な災害危険度と，家計が主観的に認知する土地の災害危険度とは一致しない可能性があるのである。すなわち，リスク認知にバイアスが存在するのである。

Fischhoff et al.（1982）は，アメリカにおいて要因別の年間死者数についての認知に関するアンケート調査を実施し，統計から得られる平均的な死者数（客観的なリスク）と被験者が解答した死者数の平均値（主観的リスク）との関係を示した。この結果，年間の期待死者数が小さな要因に関しては多めの死者数が解答され，逆に年間の期待死者数が多いような要因に関しては少なめの死者数が解答されるという系統的な認知リスクのバイアスが存在

することが確認された。

　Viscussi（1992）は，個人が合理的に経験からリスクを学習する場合においても，このようなバイアスが存在しうることを理論的に示した。Viscussi（1992）は，個人の認知リスクの更新が合理的な Bayes 学習によってなされるものと仮定し，経験を通じて形成される認知リスクの水準が，先験的に個人が抱いていたリスクの水準（以下，「先験的な信念」と呼ぶ）と客観的なリスク水準との重み付きの和（線形結合）として表和されることを示した。この場合，学習機会が限られれば，個人が認知する主観的なリスク水準は，先験的な信念の影響を受け，必ずしも客観的なリスクに一致しないことが示されている。

　Viscussi（1992）によれば，先験的な信念を a，客観的なリスクを p とすると，経験によって形成される認知リスクの水準 q は以下のように定式化される。

$$q = \frac{a + \xi p}{1 + \xi} \tag{9.1}$$

ここで，ξ は先験的な信念と客観的なリスクとのウエイトを示しており，$\xi \to \infty$ で $q \to p$，$\xi = 0$ で $q = p$ となる。図 9.1 に（9.1）式に対応して客観的リスクと主観的なリスクとの関係を示す。この図では，横軸が客観的リスク（p）であり，縦軸が主観的リスク（q）である。客観的リスクと主観的リスクが一致する場合には，図中の 45 度線が両者の関係を与えるはずである。しかしながら，(9.1) 式に対応するグラフは，45 度線よりも勾配の緩い直線となる。このことは，客観的なリスクの軽減はそのまま主観的リスクの軽減に結びつくわけではなく，主観的なリスクの変化は客観的なリスクの変化よりも小さいことを意味している。このため，バイアスが存在する場合（$0 < \xi < \infty$）には，客観リスクが低い事象に関しては主観的リスクが相対的に高めに，客観リスクが低い事象に対しては主観リスクが低めに評価されることになる。この傾向は将に Fischhoff et al.（1982）が示した認知リスクバイアスの傾向と一致するものである。

　本書で対象とするような防災の経済分析を実施する際には，この結果から導かれる含意を十分に理解しておくことが重要である。本書でも繰り返し述べてきているように，災害は低頻度で大規模な被害をもたらすようなリスクである。したがって，多くの災害では，客観的なリスクよりも主観的に認知されているリスクの方が大きいと考えられる。また，主観的なリスクの変化

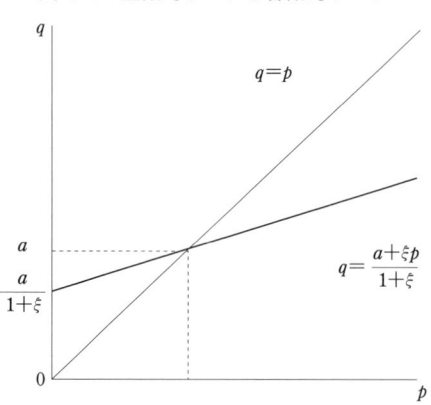

図 9.1 主観的リスクと客観的リスク

$q = p$

$q = \dfrac{a + \xi p}{1 + \xi}$

$\dfrac{a}{1+\xi}$

は客観的なリスクの変化よりも小さいことから，被害軽減行動等の効果が割り引いて認知されることがわかる。このことは，立地の変更によって実際に達成される変化も同様に割り引かれるであろうということを意味している。被害軽減行動はその行為によって達成されると認知されるリスクの変化に主として影響されるであろう。したがって，リスク認知のバイアスの存在が，被害軽減行動を実施しない方向に主体の行動を誘導する要因となりうることを意味しているのである。

3. リスク認知のバイアスを考慮した災害危険度情報の提供効果分析

3.1 モデル化の前提条件

ハザードマップの提示など，災害の危険度に関する情報提供は，地域の防災力の向上をもたらすものとして多くの期待が寄せられている。その機能は，短期的には災害発生時には円滑な避難を促し尊い命を守るうえで重要な貢献をなし，長期的にはより安全な土地利用を促すものとして期待されている。ここでは，主として災害危険度情報の長期的な影響が本当に有効に現れるための条件について検討してみよう。このために，できるだけ問題の本質を損なわない範囲内で，できるだけ単純な状況を想定して，災害危険度情報の提供と都市内の土地利用との関係を検討してみることとする。この際，

Viscussi と同様の視点に立ち，家計は提供された情報をもとに，情報提供前の災害危険度に関する信念を更新するが，情報提供後においても認知リスクのバイアスが残存するような一般的な状況を想定することにする．

幅 h の線形都市を想定し，CBD（中心商業地区）を挟んで S 地区，F 地区という災害に対する脆弱性が異なる 2 つの地区が存在するものとする（図 9.2）．S 地区は災害に対して非常に強い地域であるのに対し，F 地区は災害に対して脆弱な地域であるとする．

図 9.2 想定する都市の形態

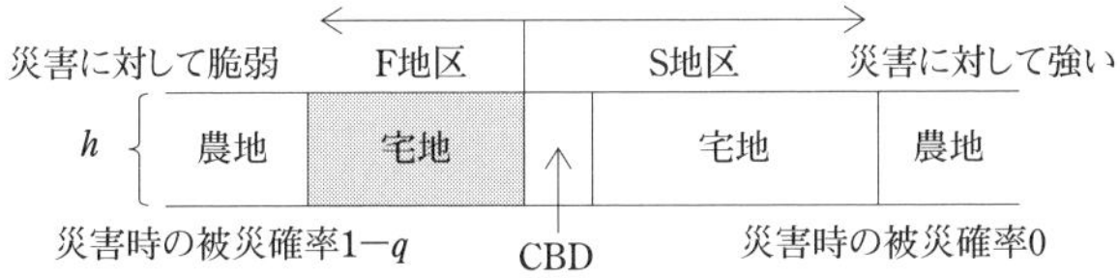

災害に対して脆弱　F 地区　S 地区　災害に対して強い
h　農地　宅地　宅地　農地
災害時の被災確率 $1-q$　CBD　災害時の被災確率 0

また本章では，閉鎖都市モデルを用いて分析を行う．すなわち，家計数 N は一定であり，家計は外部都市との移動が不可能であると仮定する．さらに土地の所有形態は不在地主モデルを想定する．都市内に居住するすべての家計は，十分密に発達した交通機関によって都市中心部に位置する CBD に通勤するものとする．また本章は，住宅系の土地利用を対象とするので CBD の被災は想定しないものとする．さらに家計は均質な選好を有し，単位期間に同一額の（名目）所得を得ているものとする．

3.2 居住地選択行動モデル
3.2.1 災害危険度情報の提供と家計のリスク認知

情報が利用不可能な場合，家計は都市内の土地の異質性を考慮することができない．したがって家計は，都市内のどの地点においても，災害時には $1-\alpha$ の確率で被災するという予測を行うものとする．

いま都市内の土地の位置と災害危険度との関係を示す情報が提供されたとし，Viscussi と同様の視点に立ち (Viscussi 1992)，情報を利用する家計の主観的なリスク認知を定式化する．情報を利用した家計が，災害時に実際に被害を受けると主観的に予測する被災確率は，家計が情報を利用する以前

に認知していた主観的な被災確率 $1-\alpha$ と，情報が提示する客観的な被災確率 0 または $1-q$ との線形結合として表現することにする。τ を家計の情報に対する主観的な信頼度とすると，家計が災害時にも「被災せずにすむ」と予測する条件付き主観確率 $Q_\delta(\tau;\alpha,q)$ は，以下のように定義できる。

$$Q_\delta(\tau;\alpha,q) = \begin{cases} 1 - \dfrac{(1-\alpha)+\tau\cdot 0}{1+\tau} = \dfrac{\alpha+\tau}{1+\tau} & (\delta = S) \\ 1 - \dfrac{(1-\alpha)+\tau(1-q)}{1+\tau} = \dfrac{\alpha+\tau q}{1+\tau} & (\delta = F) \end{cases} \quad (9.2)$$

ここで下付き添え字 δ は土地が $\delta\ (= S\ (F))$ 地区内に位置することを示す。(9.2) 式は Bayes 学習によって認知リスクが更新されることを意味しているが，その導出に着いては付録 A に示す。

$\tau = 0$ の時，すなわち家計が情報をまったく信頼しない場合，$Q_\delta(0;\alpha,q) = \alpha$ であり，この場合情報が提供されようとも家計は初期信念的なリスク認知を変更しようとはしない。またこれは，情報が利用不可能な場合に相当する。一方，家計が情報を完全に信頼する場合（$\tau \to \infty$）には，$Q_S(\infty;\alpha,q) = 1$, $Q_F(\infty;\alpha,q) = q$ となり，情報を利用した家計の主観的なリスク認知は客観的なリスク水準に一致する。

通常，不確実性下における家計の居住地選択行動は，家計が将来にわたって得ることのできる（純）所得が不確実である下での期待効用最大化行動として記述される (DeSalvo and Eeckhoudt 1982; Zenou and Eeckhoudt 1997; Frame 1998)。しかしながら，災害時において受け取ることのできる所得と，平常時において受け取ることのできる所得とに関する効用を考慮することによって，災害リスク下の家計の居住地選択行動を分析することは適当であるとはいい難い。むしろ，このような想定のもとで家計が得ることのできる効用は状況依存的であろう (Viscussi and Evance 1980)。そこで本章における家計は，都市の状況（災害時の状態または平常時の状態）に依存したアメニティ水準に関する効用を享受すると仮定する。

都市内における家計は，平常時にはアメニティ水準 e_0 を得ることができ，被災時にはアメニティ水準 e_1 を得ることができるものとする。ここで 2.1 節でも述べたように，家計が得ることのできる効用水準は都市のアメニティ水準に関する状況依存的な関数として定義する。したがって，家計は土地を s，合成財を z 消費することによって，平常時は $u(s,z,e_0)\ (>0)$ なる効用

を得ることができるものとするが，災害時は $u(s,z,e_1)$ ($< u(s,z,e_0)$) なる効用を甘受しなければならないものとする．ここで，災害による被害は人命を脅かすほど甚大なものであるものとし，$u(s,z,e_1)=0$ とする．

いま，災害生起確率 p はすべての家計にとって共有知識であるとする．この時，情報に対する主観的な信頼度が τ である家計が，情報提供下における地区 δ，CBD からの距離 r において形成する主観的期待効用 $EU_\delta^\tau(s,z,r)$ は，以下のように与えられる．

$$EU_S^\tau(s,z,r,\tau) = \bigl(1-p+Q_S(\tau;\alpha,q)p\bigr)u(s,z,e_0) \tag{9.3}$$

$$EU_F^\tau(s,z,r,\tau) = \bigl(1-p+Q_F(\tau;\alpha,q)p\bigr)u(s,z,e_0) \tag{9.4}$$

3.2.2 家計の居住地選択行動

家計は地区 δ において期待効用を最大化するように居住地選択行動を行うものとする．

$$V_\delta^\tau(R_\delta^\tau(r), y-tr) = \{\max_{s,z} EU_\delta^\tau(s,z,r,\tau) \mid R_\delta^\tau(r)s + z + tr = y\} \tag{9.5}$$

ここで $R_\delta^\tau(r)$ は，家計の情報に対する主観的な信頼度が τ である場合の位置 (δ,r) における地代である．また t は単位距離・単位期間当たりの通勤費である．(9.5) 式の 1 階条件を解けば，家計の情報に対する主観的な信頼度が τ である場合の位置 (δ,r) における土地・合成財の需要 $(s_\delta^\tau, z_\delta^\tau)$ は，τ,δ に依存しない関数 $\hat{s}(\cdot)$，$\hat{z}(\cdot)$ を用いて以下のように表すことができる．

$$s_\delta^\tau = \hat{s}(R_\delta^\tau(r), Y), \ z_\delta^\tau = \hat{z}(R_\delta^\tau(r), Y) \tag{9.6}$$

ここで $Y \equiv y - tr$ である．位置 (δ,r) に居住する家計の主観的な厚生水準（均衡効用水準）は式間接効用値 $V_\delta^\tau(R_\delta^\tau(r), Y)$ として与えられる．また家計の居住位置の選択は $\max_{\delta,r} V_\delta^\tau(R_\delta^\tau(r), Y)$ の解 $(\delta^*, r_{\delta^*}^\tau)$ として与えられる．

3.3 土地利用均衡モデル

均衡効用水準 u を所与とすれば，都市内の地代 $\Psi_\delta^\tau(r,u;p,q,\alpha,\tau)$ は，次式を満たすように決定される．

$$\Psi_\delta^\tau(r,u;p,q,\alpha,\tau) = \max_{z,s} \left\{ \frac{Y-z}{s} \ \middle| \ EU_\delta^\tau(s,z,r,\tau) = u \right\} \tag{9.7}$$

都市内の土地は最も高い地代を付ける活動に利用されるものとすれば，均衡における都市内の地代 $R_\delta^\tau(r)$ は，農業地代を R_A とすると以下のように表される。

$$R_\delta^\tau(r) = \max\{\Psi_\delta^\tau(r, u^\tau; p, q, \alpha, \tau), R_A\} \tag{9.8}$$

ここで均衡効用水準 u^τ は関数 $V(R_\delta^\tau(r), Y)$ を用いて，以下のように表現できる。

$$u^\tau = V_S^\tau(\Psi_S^\tau(r, u^\tau; p, q, \alpha, \tau), Y) \tag{9.9}$$

$$u^\tau = V_F^\tau(\Psi_F^\tau(r, u^\tau; p, q, \alpha, \tau), Y) \tag{9.10}$$

ここで (9.9), (9.10) 式は，間接効用関数 $v(R_\delta^\tau(r), Y) \equiv V_\delta^\tau(\Psi_\delta^\tau(r, u^\tau; p, q, \alpha, \tau), Y)/(1-p+Q_\delta(\tau; \alpha, q)p)$ を用いて，以下のように表現できる。

$$u^\tau = (1-p+Q_S(\tau; \alpha, q)p)v(\Psi_S^\tau(r, u^\tau; p, q, \alpha, \tau), Y) \tag{9.11}$$

$$u^\tau = (1-p+Q_F(\tau; \alpha, q)p)v(\Psi_F^\tau(r, u^\tau; p, q, \alpha, \tau), Y) \tag{9.12}$$

(9.11), (9.12) 式を $\Psi_\delta^\tau(r, u^\tau; p, q, \alpha, \tau)$ について解けば，均衡地代はソローの付け値関数 (Fujita 1989) $\psi(u, Y)$ を用いて以下のように表現できる。

$$\Psi_S^\tau(r, u^\tau; p, q, \alpha, \tau) = \psi\left(\frac{u^\tau}{1-p+Q_S(\tau; \alpha, q)p}, Y\right) \tag{9.13}$$

$$\Psi_F^\tau(r, u^\tau; p, q, \alpha, \tau) = \psi\left(\frac{u^\tau}{1-p+Q_F(\tau; \alpha, q)p}, Y\right) \tag{9.14}$$

また地区 δ における都市境界距離を $\bar{r}_\delta^\tau$ とすると，

$$\Psi_S^\tau(\bar{r}_S^\tau, u^\tau; p, q, \alpha, \tau) = \Psi_F^\tau(\bar{r}_F^\tau, u^\tau; p, q, \alpha, \tau) = R_A \tag{9.15}$$

が成り立つ。ただし $\bar{r}_\delta^\tau \geq 0$ である。いま都市の形状は線形を仮定しているから，単位距離・都市の幅 h 当たりの家計数は $h/\hat{s}(\Psi_\delta^\tau(r, u^\tau), Y)$ となる。すなわち均衡土地利用状態における都市内の全家計数は以下のように表すことができる。

$$N = \sum_{\delta=S,F} \int_0^{\bar{r}_\delta^\tau} \{h/s(\Psi_\delta^\tau(r, u^\tau; p, q, \alpha, \tau), Y)\}dr \tag{9.16}$$

これらを解くことで均衡効用水準 u^τ，都市境界距離 $\bar{r}_\delta^\tau$，均衡付け値 $\Psi_\delta^\tau(r, u^\tau; p, q, \alpha, \tau)$ が内生的に決定される。

3.4 立地均衡に関する比較静学分析

ここでは，災害危険度に関する情報提供と，その情報に対する家計の主観的情報信頼度が土地市場に及ぼす影響に関して考察を行う．まず，情報提供下における均衡値代について，以下の補題が成立する．

補題 1 任意の $r, u^\tau, p, q, \alpha, \tau$ に関して

$$\Psi_S^\tau(r, u^\tau; p, q, \alpha, \tau) \geq \Psi_F^\tau(r, u^\tau; p, q, \alpha, \tau) \tag{9.17}$$

となる．ただし等号成立は $\tau p(1-q) = 0$ の時である．
（証明）$1 - p + \dfrac{\alpha + \tau}{1+\tau} p \geq 1 - p + \dfrac{\alpha + \tau q}{1+\tau} p$ と (9.11)，(9.12) 式，および $\partial v(R(r), Y)/\partial R(r) < 0$ であるから，$\Psi_S^\tau(r, u^\tau; p, q, \alpha, \tau) \geq \Psi_F^\tau(r, u^\tau; p, q, \alpha, \tau)$ である．（証明終わり）

これは情報提供下において，CBD から等距離の S 地区と F 地区の均衡地代を比較すれば，S 地区の均衡地代の方が高くなることを示している．また等号成立は $\tau p(1-q) = 0$ の時である．これは，①家計が情報をまったく信頼しない場合，②災害が生起する可能性がない場合，③災害が生起しても実際に被災する可能性がない場合のいずれかであり，この時，両地区の地代分布は同一になる．

次に，地区ごとの均衡地代と家計の情報に対する主観的信頼度に関して以下の補題を得ることができる．

補題 2

$$\frac{d\Psi_S^\tau(r, u^\tau; p, q, \alpha, \tau)}{d\tau} \geq 0, \quad \frac{d\Psi_F^\tau(r, u^\tau; p, q, \alpha, \tau)}{d\tau} \leq 0 \tag{9.18}$$

ただし等号成立は $p(1-q)(q-\alpha) = 0$ のときである．
（証明）山口他 (2000) を参照．

これは，情報提供下における S 地区の均衡値代は家計の情報に対する主観的信頼度の増加に伴って増加し，F 地区の均衡値代は家計の情報に対する主観的信頼度 τ の増加に伴って減少することを示す．また $p(1-q)(q-\alpha) \neq$

$0, 0 < \alpha < 1$，すなわち災害が生起しない場合，災害時にも実際に被災する可能性がない場合，客観的なリスク認知と初期信念的なリスク認知との間に乖離が存在しないいずれかの場合，均衡地代は τ に関して変化しない．

ここで，$\tau = 0$ の場合の均衡地代 $\Psi_\delta^\tau(r, u^\tau; p, q, \alpha, 0) \equiv \Psi^0(r, u^0)$ であるから，**補題 1**，**補題 2** より以下の命題を得る．

命題 1 不在地主所有のもとでの閉鎖都市モデルを想定した場合，災害危険度情報の提供下における都市内の均衡地代は，**S** 地区では家計の情報に対する主観的信頼度 τ の上昇に伴って増加し，**F** 地区では減少する．家計が情報をまったく信頼しない場合（$\tau = 0$），均衡地代の分布は **S**・**F** 両地区において均一である．したがって，任意の r, p, q, τ における均衡付け値の大小関係は以下のようになる．

$$\Psi_F^\tau(r, u^\tau; p, q, \alpha, \tau) \leq \Psi^0(r, u^0) \leq \Psi_S^\tau(r, u^\tau; p, q, \alpha, \tau) \tag{9.19}$$

4. 情報提供の効率性評価

4.1 情報提供の効率性評価の視点

不確実性下のプロジェクト評価を行う際には，プロジェクトの実施前後における期待効用の変化に基づいて便益が定義され，プロジェクトの効率性に関する判断が加えられる．一般に，不確実性下ではプロジェクトの実施は状態の確率分布を変化させるとして記述できる．多くの研究では，状態の確率分布は共有情報として扱われ，正確なリスク認知がなされていることが前提とされている．しかしながら，本章で想定するような災害危険度情報の提供の問題を議論する際には，主観的な認知リスクに基づく効用水準（主観的効用水準）と客観的な厚生水準とを区別することが必要となる．

災害危険度情報の提供が家計の居住地選択行動に影響を及ぼすのは，個々の家計が形成する災害危険度の空間分布に関する信念が情報の提供によって変化するためである．いま仮に，災害危険度情報の提供によって家計が正確なリスクを認知するものとしよう．情報の提供によってある家計が居住地を変更したとするならば，少なくともこの家計の災害危険度の空間分布に関する信念は情報提供の前後で異なっているはずである．情報提供後には，正確

なリスク認知がなされているから，情報提供前に形成されていた信念は正確ではなかったことになる．このように，認知リスクのバイアスが生じていないような理想的な状況下においてすら，客観的なリスク水準と主観的な認知リスクの水準は情報提供前には異なっているのである．

家計の居住地選択行動は主観的な認知リスクに基づいて行われる．このため，均衡として達成される均衡効用水準や地代の空間分布もまたこの主観的な認知リスクに依存する．均衡においては，個々の家計の効用水準は均衡効用水準に等しいが，これはあくまで家計の認知としてそうであるということにすぎない．個々の家計が等しい効用水準にあると認知していても，客観的なリスク水準と主観的な認知リスクの水準とが異なる場合には，実際に家計が享受できる厚生水準（以下，「客観的厚生水準」と呼ぶ）は異なる．

著者らは，災害危険度情報の提供効果を分析するために客観的厚生水準を用いた評価の必要性を指摘してきた．いま，災害危険度に関する認知リスクは等しいが，客観的リスクの異なる2つの家計を想定しよう．立地均衡において，各々の家計は主観的には等しい厚生水準を享受していることとなる．しかしながら，実際には客観的リスクが高い家計の厚生は客観的リスクが低い家計の厚生よりも低い厚生水準を享受しているはずである．したがって，規範的に災害危険度情報提供の効果を論じる場合には，主観的な効用水準を直接用いるよりも，むしろ個々の家計が客観的なリスクを反映した厚生水準を用いることが適当であろう．本研究では著者らが提案してきた客観的厚生水準の評価法をリスク認知のバイアスがある場合にも適用可能なように修正し，これを家計の厚生の評価指標として用いることとする．

4.2 情報提供の効率性評価モデル

以下では情報提供が家計にもたらす便益を規定するために，情報提供下における家計の客観的な厚生水準の規定を行う．情報提供下のS地区における家計は確率1で $u(s_S^\tau, z_S^\tau, e_0)$ なる客観的厚生水準を得ることができる．またF地区の家計は，$(1-p+pq)$ の確率で $u(s_F^\tau, z_F^\tau, e_0)$ なる客観的厚生水準を得ることができる．したがって，(9.11)，(9.12) 式を参照することにより，間接効用関数 $v(R(r), Y)$ を用いて，1家計当たりの客観的な厚生水準 w_δ^τ を以下のように規定することができる．

$$w_\delta^\tau(\Psi_\delta^\tau(r,u^\tau;p,q,\alpha,\tau),Y) = \begin{cases} v(\Psi_S^\tau(r,u^\tau;p,q,\alpha,\tau),Y) & (\delta=S) \\ (1-p+pq)v(\Psi_F^\tau(r,u^\tau;p,q,\alpha,\tau),Y) \\ & (\delta=F) \end{cases}$$
(9.20)

ここで (9.20) 式に注目すると以下が成立する.

$$w_S^\tau(\Psi_S^\tau(r,u^\tau;p,q,\alpha,0),Y) \geq w_F^\tau(\Psi_F^\tau(r,u^\tau;p,q,\alpha,0),Y) \quad (9.21)$$

また $\tau \to \infty$ の時, (9.11), (9.12) 式より,

$$\begin{aligned}w_S^\tau(\Psi_S^\tau(r,u^\tau;p,q,\alpha,\tau),Y)|_{\tau\to\infty} &= w_F^\tau(\Psi_F^\tau(r,u^\tau;p,q,\alpha,\tau),Y)|_{\tau\to\infty} \\ &= u^\tau|_{\tau\to\infty}\end{aligned}$$
(9.22)

となり,両地区の客観的厚生水準は等しくなる.一般に $\partial v(R(r),Y)/\partial R(r) < 0$ であることが知られているから (Fujita 1989), (9.18), (9.20) 式より以下が成立する.

$$\frac{dw_S^\tau}{d\tau} = \frac{\partial v(\Psi_S^\tau(r,u^\tau;p,q,\alpha,\tau),Y)}{\partial R(r)}\frac{\partial \Psi_S^\tau(r,u^\tau;p,q,\alpha,\tau)}{\partial \tau} < 0 \quad (9.23)$$

$$\frac{dw_F^\tau}{d\tau} = \frac{\partial v(\Psi_F^\tau(r,u^\tau;p,q,\alpha,\tau),Y)}{\partial R(r)}\frac{\partial \Psi_F^\tau(r,u^\tau;p,q,\alpha,\tau)}{\partial \tau} > 0 \quad (9.24)$$

以上をとりまとめると,以下の命題を得ることができる.

命題 2 家計にリスク認知のバイアスが存在する場合,均衡土地利用状態における 1 家計当たりの客観的な厚生水準には地区ごとの乖離が見られ,F 地区に比して S 地区の客観的厚生水準の方が高くなる.また,客観的厚生水準の乖離は家計の情報に対する主観的な信頼度の増加によって平準化される傾向にあり,家計が情報を完全に信頼する場合,両地区の客観的厚生水準は等しくなる.

いま,情報提供下の S 地区において家計が得ることのできる客観的厚生水準と,ゼロ情報下の S 地区において得ることができる客観的厚生水準の差 dw_S^τ について, $\Psi_S^\tau(r,u^\tau;p,q,\alpha,\tau) \geq \Psi^0(r,u^0)$ であることより,以下

の関係が成り立つ。これらの客観的厚生水準の差 dw_δ^τ は，間接効用関数 $v(R(r), Y)$ を用いて以下のように表すことができる。

$$\begin{aligned}
dw_S^\tau &= w_S^\tau(\Psi_S^\tau(r, u^\tau; p, q, \alpha, \tau), Y) - w_S^\tau(\Psi^0(r, u^0), Y) \\
&= v(\Psi_S^\tau(r, u^\tau; p, q, \alpha, \tau), Y) - v(\Psi^0(r, u^0), Y) \leq 0 \qquad (9.25) \\
dw_F^\tau &= w_F^\tau(\Psi_F^\tau(r, u^\tau; p, q, \alpha, \tau), Y) - w_F^\tau(\Psi^0(r, u^0), Y) \\
&= v(\Psi_F^\tau(r, u^\tau; p, q, \alpha, \tau), Y) - v(\Psi^0(r, u^0), Y) \geq 0 \qquad (9.26)
\end{aligned}$$

以上より次の命題を得る。

命題 3 災害危険度情報の提供は，S 地区の家計には非正，F 地区の家計には非負の便益をもたらす。

図 9.3 は，均衡地代 $R_\delta^\tau(r)$ が τ に関してどのように変化するかを示す。ここで $p = 0.2, q = 0.5, \alpha = 0.2$ とした。τ の増加にしたがって S（F）地区の地代は増加（減少）し，したがって S（F）地区の都市境界距離は τ の増加とともに増加（減少）することが確認できた。これは，リスク認知のバイアスが，情報提供の有する防災上望ましい土地利用状態への誘導効果を阻害していることを示す。

図 9.4 は，1 家計当たりの客観的な厚生水準 w_δ^τ と家計の情報に対する主観的な信頼度 τ との関係を示す。ここで $p = 0.2, \alpha = 0.2$ とした。情報提供下における地区ごとの客観的厚生水準には乖離が見られ，S 地区の客観的

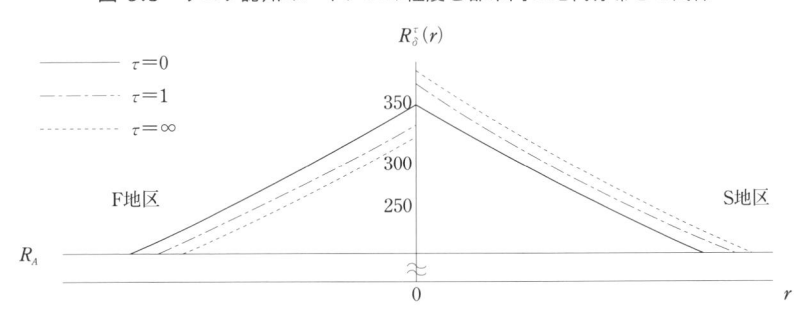

図 **9.3** リスク認知のバイアスの程度と都市内の地代分布との関係

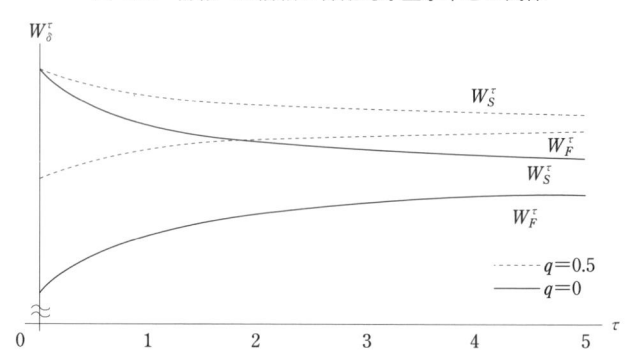

図 9.4　情報への信頼と客観的厚生水準との関係

な厚生水準は F 地区のそれに比して高くなっている。しかしながら τ が増加するに従い，両地区の客観的厚生水準は平準化されていくことが確認できる。

これは $\tau = 0$ の場合を考えるとわかりやすい。この場合，S 地区は実際には安全，また F 地区は危険であるにもかかわらず，土地の異質性に関する情報が存在してもそれが全く信じられない（または情報そのものがない）時には，家計の形成する期待効用が両地区に関して同等のものとなり，その結果両地区ともに同等の地代分布を形成してしまう。したがって τ が比較的低い場合には，S 地区は実際には安全であるのにもかかわらず比較的安い地代で，逆に F 地区は実際には危険であるのにもかかわらず比較的高い地代が付けられるために，客観的な厚生はグラフに見られるような乖離を生じてしまう。

5. 競争的土地市場を通じた最適土地利用状態の実現可能性に関する分析

5.1　均衡土地利用と最適土地利用

以上では，家計のリスク認知のバイアスが，災害危険度情報の提供が有する防災上望ましい土地利用への誘導効果や，各主体に帰着する便益を制限してしまうことが示された。このような結果に着目すれば，家計のリスク認知のバイアスが，競争的土地市場を通じた最適土地利用状態の競争的実現を阻

害する要因となることが予想される。

　ここでは，災害リスクに直面している都市における最適土地利用状態を規定したうえで，情報提供下における均衡土地利用状態との相違を比較する。その結果にしたがって，リスク認知のバイアスが，最適土地利用状態の競争的実現に対してどのような障害となっているかということについて分析を行おう。

　都市経済学の分野では，最適土地利用状態を，社会的厚生関数を最大化するような土地利用状態であるとして規定することが多かった（Dixit 1973; Oron et al. 1973; Riley 1974）。しかし，このような社会的厚生水準の最大化による最適土地利用の規定は，都市内の各家計に対して立地地点に応じて異なった厚生水準を割り当ててしまい，結果的に等質な家計を不平等に取り扱うことを根拠に，最適土地利用を規定する最も相応しい方法ではないとされる（Fujita 1989）。この結果は Mirrlees によって指摘され，一般に「Mirrlees の不平等」と呼ばれる（Mirrlees 1972）。

　このような問題を解決するためには，最適土地利用状態を都市の余剰最大化問題（Herbert-Stevens モデル（Herbert and Stevens 1960））の解として規定することが有効であるとされる。このモデルは，各家計に同等の目標厚生水準を保証しながら都市の余剰を最大化する問題として記述される。Herbert-Stevens モデルに準拠すれば，災害リスクに直面した都市の最適な土地利用状態は，厚生水準に関する制約条件として目標厚生水準を規定したうえで都市の期待余剰を最大化する問題の解として規定されることになる。ここで，目標とする厚生水準をどのように規定するかが問題となるが，前節で述べた客観的な厚生水準を用いることが望ましい。これは先述したように，主観的効用水準の均等化を図っても，実際に家計が享受できる厚生の水準は異なるためである。客観的厚生水準を用いることによって，初めて等質な家計を平等に扱うことが可能となるからである。

5.2　災害リスクに直面している都市における最適土地利用状態の規定

　具体的に，災害リスク下における都市の最適土地利用状態を，「等客観的厚生水準制約付きの期待余剰最大化問題」の解として規定することとする。この最適土地利用状態は，以下の問題を解くことによって求められる。

$$\max_{\tilde{r}_\delta, s_\delta(r)} \{\mathcal{S}_S(w) + (1-p+pq)\mathcal{S}_F(w)\} \tag{9.27}$$

$$\text{subject to} \sum_\delta \int_0^{\tilde{r}_\delta} h/s_\delta(r) dr = N \tag{9.28}$$

ただし,

$$\mathcal{S}_\delta(w) = \int_0^{\tilde{r}_\delta} \left[\frac{y - tr - Z_\delta(s_\delta(r), w)}{s_\delta(r)} - R_A \right] h dr \tag{9.29}$$

である.ここで $\mathcal{S}_\delta, \tilde{r}_\delta, Z_\delta(s_\delta(r), w_\delta), s_\delta(r)$ は各々,地区 δ の余剰,都市境界距離,合成財消費,敷地規模である.また $\tilde{w}$ は,客観的な目標厚生水準であり,外生的に与えられるものとする.合成財消費 $Z_\delta(s_\delta(r), w_\delta)$ ($\delta = S, F$) は, $w = u(s_S(r), z_S(r), e_0)$, $w = (1-p+pq)u(s_F(r), z_F(r), e_0)$ を $z_\delta(r)$ ($\delta = S, F$) について解いた解である.

5.3 最適土地利用状態の実現可能性に関する考察

ここで,目標とする客観的な厚生水準 $\tilde{w}$ に関する最適土地利用状態を競争的に達成するために導入されるペナルティを G_δ^τ と表すことにしよう.この時,任意の人口 N,客観的厚生水準 $\tilde{w}$ に対する最適土地利用状態は,以下のような補償均衡の条件式を満たすはずである.

$$R_\delta^\tau(r) = \begin{cases} \psi(Y - G_\delta^\tau, \tilde{w}) & (r \leq \tilde{r}_\delta^\tau) \\ R_A & (r \geq \tilde{r}_\delta^\tau) \end{cases} \tag{9.30}$$

$$s_\delta^\tau(r) = s(Y - G_\delta^\tau, \tilde{w}) \quad (r \leq \tilde{r}_\delta^\tau) \tag{9.31}$$

$$n_\delta^\tau(r) = \begin{cases} h/s(Y - G_\delta^\tau, \tilde{w}) & (r \leq \tilde{r}_\delta^\tau) \\ 0 & (r \geq \tilde{r}_\delta^\tau) \end{cases} \tag{9.32}$$

$$\sum_\delta \int_0^{\tilde{r}_\delta^\tau} \frac{h}{s(Y - G_\delta^\tau, \tilde{w})} = N \tag{9.33}$$

ここで $R_\delta^\tau(r)$ は所与の地代である.この時,各地区の主観的な厚生水準 $\tilde{u}_\delta^\tau$ は,間接効用関数 $v(R(r), y - tr)$ を用いることによって,それぞれ

$$\tilde{u}_S^\tau = \left(1 - p + \frac{\alpha + \tau}{1 + \tau}p\right)v(\psi(\tilde{w}, Y - G_S^\tau), Y - G_S^\tau) \tag{9.34}$$

$$\tilde{u}_F^\tau = \left(1 - p + \frac{\alpha + \tau q}{1 + \tau}p\right)v(\psi(\tilde{w}, Y - G_F^\tau), Y - G_F^\tau) \tag{9.35}$$

と表せる．したがって両地区における客観的厚生水準 w_δ は，以下のようになる．

$$w_S = v(\psi(\tilde{w}, Y - G_S^\tau), Y - G_S^\tau) \tag{9.36}$$

$$w_F = (1 - p + pq)v(\psi(\tilde{w}, Y - G_F^\tau), Y - G_F^\tau) \tag{9.37}$$

最適土地利用状態において，制約条件式 (9.28) より，以下の等式が成立する．

$$\tilde{w} = v(\psi(\tilde{w}, Y - G_S^\tau), Y - G_S^\tau) \tag{9.38}$$

$$= (1 - p + pq)v(\psi(\tilde{w}, Y - G_F^\tau), Y - G_F^\tau) \tag{9.39}$$

最適土地利用状態において (9.38)，(9.39) 式が成立するためには，(9.34)，(9.35) 式を用いることによって，以下が成立しなければならない．

$$\begin{aligned}\tilde{u}_S^\tau &= \left(1 - p + \frac{\alpha + \tau}{1 + \tau}\right)(1 - p + pq)v(\psi(\tilde{w}, Y - G_F^\tau), Y - G_F^\tau) \\ &= \frac{\left(1 - p + \frac{\alpha + \tau}{1 + \tau}p\right)(1 - p + pq)}{1 - p + \frac{\alpha + \tau q}{1 + \tau}p}\tilde{u}_F^\tau\end{aligned} \tag{9.40}$$

したがって，以下の関係が成り立つ．

$$\tilde{u}_S^\tau \left\{\begin{matrix}\geq \\ <\end{matrix}\right\} \tilde{u}_F^\tau \iff (1 - p + pq)\left(1 - p + \frac{\alpha + \tau}{1 + \tau}p\right)\left\{\begin{matrix}\geq \\ <\end{matrix}\right\} 1 - p + \frac{\alpha + \tau q}{1 + \tau}p \tag{9.41}$$

等号成立は $\tau \to \infty$, $q = 1$, $p = 0$ の時である．$q \neq 1$ または $p \neq 0$，すなわち都市内に災害被災リスクが存在し，家計にリスク認知のバイアスが存在する場合には，両地区における主観的な厚生水準は等しくならず，この時，土地利用は均衡しない．

競争的土地市場を通した最適土地利用状態の実現可能性に関して，以下の命題が成り立つ．

命題 4 家計のリスク認知が正確であれば，所得税（または補助金）政策を導入することにより，目標とする客観的な厚生水準に対する最適土地利用状態が競争的土地市場を通じて実現可能である．しかしながら，家計に認知リスクのバイアスが存在する場合，災害リスク下の最適土地利用状態が競争的土地市場を通じて実現する可能性はない．

認知リスクのバイアスの存在下では，たとえ両地区の客観的な厚生水準が等しくなっても，地区ごとの主観的な厚生水準が乖離する．このため，最適土地利用状態が同時に均衡土地利用状態とはなりえないのである．

5.4 家計の地区間移動の規制を考慮した最適土地利用に関する考察

このように，認知リスクのバイアスの存在下では，たとえ両地区の客観的な厚生水準が等しくなっても，地区ごとの主観的な厚生水準が乖離し，均衡を達成するように地区間の人口移動が生じてしまう．

ここでは以上の点に着目し，家計の地区間の人口移動を規制するような施策の導入を考慮する．この場合の最適土地利用状態は，地区ごとの余剰最大化問題として，以下のように定式化できよう．

$\delta = S$：

$$\max_{\tilde{r}_S, n_S(r), s_S(r)} \mathcal{S}_S, \text{ subject to } \int_0^{\tilde{r}_S} \frac{h}{s_S(r)} dr = N_S \quad (9.42)$$

$\delta = F$：

$$\max_{\tilde{r}_F, n_F(r), s_F(r)} \mathcal{S}_F, \text{ subject to } \int_0^{\tilde{r}_F} \frac{h}{s_F(r)} dr = N_F = N - N_S \quad (9.43)$$

人口の配分が $(N_S, N_F (= N - N_S))$ である時，地区ごとの余剰の最大値を $\tilde{\mathcal{S}}_\delta(N_\delta)$ とおけば，都市の期待余剰 $ES(N_S, N_F)$ は以下のように表すことができる．

$$ES(N_S, N_F) = \tilde{\mathcal{S}}_S(N_S) + (1 - p + pq)\tilde{\mathcal{S}}_F(N_F) \quad (9.44)$$

したがって最適土地利用状態は，$ES(N_S, N_F)$ を最大化するような $(N_S, N_F) = (\tilde{N}_S, \tilde{N}_F)$ について，(9.42), (9.43) 式を解くことによって導出できる．

Fujita (1989) に従えば，これらの問題に対する解は，人口 $(\tilde{N}_S, \tilde{N}_F)$ について以下の補償均衡条件式を満たす。

$$\tilde{R}_\delta(r) = \begin{cases} \psi(Y - \tilde{G}_\delta, \tilde{w}) & (r \leq \tilde{r}_\delta) \\ R_A & (r \geq \tilde{r}_\delta) \end{cases} \tag{9.45}$$

$$\tilde{s}_\delta(r) = s(Y - \tilde{G}_\delta, \tilde{w}) \qquad (r \leq \tilde{r}_\delta) \tag{9.46}$$

$$\tilde{n}_\delta(r) = \begin{cases} h/s(Y - \tilde{G}_\delta, \tilde{w}) & (r \leq \tilde{r}_\delta) \\ 0 & (r \geq \tilde{r}_\delta) \end{cases} \tag{9.47}$$

$$\int_0^{\tilde{r}_\delta} \frac{h}{s(Y - \tilde{G}, \tilde{w})} = N \tag{9.48}$$

ここで $\tilde{G}_\delta$ は地区 δ において目標とする客観的な厚生水準 $\tilde{w}$ が課税前所得 y，人口 $(\tilde{N}_S, \tilde{N}_F)$ のもとで，地区内において競争的に達成されるように決定されるペナルティであり，地区 δ 内のすべての家計について一律に課される。また $\tilde{R}_\delta(r)$ は最適土地利用における地代分布，$\tilde{s}_\delta(r)$ は敷地規模，$\tilde{n}_\delta(r)$ は人口分布である。したがって，S 地区において，競争的土地市場を通じた最適土地利用状態を達成するためには，人口を $\tilde{N}_S$ に固定したうえで，目標とする客観的な厚生水準に応じたペナルティ $\tilde{G}_S$ を S 地区内の家計に課し，S 地区内の均衡土地利用状態を実現させればよい。

F 地区においても同様に，人口を $\tilde{N}_F\ (= N - \tilde{N}_S)$ に固定したうえで，目標とする客観的な厚生水準に応じたペナルティ $\tilde{G}_F$ を F 地区内の家計に課し，F 地区の均衡土地利用状態を実現させればよい。

このように，地区ごとに最適化を図れば，都市全体の最適土地利用状態を競争的に達成することが可能である。この結果は，認知リスクのバイアスが存在する状況においても，例えば他地区からの転入（転出）障壁を設けるたり（$\tilde{N}_\delta$ の固定），土地利用管理を行う（$s(\psi(Y - G_\delta), w)$ の管理）などの都市計画的な施策と所得税（または補助金）政策を併せて講じることにより，最適土地利用状態が競争的に実現できる可能性があることを示唆している。

ここで最適敷地規模 $\tilde{s}_\delta(r)$ は，3.3 節と同様にして以下のように表すことができる。

$$\tilde{s}_S(r) = \hat{s}(\psi(\tilde{w}, Y - \tilde{G}_S), Y - \tilde{G}_S) \tag{9.49}$$

$$\tilde{s}_F(r) = \hat{s}\left(\psi\left(\frac{\tilde{w}}{1-p+pq}, Y - \tilde{G}_F\right), Y - \tilde{G}_F\right) \tag{9.50}$$

また地区別にペナルティ $\tilde{G}_\delta$ を課した場合の，情報提供下における地区別の（競争的）均衡敷地規模 $s_\delta^\tau(r; \tilde{G}_\delta, \tilde{N}_\delta)$ は，以下のように表せる。

$$s_S^\tau(r; \tilde{G}_S, \tilde{N}_S) \tag{9.51}$$

$$= \hat{s}\left(\psi\left(\frac{u^\tau(\tilde{G}_S, \tilde{N}_S)}{1-p+\dfrac{\alpha+\tau}{1+\tau}p}, Y - \tilde{G}_S\right), Y - \tilde{G}_S\right) \tag{9.52}$$

$$s_F^\tau(r; \tilde{G}_F, \tilde{N}_F) \tag{9.53}$$

$$= \hat{s}\left(\psi\left(\frac{u^\tau(\tilde{G}_F, \tilde{N}_F)}{1-p+\dfrac{\alpha+\tau q}{1+\tau}p}, Y - \tilde{G}_F\right), Y - \tilde{G}_F\right) \tag{9.54}$$

この時，各地区における家計の主観的な厚生水準に着目すれば, (9.49) 〜 (9.54) 式を比較することにより，家計の地区間移動を制限した場合の最適土地利用状態における均衡効用水準に関して，以下の等式が成り立つ。

$$u_S^\tau(\tilde{G}_S, \tilde{N}_S) = \left(1 - p + \frac{\alpha+\tau}{1+\tau}p\right)\tilde{w} \tag{9.55}$$

$$u_F^\tau(\tilde{G}_F, \tilde{N}_F) = \frac{1 - p + \dfrac{\alpha+\tau q}{1+\tau}p}{1-p+pq}\tilde{w} \tag{9.56}$$

これらの大小関係を比較すると以下の関係が導かれる。

$$1 - p + pq \begin{Bmatrix} < \\ > \end{Bmatrix} \frac{q-\alpha}{1-\alpha} \iff u_S^\tau(\tilde{G}_S, \tilde{N}_S) \begin{Bmatrix} \geq \\ < \end{Bmatrix} u_S^\tau(\tilde{G}_F, \tilde{N}_F) \tag{9.57}$$

これは，家計の地区間移動を制限した最適土地利用状態においては，多くの場合地区ごとの主観的な厚生水準に乖離が生じてしまうことを示している。

従来都市経済学の分野では，補助金や所得税政策といった経済的なインセンティブの変化を家計に与えることによって，都市の土地利用の最適化を行うことが可能とされてきた。しかしながら本章のように，家計の災害被害

に対するリスク認知にバイアスが存在するような場合においては，土地利用が最適な状態であっても，地区ごとの家計の主観的な厚生水準が乖離してしまうため，競争的土地市場を通じた最適土地利用の実現は不可能であることが示された。したがってリスク認知のバイアスの存在下において最適土地利用状態を競争的に実現するためには，例えば，①他地区からの転入（転出）障壁を設ける，②または適正な敷地規模の管理を行う等の都市計画的な政策と所得税（または補助金）政策を併せて講じることが必要となることがわかる。

6. おわりに

本章では都市経済学的アプローチを用いることにより，家計のリスク認知のバイアスが，災害危険度情報の提供効果にどのような影響を与えるかということについて分析を行った。それにより，以下のような結論を得た。

1. 災害危険度情報が利用可能であれば，家計が情報をまったく信頼しない場合以外は，防災上安全な地区の均衡地代は災害危険度の高い地区の均衡地代よりも高くなり，その居住地面積も広くなる。さらに家計のリスク認知が正確なものに近づくほど，これらの傾向はより顕著になる。逆にいえば，家計の情報に対する主観的信頼度の減少，すなわち家計のリスク認知のバイアスの増加は，災害危険度情報が有する，防災上望ましい土地利用への誘導効果を限られたものにしてしまう可能性がある。
2. 家計にリスク認知のバイアスが存在する場合には，地区ごとの客観的厚生水準に乖離が見られる。またこの時，家計の情報に対する主観的信頼度が小さい，すなわち家計のリスク認知のバイアスが大きいほど，地区ごとの客観的厚生水準の乖離は大きい。家計のリスク認知が正確なものに近づくほど，客観的な厚生水準の乖離は平準化される傾向にある。
3. 家計のリスク認知が正確であれば，任意の目標（客観的）厚生水準に対する最適土地利用状態が，適切な所得税（または補助金）政策の導入下における競争的土地市場を通じて実現可能である。しかしながら，

リスク認知のバイアスの存在下では，たとえ両地区の客観的な厚生水準が等しくなっても，地区ごとの主観的な厚生水準が乖離しているため土地利用は均衡せず，災害リスク下の最適土地利用状態が競争的土地市場を通じて実現する可能性はない。
4. リスク認知のバイアスの存在下において最適土地利用状態を競争的に実現するためには，都市計画的な施策，例えば，他地区からの転入（転出）障壁を設ける，または適正な敷地規模の管理を行う等の都市計画的な施策と所得税（または補助金）政策を併せて講じることが必要である。

このように，情報提供を行ってもなお認知リスクのバイアスが生じる場合には，土地利用計画等の都市計画的な施策が重要となる。

本章での検討は，認知リスクのバイアスの存在を仮定してきたが，バイアス自体を軽減することは極めて重要であろう。認知リスクのバイアスを軽減するためには，提供する情報の信頼性を高め，情報の受け手が提供した情報により大きなウエイトを持つようにコミュニケーションする必要がある。この意味で，リスクコミュニケーションは，効率的な土地利用を実現するうえで重要な役割を果たしうるものと考えられる。

第10章　家屋の安全性診断と補修・改築の意思決定

榊原　弘之

1. はじめに

　阪神・淡路大震災による被害はさまざまな方面にまで及んだが，そのうちでも家屋の倒壊とそれに伴う火災による被害は最も顕著な例の1つであろう。阪神地域における全壊家屋の数は10万戸以上に及び，火災による焼失家屋数も6千戸以上とされる。
　家屋の建て替えは数十年という長い時間単位でなされるため，耐震基準が改正されても旧基準のもとで建てられた家屋が長期間残存することになる。そこで，旧基準に準拠した家屋についても安全性を調査し，必要ならば更新等の措置をとることが必要となる。
　老朽家屋の集中する地域の災害に対する脆弱性と，改善の必要性に関する指摘は多い。理論的な分析例としては，上田他（1998）が，投資タイミングモデルに基づき，災害脆弱地区において開発が進行しないメカニズムを記述する完全情報下のモデルを提示している（第11章参照）。また同時に，このような地区の整備を促進する施策の効果についても分析している。一方 Vorst（1987）は，将来時点における所有家屋の質が不確実性を伴う場合の，維持管理に関する意思決定を最適制御問題として定式化している。一方 Dubin（1998）は，近隣の家屋の質（外部効果）が不確実な状況における意思決定をモデル化している。いずれのモデルにおいても，意思決定時点における自らの家屋の質に関しては正確な情報を得ることができることを前提としている。
　一方，実際に所有者が家屋の更新に関する意思決定を行う際には，自らの所有する家屋が現時点において安全であるか，危険な状態にあるかを知る

ことが困難な場合が多い．家屋の状態を正確に知るためには，専門家の知識が必要であり，本章ではこれを安全性診断と呼ぶ．阪神・淡路大震災以降，各地の自治体が安全性診断に対する補助制度を整備している．しかしこれらの制度が都市全体の安全性の向上にどの程度寄与しているかは明らかではない．

本章では，安全性診断が提供する情報の価値に着目し，更新の是非や安全性診断情報の利用に関して家屋の所有者が合理的な意思決定をする状況を想定し，その意思決定の行動メカニズムを数学的にモデル化する．そのうえで，家屋の耐震性向上を目的とした補修・改築を促進するための方策について考察を行う．

2. 家屋の劣化モデル

本章では，地震による家屋の倒壊をもたらす要因を新築後の劣化に限定する．阪神・淡路大震災後のある調査によれば，神戸市東灘区の全壊家屋の約2/3において蟻害・腐朽が認められている（鹿島都市防災研究会 1996）．実際の家屋においては，設計の不備，施工の不良などの要因による倒壊も多かったものと考えられる．しかし，これらの要因は主として新築時点においてすでに決定づけられている初期条件である．本章では時系列的に変化するリスク要因に対する，家屋更新のタイミング決定問題を対象としているため，上にあげたような初期条件に関する不確実性は考慮しない．ただし，施工不良などが発生する確率を特定することができれば，本章で提示するモデルを初期条件に関する不確実性を考慮したものに拡張することは可能である．

ここで，意思決定時点における家屋所有者の年齢を a，家屋新築時における年齢を a_b とする．意思決定時点における家屋の築年数は $(a - a_b)$ 年となる．

家屋の安全性を離散変数 s $(s = 0, 1, 2, \cdots, n)$ により表し，家屋所有者の年齢が a の時点において家屋の状態が s である確率を $P_s(a)$ により表す．時間の経過とともに，家屋の状態は最善の状態 $s = 0$ から不可逆的に劣化していくとする．

ここでは新築時における不良施工等のリスクを考慮しないため，$P_0(a_b) = 1$ となる．ここで，状態間の遷移に関して次の微分方程式が成立するとする

(図 10.1 参照)。

$$\begin{aligned}
\dot{P}_0 &= -\lambda_1 P_0 \\
\dot{P}_s &= \lambda_s P_{s-1} - \lambda_{s+1} P_s \quad (s = 1, 2, \cdots, n-1) \\
\dot{P}_n &= \lambda_n P_{n-1}
\end{aligned} \tag{10.1}$$

(10.1) 式は状態間の遷移が不可逆的であることを示している。

図 10.1 状態間の推移

一方,地震事象を平均到着率 γ のポアソン分布に従うと仮定する。地震事象が生起した場合,状態 s の家屋は確率 δ_s で倒壊するものとする。ここでは劣化が進行するほど地震時の倒壊の危険性が高まる ($s_1 < s_2$ の場合 $\delta_{s1} < \delta_{s2}$) ものとする。

P_c を対象時点においてすでに家屋が倒壊している確率とすると,状態間の遷移を表す (10.1) 式は以下のように書き換えることができる(図10.2 参照)。

図 10.2 倒壊リスクが存在する場合の状態間の推移

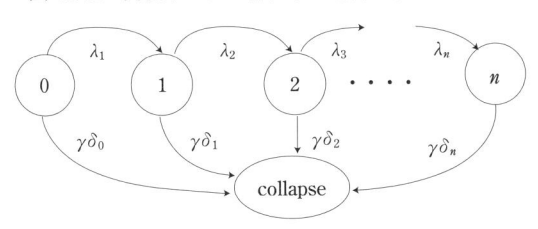

$$\begin{aligned}
\dot{P}_0 &= -(\lambda_1 + \gamma \delta_0) P_0 \\
\dot{P}_s &= \lambda_s P_{s-1} - (\lambda_{s+1} + \gamma \delta_s) P_s \quad (s = 1, 2, \ldots n-1) \\
\dot{P}_n &= \lambda_n P_{n-1} - \gamma \delta_n P_n \\
\dot{P}_c &= \sum_{s=0}^{n} \gamma \delta_s P_s
\end{aligned} \tag{10.2}$$

家屋の状態が s であることが明らかな時点から時間 θ が経過した時点において家屋の状態が s_1 である確率を $P_s^{s1}(\theta)$ により表す。$\tilde{P}_s$ を意思決定時点（家屋所有者の年齢 a）において家屋の状態が s である確率とすると，意思決定時点においては家屋は倒壊に至っていないことは明らかであるため，$\tilde{P}_s$ は以下のように表される。

$$\tilde{P}_s = \frac{P_0^s(a-a_b)}{\displaystyle\sum_{s=0}^{n} P_0^s(a-a_b)} \tag{10.3}$$

3. 家屋所有者の意思決定基準

3.1 家屋所有者の生存確率

年齢 a_0 において生存している家屋所有者が，年齢 a $(a_0 < a)$ において生存している確率を $\Phi(a, a_0)$ とする。ここで次式が成立するとする。

$$\frac{\partial \Phi}{\partial a} = -\eta(a)\Phi(a, a_0) \tag{10.4}$$

$\eta(a)$ は年齢 a における死亡確率である。$\eta(a)$ が a にかかわらず一定の場合，生存確率 Φ は $a-a_0$ のみに依存する。一方，$\eta(a)$ が a に関して単調増加の場合，$a-a_0$ が等しくとも，a_0 が大きければ Φ はより小さくなる。

3.2 家屋補修・安全性診断に関する意思決定

本章では家屋の補修と安全性診断を以下のように定義する。

定義 1　家屋の補修
安全性を $s=0$ の状態に復帰させる行為を家屋の補修と呼ぶ。状態 s の家屋の更新には費用 $C_{r,s}$ を要するものとする。

定義 2　家屋の安全性診断
家屋の現時点における安全性 s を確定する行為を家屋の安全性診断と呼ぶ。安全性診断に要する費用を C_I とする。

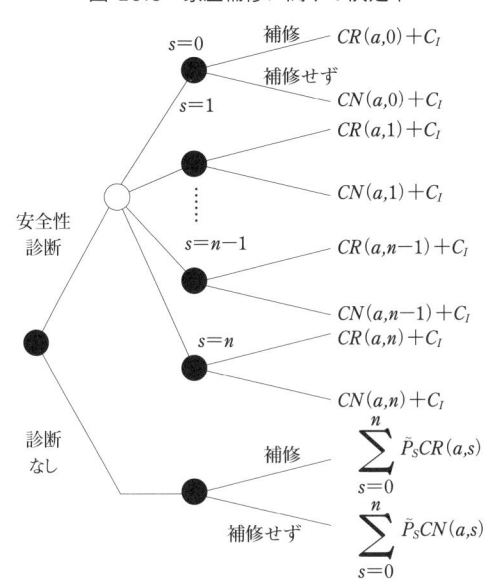

第 10 章　家屋の安全性診断と補修・改築の意思決定　　*177*

図 10.3　家屋補修に関する決定木

```
                                    補修      CR(a,0)+C_I
                          s=0  ●
                              /   補修せず   CN(a,0)+C_I
                         s=1 /           CR(a,1)+C_I
                            ●
                             \           CN(a,1)+C_I
              安全性         ⋮
              診断    ○    s=n-1          CR(a,n-1)+C_I
                            ●
                                         CN(a,n-1)+C_I
                         s=n             CR(a,n)+C_I
                            ●
                                         CN(a,n)+C_I
                                    補修     n
                       ●                   Σ  P̃_s CR(a,s)
                             ●           s=0
                   診断             補修せず   n
                   なし                     Σ  P̃_s CN(a,s)
                                         s=0
```

　家屋の補修に関する意思決定は，図 10.3 に示すような決定木で表されるものと仮定する．意思決定時点において，所有者はまず安全性診断を受けるか否かを決定する．診断を受けた場合，状態変数 s が明らかとなる．次に，所有者は家屋を補修するか否かを決定する．安全性診断を受けなかった場合も，補修を選択することは可能であり，その場合の補修費用は，安全性診断を受けたうえで補修を選択した場合に等しい．

3.3　意思決定時点が選択不可能な場合における意思決定

　本節では，家屋所有者が家屋補修に関する意思決定を行う際の基準について分析を行う．家屋補修の目的は，家屋から発生する生涯費用の現在価値の最小化であるとする．生涯費用には，補修費用と，家屋が倒壊した場合において倒壊時点以降の生涯にわたり必要な費用が含まれる．簡略化のため，補修によって家屋の状態はつねに新築時の状態（$s=0$）に復帰するとする．
　まずはじめに，家屋所有者が適切な意思決定時点を選択することができ

ず，与えられた時点においてただちに補修するか，生涯にわたり補修しないかを決定する必要があるケースを想定する．安全性診断に対する補助が期間を限定して実施され，いまただちに診断を受けるか否かの選択を迫られているような状況がこれに該当するものと考えられる．

状態 s の家屋の補修費用は $C_{r,s}$ により表されるとする．また家屋倒壊時点以降において必要となる費用を瞬間費用 C_c により表す．家屋所有者の年齢が a の時点で，家屋の状態が s であった場合，補修を実施した場合と実施しなかった場合の生涯費用はそれぞれ以下のように与えられる．

補修を実施した場合の生涯費用

$$CR(a,s) = C_{r,s} + \int_0^\infty P_0^c(t)\Phi(a+t,a)C_c e^{-\beta t} dt \tag{10.5}$$

補修を実施しなかった場合の生涯費用

$$CN(a,s) = \int_0^\infty P_s^c(t)\Phi(a+t,a)C_c e^{-\beta t} dt \tag{10.6}$$

ここで β は時間割引率である．

補修の純価値 $f(a,s)$ は，生涯費用の差（(10.6) 式と (10.5) 式の差）として定義される．すなわち，

$$\begin{aligned}f(a,s) =& CN(a,s) - CR(a,s) \\=& \int_0^\infty \{P_s^c(t) - P_0^c(t)\}\Phi(a+t,a)C_c e^{-\beta t} dt - C_{r,s}\end{aligned} \tag{10.7}$$

(10.7) 式が正の場合，家屋所有者の年齢が a の時点で，家屋の状態が s であれば家屋を補修すべきである．また，$s=0$ である時，当該家屋は新築直後と同様の安全性を有することになる．このとき，$C_{r,s}=0$ となり，定義より任意の a において $f(a,0)=0$ である．すなわち，新築直後と同様の安全性（$s=0$）を有する家屋に対しては，年齢にかかわらず，補修の動機は存在しない．

$\eta(a)$ が一定の場合，(10.7) 式中の $\Phi(a+t,a)$ は意思決定時点からの経過時間 t のみの関数となる．したがって家屋の補修に関する意思決定はその時点における家屋の状態 s のみに依存する．一方 $\eta(a)$ が，家屋所有者の年齢 a に伴って変化する場合，(10.7) 式は a と s という 2 種類の説明変数を有す

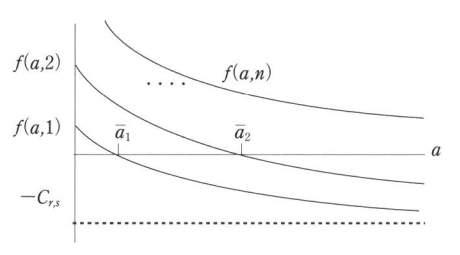

図 **10.4** 年齢と補修の純価値の関係

る。この場合，補修に関する意思決定は a, s 双方に依存する。以下では $\eta(a)$ を a の単調増加関数と想定する。

ここで補修費用 $C_{r,s}$ が s $(s \geq 1)$ にかかわらず一定のケースを想定する。(10.7) 式中の $\Phi(a+t, a)$ は a に伴って減少するため，$f(a, s)$ は a の単調減少関数である。したがって，ある年齢 $\bar{a}_s$ 以降においては，状態 s の家屋の所有者は家屋を補修する動機を持たない。$s_1 < s_2$ の時，つねに $P^c_{s1}(t) < P^c_{s2}(t)$ が成立する。したがって劣化が進行するほど補修の純価値は増加する（図10.4 参照）。

一方，所有者は事前に安全性診断を受けることによってはじめて現時点における家屋の状態を知ることができる。年齢 a の時点において安全性診断によって得られる情報の純価値は次式で定義される。

$$I(a, a_b) = \sum_{s=0}^{n} \tilde{P}_s \max \left[f(a, s), 0 \right] - \max \left[\sum_{s=0}^{n} \tilde{P}_s f(a, s), 0 \right] - C_I \quad (10.8)$$

C_I は安全性診断の費用である。$I(a, a_b)$ が正の場合，所有者は診断を受けたうえで補修を実施するか否かを決定する。

3.4 モデルの数値計算例

ここで，3.3 節に示した意思決定モデルについて，具体的な数値を代入した計算例を示すことにより，家屋更新や安全性診断の受診をめぐる意思決定に対する年齢の影響について考察を行う。以下では，表 10.1 に示すような数値例を用いる。$\delta_0 < \delta_1 < \delta_2 < \delta_3$ となっていることから，劣化が進行するほど地震時に家屋が倒壊する可能性が高まっていることがわかる。また図

表 10.1 数値計算で用いるパラメータ

$n = 3$（4 段階のプロセス）
$\lambda_s = 0.07 \ (s = 1, 2, 3)$
$\gamma = 0.01$
$\delta_0 = 0.05, \ \delta_1 = 0.25, \ \delta_2 = 0.5, \ \delta_3 = 0.8$
$\Phi(a+t, a) = \exp\left(-\dfrac{0.0005}{2} t^2 - 0.005 a t\right)$
$C_{r,s} = 100 \ (s = 0, 1, 2, 3)$
$C_C = 220$
$C_I = 3$
$a_b = 0$

図 10.5 $P_0^s(t)$ の変化

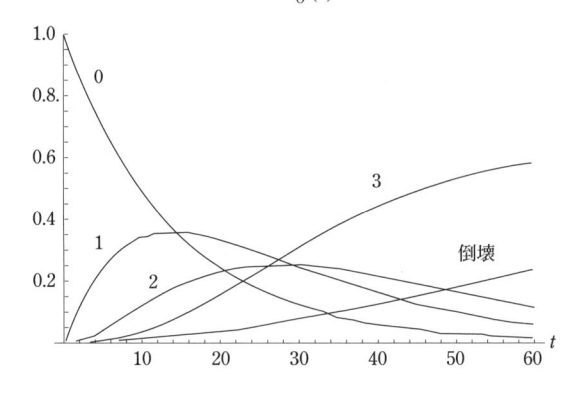

10.5 は $t = 0$ において $s = 0$ であった場合の $P_0^s(t)$ を示している．時間とともに家屋の状態が $s = 3$ である確率が増大することがわかる．また表 10.1 に示す Φ において，生存確率 $\Phi(a+t, a)$ は a が大きくなるほど小さくなる．

図 10.6 に補修を実施した場合の生涯費用 $CR(a, s)$ および補修を実施しない場合の生涯費用 $CN(a, s)$ を示す．いずれの生涯費用も，a が大きくなるにつれて（すなわち，家屋所有者が高齢になるほど）単調減少することがわかる．また，その減少率は，$CR(a, s)$ よりも $CN(a, s)$ の方が大きい．その結果として，図 10.7 に示すように，補修の純価値 $f(a, s)$ もまた a に対して単調減少となる．図 10.7 のケースでは，a が 7 を超過すると $f(a, 1)$ が負と

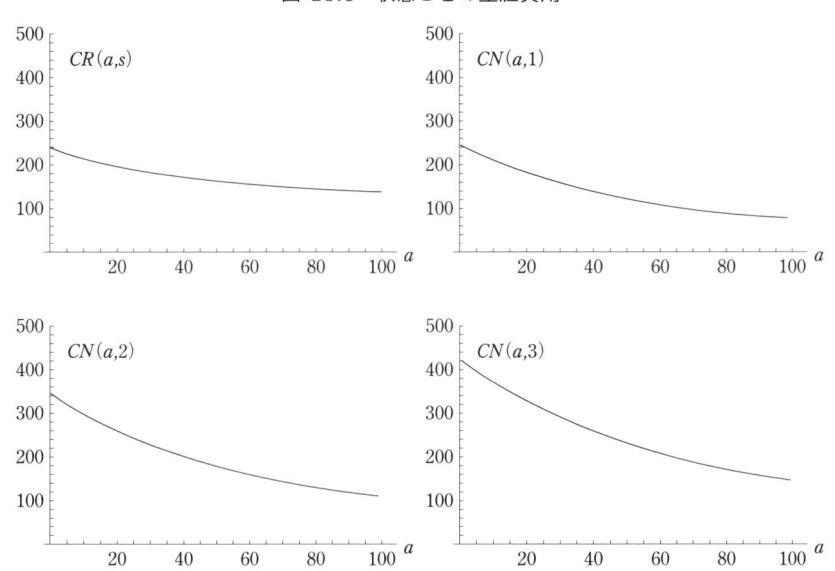

図 10.6 状態ごとの生涯費用

なり，さらに 72 を超過すると $f(a,2)$ が負となる．このように，同じ劣化状態の家屋であっても，比較的若い所有者であれば補修を選択し，高齢の所有者であれば補修を見送るという結果が起こりうる．

以上の分析結果は，老朽家屋の耐震補強の促進という現実の問題に対して，どのような知見をもたらすであろうか．まず，本モデルの結果が，主として a に対して単調減少となる所有者の生存確率 $\Phi(a,a_0)$（(10.4) 式）によってもたらされていることに注意する必要がある．家屋の価値が，現在の所有者にとっての居住機能のみによって規定される限り，所有者が高齢になるほど家屋の残存価値は減少してしまう．したがって，所有者が多額の費用を投じて家屋を補修する意義は時間とともに低下する．現実には，高齢者は家屋補修のための資金調達においても困難に直面すると考えられ，これらの要因が相まって高齢者の補修に対するインセンティブを低下させる．その結果として，地震時において高齢者ほど家屋倒壊の被害者となる可能性が高まってしまうと考えられる．

しかし，補修によって耐震性の向上した家屋が中古住宅市場において高い

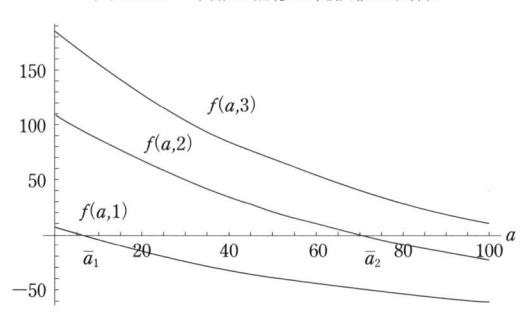

図 10.7　年齢と補修の純価値の関係

評価を得ることができれば，所有者が高齢であっても，市場価値を高めるための投資として耐震補修を実施するインセンティブが生じうる．つまり，中古住宅市場において，家屋の耐震性が価格に反映されることが，耐震補強の促進の大きな鍵であると考えられる[1]．

図 10.8 は，家屋所有者の年齢に対する，安全性診断によって得られる情報の純価値の変化を示したものである．$I(a, a_b)$ は，$a = 30$ 付近で最大となっている．つまり，安全性診断を 1 回のみ実施するタイミングとしては，この時点が最適であることを示している．この後 a の増加とともに $I(a, a_b)$ は減少し，$a = 63$ 以降は負の値となり，家屋所有者は安全性診断を選択しない．図 10.3 に示したように，安全性診断を実施しない場合，所有者には，①安全性診断なしで家屋補修を実施する，②安全性診断も家屋補修も実施しない，という 2 通りの選択肢が存在するが，$a = 63$ 以降においては②がつねに選択される．つまり，家屋所有者が高齢になると，安全性診断，家屋補修のいずれも実施されない可能性が高い．一方図 10.7 から，$a = 63$ においても依然として $f(a, 2)$，$f(a, 3)$ は正であり，$s = 2, 3$ であることが明らかであれば所有者は家屋補修を実施するインセンティブを有している．このことは，家屋の現在の状態に関して正確な情報を得るために費用を要することが，家屋補修を妨げるケースが存在することを示している．

次に，安全性診断に対する補助制度の効果について検討を行う．図 10.9 は，補助制度によって $C_I = 0$ となった場合の $I(a, a_b)$ を示している．(10.8)

---

[1] わが国の住宅市場に関しては金本（1997），岩田・八田（1997）などを参照．

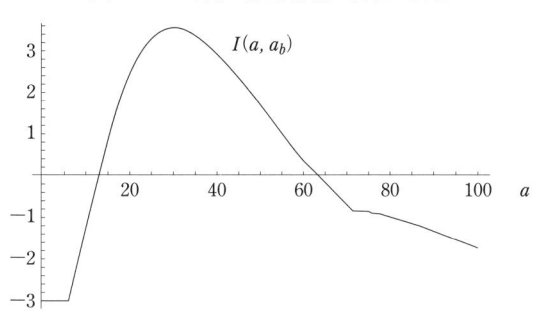

図 **10.8** 年齢と診断情報の価値の変化

図 **10.9** 年齢と診断情報の価値の変化（診断費用が補助される場合）

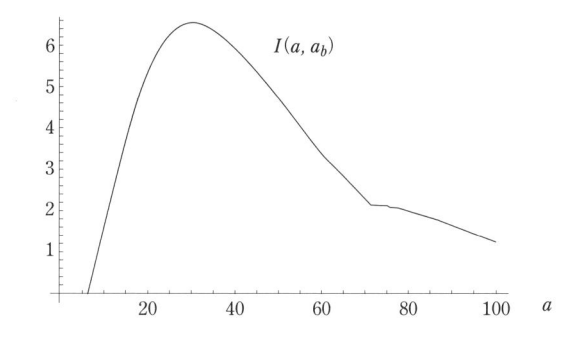

式からも明らかであるが，C_I が小さくなることによって $I(a, a_b)$ が正となる年齢層が増加し，より多くの家屋所有者が安全性診断を受けるようになると考えられる．特にこの数値例においては，高齢者の安全性診断の受診が促進されることがわかる．さらに診断の結果 $s = 2, 3$ であることが明らかになれば，所有者は家屋補修を選択すると考えられる．以上の結果から，安全性診断に対する補助制度には家屋補修を促進する効果が存在する．ただし，安全性診断に対する補助は補修の純価値 $f(a, s)$ には影響を与えない．したがってすべての世帯の家屋補修に対するインセンティブを高めるわけではなく，その効果には一定の限界が存在する．

3.5 将来時点での補修が可能な場合

次に，所有者が現時点で補修を実施するか，将来時点で再度安全性診断を受けた上で意思決定を行うかを選択することが可能なケースを考える。

現時点（所有者の年齢 a）における家屋の状態が s であることが明らかになっている場合に，現時点から時間 r が経過するまで意思決定を保留し，年齢が $a+r$ となった時点で再度安全性診断を受けて意思決定した場合，純価値期待値は以下のように与えられる。

$$F(a,s,r) = \left\{ \sum_{s_1=s}^{n} [P_s^{s_1}(r) \max \{f(a+r,s_1),0\}] - C_I \right\} e^{-\beta r}$$
$$- \int_0^r P_s^c(t)\Phi(t,a)C_c e^{-\beta t}dt - \int_r^\infty P_s^c(r)\Phi(t,a)C_c e^{-\beta t}dt \quad (10.9)$$

(10.9) 式において，第1項は将来時点（所有者の年齢は $a+r$）まで家屋が倒壊しなかった場合の補修の純価値の期待値と診断費用の差であり，第2項，第3項は将来時点までに家屋が倒壊してしまった場合に要する生涯費用である。

(10.7) 式が正の場合であっても，(10.9) 式の値が (10.7) 式を上回れば，現時点では意思決定を保留した方が望ましいことを意味する。さらに，次式が成立する場合は，所有者は現時点では安全性診断を受けず，将来時点ではじめて診断を受けるのが望ましい。

$$\sum_{s=0}^{n} \tilde{P}_s \max [f(a,s),0] - C_I < \sum_{s=0}^{n} \tilde{P}_s F_s(a,s,r) \quad (10.10)$$

3.6 居住性の低下を伴う場合

これまでのケースにおいては，図 10.3 に示すように，補修の意思決定は意思決定時点における家屋所有者の年齢 a と家屋の状態 s のみに依存し，家屋の築年数 $(a-a_b)$ には依存しない。ここで，築年数の増加に伴って家屋の居住性が低下し，維持管理に要する費用が増大するとする。新築後，時間 θ が経過した家屋の瞬間維持管理費用を $C_m(\theta)$ とする。ここで次式がつねに成立するとする。

$$\frac{\partial C_m}{\partial \theta} > 0 \quad (10.11)$$

補修を実施した場合，しなかった場合の生涯費用（(10.5)，(10.6) 式），補修の純価値（(10.7) 式）は以下のように書き換えられる。

補修を実施した場合の生涯費用

$$CR'(a,s,a_b) = C_{r,s} + \int_0^\infty \Phi(a+t,a)\{P_0^c(t)C_c e^{-\beta t} \\ + (1-P_0^c(t))C_m(a+t-a_b)e^{-\beta t}\}dt \quad (10.12)$$

補修を実施しなかった場合の生涯費用

$$CN'(a,s,a_b) = \int_0^\infty \Phi(a+t,a)\{P_s^c(t)C_c e^{-\beta t} \\ + (1-P_s^c(t))C_m(a+t-a_b)e^{-\beta t}\}dt \quad (10.13)$$

補修の純価値

$$f'(a,s,a_b) = CN'(a,s,a_b) - CR'(a,s,a_b) \\ = \int_0^\infty \{P_s^c(t)-P_0^c(t)\}\{\Phi(a+t,a)C_c e^{-\beta t} \\ - C_m(a+t-a_b)e^{-\beta t}\}dt - C_{r,s} \quad (10.14)$$

(10.11) 式より，$f'_s(a,s,a_b)$ は a_b に対して単調増加である．すなわち意思決定時点において家屋が新しいほど（a_b が大きいほど）補修の純価値は大きく，家屋が古いほど（a_b が小さいほど）補修の純価値は小さくなる．

一方，安全性と同時に居住性も新築時の状態に復帰するような改築を考える．改築を実施した場合の生涯費用と純価値は以下のように与えられる．

改築を実施した場合の生涯費用

$$CB(a,s) = C_{r,s} + \int_0^\infty \Phi(a+t,a)\{P_0^c(t)C_c e^{-\beta t} \\ + (1-P_0^c(t))C_m(t)e^{-\beta t}\}dt \quad (10.15)$$

改築の純価値

$$g_s(a,s,a_b) = CN'(a,s,a_b) - CB(a,s)$$

$$
\begin{aligned}
= &\int_0^\infty \{P_s^c(t) - P_0^c(t)\}\{\Phi(a+t,a)C_c e^{-\beta t}dt \\
&+ \int_0^\infty \{1 - P_s^c(t)\}C_m(a+t-a_b)e^{-\beta t}dt \\
&- \int_0^\infty \{1 - P_0^c(t)\}C_m(t)e^{-\beta t}dt - C_{r,s}
\end{aligned}
\tag{10.16}
$$

a, s が等しい場合,補修の純価値とは逆に,家屋が古くなるほど改築の純価値は増加する.

補修の場合は,居住性の低下に伴う維持管理費用の増大を考慮しても,時間の経過とともに純価値は減少する.一方改築の場合は,時間の経過とともに,高齢化(a の増加)に伴う純価値の低下と,居住性の低下に伴う純価値の増加が同時に進展するため,改築のタイミングの意思決定は維持管理費用 $C_m(\theta)$ の関数形に依存する.

第11章　市街地再生促進施策と経済評価

上田孝行・髙木朗義

1. はじめに

　大都市圏には，老朽化した木造集合住宅が密集し，街路も狭隘で公園等のオープンスペースも不足した災害脆弱地区が存在している。それらの地区は交通利便性が高い都心部あるいは旧市街地部にあり，潜在的には基盤整備を伴う都市開発による高い収益が期待できる。しかし，実際にはそのような地区では個々の区画は脆弱な建物から頑強な建物への建替えが依然として進まず，都市防災上は大きな問題の1つとなっている。

　本章は経済動学の分野で開発されてきた投資タイミングモデルを発展させて，災害脆弱地区の開発が進行しないメカニズムを描写するモデルを提示し，それに基づいて災害脆弱地区の都市整備を促進する施策の効果を分析する。

2. モデル作成の要点と既往の関連研究

　モデルを作成する際の要点は，①各区画所有者が開発タイミングを選択する最適行動のモデル化，②ある区画所有者が選択したタイミングが他の区画所有者に影響を及ぼすという外部性の導入，③地区全体での①と②を踏まえた均衡状態としての開発の進行状況の描写，である。

　①については土地保有税の開発促進効果について分析するために金本（1991，1997）がモデルを示している。土地開発よりも一般的な投資タイミングの選択モデルとしては，Krugman（1989），Dixit（1989）があり，大瀧（1994），脇田（1998）はそれらの解説と展開を行っている。これらは不確実性下のタ

イミング選択においては投資の意思決定を遅らせることによる便益が存在することを示している．多々納（1998b）も不確実性下の公共主体の開発タイミング選択モデルにおいて開発の意思決定を遅らせることによる留保価値が存在することを示している．

②と③に関しては，Murphy et al (1989) は個々の経済主体の投資選択の結果として，全員が投資する均衡と全員が投資しない均衡の複数均衡が発生する可能性があることを示し，後者の均衡が一種の社会的ジレンマの状態で社会的に不効率になる危険性を指摘している．松村（1996）は①～③をカバーしており，投資タイミングの選択モデルに外部性とそれに関する不確実性を導入し，その結果としていつまでもすべての経済主体が開発を選択せず，経済全体で未開発の状況が永遠に持続するような可能性を指摘している．

本章では松村（1996）で示されている完全情報下のモデルと金本（1991）のモデルをベースにしたモデルを示す．すなわち，経済主体間の開発タイミングの選択に外部性を導入し，そのもとで税制を含むいくつかの施策の効果を分析する．本章で松村（1996）の意味での不確実性を考慮しないのは，それが Krugman（1989），Dixit（1989），大瀧（1994），脇田（1998）の意味での動的なプロセスで変化する不確実性とは異なり，都市整備に伴うリスクをモデル化するうえでどちらの不確実性が適用であるか現在のところ筆者らには判然としないためである．この点は今後の研究で取り組みたいと考えている．

3. モデル

3.1　モデルの前提条件

モデルは以下の主な前提条件に基づく．

1. 地区は $i \in \mathbf{I} = \{1, \cdots, I\}$ のラベルを持つ有限個の区画に分割されている．都市整備によって区画は変更されない．
2. 土地資産は確率的に変動しない．すなわち，土地資産は所有者にとって安全資産である．
3. 各区画の所有権は十分に競争的な市場で瞬時に売買可能である．その価格が土地価格である．この土地価格に対して土地保有税が税率 τ で

課せられる。

4. 所有権と代替的な安全資産の収益率は時間によらない一定値 ρ である。
5. 各区画の所有者が自区画に建設する建物のタイプは $b^i \in \mathbf{B} = \{w, s\}$ であり，w：脆弱，s：頑強である。
6. 時点は $t \in [0, \infty)$ で表し，各区画の開発により建物タイプは $w \to s$ へと変化する。開発のタイミングを $T^i \in [0, \infty)$ で表す。
7. 各区画の所有者は自区画の建物を賃貸して，収入 $r_b^i(t)$ を得る。そのための営業費用を $c_b^i(t)$ と表すと，この減少額は期待被害軽減額としてとらえられる。
8. 建設費用は開発タイミングによらず P^i とする。この費用は減耗しない建物資産価値となり，建物資産税が税率 τ_k で課される。建設費用を借入れで賄い，無限期間にわたって各時点では金利分 ρP^i のみを返済する（金本 1991）。
9. 賃貸収入は外生的に取り扱う。また，各区画の建物に関する需要は所有者から見て無限に弾力的であるとする。賃貸収入は建物タイプだけでなく，地区の基盤施設整備水準 $Q(t)$，地区の全建物中に占める頑強建物タイプの数 $S(t) = \#\mathbf{I_s}$, $\mathbf{I_s} = \{i \in \mathbf{I} \mid b^i = s\}$ に依存するとし，$r_b^i(t) = r_b^i(t, Q(t), S(t))$ と表す。なお，賃貸収入は年々上昇するが，営業費用，建物費用は一定とする。
10. 地区内に頑強建物が少ない場合には，地区全体の安全度が低いことから，頑強建物でも十分な賃貸収入を獲得できない一方，費用や税金が高いと考えられるため，頑強建物の純不動産収入は，脆弱建物よりも少ないとする。
11. 賃貸収入 $r_b^i(t)$ は他区画の建物更新による影響を受けないとする。また，脆弱建物における賃貸収入の上昇率は頑強建物より低いとする。さらに，地区全体の防災レベルが高いほど，賃貸収入の上昇率が高くなるとする。
12. この地区の都市整備が実現して防災性能が向上することは他の地区を含めた地域全体の防災性能の向上に資するとし，そのため，この地区で都市整備が早期に実現するほど建物利用者にとって望ましい。

3.2 モデルの作成

区画のラベルを省略して表せば，開発タイミング T である場合の時点 t における土地価格 $V(T,t)$ は，代替的安全資産との無裁定条件から次式に従う。

For $t > T$:
$$\frac{\frac{\partial V(T,t)}{\partial t} + r_w(t) - c_w(t) - \tau V(T,t)}{V(T,t)} = \rho$$
$$: (\rho + \tau)V(T,t) = \frac{\partial V(T,t)}{\partial t} + r_w(t) - c_w(t) \quad (11.1)$$

For $t < T$:
$$\frac{\frac{\partial V(T,t)}{\partial t} + r_s(t) - c_s(t) - (\rho + \tau_k)P - \tau V(T,t)}{V(T,t)} = \rho$$
$$: (\rho + \tau)V(T,t) = \frac{\partial V(T,t)}{\partial t} + r_s(t) - c_s(t) - (\rho + \tau_k)P \quad (11.2)$$

時点 t での土地価格は次のように書き表せる。

$$V(T,t) = \begin{cases} \int_t^T \{r_w(s) - c_w(s) - \tau V(T,s)\} \exp\{-\rho(s-t)\} ds \\ + \int_T^\infty \{r_s(s) - c_s(s) - (\rho + \tau_k)P - \tau V(T,s)\} \exp\{-\rho(s-t)\} ds \\ (t < T) \\ \int_t^\infty \{r_s(s) - c_s(s) - (\rho + \tau_k)P - \tau V(T,s)\} \exp\{-\rho(s-t)\} ds \\ (t \geq T) \end{cases}$$
(11.3)

(11.1), (11.2) 式と (11.3) 式が整合的であることは, (11.3) 式の両辺を時点について偏微分することで容易に確かめられる。(11.1), (11.2) 式または (11.3) 式を満たす土地価格 $V(T,t)$ の具体的な解は，合理的バブルが発生する場合 (浅子他 1990) を除けば，不動産からの純収益を代替資産の割引率と土地保有税率を合わせた $\rho + \tau$ で現在価値に割り引いたものになる。したがって，初期時点での土地価格，すなわち，区画所有者の利潤の現在価値は次のようになる。

$$V(T,0) = \begin{cases} \int_0^T \{r_w(s) - c_w(s)\} \exp\{-(\rho+\tau)s\}ds \\ + \int_T^\infty \{r_s(s) - c_s(s) - (\rho+\tau_k)P\} \exp\{-(\rho+\tau)s\}ds \ (T>0) \\ \int_0^\infty \{r_s(s) - c_s(s) - (\rho+\tau_k)P\} \exp\{-(\rho+\tau)s\}ds \ (T=0) \end{cases}$$
(11.4)

区画所有者はこれを最大にするような開発タイミング T を選択する。$V(\cdot)$ が凹関数であることを仮定するが，ある区画の建物賃貸収入は他の区画の開発タイミングにも依存しており，そのため $V(\cdot)$ は連続であるが，$r_b^i(t), c_b^i(t)$ はすべての t に関して必ずしも連続ではないので，すべての T について微分可能であるとはいえない。その場合の厳密な最大化問題については，劣微分の概念（例えば，津野 (1997) を参照）を用いて分析すべきであるが，本章のモデルでは，次の条件で表される。

$$V(T-h,0) \leq V(T,0) \text{ and } V(T+h,0) \leq V(T,0) \quad \text{for all } h \in (0,\infty)$$
(11.5)

これは左微分が非負，右微分が非正であることを意味する。ただし，$T=0$ で最大となる場合は，$V(T+h,0) \leq V(T,0)$ だけであり，右微分が非正であることが条件になる。$T>0$ の場合, (11.5) 式の目的関数に対する微分係数は一般に (11.6) 式のように表される。ただし，後で説明するように T がある値 $T=T_0$ を取る前後で，開発後の純不動産収入 $r_s(t) - c_s(t) - (\rho+\tau_k)P$ が不連続となる場合には，微分係数の関数表現は同じであってもその前後で微分係数の値は異なる。したがって，厳密には微分不可能な場合が含まれていることに注意が必要であり，(11.5) 式はその場合の最大化条件を表している。

$$\begin{aligned}\frac{\partial V(T,0)}{\partial t} =& \{r_w(T) - c_w(T)\} \exp\{-(\rho+\tau)T\} \\ & - \{r_s(T) - c_s(T) - (\rho+\tau_k)P\} \exp\{-(\rho+\tau)T\}\end{aligned}$$
(11.6)

(11.6) 式に基づいて右微分と左微分を調べて，不連続であっても，非負から非正に変化する時点 T を見つければ，そこが最適開発タイミングになる。

3.3 実現する均衡状態

すべての区画が均質で対称な均衡を考え，さらに，すべての区画所有者が他の区画の開発状況を知りうるとする完全情報下のゲームとして見た場合，松村 (1996) と同様に本モデルにおいても，任意の $t \in [0, \infty)$ について，a) すべての区画で開発が行われる均衡と，b) すべての区画で開発が行われていない均衡が存在しうる．都市整備の早期実現を可能にする政策は，b) の均衡が成立する可能性を排除して，a) の均衡が実現する可能性を高めることである．

実際にはすべての区画が均質でないために，ある開発タイミングにおいて開発前後の純不動産収入の大小関係が逆転する区画としない区画が存在する．この場合には a)，b) 以外の均衡，すなわち開発が行われる区画と開発が行われない区画が混在する均衡が存在しうるが，ここではこの分析を対象としない．なお，すべての区画が均質でない場合でも，ある区画の開発タイミングの早期化により他区画の開発後の純不動産収入が増大するため，全区画が同時に開発しないものの他区画の開発タイミングも早期化する場合が存在すると予想される．

4. 都市整備促進施策とその効果

4.1 施策の内容とモデルの特定化

すべての区画で開発が行われて頑強な建物への変更が早期に実現するようにするための施策は，主なものとして，①土地保有税率 τ を変更すること，②建物資産税率 τ_k を変更すること，③開発費用（建物建設費用）に対して一定率の補助金を支出すること，④一定数の区画については公的主体が土地所有権を獲得して開発を実施することがあげられる．以下では，これらの施策の効果について考察する．

議論を単純化するために地区には 2 区画しか存在していない場合を考え，さらに次のような特定化を加える．

$\mathbf{I} = \{1, 2\}$
$r_w^i(t, Q(t), S(t)) = r^t Q^0, r_s^i(t, Q(t), 1) = r^t Q^0 S_1^0, r_s^i(t, Q(t), 2) = r^t Q^0 S_2^0$
$c_w^i(t) = c_w^0, c_s^i(t) = c_s^0$
$$r^t Q^0 S_1^0 - c_s^0 - (\rho + \tau_k)P \leq r^t Q^0 - c_w^0 \leq r^t Q^0 S_2^0 - c_s^0 - (\rho + \tau_k)P \quad (11.7)$$

ここでは，$T = T_1$ において全区画で同時に開発が行われるような均衡を基準均衡として想定する．そのうえで，①〜④の施策が個々の区画所有者にこの均衡から離脱して早期に開発を行う誘因を与えるかどうかを検討する．ただし，施策による効果を実際に計測するには，基準均衡における開発タイミング T_1 を知る必要がある．

4.2　モデルの図解

図 11.1〜11.7 は開発タイミングと土地価格の現在価値の変化分との関係を表したものである．まず，図 11.1 はすべての区画で開発が行われない均衡を表している．図 11.2 は T_1 において一方の区画で開発が行われ，それによって全区画で開発が行われる均衡を表している．この2つの基準均衡においては，一方の区画所有者がそこから離脱して早期に開発を行うことも，開発を遅らせることもいずれも得策でない．すなわち，次の条件が成り立っている．

$$\frac{\partial V(T, 0)}{\partial T} > 0 \text{ for } T < T_1 \quad (11.8)$$

$$\frac{\partial V(T, 0)}{\partial T} < 0 \text{ for } T > T_1 \quad (11.9)$$

(11.8), (11.9) 式と同様に符号条件を図解によって調べるために，図には次の3つの曲線が描かれており，以下ではこれらの曲線に着目して分析を進める．

$$AA' : \{r^t Q^0 S_2^0 - c_s^0 - (\rho + \tau_k)P\} \exp\{-(\rho + \tau)T\}$$
$$BB' : (r^t Q^0 - c_w^0) \exp\{-(\rho + \tau)T\}$$
$$CC' : \{r^t Q^0 S_1^0 - c_s^0 - (\rho + \tau_k)P\} \exp\{-(\rho + \tau)T\}$$

AA' と BB' の差が自区画で開発を遅らすことによって生じる地価の変化である．いま，均衡から離脱して早期に開発を行う誘因を作り出すため

には，$T < T_1$ の範囲で，一方の区画所有者が単独で開発を行った場合に，$\partial V(T,0)/\partial T$ が正から負に転じるような時点が存在するように曲線 BB' と CC' を変化させることである。この符号の転じる時点が開発タイミングであり，その条件式は (11.10) 式のようになる。ただし，両辺に $\exp\{-(\rho+\tau)T\}$ があるため，この条件式は (11.11) 式のように書き換えられる。これより土地所有税が開発タイミングに寄与しないことが示される。すなわち，①の施策は開発タイミングを早期化する誘因を持たない。

$$(r^tQ^0 - c_w^0)\exp\{-(\rho+\tau)T\} = \{r^tQ^0S_1^0 - c_s^0 - (\rho+\tau_k)P\}\exp\{-(\rho+\tau)T\} \quad (11.10)$$

$$r^tQ^0 - c_w^0 = r^tQ^0S_1^0 - c_s^0 - (\rho+\tau_k)P \quad (11.11)$$

図 **11.1** 全区画で開発を行わない均衡

$AA':\{r^tQ^0S_2^0-c_s^0-(\rho+\tau_k)P\}\exp\{-(\rho+\tau)T\}$
$BB':(r^tQ^0-c_w^0)\exp\{-(\rho+\tau)T\}$
$CC':\{r^tQ^0S_1^0-c_s^0-(\rho+\tau_k)P\}\exp\{-(\rho+\tau)T\}$

$(+): \dfrac{\partial V(T,0)}{\partial T} > 0, \quad (-): \dfrac{\partial V(T,0)}{\partial T} < 0$

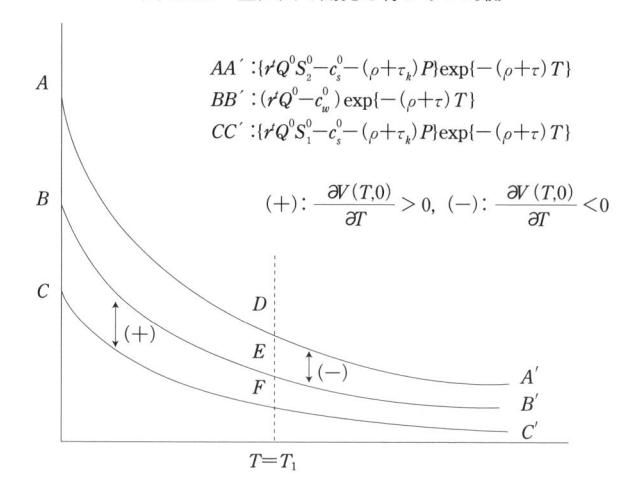

図 11.2 に示される BB' と CC' の交点は，単独の区画のみで開発した場合における開発前後の純不動産収入が同じになる時点である。初期時点では左辺が右辺を上回っているため，2 つの曲線が交差するには，純不動産収入が時間を追って変化し，かつ右辺の上昇率が左辺の上昇率を上回る必要がある。すなわち，純不動産収入の変化率の相対的な関係が開発タイミングを決定する条件となる。

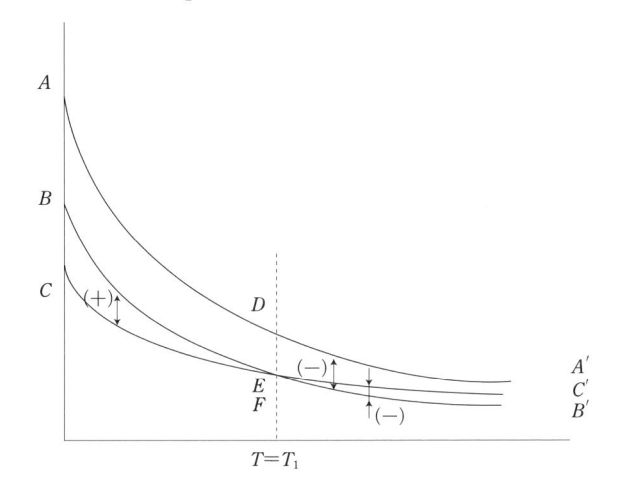

図 **11.2** T_1 において全区画で開発が行われる均衡

4.3 開発タイミング早期化の可能性

①の施策が開発タイミングを早期化する誘因を持たないことについて確認してみる。図 11.2 を基準均衡とした場合，土地保有税率 τ を引き上げると，すべての曲線が同じように急な勾配で減衰するだけで交差する時点は移動しない（図 11.3）。一方，土地保有税率 τ を引き下げると，すべての曲線が同じように緩やかに減衰するだけで交差する時点は移動しない（図 11.4）。また，図 11.1 の基準均衡とした場合も同様で，①の施策を実施しても交点を持たない。したがって，①の施策は開発タイミングを早期化しえない。

②の施策において，建物資産税率 τ_k を引き下げると，曲線 CC' は全体に上方へシフトし，$T < T_1$ の範囲内で交点を持ちうる（図 11.5）。③の施策は，曲線 CC' に含まれる P を減少させることになるので，②において建物資産税率 τ_k を引き下げるのと同様の効果を持つ（図 11.5）。②の建物資産税率の引き下げと③の建設補助金の給付はそれらを大幅に行えば，曲線 CC' 全体を BB' の上方にシフトさせることができ，両方の区画所有者にとって $0 \leq T \leq T_1$ のすべての時点 T において $\partial V(T,0)/\partial T < 0$ となるため，$T = 0$ で開発をすることが最適になる。その場合には，$T = 0$ で両方の区画が開発されるタイプ a) の均衡が実現する（図 11.6）。図 11.1 の基準均

図 11.3 τ の引き上げ（施策①）

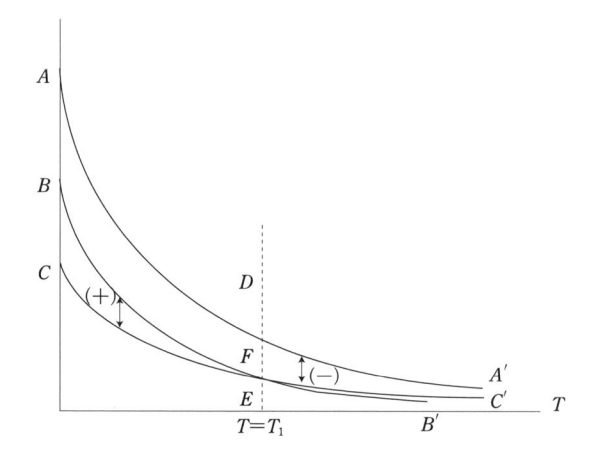

図 11.4 τ の引き下げ（施策①）

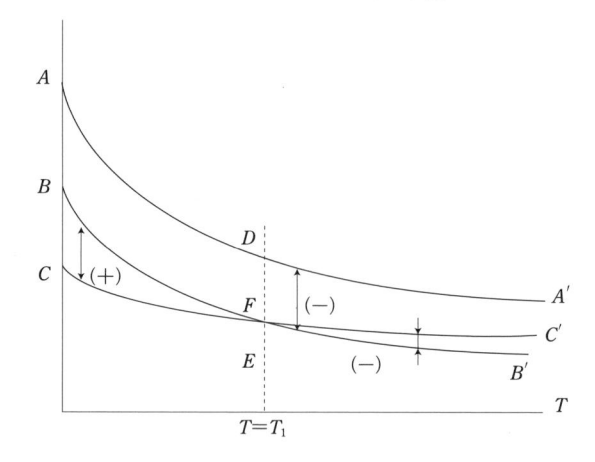

衡とした場合，②，③の施策については，税率の変化，補助金の大きさが小さければ開発のタイミングは依然として基準均衡の場合と同じに留まり，早期化されない場合がある。すなわち，それらの施策によって開発が早期化されるためには，ある程度の大きさで税率等の変更を行わなければならない。

第 11 章 市街地再生促進施策と経済評価　　*197*

図 **11.5**　τ_k の引き下げ（施策②）および P への補助金給付（施策③）

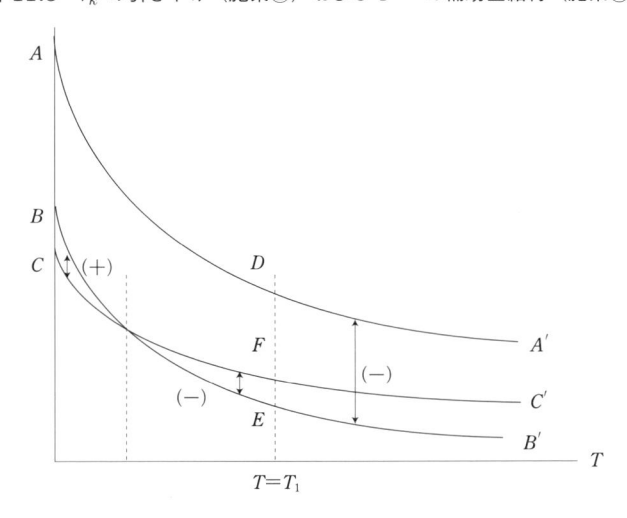

図 **11.6**　施策②，③による開発タイミングの早期化誘導

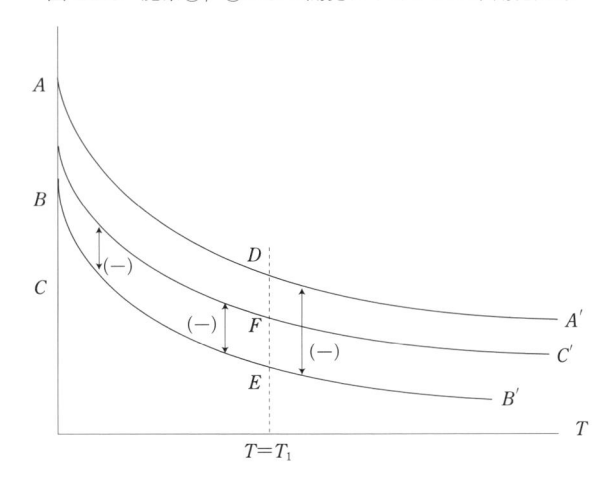

したがって，これらの施策には有効となるためのある臨界値が存在することに注意しなければならない。

　④の施策は，$T=0$ において一方の区画を公的主体が買収して開発すると，

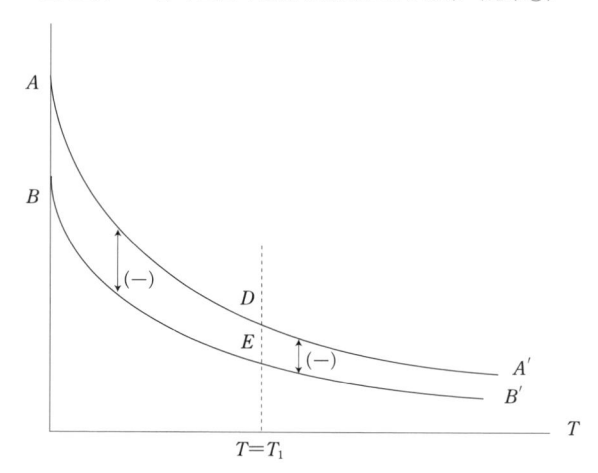

図 11.7　一方の区画の公的な開発による効果（施策④）

他方の区画所有者にとっては曲線 CC' は意味を持たなくなり，$0 \leq T \leq T_1$ のすべての時点 T において $\partial V(T,0)/\partial T < 0$ となるため，$T = 0$ で開発をすることが最適になる（図 11.7）。

5. 開発タイミングの早期化便益

　第 4 節で示したそれぞれの施策は公的主体の税収変化や財政支出変化を発生させる。また，開発タイミングの早期化に伴って当該地区および他の地区を含めた地域全体の防災性能が向上し，土地価格が変化して区画所有者の利潤も変化する。ここでは，都市整備の促進施策に伴って各主体が享受する便益と支払う費用および社会的純便益を便益帰着構成表アプローチ（森杉 1998; 上田他 1999）を用いて分析する。ここでは，まず施策②，③を実施した場合について検討を行い，その結果を踏まえて，施策④についての考察を行う。

5.1 前提条件

1. 議論を単純化するために地区には2区画（$\mathbf{I} = \{1, 2\}$）しか存在しない。
2. 施策②，③の具体的な内容としては，初期時点 $t = 0$ において区画1だけ建物資産税率 τ_k を $(1-\xi)\tau_k$（ξ：減税率（$0 < \xi < 1$））に変更するとともに，建物建設費用の補助金 δP（δ：補助率（$0 < \delta < 1$））を給付する。
3. 施策が実施されない場合は，$T^i = T_1^i$ において全区画で開発が行われるような均衡（既述のｂ）の均衡）を基準均衡として想定する。また，区画1のみに施策を実施し，それが社会全体に与える影響をとらえる。
4. 地区内には区画ごとにその所有者と建物利用者が1人ずつ存在するとともに，地区全体を一括して取り扱っている都市政府が存在する。
5. 対象地区の基盤施設整備水準 Q は施策によって変化しない。

5.2 便益帰着構成表

各主体の便益を表11.1の便益帰着構成表に整理する。横方向の合計を見ると，建物賃貸料の変化と建物資産税の変化がキャンセルされることが明確になっていることがわかる。なお，合計する際には，$\dfrac{\partial e}{\partial U}\dfrac{\partial U}{\partial y} \simeq 1$ としている。したがって，施策②，③がもたらす便益は，開発タイミングが早まった期間における各区画の建物利用者の防災性能向上便益から建物建設費用と営業費用を引いたものとなる。これより，開発タイミングの早期化期間が便益の大きさを規定していることがわかる。また，補助金や税金の軽減の財源が地区全体の区画所有者から徴収する税金であるため，地区全体としてはキャンセルされ，減税率や補助率の大きさは社会的純便益に寄与しない。しかし，第4節で述べたように開発タイミングの早期化を実現させる施策には臨界値が存在するため，ある大きさ以上の減税や補助を行う必要がある。一定の財源を多くの区画所有者に配分する場合には，1件当たりの補助額が少なくなり，臨界値を越える可能性が低い。すなわち，開発タイミングが早期化する可能性が低い。それに対して同じ額の財源をいくつかの区画所有者だけに投入すれば，臨界値を越える可能性が高いため，当該区画の開発タイミングが早期化する可能性が高い。そして，それに追随して他の区画も開発タイミングが早期化する。すなわち，全区画に投資するよりもいくつかの

区画のみに投資する方が，全区画において開発タイミングが早期化する可能性が高い．また，施策に必要な財源を確保するという点でも有利である．これがここで最も主張したい点である．ただし，他の区画が開発されるか否かに左右される空間的範囲は限られる．よって，実際の施策に適用する際には，近隣外部性の影響範囲についての吟味が必要となろう．また，ある区画所有者のみが減税や補助を受け，それ以外の区画所有者はそれらを受けずに費用を負担するため，公平性の問題が生じることにも注意が必要である．この問題を解消する方法の1つが施策④であると考えられる．

一方，本モデルでは明示的に取り扱っていないが，施策（減税や補助金給付）を実施した地区（以下，地区内と呼ぶ）で都市整備が行われることにより，施策を実施しない地区（以下，地区外と呼ぶ）においても便益が発生する．本節では施策を実施する箇所を限定するために便宜的に地区を設定したが，頑強建物タイプの数 $S(t)$ は地区内に限定する必要はなく，地区外も含めた地域全体の防災性能向上としてとらえることが可能である．すなわち，地区外の住民も地区内に避難したり，地区内の道路を避難経路として利用でき，地区外の防災性能も向上させる．本モデルでは議論をすっきりさせるために $S(t)$ を地区内でとらえてきたが，$S(t)$ は地域全体でとらえることが可能である．$S(t)$ を地域全体の頑強建物タイプの数としてとらえた場合，社会的純便益には開発タイミング早期化期間における地区外の建物利用者の防災性能の向上便益（$\langle 10 \rangle$ に相当する項），区画所有者の営業費用と建物建設費用の増大（$\langle 12 \rangle$，$\langle 13 \rangle$ に相当する項），建物資産税と土地保有税の増大（$\langle 14 \rangle$，$\langle 15 \rangle$ に相当する項）が追加される．これが地区内で実施した施策により地区外へ純便益としてスピルオーバーする部分である．

5.3 施策④による開発タイミング早期化の便益帰着構成表

施策④は都市政府が区画1の所有者の役割を果たすことを意味する．この場合の便益帰着構成表は，表11.1における区画1の所有者の便益と費用の項目を都市政府に移動させたものとなり，表11.1から容易に推測できる．表11.1と異なる点は区画1の所有者と都市政府との間で収支均衡がとれていた税，補助金の項が消去されることである．社会的純便益は表11.1と同じである．なお，土地所有権の獲得に要する費用は，建物賃貸収入と区画2の所有者からの税収から営業費用と建物建設費用返済額を差し引いた分に

第 11 章 市街地再生促進施策と経済評価

表 11.1 施策②, ③による開発タイミング早期化の便益帰着構成表

	区画 1		区画 2		都市政府	合計
	建物利用者	所有者	建物利用者	所有者		
建物賃貸料の変化	〈1〉	〈3〉	〈9〉	〈11〉		0
営業費用の変化		〈4〉		〈12〉		〈20〉
建物建設費用返済額の変化		〈5〉		〈13〉	〈17〉	〈21〉
建物資産税の変化		〈6〉		〈14〉	〈18〉	0
土地保有税の変化		〈7〉		〈15〉	〈19〉	0
防災性能の向上	〈2〉		〈10〉			〈22〉
合計	〈1〉+〈2〉	〈8〉	〈9〉+〈10〉	〈16〉	〈17〉+〈18〉+〈19〉	〈20〉+〈21〉+〈22〉

ここで, $\langle 1 \rangle, \langle 9 \rangle = -\int_{T_0^1}^{T_1^1} \frac{\partial e}{\partial U^i} \frac{\partial U^i}{\partial y} \{r_s^i(t) - r_w^i(t)\} \exp(-\rho t) dt$,

$\langle 2 \rangle, \langle 10 \rangle = -\int_{T_0^1}^{T_1^1} \frac{\partial e}{\partial U^i} \frac{\partial U^i}{\partial S} dS(t) \exp(-\rho t) dt$,

$\langle 3 \rangle, \langle 11 \rangle = -\int_{T_0^1}^{T_1^1} \{r_s^i(t) - r_w^i(t)\} \exp(-\rho t) dt$,

$\langle 4 \rangle, \langle 12 \rangle = -\int_{T_0^1}^{T_1^1} \{c_s^i(t) - c_w^i(t)\} \exp(-\rho t) dt$

(以上, 〈1〉,〈2〉,〈3〉,〈4〉 の場合 $i=1$, 〈9〉,〈10〉,〈11〉,〈12〉 の場合 $i=2$),

$\langle 5 \rangle = -\int_{T_0^1}^{T_1^1} \rho P^1 \exp(-\rho t) dt + \int_{T_0^1}^{\infty} \delta \rho P^1 \exp(-\rho t) dt, \quad \langle 13 \rangle = -\int_{T_0^1}^{T_1^1} \rho P^2 \exp(-\rho t) dt$,

$\langle 6 \rangle = -\int_{T_0^1}^{T_1^1} \tau_k P^1 \exp(-\rho t) dt + \int_{T_0^1}^{\infty} \xi \tau_k P^1 \exp(-\rho t) dt, \quad \langle 14 \rangle = -\int_{T_0^1}^{T_1^1} \tau_k P^1 \exp(-\rho t) dt$,

$\langle 7 \rangle = \int_{T_0^1}^{T_1^1} [\{r_s^1(t) - r_w^1(t)\} - \{c_s^1(t) - c_w^1(t)\} - (\rho + \tau_k) P^1] \{\exp(-\tau t) - 1\} \exp(-\rho t) dt$
$\quad + \int_{T_0^1}^{\infty} (\delta \rho + \xi \tau_k) P^1 \{\exp(-\tau t) - 1\} \exp(-\rho t) dt$,

$\langle 15 \rangle = \int_{T_0^1}^{T_1^1} [\{r_s^2(t) - r_w^2(t)\} - \{c_s^2(t) - c_w^2(t)\} - (\rho + \tau_k) P^2] \{\exp(-\tau t) - 1\} \exp(-\rho t) dt$,

$\langle 8 \rangle = \int_{T_0^1}^{T_1^1} [\{r_s^1(t) - r_w^1(t)\} - \{c_s^1(t) - c_w^1(t)\} - (\rho + \tau_k) P^1] \exp(-(\rho + \tau) t) dt$
$\quad + \int_{T_0^1}^{\infty} (\delta \rho + \xi \tau_k) P^1 \exp(-(\rho + \tau) t) dt$,

$\langle 16 \rangle = \int_{T_0^1}^{T_1^1} [\{r_s^2(t) - r_w^2(t)\} - \{c_s^2(t) - c_w^2(t)\} - (\rho + \tau_k) P^2] \exp(-(\rho + \tau) t) dt$,

$\langle 17 \rangle = -\int_{T_0^1}^{\infty} \delta \rho P^1 \exp(-\rho t) dt$,

$\langle 18 \rangle = -\langle 6 \rangle - \langle 14 \rangle, \quad \langle 19 \rangle = -\langle 7 \rangle - \langle 15 \rangle$,

$\langle 20 \rangle = -\int_{T_0^1}^{T_1^1} \sum_i \{c_s^i(t) - c_w^i(t)\} \exp(-\rho t) dt, \quad \langle 21 \rangle = -\int_{T_0^1}^{T_1^1} \rho \sum_i P^i \exp(-\rho t) dt$,

$\langle 22 \rangle = \int_{T_0^1}^{T_1^1} \sum_i \frac{\partial e}{\partial U^i} \frac{\partial U^i}{\partial S} dS(t) \exp(-\rho t) dt$.

よって賄われるものと考えられる.

6. おわりに

　本章では経済動学の分野で開発されてきた投資タイミングモデルを発展させて，災害脆弱地区の開発が進行しないメカニズムを描写するモデルを提示し，それに基づいて災害脆弱地区の都市整備を促進する施策の効果を分析した.

　その結果，各区画は開発後の純不動産収入が開発前を上回る時点で開発されることを示した．この純不動産収入は，賃貸収入および建設費用，建物資産税率から構成されているため，高い建設費用や建物資産税率が開発タイミングを遅らせることを示した．さらに，賃貸収入は他区画の開発状況の影響を受けるため，各区画の開発タイミングの遅れは，各区画の開発タイミングをより遅らせる，すなわち，災害脆弱地区内における外部性の存在が開発タイミングを最適なタイミングよりも遅らせることを明らかにした.

　また金本（1991, 1997）で示されている点，すなわち土地保有税が開発の早期化に寄与しないこと，建物資産税率の変更および建物建設費用の補助金給付は，個々の区画所有者に開発を早める誘因となりうること，税率等の変更の大きさが開発の早期化の程度に影響を及ぼすことを確認した．そのうえで，ある程度の大きさ以上で税率の変更，補助金の給付を行わなければ，開発の早期化をもたらさないこと，ある区画所有者のみに施策を実施すれば，当該区画が開発を早めるのみならず，他の区画においても当該区画と同時に開発する誘因を持つことを示した．また，公的主体がある区画を買収して開発すると，すべての区画で開発されないという均衡から離脱し，他の区画においても即時に開発する誘因となりうることを示した.

　続いて，建物保有税率の変更，補助金の給付，公的主体の区画買収による開発という3タイプの都市整備の促進施策がもたらす開発タイミングの早期化便益を帰着便益構成表アプローチによって分析した．その結果，都市整備の促進施策が地区，あるいは地域全体に与える社会的純便益は，開発タイミング早期化期間において建物利用者が享受する防災性能の向上便益から区画所有者が負担する建設費用と営業費用を差し引いたものであることを示した．これにより開発タイミングの早期化期間が便益の大きさを規定して

おり，開発タイミングの早期化が社会的純便益の極大化に寄与することを示した．

本章では防災性能の向上という外部効果を明示的に取り扱うことにより，少ない財源で効率的に地域全体の開発を促進する方法を示した．すなわち，いくつかの区画の開発が早期化すれば，それに追随して他の区画も開発が早期化するため，全区画において開発タイミング早期化を実現させるには，いくつかの区画が単独で開発タイミングを早期化する分だけの減税や補助を行えばよい．ただし，外部効果が地価に与える影響の程度や地域特性により，他の区画が開発されるか否かに左右される空間的範囲は限られる．したがって，実際の施策に適用する際には，近隣外部性の影響範囲についての吟味が必要である．また，この方法ではある区画所有者のみが得をするため，公平性の問題が生じることに注意が必要である．この問題を解消する方法の1つが公的主体による区画の開発であると考えられる．

第12章　防災投資の地域的波及構造

多々納裕一

1. はじめに

　今日の社会では，各々の地域が交流や交易を通じて深く経済的に結びついている。1995年1月の阪神・淡路大震災が如実に示したように，大災害が都市地域を襲った場合には，物的・非物的資産ストックの損傷という直接的被害は，地域間の経済面における連関性のために，市場を介した間接的被害となって被災地域外へ波及する。防災投資が行われ，災害のリスクを抱える地域における災害時の被害が軽減されると，短期的にはこの効果が市場を介して他の地域にも波及し，便益が発生する。しかし，長期的には人口や企業の移動が生じ，その集積状況も変化する．

　災害のリスクを抱えた地域への防災投資は，人口や企業の立地が変化しないような短期的な局面においては，当該地域の企業の期待利潤や住民の期待効用を改善すると同時に，他の地域のでの期待利潤や期待効用の格差が生じることとなる。長期的には，人口の移動や企業の立地の変更が生じ，これらの格差は解消されるだろう。この際，災害リスクを抱えた地域の人口や企業の集積は増大するから，集積の経済が働いている場合には，都市圏全体での厚生の上昇が生じるであろう。しかしながら，混雑の効果が集積の経済を上回る場合には都市圏全体での厚生は低下しうる。このため，災害リスクを抱える地域への防災投資が当該地域および他の地域に及ぼす影響は必ずしも望ましいものとなるとは限らない。災害時に被害が市場を介して地域間を波及する構造を解析し，さらに災害リスクにさらされている地域に対する防災投資が地域全体にもたらす経済効果を評価するためには，地域間の交易を通じた経済的な連関関係をモデル化することが必要である。

このような問題意識を背景として，ここでは，災害リスク下の2地域一般均衡モデルを構築し，地域間の産業構造に着目して災害による被害の波及構造について分析する。さらに，産業構造や人口・産業の集積の程度が防災投資の長期的な効果に与える影響について分析する。

2. 分析の枠組み

2.1 防災投資事業の特色

防災施設は，非競合性，非排除性を有するという意味において，地方公共財である（スティグリッツ 1989）。防災施設が地方公共財であるのなら，「最適な都市規模の下では，地代に関する課税を財源とした整備によって最適な地方公共財の整備が分権的に達成される」というヘンリー - ジョージ定理（例えば，Wildasin (1986)，佐々木 (1995)）が述べるところに従い，分権的な整備手法を採用し，各都市ごとに整備を実施すればよいことになる。ここで，議論されている地方公共財はこのような財の存在が当該都市内の個人の厚生に直接影響を及ぼすものである。個人の厚生に直接影響を及ぼすという意味で，地方公共財は一種の技術的外部性を生じる財として扱われていることになる。

しかし，都市が相互に経済的な連関性を有する場合には，ある都市における防災能力の向上が市場機構を介して他の都市の家計の災害時の厚生水準を改善する場合が生じるであろう。すなわち，防災施設の整備は金銭的外部性を生じさせうるのである。金銭的外部性は市場の全ての経済主体の厚生に影響を及ぼす。したがって，この場合には，もはや自らの都市のみの利益を考慮して防災投資を行うことは最適とはならず，都市間の協調が不可欠となるであろう。

2.2 産業の特化と災害リスクの空間的相関性

災害リスクの特色として，その被害の「集合性」と「被害規模の巨大性」が挙げられる（Zeckhauser 1996; 小林・横松 1998）。これらの特色は「空間的相関性」の高さという概念で統一的に解釈できる。空間的相関性の高さゆえに，直接的に被害の及ぶ空間的な範囲は限定される。同時に，この空間的な

相関性が高いがゆえに，被災地域に集中する直接的な被害は当該地域の生産能力の減少をもたらし，交易を通じて結びついている他の地域の経済にも影響を及ぼす。このために，災害の発生による影響は被災地域外へも波及することとなる。

地域間で交易が生じる条件に関しては，地域経済学の分野で多くの研究が蓄積されてきている（例えば，佐々木・文（2000），Krugman（1994））。地域間では，少なくとも長期的には人口や資本といった生産要素の移動が可能である。このため，地域間で交易が生じるためには，地域固有の資源や技術の存在，生産における規模の経済や集積の経済等によってもたらされる地域間の限界生産性の違いが必要である。これらの要因に加えて，輸送費用の存在が地域の不均等な発展をもたらし，人口や産業の集中を招くことも知られている。

ある地域がある財の生産において他の地域への輸送費用を考慮してもなお優位な限界生産性を有する場合には，その財の生産が当該地域に特化する。特化が生じることは，交易が不可能で全ての地域で生産が行われる場合に比べて，これらの地域の住民の厚生水準を改善することが多く，災害等の空間的相関性の高いリスクにさらされていない場合には歓迎すべきことである。しかしながら，ある財の生産が特定の地域に特化しており，かつ，その地域を大規模な災害が襲った場合には，被災地域はもとより被災地域外でも大きな被害を被ることになることは想像に難くない。この意味で産業の特化は，災害等による空間的相関性の高いリスクにさらされる都市地域等では，必ずしも歓迎すべきことではない。防災投資の効果を分析する際には，特化等の産業の集積状況を十分考慮することが必要となる。

2.3　防災投資の評価に関する既往の研究

近年，防災投資の経済評価に関する研究が盛んに行われている。多々納（1998b）や上田（1997）は不確実性下におけるプロジェクトの便益評価に関して研究を行っており，これらを用いて防災投資の便益評価を行うことが可能であると指摘している（第4章参照）。

一方で，災害リスクがもつ特徴に着目した研究も多くなされている。横松・小林（1999）は，防災投資による人命損失の軽減の便益評価を行っている。また，小林（1998）は，災害リスクのもつ集合性と被害規模の巨大性に着

目し，防災投資についての便益評価モデルを提案した（第 2 章参照）。Burby et al. (1991) は，自然災害による公的資産の被害状況を整理し，それらに対し被害軽減策の有効性を分析している。

このように，防災投資の経済評価に関する研究は徐々に蓄積されつつある。しかし，これらの中で，複数の市場財の交易と特化を含む産業構造を内生的に説明し，かつ災害によって生産活動へのさまざまな被害がもたらす影響を分析し，防災投資についての経済評価を行ったものは著者らの知る限り存在しない。上田他 (1997) は，災害リスク下の一般均衡モデルを構築したが，このモデルでは単一財の交易しか考慮されておらず，特化を含む産業構造の違いは説明できない。高橋他 (1996) は多地域一般均衡モデルを用いて，産業別に被害指標の変化に関する感度分析を行っているが，これは災害時のみに着目しており，災害リスクの違いによる企業や家計の立地行動を説明できない。災害リスクのような空間的相関性の高いリスクに関して上述の目的を達成しうるような多地域一般均衡モデルは見当たらない。

アプローチの特徴として，産業の特化が生じ得るような状況を想定し，災害時の被害が地域をまたいで波及するメカニズムや防災投資の地域間の波及構造，さらには防災投資がいかなる人口や産業の集積をもたらすのかを分析しうる不確実性下の一般均衡モデルを構築する。Mun (1997) は地域間の交通施設整備が複数の都市からなる都市システム内の人口や産業の集積状況に及ぼす影響を分析するために，産業の特化を内生的に説明しうるモデルを開発している。庄司他 (2001) は，Mun のモデルを上述の目的を達成しうるようにさらに拡張し，災害リスク下の多財 2 地域一般均衡モデルを開発した。生産資本と道路の損傷を考慮し，企業・家計の立地行動，および，平常時・災害時の財の生産消費およびその交易を内生的に取り扱っている。このような産業の特化を内生的に説明しうる多地域一般均衡モデルを用いることで，①被害の波及構造に関して解析的な分析を行うことが可能となり，産業構造と被害の波及構造との関係を明らかにされ，②人口・産業の集積や地域間の交易パターンと防災投資の長期的効果との関係をモデル分析を通じて明らかされた。本章では，庄司他の研究を中心として，人口・産業の集積パターンと防災投資の短期・長期効果を分析することとする。

3. 災害リスク下の一般均衡モデル

3.1 モデル化の前提条件

モデル化にあたって,災害の特性の異なる2つの都市(都市Aおよび都市B)とそれらの都市をつなぐ道路がある地域を想定する。この地域には確率Pで災害が生じるが,都市Aは防災上安全な都市であり,災害に対して極めて強く,災害時にはまったく被害を被らない。都市Bは災害に対して脆弱な都市であり,災害時には同都市に立地している企業の生産資本が損傷しεの利用可能な割合になるものとする。都市間の道路も災害時には損傷し,財の輸送費用がδ倍になる被害を受けるものとする。

地域内には,等しい選好を持つN人の家計と,集積の経済の異なる2種類の産業に属する競争的企業が存在するものとする。これらの家計と企業は事後的に生じるであろう2つの状況(すなわち,「平常時」と「災害時」における状況)を完全に予見したうえで事前に立地を選択するものとする。ここで,「平常時」,「災害時」という状況が明らかになる以前の状態を「事前」と呼び,事前の段階で,家計や企業の立地選択が行われ,労働市場,資本市場も事前にクリアされるものとする。個々の家計は自らの期待効用EV_iを最大化するように立地を選択するものとするが,その結果として,立地均衡が達成され,土地市場もクリアされる。このことによって,各都市iの人口n_i,住居サイズh_iおよびその価格p_i^hが定まる。また,企業は期待利潤を最大化するように立地を選択する。この際,選択した都市において資本K_{is}^mや労働L_i^mに関して家計と資本の賃貸契約ならびに労働契約を結ぶものとする。ただし,mは財の種類,sは状況(平常時$s=0$,災害時$s=1$)である。これらの契約では,平常時・災害時を問わず,一定の賃貸料rならびに賃金w_iが支払われることが取り決められているものとする。この仮定は,事後的に災害が生起した局面で,労働者の解雇や資本に対する賃料の減額は不可能であるということを意味している。もちろん,代替的な仮定も可能であるが,災害時の労働者の解雇や資本に対する賃料の不払いは生じにくいと考えることは現実的にもおおむね妥当であるといえよう。このため,資本・労働等,投入要素の供給量が事後的には固定的となるから,個々の企業にとって生産能力は事後の状況ごとには異なるがそれぞれの状態で固定

的となる．事前の契約により生産費用 C_i^m は定まっているので，生産活動を行う企業は常に利用可能な投入要素を最大に利用して財を供給することになるから，各都市における財の供給 y_{is}^m は平常時・災害時の利用可能な投入要素に依存して定まる生産能力に一致する．このため，都市 B では災害時に資本が損傷するため，生産能力の減退が生じ，財の供給量が減少する．一方，家計は地代レントを差し引いた可処分所得をもとに，事後的に各状況に依存して定まる財の価格（生産者価格 q_{is}^m，消費者価格 p_{is}^m）を考慮して，市場財をそれぞれの都市内の市場で購入する．これにより，財の需要 x_{is}^m が決定する．これらの財の需要は家計が事後的に効用最大化行動を行った結果定まるものとする．

　これらの財は都市間で移動可能であり，その輸送費用は輸送段階でその一部を失うことによって支払われるものとする．財の総量は，輸送費用率 t^m および都市間距離 d を用いて表される輸送費用 $t^m d$ をカバーする量が必要である．災害時には，この輸送費用が δ 倍になる．なお，都市内の輸送費用は 0 とする．防災投資をすることで，都市 B における災害時の資本の損傷の割合，および都市間の道路の損傷の割合を下げることができるものとする．そのうえで，防災投資による災害リスクの変化が，家計の厚生にどのような影響を及ぼすかを解析的に調べる．以下では，事前と事後を区別し，それぞれの状況に応じた各主体の行動を記述することとする．

3.2　事後的均衡

(a) 企業の行動

　仮定により生産要素市場は事前にクリアされており，かつ，生産費用は状況によらず固定的であるので，事後的には企業は利用可能な生産要素を最大限に用いて生産活動を行うことが合理的である．都市 A の企業は平常時・災害時を通じて同一量の生産を行うが，都市 B の企業は災害時には資本に損傷を被り，一定の使用可能な割合 ε になるため，災害時の財の生産能力は減少する．

　産業内には同一の技術を有する企業が多数存在し，完全競争下に置かれているから，都市 i における財 m の生産量は，都市 i に立地した財 m を生産する企業全体での労働および資本の投入量の集計値，L_i^m および K_{is}^m を用いて表すことができる．財 m の生産技術を以下のような規模に関して収穫一

定の Cobb-Douglas 型生産関数を用いて表現する．このとき，都市 i における財 m の生産量は，状況 s に依存して，次式の y_{is}^m で与えられる．

$$
\begin{aligned}
y_{is}^m &= f^m(n_i, L_i^m, K_{is}^m) \quad (s = 0, 1) \\
&= n_i^{\sigma^m}(L_i^m)^{a^m}(K_{is}^m)^{1-a^m}
\end{aligned}
\tag{12.1}
$$

σ^m は定数であり，$0 \leq \sigma^m \leq 1$ の値をとる．σ^m が大きいほど集積の経済の効果は大きくなる．また，K_{is}^m は次式のように与えられる．

$$
K_{is}^m = \begin{cases} K_{A0}^m & (i = A) \\ K_{B0}^m & (i = B, s = 0) \\ \varepsilon K_{B0}^m & (i = B, s = 1) \end{cases}
\tag{12.2}
$$

いま，都市 i における財 m の平常時に可能な最大の生産量を y_{i0}^m とおくと，状況 s の下における生産量 y_{is}^m は以下のように書き直すことができる．

$$
y_{As}^m = y_{A0}^m \ (s = 0, 1), \quad y_{Bs}^m = \begin{cases} y_{B0}^m & (s = 0) \\ \varepsilon^{1-a^m} y_{B0}^m & (s = 1) \end{cases}
\tag{12.3}
$$

生産関数に対応する都市 i の単位費用は以下の $C_i^m(n_i, w_i, r)$ によって与えられる．

$$
C_i^m(n_i, w_i, r) = n_i^{-\sigma^m} a^{m-a^m}(1-a^m)^{a^m-1} w_i^{a^m} r^{1-a^m}
\tag{12.4}
$$

この時，各状況下における企業の利潤 π_{is}^m は以下のように与えられる．

$$
\pi_{is}^m = q_{is}^m y_{is}^m - C_i^m(n_i, w_i, r) y_{is}^m
\tag{12.5}
$$

(b) 家計の行動：財の消費行動

地域内の家計は同一の選好をもつので，家計の行動は代表的な家計を用いて表現することができる．家計の収入は労働賃金，地代レントの再配分，資本レントの配分から成り立つが，事前の均衡によってこれらは定まっている．また，住居サイズ h_i も事前の選択によって定まっているから，事後的に家計が選択可能な変数は財の消費量のみである．家計の財の消費行動を以下の効用最大化行動として表現する．

$$
\begin{aligned}
V_{is}(h_i) &= \max_{x_{is}^1, x_{is}^2} U(h_i, x_{is}^1, x_{is}^2) \quad (s = 0, 1) \\
&\text{subject to } w_i + R_i + \frac{rK_0}{N} = \sum_m p_{is}^m x_{is}^m + p_i^h h_i
\end{aligned}
\tag{12.6}
$$

$V_{is}(h_i)$ は住居サイズ h_i を所与とした場合の条件付き間接効用関数である。また，R_i は地代収入である。公的土地所有を仮定しているから，

$$R_i = p_i^h H_i / n_i = p_i^h h_i \tag{12.7}$$

である。したがって，予算制約中の地代収入と地代支出は一致し，互いにキャンセルアウトすることに留意しなければならない。もちろん，代替的な仮定に対しては異なる結果が得られる可能性がある。家計の効用関数を次のコブ‐ダグラス型効用関数に特定化する。

$$U_{is}\left(h_i, x_{is}^1, x_{is}^2\right) = h_i^\alpha \prod_m (x_{is}^m)^{\beta^m} \tag{12.8}$$

α, β^m は正の定数である。1階条件から，状況 s の下において都市 i における財 m の条件付き需要量は以下のように与えられる。

$$\tilde{x}_{is}^m\left(p_{is}^m, w_i + \frac{rK_0}{N}\right) = \frac{\beta^m}{\sum_m \beta^m} \frac{1}{p_{is}^m}\left(w_i + \frac{rK_0}{N}\right) \tag{12.9}$$

この時，間接効用は以下のように求まる。

$$V(h_i) = h_i^\alpha \left(w_i + \frac{rK_0}{N}\right)^{\sum_m \beta^m} \prod_m \left(\frac{\beta^m}{\sum_m \beta^m} \frac{1}{p_{is}^m}\right)^{\beta^m} \tag{12.10}$$

(c) 経済市場の均衡

事後的には，2種類の市場財に関する需要のみが可変である。これらの財の生産量は都市 B において平常時と災害時で異なる。したがって，平常時と災害時ではこれらの財の市場価格は異なったものとなる。

財の市場の均衡

出荷地における市場；

$$y_{is}^m = z_{iis}^m + \xi_s^m z_{ijs}^m \quad (i \neq j) \tag{12.11a}$$

$$\xi_s^m = \begin{cases} 1 + t^m d & (s = 0) \\ 1 + \delta t^m d & (s = 1) \end{cases} \tag{12.11b}$$

消費地における市場；

$$n_j x_{js}^m = z_{ijs}^m + z_{jjs}^m \quad (i \neq j) \tag{12.12}$$

z_{ijs}^m は状況 s 下において，都市 i で生産され都市 j で消費される財 m の量を表す．(12.3) 式は，財を移出する際には輸送に使われる分をカバーするため，ξ_s^m 倍だけ余分に生産することが必要であることを意味する．

空間的価格均衡

$$p_{js}^m \begin{cases} = q_{is}^m & (i = j \text{ の時}) \\ = \xi_s^m q_{is}^m & (i \neq j \text{ かつ } z_{ijs}^m > 0 \text{ の時}) \\ \leq \xi_s^m q_{is}^m & (i \neq j \text{ かつ } z_{ijs}^m = 0 \text{ の時}) \end{cases} \tag{12.13}$$

以上より，各財の価格（出荷地 q_{is}^m，消費地 p_{is}^m）が定まり，交易量 z_{ijs}^m が定まる．また，財の価格が定まれば，(12.1) 式により需要 x_{js}^m も定まる．

3.3 事前的均衡

(a) 企業の行動

企業は完全競争下で自らの期待利潤を最大化するように立地および生産要素の投入量を定める．

企業の立地均衡：都市 i における財 m を生産する企業の期待利潤 $E[\pi_i^m]$ は，以下のように定式化される．

$$\begin{aligned} E[\pi_i^m] &= \sum_s P_{is}\{(q_{is}^m - C_i^m(n_i, w_i, r))y_{is}^m\} \\ &= \{(1-P)q_{i0}^m P \varepsilon_i^{1-a^m} q_{i1}^m - C_i^m(n_i, w_i, r)\} y_{i0}^m \end{aligned} \tag{12.14}$$

ここで，P_{is}：都市 i における状態 s の生起確率，ε_i：都市 i における災害時の資本の残存率であり，それぞれ，以下のように与えられる．

$$P_{i1} = \begin{cases} 1 & (i = A) \\ P & (i = B) \end{cases} \quad P_{i0} = 1 - P_{i1} \quad \varepsilon_i = \begin{cases} 1 & (i = A) \\ \varepsilon & (i = B) \end{cases} \tag{12.15}$$

競争的企業を想定しているから，期待利潤は0となる。したがって，企業の立地均衡は以下のように記述される。

$$\begin{aligned}(1-P)q_{i0}^m + P\varepsilon_i^{1-a^m}q_{i1}^m &= C_{i0}^m(n_i, w_i, r), \text{if } y_{i0}^m > 0 \\ (1-P)q_{i0}^m + P\varepsilon_i^{1-a^m}q_{i1}^m &\leq C_{i0}^m(n_i, w_i, r), \text{if } y_{i0}^m = 0 \end{aligned} \quad (12.16)$$

要素需要：この時，労働需要および資本需要は以下のように与えられる。

$$L_i^m = \frac{a^m}{w_i}\left\{(1-P)q_{i0}^m + \varepsilon_i^{1-a^m}Pq_{i1}^m\right\}y_{i0}^m \quad (12.17)$$

$$K_{i0}^m = \frac{1-a^m}{r}\left\{(1-P)q_{i0}^m + \varepsilon_i^{1-a^m}Pq_{i1}^m\right\}y_{i0}^m \quad (12.18)$$

（b）家計の行動

家計の住宅サービスの消費行動：地代レント p_i^h を所与とした時に，家計は住居サイズ h_i に関して以下のように期待効用を最大化するものとして定式化すれば以下のようである。

$$\begin{aligned}EV_i(n_i) &= \max_{h_i} (1-P)V_{i0}(h_i) + PV_{i1}(h_i) \\ \text{subject to } w_i + R_i &+ \frac{rK_0}{N} = \sum_m p_{is}^m x_{is}^m + p_i^h h_i\end{aligned} \quad (12.19)$$

ここで，$R_i = p_i^h h_i$ は仮定より常に成り立つから，この問題に解はなく，各家計は可能な限り大きなロットを利用しようとすることになる。ただし，都市内で利用可能な土地の総面積は有限であり，これを T_i とおくと，

$$h_i = T_i/n_i \quad (12.20)$$

となる。この結果は公的土地所有と都市内の土地の均質性を仮定したために生じている。

この想定は Mun（1997）の想定をそのまま引き継いだものである。都市内の利用可能な土地のすべてが住宅として利用されることを許しており，人口の増加が直ちに混雑を引き起こす構造となっている。このため，人口の増加に伴って家計の効用が減少するという現象が生じる。これは，都市経済学での通常の結果とは異なる。このような問題点を解決するため，本研究では都市の政府によってロットサイズの規格化がなされており，住居サイズ h_i は混雑が発生するまではこの規格化されたロットサイズ h_{ai} となるものと仮定

した.もちろん,規格化されたロット数を上回る住宅需要が生じれば,混雑が生じる.混雑が生じている状況下でのロットサイズは,都市 i の人口 n_i を所与として均衡条件から $h_i = T_i/n_i$ を満たす.この関係を整理して以下に示す.

$$\bar{h}_i = \begin{cases} h_{ai}, & \text{if} \quad n_i h_{ai} < T_i \\ \dfrac{T_i}{n_i}, & \text{if} \quad n_i h_{ai} \geq T_i \end{cases} \tag{12.21}$$

さらに,この時,都市 i に居住する家計の期待効用は次式で与えられる.

$$EV_i(n_i) = (1-P)\, V_{i0}(\bar{h}_i) + P\, V_{i1}(\bar{h}_i) \tag{12.22}$$

家計の立地均衡:均衡においては,家計の期待効用水準(厚生水準)は立地にかかわらず一定となる.したがって,以下の均衡条件式が成り立つ.

$$EV_i(n_i) = u^* \tag{12.23}$$

ここで,u^* は均衡効用水準である.

(c) 経済市場の均衡

人口の均衡:総人口は一定であるから,均衡において以下の条件が成り立つ.

$$\sum_i n_i = N \tag{12.24}$$

労働市場の均衡:都市 i に居住するすべての家計は,1 単位の労働力として都市 i の企業に雇われる.都市境界を越える通勤は不可能であり,労働市場は都市内で閉じている.

$$\sum_m L_i^m = n_i \quad (i = A, B) \tag{12.25}$$

資本市場の均衡:資本は流動的であり,すべての都市で資本レントは同一となる.

$$\sum_i \sum_m K_{i0}^m = K_0 \tag{12.26}$$

4. 被害の波及構造に関する分析

4.1 概　　説

定式化したモデルでは，資本や道路の損傷による被害は，災害時の空間的価格均衡を変化させ，財の生産量および消費量の減少および均衡価格の上昇という形で現れる．以下では，このような被害の波及構造に関して分析しよう．

災害時では，事前の決定によって人口および要素需要の量は固定されており，各都市における財の生産能力は所与である．ただし，災害の発生によって生じる資本や道路の損傷の程度に応じて，財に関する事後的な空間的価格均衡が変化し，生産量，消費量，均衡価格（出荷地価格，消費地価格），交易量等が変化する．平常時は，これらの損傷は生じないので，各都市の財の生産は生産能力いっぱいの状態でなされる．この時，1つの空間的価格均衡が実現している．災害時には，空間的価格均衡が資本や道路の損傷の程度に依存して変化しうる．この変化の構造を知ることが，被害の波及構造を分析するうえで重要となる．

4.2　空間的価格均衡と交易パターン

まずはじめに，財 m の生産量を所与とした時に，どのような交易パターンが実現するかを分析する．各変数から状況サフィックス s を省略すると，都市 i での財 m をすべて同都市に供給した場合に実現する価格 $Q_i^m(y_i^m)$ は (12.1) 式より以下の逆需要関数を用いて表される．

$$Q_i^m(y_i^m) = \frac{\beta^m}{1-\alpha} \frac{n_i I_i}{y_i^m} \quad (i = A, B) \tag{12.27}$$

ただし，$I_i = w_i + \frac{rK}{N}$ である．交易パターンの決定の一例を図 12.1 に示す．この図は，第 2 象限および第 4 象限に，都市 B および都市 A の市場財の需要関数が描かれている．第 1 象限には，出荷地価格と消費地価格の関係（①，②）が描かれている．第 3 象限には，各都市の生産量（③）を所与とした場合に，可能な各都市への供給量を与える 2 つの直線（④，⑤）と可能な各都市の需要量の組み合わせ（斜線部）および実現する均衡需要（⑥）

が描かれている．さらに，図 12.1 には，あと 2 つの曲線が描かれているが，これはそれぞれ，$Q_B^m(y_B^m)\xi^m = Q_A^m(y_A^m)$，$Q_B^m(y_B^m) = Q_A^m(y_A^m)\xi^m$ に対応する曲線で，これらの曲線によって区切られる領域ごとに交易パターンが異なることを示している．図 12.1 では，(y_A^m, y_B^m) が $Q_B^m(y_B^m)\xi^m < Q_A^m(y_A^m)$ かつ $Q_B^m(y_B^m) < Q_A^m(y_A^m)\xi^m$ を満たす領域にある場合の空間的価格均衡の形成を図示している．この場合には財 m は都市 B から都市 A へと移出され，両地域での需給が均衡するように生産地価格，消費地価格の双方が決定される様子を図示している．

図 **12.1** 財 m が都市 **B** から都市 **A** に移出されるケース

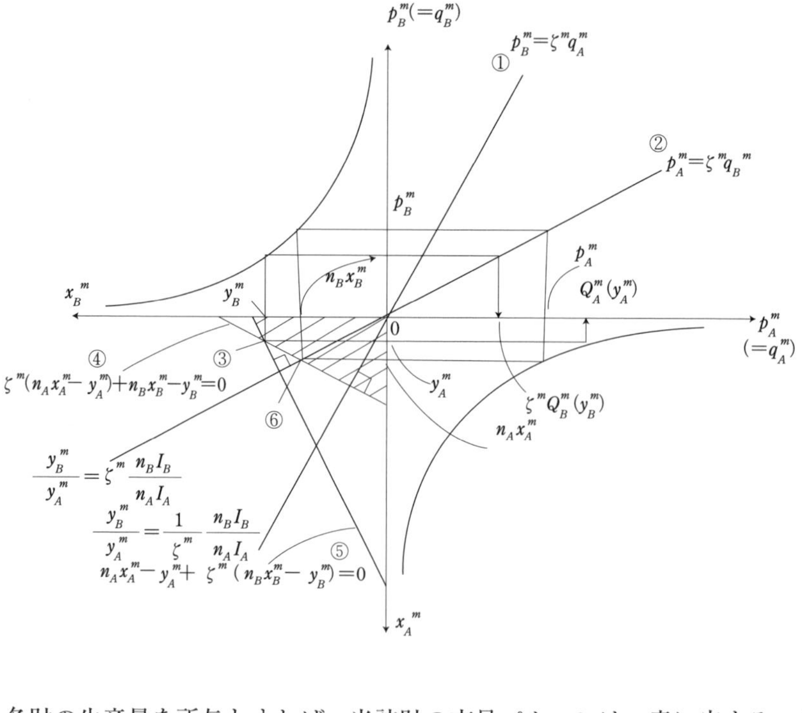

各財の生産量を所与とすれば，当該財の交易パターンは一意に定まる．この結果を図 12.2 に整理する．この図は，都市 A の生産量 y_A^m，都市 B の生産量 y_B^m によって，交易パターンがどのように決定されるかを示している．その結果，交易パターンは以下に示す 3 通りに分類できる．

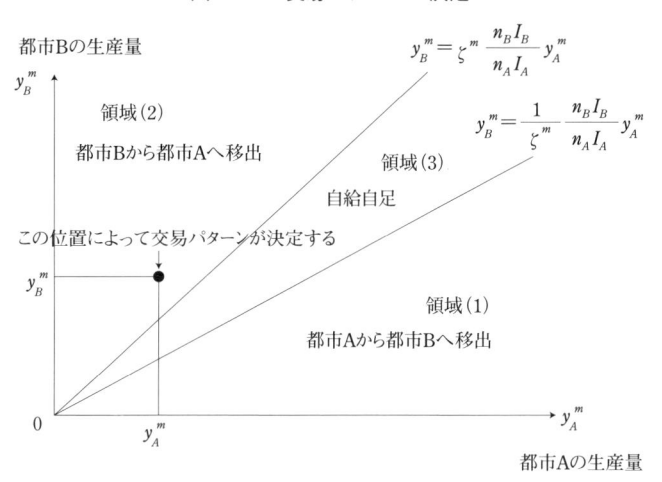

図 12.2　交易パターンの決定

都市Bの生産量

y_B^m

領域(2)
都市Bから都市Aへ移出

$y_B^m = \zeta^m \dfrac{n_B I_B}{n_A I_A} y_A^m$

$y_B^m = \dfrac{1}{\zeta^m} \dfrac{n_B I_B}{n_A I_A} y_A^m$

領域(3)
自給自足

この位置によって交易パターンが決定する

y_B^m •

領域(1)
都市Aから都市Bへ移出

0　　y_A^m　　　　　　　　　　y_A^m

都市Aの生産量

(a) $Q_B^m(y_B^m) \geq Q_A^m(y_A^m)\xi^m$ の時，すなわち $y_B^m \leq \dfrac{n_B I_B}{n_A I_A} y_A^m \dfrac{1}{\xi^m}$ の時。

　この時，財 m は，都市 B が自都市で生産する価格より，都市 A から移入する価格の方が小さいため，都市 A から都市 B へ移出される。図 12.2 の領域 (1) である。

(b) $Q_B^m(y_B^m) \leq Q_A^m(y_A^m)\dfrac{1}{\xi^m}$ の時，すなわち $y_B^m \geq \dfrac{n_B I_B}{n_A I_A} y_A^m \xi^m$ の時。

　この時，財 m は，都市 A が自都市で生産する価格より，都市 B から移入する価格の方が小さいため，都市 B から都市 A へ移出される。図 12.2 の領域 (2) である。

(c) $Q_A^m(y_A^m)\dfrac{1}{\xi^m} < Q_B^m(y_B^m) < Q_A^m(y_A^m)\xi^m$ の時，すなわち $\dfrac{n_B I_B}{n_A I_A} y_A^m \dfrac{1}{\xi^m} < y_B^m < \dfrac{n_B I_B}{n_A I_A} y_A^m \xi^m$ の時。

　この時，財 m は，各都市で生産する価格の方が，他都市から移入する価格より小さいため，この財は交易されない。図 12.2 の領域 (3) である。

4.3 平常時と災害時の均衡価格

各交易パターンについて空間的価格均衡を解くと，平常時・災害時の各状況における均衡価格が得られる．なお，$B^m = \dfrac{\beta^m}{\sum_m \beta^m}$ である．また，都市 i で財 m を生産している限り，$p_{is}^m = q_{is}^m$ になる．

表 **12.1** 平常時と災害時の均衡価格 (消費地価格)

交易	平常時	災害時
A → B 領域 (1)	$p_{A0}^m = B^m \dfrac{n_A I_A + n_B I_B}{y_{A0}^m + \xi_0^m y_{B0}^m}$ $p_{B0}^m = \xi_0^m B^m \dfrac{n_A I_A + n_B I_B}{y_{A0}^m + \xi_0^m y_{B0}^m}$	$p_{A1}^m = B^m \dfrac{n_A I_A + n_B I_B}{y_{A0}^m + \xi_1^m \varepsilon^{1-a^m} y_{B0}^m}$ $p_{B1}^m = \xi_1^m B^m \dfrac{n_A I_A + n_B I_B}{y_{A0}^m + \xi_1^m \varepsilon^{1-a^m} y_{B0}^m}$
B → A 領域 (2)	$p_{A0}^m = \xi_0^m B^m \dfrac{n_A I_A + n_B I_B}{\xi_0^m y_{A0}^m + y_{B0}^m}$ $p_{B0}^m = B^m \dfrac{n_A I_A + n_B I_B}{\xi_0^m y_{A0}^m + y_{B0}^m}$	$p_{A1}^m = \xi_1^m B^m \dfrac{n_A I_A + n_B I_B}{\xi_1^m y_{A0}^m + \varepsilon^{1-a^m} y_{B0}^m}$ $p_{B1}^m = B^m \dfrac{n_A I_A + n_B I_B}{\xi_1^m y_{A0}^m + \varepsilon^{1-a^m} y_{B0}^m}$
自給自足 領域 (3)	$p_{A0}^m = B^m \dfrac{n_A I_A}{y_{A0}^m}$ $p_{B0}^m = B^m \dfrac{n_B I_B}{y_{B0}^m}$	$p_{A1}^m = B^m \dfrac{n_A I_A}{y_{A0}^m}$ $p_{B1}^m = B^m \dfrac{n_B I_B}{\varepsilon^{1-a^m} y_{B0}^m}$

4.4 被害の波及構造

災害時の資本損傷は都市 B の生産量を減少させ，道路損傷は都市間の輸送費用の増加をもたらす．これらの損傷割合によって，平常時と災害時の交易パターンの組み合わせは，図 12.3 のように 7 通りに分かれる．それぞれについて，両都市における災害時の財 m の均衡価格を記述すると，以下のようである．

(a) 平常時（A→B），災害時（A→B）の時。

$$p_{A1}^m = \frac{y_{A0}^m + \xi_0^m y_{B0}^m}{y_{A0}^m + \xi_1^m \varepsilon^{1-a^m} y_{B0}^m} p_{A0}^m$$

$$p_{B1}^m = \frac{\xi_1^m}{\xi_0^m} \frac{y_{A0}^m + \xi_0^m y_{B0}^m}{y_{A0}^m + \xi_1^m \varepsilon^{1-a^m} y_{B0}^m} p_{B0}^m \geq p_{B0}^m$$

(b) 平常時（A→B），災害時（自給自足）の時。

$$p_{A1}^m = \frac{n_A I_A}{n_A I_A + n_B I_B} \frac{y_{A0}^m + \xi_0^m y_{B0}^m}{y_{A0}^m} p_{A0}^m < p_{A0}^m$$

$$p_{B1}^m = \frac{1}{\xi_0^m} \frac{n_B I_B}{n_A I_A + n_B I_B} \frac{y_{A0}^m + \xi_0^m y_{B0}^m}{\varepsilon^{1-a^m} y_{B0}^m} p_{B0}^m > p_{B0}^m$$

(c) 平常時（自給自足），災害時（A→B）の時。

$$p_{A1}^m = \frac{n_A I_A + n_B I_B}{n_A I_A} \frac{y_{A0}^m}{y_{A0}^m + \xi_1^m \varepsilon^{1-a^m} y_{B0}^m} p_{A0}^m > p_{A0}^m$$

$$p_{B1}^m = \xi_1^m \frac{n_A I_A + n_B I_B}{n_B I_B} \frac{y_{B0}^m}{y_{A0}^m + \xi_1^m \varepsilon^{1-a^m} y_{B0}^m} p_{B0}^m > p_{B0}^m$$

(d) 平常時（自給自足），災害時（自給自足）の時。

$$p_{A1}^m = p_{A0}^m$$

$$p_{B1}^m = \frac{1}{\varepsilon^{1-a^m}} p_{B0}^m \geq p_{B0}^m$$

(e) 平常時（B→A），災害時（A→B）の時。

$$p_{A1}^m = \frac{1}{\xi_0^m} \frac{\xi_0^m y_{A0}^m + y_{B0}^m}{y_{A0}^m + \xi_1^m \varepsilon^{1-a^m} y_{B0}^m} p_{A0}^m > p_{A0}^m$$

$$p_{B1}^m = \xi_1^m \frac{\xi_0^m y_{A0}^m + y_{B0}^m}{y_{A0}^m + \xi_1^m \varepsilon^{1-a^m} y_{B0}^m} p_{B0}^m \geq p_{B0}^m$$

(f) 平常時（B→A），災害時（自給自足）の時。

$$p_{A1}^m = \frac{1}{\xi_0^m} \frac{n_A I_A}{n_A I_A + n_B I_B} \frac{\xi_0^m y_{A0}^m + y_{B0}^m}{y_{A0}^m} p_{A0}^m > p_{A0}^m$$

$$p_{B1}^m = \frac{n_B I_B}{n_A I_A + n_B I_B} \frac{\xi_0^m y_{A0}^m + y_{B0}^m}{\varepsilon^{1-a^m} y_{B0}^m} p_{B0}^m$$

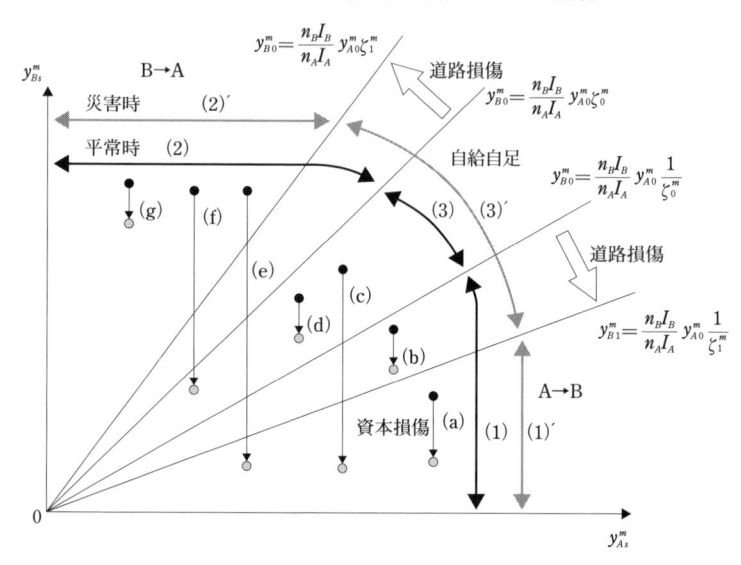

図 12.3 平常時と災害時の交易パターンの変化

(g) 平常時 (B→A), 災害時 (B→A) の時.

$$p_{A1}^m = \frac{\xi_1^m}{\xi_0^m} \frac{\xi_0^m y_{A0}^m + y_{B0}^m}{\xi_1^m y_{A0}^m + \varepsilon^{1-a^m} y_{B0}^m} p_{A0}^m$$

$$p_{B1}^m = \frac{\xi_0^m y_{A0}^m + y_{B0}^m}{\xi_1^m y_{A0}^m + \varepsilon^{1-a^m} y_{B0}^m} p_{B0}^m$$

災害時の均衡価格は両都市で上昇するケースが多いが，(a),(f),(g) のケースでは，ε, ξ_0^m, ξ_1^m の大きさに依存して，災害時の均衡価格が上昇するか下降するかが決定する．なお，資本損傷の割合が大きく，道路損傷の割合が小さい時は，両都市の均衡価格が上昇しやすくなる ((c),(e))．逆に，資本損傷の割合が小さく，道路損傷の割合が大きい時は，交易を変化させない可能性が大きく，都市 A での均衡価格が変化しないもしくは減少することがある ((b),(d))．

災害時の資本損傷は，両都市が交易を行っている限り，両都市への供給量の減少を招くので，両都市の家計の効用を低下させる．災害時の道路損傷は，輸送費用を上昇させるために，相対的に多く財を移出している都市で

は，企業は移出量を減少させ，自都市への供給量を増加させるため，家計の効用が増加する．しかし，相対的に多く財を移入している都市では，移入量の減少によって，家計の効用が減少する．

5. 防災投資の長期的効果に関する分析

5.1 概　　説

　本節では，第3節で定式化したモデルを用いて防災投資の長期的な効果を分析する．本節においては，防災投資によって生産資本や道路の災害に対する脆弱性が変化するものとする．このことは，直ちに，防災投資がなされる前の状態に比べて防災投資がなされた後には，災害時の資本損傷の程度や輸送費用の減少が生じることを意味する．

　防災投資の実施前に経済が均衡状態に達していれば，防災投資によって生じる生産資本や道路の災害に対する脆弱性の変化は，長期的には家計や企業の立地選択行動を通じて新たな均衡へと経済を推移させる．

　防災投資の実施前の企業の立地を所与とすれば，防災投資によって各々の企業が得る災害時の利潤は変化する．このため，立地している都市や生産している財の種類によって，期待利潤は短期的には必ずしもゼロとはならない．長期的には，経済内の企業は，期待利潤が最大になるように都市間を移動したり，要素需要の投入量を調整する．その結果，競争的企業の期待利潤はゼロになる．

　同様に，家計においても，立地が防災投資の実施前の状態であれば，防災投資によって災害時の効用水準には差が生じる．このため，家計は厚生水準（＝期待効用水準）の高い方の都市へと移住し，長期的には都市間で厚生水準が等しくなるはずである．

　したがって，防災投資の長期的効果を議論するためには，家計や企業の立地選択の変更を含む長期的な均衡の推移を考慮に入れる必要がある．均衡においては，企業の期待利潤は上述のようにゼロになるので，防災投資の長期的効果は，家計の均衡効用水準の変化として現れる．家計の厚生水準は，住居サイズと財の消費量に依存するが，住居サイズは都市面積と，両財の消費量は空間的価格均衡を通して両都市の生産量（産業構造）と深く関係している．このため，まず，これらと家計の厚生水準との関係を分析し，そのう

えで資本および道路への防災投資の長期的効果について議論する。

5.2 数値シミュレーション計算の概要

構築したモデルは非線形相補性問題（NCP）であり，理論的に解くことは難しいので，計算プログラムを組んで数値シミュレーションを実施する。数値シミュレーションにあたっては，r をニューメレール（価値尺度財）として，この価格を1とする。これに伴い，(12.14) 式を均衡条件から省く。また，パラメータは以下のように固定する。

$P = 0.1$, $d = 10$, $N = 100$, $K_0 = 100$, $(h_{aA}, h_{aB}) = (0.017, 0.017)$, $(a^1, a^2) = (0.4, 0.6)$, $(t^1, t^2) = (0.04, 0.04)$, $(\alpha, \beta^1, \beta^2) = (0.5, 0.4, 0.1)$

数値シミュレーションの結果，都市の人口と家計の厚生水準の関係が得られるが，これを家計の厚生曲線と呼ぶ。一般には，都市の人口が比較的小さい時は，人口の増加に伴って集積の経済が働き厚生水準は増加していくが，逆に人口があまりにも多くなると混雑が発生して厚生水準は低下するといわれている（金本 1997）。集積の経済と混雑の2つの効果によって，厚生曲線の形状は変化する。このモデルでは，混雑は都市面積 T_i で，集積の経済は σ^m で表現されている。

5.3 安定均衡と産業構造

T_i および σ^m を変化させると，さまざまな厚生曲線のパターンが得られるが，安定均衡が存在するケースは，(a) 両都市の人口がほぼ等しい均衡が得られるケース（単一均衡）と，(b) いずれかの都市が他の都市より人口が多い均衡が複数現われるケース（複数均衡）とが生じる。もちろん，複数均衡といっても，その均衡の数は効用関数の形状や集積の経済・不経済を与える関数の形状等によって異なる。関数形を特定した場合でも本章のように補正条件を含むような問題における均衡の数を容易に導くことは恐らく困難であろう。本来ならば，集積の経済を規定するパラメータ σ^m，集積の不経済を規定するパラメータ T_i に関して網羅的にシミュレーションを実施し，可能な均衡パターンをすべて網羅することができれば望ましいと考えるが，ここでは，複数均衡として2つの均衡が生じるケースを取り上げ考察する。以下に，それぞれのケースについて安定均衡における平常時の産業構造およ

び交易パターンを示す。○ は生産が行われることを表し，→ は左側の都市から右側の都市へ移出されることを表す。

(a) 単一均衡の時

安定均衡では両都市の規模がほぼ等しくなり，両都市で両財を生産する。この場合には，財の交易パターンは双方向の交易が生じている場合や自給自足の場合を含み多様なパターンが生じうる。以下に，平常時に両都市が自給自足をする例を取り上げる。

(例 1) 単一均衡 ($T_i = 0.7$，$(\sigma^1, \sigma^2) = (0.3, 0.2)$ の時)

	都市 A	都市 B
財 1	○	○
財 2	○	○

(b) 複数均衡の時

安定均衡の位置によって産業構造は変化する。以下に，3 つの場合を取り上げる。それぞれの場合において，①は都市 A の方が集積程度が高い均衡であり，②は都市 B の方が集積程度が高い均衡である。

(例 2) 両財特化 ($T_i = 1.0$，$(\sigma^1, \sigma^2) = (0.3, 0.0)$ の時)

1 つの都市が 1 つの財しか生産しない，つまり各財の生産が片方の都市に特化する場合である。

①

	都市 A	都市 B
財 1	○	→
財 2	←	○

, ②

	都市 A	都市 B
財 1		← ○
財 2	○	→

(例 3) 片財特化 ($T_i = 1.0$，$(\sigma^1, \sigma^2) = (0.3, 0.3)$ の時)

片財の生産のみが一方の都市でなされる場合である。

①

	都市 A	都市 B
財 1		← ○
財 2	○	→ ○

, ②

	都市 A	都市 B
財 1	○	→
財 2	○	← ○

(例 4) 両都市生産 ($T_i = 0.95$，$(\sigma^1, \sigma^2) = (0.3, 0.3)$ の時)

両都市で両財を生産する場合である。なお，②の均衡のみが両都市生産である。

(①

	都市 A	都市 B
財 1	○	→
財 2	○	← ○

) , ②

	都市 A	都市 B
財 1	○	← ○
財 2	○	○

安定均衡および平常時の両都市の産業構造のパターンは，以上の4つのケースに包括することができる．以下では，これら4つのケースについて，資本および道路への防災投資の長期的効果を議論する．

5.4 防災投資の長期的効果

(a) 資本への防災投資

ここでは，災害時の道路損傷はないものとする（$\delta = 1.0$）．資本への防災投資前を $\varepsilon = 0.5$，防災投資後を $\varepsilon = 0.9$ とし，それぞれケースに対応する厚生曲線を描き，均衡効用水準の変化を比較することで防災投資の長期的効果を検討する．図12.4〜12.7に，計算結果を示す．

単一均衡の時（(例1)，図12.4参照）

資本への防災投資は，都市Bにおける災害時の供給量を増加させる．このことによって，都市Bの厚生曲線は上方へシフトし，それに伴って人口は都市Aから都市Bへ移動する．単一均衡では，均衡人口は混雑効果が卓越する状況で発生しているので，このような人口の移動は都市Aの厚生水準をも改善する．したがって，両都市の厚生水準は必ず増加する．

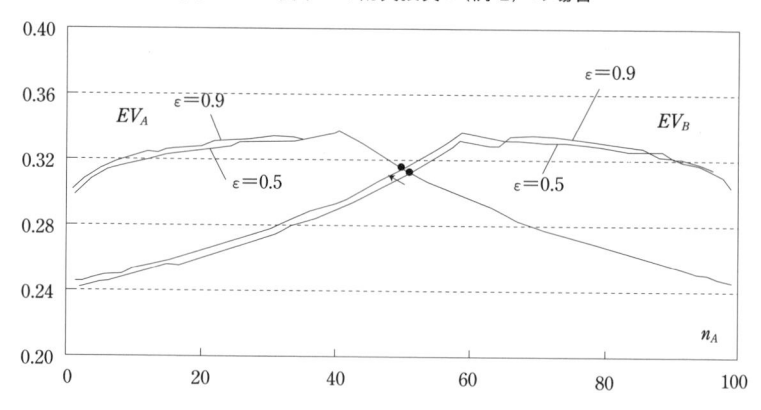

図 12.4 資本への防災投資：(例1) の場合

両財特化の時（(例2)，図12.5参照）

いずれの均衡においても，両都市は都市Bに片財の供給を頼っているため，資本への防災投資は，災害時のその財の生産量を増加させ，両都市の家

図 12.5　資本への防災投資：（例 2）の場合

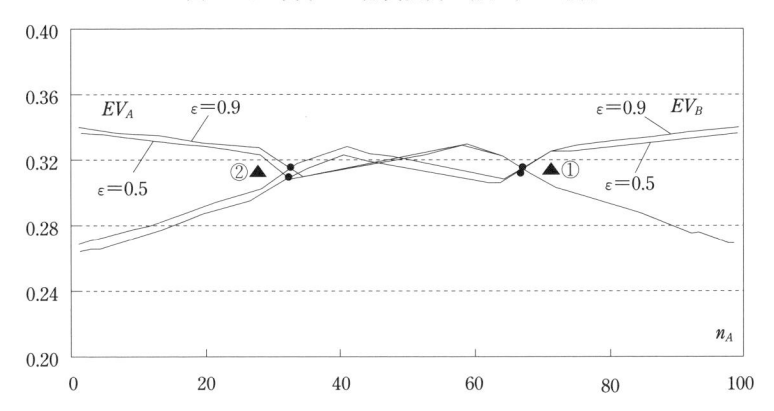

図 12.6　資本への防災投資：（例 3）の場合

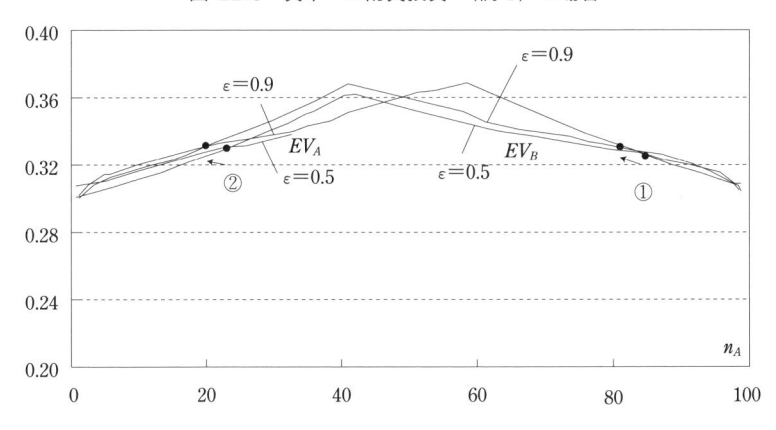

計の厚生水準を増加させる．つまり，両財特化の場合には，都市 B の資本へ防災投資の効果が都市 A に波及する度合いが大きい．このために，両都市の厚生曲線の上方へのシフトが生じる．このために，いずれもの均衡で均衡効用水準の上昇が生じる．

片財特化の時（（例 3），図 12.6 参照）

　いずれの均衡においても，片財の生産を都市 B に頼っているため，資本

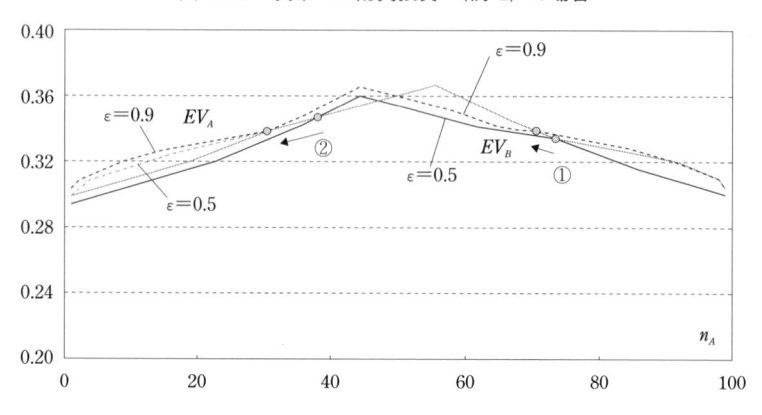

図 12.7　資本への防災投資：（例 4）の場合

への防災投資は災害時のその財の生産量を増加させ，両都市の家計の厚生水準を増加させる．したがって，この場合も都市 B の資本へ防災投資の効果が都市 A に波及するが，その程度は例 2 の場合に比べて小さい．したがって，都市 B への防災投資によって生じる厚生曲線のシフトの大きさは，都市 A のそれは都市 B のそれよりも比較的小さく，都市 A から都市 B への人口移動が生じる．このため，都市 B の人口が相対的に大きい均衡では，防災投資によって生じた厚生の増加が人口の流入によって減少している．

両都市生産の時（（例 4），図 12.7 参照）

　資本への防災投資によって，相対的に都市 B での集積が高い均衡②では厚生水準が減少する．②では，平常時に両都市は両財を生産しており，両地域の連関性はそれほど高くない．このために，都市 B での防災投資が都市 A の家計の厚生水準の向上にそれほど寄与しない．この場合でも，都市 B での防災投資は両都市の厚生曲線の上方へのシフトに寄与しうるが，その度合いは両都市で大きく異なり，都市 B でのシフトに比べて都市 A でのシフトは小さくなる．このため，都市 A から都市 B への人口移動が生じ，都市 B での集積が高い均衡②では，都市 B での混雑効果によって均衡効用水準の減少がもたらされる結果となっている．逆に，相対的に都市 A での集積が高い均衡では，都市 A での人口が減少するために混雑効果が軽減され，均衡効用水準は上昇する．

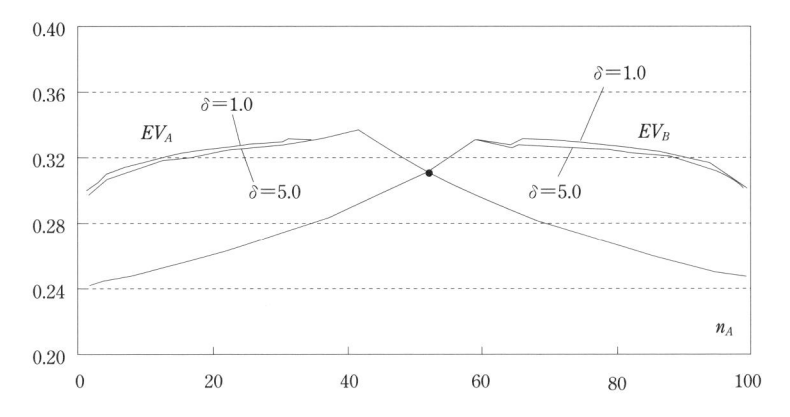

第 12 章　防災投資の地域的波及構造　　　　　　　　　　　　　　　227

図 **12.8**　道路への防災投資：(例 1) の場合

資本への防災投資は，両都市が財の交易を通じて産業面での依存関係が強いほど，波及の程度が高まり，均衡効用水準が向上する可能性が強いことが示唆される。しかし，両都市の産業面での依存関係が低い場合には，資本への防災投資は都市 B の厚生水準のみの向上をもたらし，結果的に都市 B への人口の流入を促して，均衡効用水準の低下を招く可能性もあることが確認された。

(b) 道路への防災投資

ここでは，災害時の資本損傷の割合を固定する ($\varepsilon = 0.5$)。道路への防災投資前を $\delta = 5.0$，つまり $(\xi_1^1, \xi_1^2) = (1.2, 1.2)$，防災投資後を $\delta = 1.0$，つまり $(\xi_1^1, \xi_1^2) = (1.04, 1.04)$ とし，それぞれケースに対応する厚生曲線を描き，均衡効用水準の変化を比較することで防災投資の長期的効果を検討する。図 12.8〜12.11 に，計算結果を示す。

単一均衡の時　((例 1)，図 12.8 参照)

災害時に都市 A から都市 B へ移出が続く限りは，道路への防災投資は僅かながらの経済効果を生む。しかし，両都市ともほぼ人口や産業の集積が同じこのような状況では，道路への防災投資によって生じる経済効果はほとんどない。

両財特化の時　((例 2)，図 12.9 参照)

いずれの均衡においても，両都市は片方の財を移入に頼っているため，道

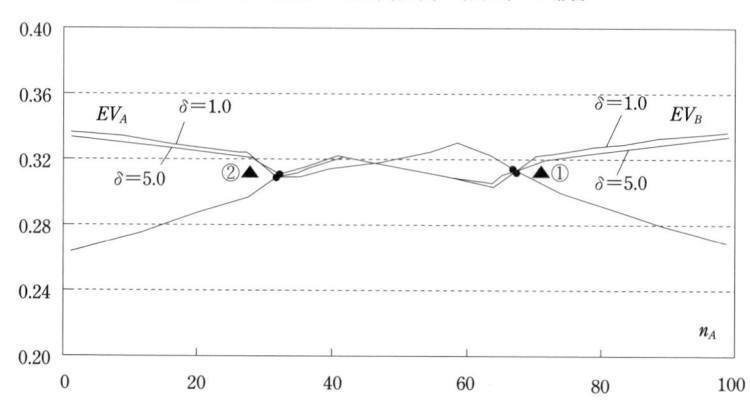

図 12.9 道路への防災投資：(例 2) の場合

図 12.10 道路への防災投資：(例 3) の場合

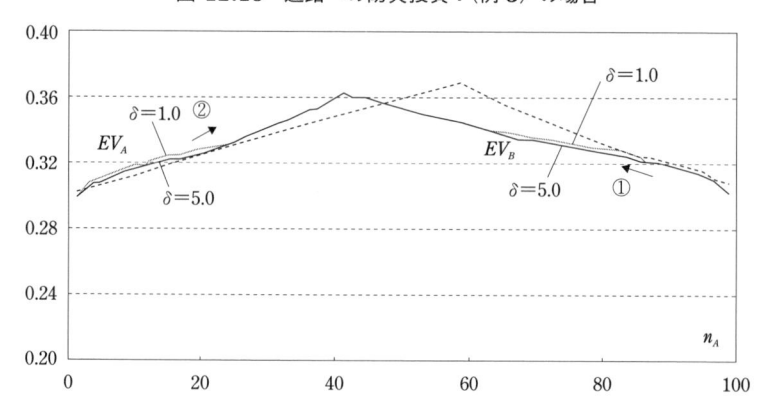

路への防災投資によって，災害時のその財の移入量が増加するが，自都市からの移出量も増加する．よって，両都市で家計の厚生水準が増加するが，集積程度の低い都市の方がその程度は大きい．人口は両都市間の格差を縮小する方向へ移動する．

片財特化の時（(例 3)，図 12.10 参照）

いずれの均衡の場合も，道路への防災投資によって，家計の厚生水準は増加する．集積程度の低い都市の方が厚生水準は増加する．両都市の人口格差

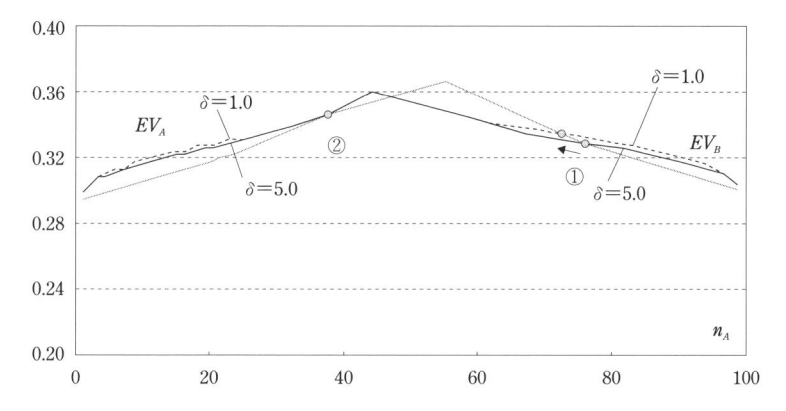

図 12.11 道路への防災投資：(例 4) の場合

を小さくする方向へ家計の移転が生じる．

両都市生産の時（(例 4)，図 12.11 参照）

　両都市で平常時に交易していない②の均衡では，道路への防災投資の効果は，ほとんどない．②の均衡では，上の場合と同じく，家計の厚生水準は増加し，両都市の人口格差を小さくするよう，都市 A から都市 B へ人口が移動する．

　道路への防災投資は，都市間に人口や産業の格差が比較的少ない場合を除いて，集積程度の相対的に少ない都市の厚生水準を大きく改善する．このため，長期的には家計の厚生水準を上昇させる．しかし，両都市の交易を通じた産業連関が少ない場合には，家計の厚生水準の変化はほとんど見られない．また，道路への防災投資は交易量を増加させるため，都市間の人口格差を小さくする働きがある．

5.5　分析結果のとりまとめ

　防災投資は必ずしも両都市の家計の厚生水準を上昇させるとは限らない．資本への防災投資は，両都市間に交易を通じた経済的な相互依存関係が強ければ，均衡効用水準の改善をもたらし，両都市における家計の厚生水準の改善に寄与しうる．しかしながら，このような依存関係が低い場合に，災害に

対して脆弱な都市への防災投資を行うと，当該都市への人口の流入を招く。このため，混雑効果が卓越している局面では，防災投資によってかえって，両都市での厚生が損なわれる結果となる。このような場合には，災害に対して脆弱な都市への防災投資を進めるに際して，他の都市のインフラの整備を同時に進めるなどして集積の不経済を弱める工夫が必要となるであろう。一方，道路への防災投資は，都市間に交易関係が存在する限り，両都市の家計の厚生水準を上昇させる働きがあり，また長期的には両都市の人口格差を小さくするように人口を移転させる働きがある。

第13章　土地利用変化を考慮した防災の経済評価

髙木　朗義

1. はじめに

　わが国の都心部およびその周辺住宅地には，災害脆弱地区が多く存在する。特に洪水被害に対しては地形的にそれが明らかな場合が多く，さまざまな治水対策がおこなわれてきた。その結果，着実に洪水災害は減少し，治水安全度は高まっている。しかし，それにつれて，それまでは浸水しやすい場所やある程度の浸水が許される場所（いわゆる湛水許容地区）にも住宅などが建てられたために，かつては農作物被害程度にとどまっていたレベルの洪水でも資産被害となってしまう場合が多くなっている。このような洪水災害脆弱地区では，治水対策を行うよりも住民や企業を移転させた方が社会的費用が少ない場合がある。実際，土砂災害については1999年に広島市郊外で発生した土砂災害を契機に，新たに土砂災害防止法が制定され，住宅の移転を含めた対策が実施されようとしている（土砂災害防止法研究会 2001）。しかし，このような立地変更を伴う施策の検討は単純に当該地区のみについて行うわけにはいかない。なぜなら立地変更は土地利用変化となり，流出現象を介して当該地区のみならず他地区の治水安全度に影響を及ぼすからである。すなわち，各地区の治水安全度と土地利用は地区を越えて相互に依存しており，社会全体として洪水リスクを軽減するためには，この相互依存関係を踏まえたうえで検討する必要がある。

　一方，近年「都市型水害」と呼ばれるカタストロフィックな水害が頻発している。特に，2000年の東海豪雨災害では名古屋市を中心として都市部において大きな被害をもたらした。このようなカタストロフィックな災害に対しては，従来までのハード対策を中心としたリスクコントロールだけでは対

応できず，洪水保険などを中心としたリスクファイナンスもとり入れる必要がある．

以上のことを勘案すると，これからの治水対策はハード対策だけでなく，土地利用規制などを含めたリスクコントロールや，洪水保険制度などのリスクファイナンスを効率的に組み合わせていく，すなわち災害リスクマネジメントに基づいた総合治水対策を実施していく必要がある．そして，このような災害リスクマネジメントに基づいた総合治水対策を立案していくためには，治水対策による効果は当然のことながら，土地利用規制など住宅や企業の立地に関わる施策による効果，さらには洪水保険を中心とするリスクファイナンスによる効果を同時にとらえながら検討する必要がある．そこで本章では，災害リスクマネジメントに基づいた総合治水対策を立案する際に必要である評価モデルを構築する．また，治水施設や洪水保険制度を整備するとかえって被害ポテンシャルを大きくする，すなわち災害脆弱地区に人口や資産が集中し，カタストロフィックな水害に対する脆弱性を高めることはないか，あるいは洪水保険制度の整備は住み替えにどう影響するかなど，新しい施策の影響について，簡単な数値シミュレーションを通して検討する．

2. 評価モデルの構築

2.1 評価モデルの概要

前述したように，災害リスクマネジメントに基づいた総合治水対策を評価するためには，治水対策，土地利用規制，および洪水保険など，様々な施策による効果を同時，かつ整合的にとらえられるモデルでなければならない．そのためには，まず流出・氾濫現象をとらえられるモデルと立地変化をとらえられるモデルの統合が必要である．そこで，図13.1に示すような洪水危険度を内生化した立地均衡モデルを構築する．そして，このモデルを用い，さまざまな方策を実施した場合について，被害ポテンシャルや社会厚生を比較することにより，災害リスクマネジメントに基づいた総合治水対策を評価するものである．

本章で構築するモデルは，実証分析ができることを目標とする．ここでは仮想地域における簡単なシミュレーションしかできていないが，将来的には実際の総合治水対策を評価することができるモデルを目指して構築する．

第 13 章 土地利用変化を考慮した防災の経済評価

したがって，各関数は一般形で示すのではなく，具体的な関数を当てはめたものとして示している。ただし，示した関数の形やパラメータについては当然のことながら，地域特性によって変化するものであり，本章の後半で行う簡易シミュレーションで用いた値が一般的に使えるわけではないことに注意して欲しい。

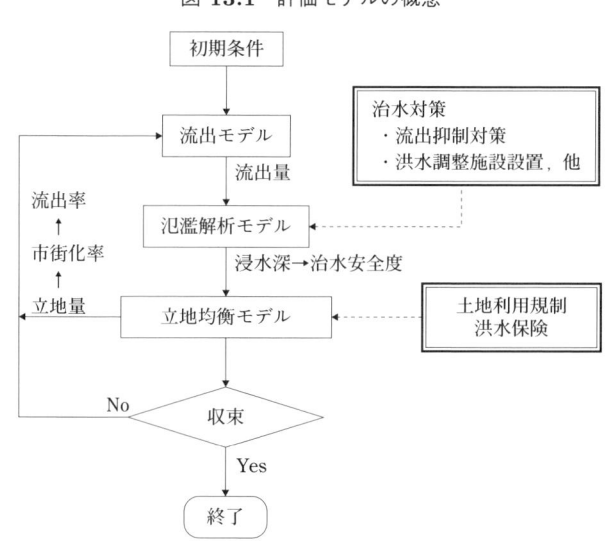

図 13.1 評価モデルの概念

2.2 評価モデルの仮定

1. 社会はいくつかの地区で構成されている。なお，地区内は均一空間である。
2. 各地区の土地利用は任意である。すなわち，居住用および業務用の土地利用が混在している。
3. 社会はいくつかの確率で発生する洪水状態で構成されている。洪水状態は対象とする地区や河川の特性および河川計画規模を考慮するとともに，超過洪水対策として洪水保険が有用である点も踏まえて，現況で浸水しない状態から，計画規模以上の想定し得る最大の状態までを

何段階かに分けてとらえる必要があろう。
4. 社会は同一の選好を持つ多数の世帯，同じく同一の選好を持つ多数の企業（企業所有者），地区毎に一括して土地を所有する地主，政府の4部門と土地市場で構成されている。
5. 世帯および企業が土地サービスを需要するときは，地主から土地を賃借する。すなわち，土地の使用については賃貸借契約のみとし，売買契約は考えない。
6. 立地均衡と土地取引は災害が起こるかもしれない将来を見越して現時点で行われると考え，ワルラス的な多市場同時均衡に基づき，地区毎に土地サービスの取引量と地代が内生的に決定される。
7. 評価指標は，社会厚生と被害ポテンシャルとする。社会厚生は，社会全体における各主体の厚生（期待効用水準や利潤など）の総和で定義され，水害危険地区だけでなく安全地区を含め，災害時だけでなく平常時も含めた評価指標である。一方，被害ポテンシャルとは，災害事象が発生した場合における社会全体での被害規模であるため，災害時に他地区へ被害が波及しなければ，水害危険地区における資産量の総和としてとらえることができる。本章では，世帯および企業の保有資産量を一定と仮定しているため，被害ポテンシャルを水害危険地区における世帯数と企業数として定義する。なお，被害ポテンシャルは小さいほどよいという評価指標である。すなわち，水害危険地区の世帯数や企業数が少ないほどよいと考えることとなる。

2.3　流出・氾濫モデル

治水安全度が人々の立地選択に影響を及ぼす一方で，開発による流出量の増大は洪水被害を招く恐れがある。そこで，後で示す立地均衡モデルと整合的に用いることを念頭に置いた流出氾濫モデルを構築する。この流出氾濫モデルと立地均衡モデルでやりとりされる変数は，市街化面積と浸水深（治水安全度）であり，それらについて相互リンクのしやすさを考えてモデル化する。

流出氾濫モデルの具体的なモデルは多数存在するため，検討すべき河川や流域の特性に合わせて選べばよい。例えば，髙木他（2001）ではkinematic wave法と開水路型二次元タンクモデル（平面タンクモデル）法を用いてい

る．本章では対象地区を小さい範囲にしており，より簡易な計算方法で十分であると思われるため，流出モデルとして合理式合成法，氾濫解析モデルとして一池モデルを用いる．

具体的には，まず立地均衡モデルの計算結果から求められる世帯数，企業数とそれぞれの土地需要面積から市街化面積を (13.1) 式によって求め，これを (13.2) 式に代入して流出率を計算する．これによって，流出氾濫モデルと立地均衡モデルがリンクすることとなる．なお当然のことであるが，これについては相当数の立地変更があれば，流出氾濫状況に影響を及ぼすが，そうでない場合にはその影響はわずかであり，現実には後者の状況であることが多いことに注意されたい．また浸水深は (13.5) 式のように求めることとし，立地均衡モデルには治水安全度として受け渡すことになる．なお，(13.5) 式の H-V 曲線は，地区の地形によって決まるものであり，一般式として表現しづらいため，本章の後半で行う数値シミュレーションに対応した特定のものを示している．(13.5) 式は東海豪雨災害の再現計算結果（富永 2001）から近似的に作成したものである．

$$n^j b^j + N^j B^j = K^j \tag{13.1}$$

$$f^j = \frac{0.9 \times K^j + 0.6(A^j - K^j)}{A^j} \tag{13.2}$$

$$Q_i^j(t) = \frac{1}{3.6} f^j I_i(t) A^j \tag{13.3}$$

$$V_i^j = \sum_{j'=1}^{j} \sum_{t=T_S}^{T_E} (Q_i^{j'}(t) - Q_C^{j'}) - V_C^{j'} \tag{13.4}$$

$$H_i^j = \frac{\sqrt{V_i^j}}{480} \tag{13.5}$$

ここで，i：洪水状態を表す添字，j：地区を表す添字，I：到達時間当たりの降雨量，f：流出率，H：最大浸水深（＝治水安全度），Q：流出量，Q_C：流下能力（ここでは，ポンプ排水能力を想定し一定と考える），V：最大浸水量，V_C：流出抑制施設貯留量，A：流域面積，K：市街化面積（＝土地供給量），b, B：1世帯，1企業当たりの平均土地需要量，n, N：世帯数，企業数，T_S：流出量が流下能力を最初に上回る時刻，すなわち浸水開始時刻，T_E：浸水量が最大となる時刻．

2.4 立地均衡モデル
2.4.1 世帯の行動モデル

治水施設整備，土地利用規制，洪水保険制度整備という災害リスクマネジメントに基づく総合治水対策を評価するためには，少なくとも治水安全度，洪水保険，土地需要およびその他消費という4要素をとらえる必要がある。したがって，これら最低限必要な4要素の評価を行うためのモデルを構築する。すべての世帯は任意の地区に居住するものとし，地区，洪水状態毎の予算制約下で土地需要量，合成財需要量をコントロールして期待効用を最大にするように行動するものとする。また，世帯は洪水保険に加入するとともに，洪水による資産被害のうち洪水保険でカバーできない分が存在するものとする。以上の点を踏まえて，世帯の効用関数を Cobb-Douglas 型で定式化すると，次のようになる。

$$E^j(u_i^j) = \max_{x,b} \sum_i \phi_i^j x_i^{j^{\alpha_x}} b^{j^{\alpha_b}} [\{1-(1-w^j)D_i^j\}z^j]^{\alpha_z} (H' + H_i^j)^{\alpha_H} \tag{13.6}$$

$$\text{subject to } p_i x_i^j + r^j b^j + \xi^j h^j = y^j - g^j \tag{13.7}$$

$$w^j D_i^j z^j = h'^j_i \tag{13.8}$$

ここで，$E^j(u_i^j)$：期待効用水準，u：効用水準，ϕ：洪水状態の生起確率，x：合成財需要量，z：保有資産，w：洪水保険のカバー率，D：資産被害率，H'：浸水深評価基準高，p：合成財価格，r：地代，ξ：洪水保険に対するリスクプレミアム，h：洪水保険でカバーする資産被害額の期待値 ($=\sum_i \phi_i^j w^j D_i^j z^j$, なお, ξh：保険料), y：所得, g：一括固定税, h'：保険金, $\alpha_x, \alpha_b, \alpha_H, \alpha_z$：パラメータ。

世帯は各地区で得られるであろう期待効用水準に従って，より高い期待効用水準を達成できるように居住地区を選択する。本章ではこれを Logit モデルを用いて表現する。したがって，立地選択確率は次のようになる。これより地区における立地量が決定され，最大期待効用値を示す満足度関数を得る。

$$P^j = \frac{\exp(\theta \cdot E^j(u_i^j))}{\sum_j \exp(\theta \cdot E^j(u_i^j))} \tag{13.9}$$

$$SV = \frac{1}{\theta} \ln \left[\sum_j \exp\{\theta \cdot E^j(u_i^j)\} \right] \tag{13.10}$$

ここで，P：世帯の地区選択確率，θ：パラメータ，SV：最大期待効用値（満足度関数）。

2.4.2 企業の行動モデル

世帯の行動モデルと同様に最低限必要な要素の評価を行うためのモデルを構築する．不確実性下では，企業は利潤が定かではないというリスクに直面しているため，このようなリスクに対する企業の行動が決定的な役割を演じる．ここでは，企業所有者を想定してこのような企業の行動を考えるものとする（酒井 1984）．具体的には利潤量を変数とする効用関数を導入し，期待効用の最大化が企業の目的と考える．企業は地区，洪水状態毎の生産技術制約下で土地需要量，合成財供給量，労働需要量をコントロールして期待効用最大化行動をするものとすると，次のように定式化される．

$$E^j(v_i^j) = \max_{X_i^j, B^j, Y^j} \sum_i \phi_i^j v_i^j(\pi_i^j) \tag{13.11}$$

$$\text{subject to } X_i^j = \eta B^{j\beta_B} Y^{j\beta_Y} \{1 - (1-W^j)D'^{j}_i\}Z^j]^{\beta_Z}(H' + H_i^j)^{\beta_H} \tag{13.12}$$

$$\pi_i^j = p_i X_i^j - r^j B^j - \omega^j Y^j - \xi^j m^j - G_i^j \tag{13.13}$$

$$W^j D'^{j}_i Z^j = m'^{j}_i \tag{13.14}$$

ここで，$E^j(v_i^j)$：期待効用水準，v：効用水準，π：利潤，X：合成財供給量，η：生産効率，Y：労働需要量，Z：保有資産，W：洪水保険のカバー率，D'：資産被害率，ω：賃金率，m：洪水保険でカバーする資産被害額の期待値（$= \sum_i \phi_i^j W^j D'^{j}_i Z^j$，なお，$\xi m$：保険料），$G$：一括固定税，$m'$：保険金，$\beta_B, \beta_Y, \beta_H, \beta_Z$：パラメータ。

企業も世帯と同じように立地選択行動をとるものとし，Logit モデルを用いて表現すると，次のような立地選択確率と最大期待効用値を示す満足度関数を得る．

$$P'^j = \frac{\exp(\theta' \cdot E^j(v_i^j))}{\sum_j \exp(\theta' \cdot E^j(v_i^j))} \tag{13.15}$$

$$SV' = \frac{1}{\theta'} \ln\left[\sum_j \exp\{\theta' \cdot E^j(v_i^j)\}\right] \qquad (13.16)$$

ここで，P'：企業の地区選択確率，θ'：パラメータ，SV'：最大期待効用値（満足度関数）．

2.4.3　土地供給者の行動モデル

地主は地区毎に一括して土地を所有し，地代（均衡価格）によって供給面積を変化させるものとし，大橋・青山（1988）のモデルを参考にして土地供給関数を以下のように定式化する．このモデルを用いることで，地代の上昇が供給量を増加させ，下落が供給量を減少させる不在地主の行動をとらえられる．

$$K^j = \overline{K}^j\left(1 - \frac{\sigma}{r^j}\right) \qquad (13.17)$$

ここで，$\overline{K}$：土地供給可能面積，σ：パラメータ．

2.4.4　政府の行動モデル

政府は，世帯と企業から徴収した一括固定税を原資として，流出抑制施設（オンサイト型貯留施設）整備への投資を行う．

$$C(V_C^j) = g^j + G^j \qquad (13.18)$$

ここで，$C(\cdot)$：流出抑制施設整備費用，V_C^j：流出抑制施設の貯留容量．

2.4.5　均衡条件

土地市場で集計された需要と供給が均衡し，各地区の市場均衡価格（地代）が決定される．地代が決定される市場均衡条件は以下のようになる．

$$b^j n^j + B^j N^j = K^j \qquad (13.19)$$

このように市場均衡によって決定された地代により世帯と企業は期待効用最大化行動をとり，その結果，各地区への立地量が決定される．立地均衡条件は以下のようになる．

$$\sum_j n^j = n^T \tag{13.20}$$

$$\sum_j N^j = N^T \tag{13.21}$$

ここで，n^T：総世帯数，N^T：総企業数．

(13.19) 式の市場均衡条件，(13.20)，(13.21) 式の立地均衡条件よりワルラス的な多市場同時均衡に基づき，各地区の立地量と地代の均衡解が同時に決定される．

3. 総合治水対策を評価するための条件設定

3.1 対象地域と対象施策

ここでは，水害危険地区（地区 1）と安全地区（地区 2）の 2 地区からなる仮想的な対象地域を設定する．なお，災害は内水のみを想定し，外水氾濫については考慮しないこととする．災害リスクマネジメントに基づいた総合治水対策として，次の 3 種類の施策を考える．また，これらの 3 施策を組み合わせた場合も対象とする．

(a) 洪水保険

洪水によって損傷するであろう資産のうち，洪水保険によってカバーされる分については，リスクプレミアム付きの保険料を支払っておくことで被災後回復することができる．また，「現況」を施策を実施しない状況として位置付け，全世帯一律に被害額の 30％ がカバーされているものとする．洪水保険に対する公的施策を行った場合にもリスクプレミアムはそれを踏まえて市場において決まるものである（Borch 1990）が，その公的施策の方法にはさまざまなものがあるため，本章ではそれらを特定せず，カバー率が上昇するに従ってリスクプレミアムも増大するという性質だけとらえ，外生的に与えることとする．

(b) 土地利用規制

水害危険地区（地区 1）の供給面積を抑制することにより，安全地区（地区 2）への住み替えを誘引する施策を考える．規制する面積は供給可能面積に対する割合で与える．なお，土地利用規制を行うための直接費用は考えな

表 13.1 対象施策

	洪水保険	土地利用規制	流出抑制施設整備
現況	$w=30\%, \xi=1$	0%	$0\mathrm{m}^3$
施策①	$w=50\%, \xi=2$	10%	$10{,}000\mathrm{m}^3$
施策②	$w=65\%, \xi=3$	20%	$20{,}000\mathrm{m}^3$
施策③	$w=80\%, \xi=4$	30%	$30{,}000\mathrm{m}^3$
施策④	$w=100\%, \xi=5$	40%	$40{,}000\mathrm{m}^3$

いこととする。

(c) 治水（流出抑制）施設整備

世帯および企業から徴収する一括固定税を原資として，水害危険地区（地区1）に流出抑制施設を建設し，被害を軽減させる．具体的には，流出抑制施設の建設費単価を貯留量$1\mathrm{m}^3$当たり10万円とし，水害危険地区（地区1）に立地する世帯と企業が一括固定税として25年間に均等で支払うこととする．具体的には，流出抑制施設の貯留容量分だけ浸水量が軽減するものと考える．

ここでは，3種類の施策に対して，それぞれ4段階を想定し，表13.1に示すように各レベルについて①〜④という記号を当てはめて整理しておく．

3.2 データ・セットおよびパラメータの設定

状態は平常時と洪水時の2つに区分することとした．データ・セットを表13.2，パラメータを表13.3に示す．

第 13 章 土地利用変化を考慮した防災の経済評価

表 13.2 データ・セット

		地区 1	地区 2
	ϕ (洪水発生確率)	1/50	−
世帯	x (合成財消費量)	3,770 千円	3,770 千円
	b (土地需要量)	116m^2	103m^2
	z (保有資産)	15,000 千円	15,000 千円
	y (所得)	4,570 千円	4,570 千円
	D (資産被害率)	0.6	−
	n^T (地域総世帯数)	4,500 戸	
企業	X (合成財生産量)	8,660 千円	8,704 千円
	Y (労働需要量)	1,920 時間	1,920 時間
	B (土地需要量)	39m^2	34m^2
	Z (保有資産)	8,488 千円	8,488 千円
	D' (資産被害率)	0.6	−
	ω (賃金率)	2,172 円/時間	2,172 円/時間
	N^T (地域総企業数)	12,000 企業（人）	
地主	$\overline{K}$ (土地供給可能面積)	741,750m^2	750,000m^2

表 13.3 パラメータ

	パラメータ	値
世帯	α_x (合成財消費量)	0.8308
	α_b (土地需要量)	0.1692
	α_H (浸水深)	−0.05
	α_z (資産)	0.0001
	θ (ロジットパラメータ)	0.043
企業	β_Y (労働)	0.9425
	β_B (土地需要量)	0.0575
	β_H (浸水深)	−0.03
	β_Z (資本)	0.00001
	η (生産効率)	0.5714
	θ (ロジットパラメータ)	1×10^{-6}
地主	σ^1 (地区 1 の土地供給)	2,549
	σ^2 (地区 2 の土地供給)	2,760

4. 総合治水対策の評価結果と考察

4.1 施策を単独で実施した場合

各種・各レベルの施策を実施した場合（with）と実施しなかった場合（without）について，立地の動向，および効用，利潤の変化を推計した。その結果を図 13.2〜13.4 に示す。図中の横軸に記した番号は表 13.1 に対応している。図 13.2 は被害ポテンシャルについて見るためのものである。図 13.3 の期待効用水準は 1 世帯当たりの値を示している。また，図 13.4 の社会的便益は，世帯の便益，企業の利潤，地主の余剰変化を合計したものである。なお，世帯の便益とは，等価オプション価格を空間に拡張した便益評価指標に基づいた非限定等価変分（第 3 章参照）によって求めた値に地域全体の世帯数を掛けたものである。

まず図 13.2 を見てみると，流出抑制施設整備ではより安全な施策を実施するに従って世帯数も企業数も増加する傾向にあることがわかる。一方，土

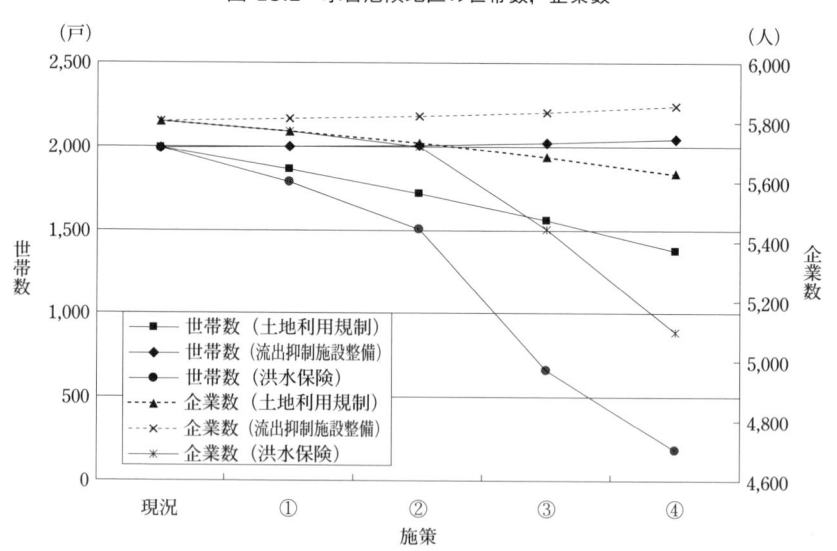

図 13.2　水害危険地区の世帯数，企業数

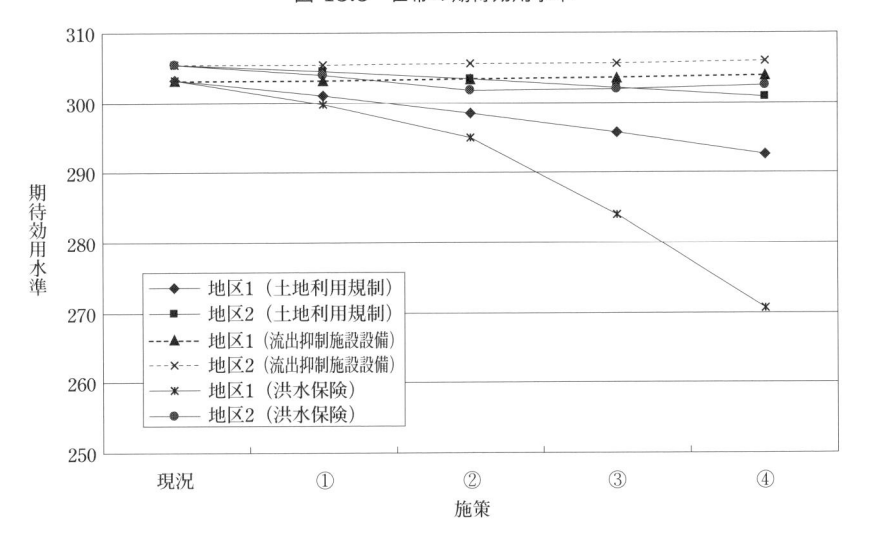

図 13.3 世帯の期待効用水準

地利用規制，洪水保険はより安全な施策を実施するに従って世帯数，企業数とも減少する傾向にある．したがって，3種類の施策のうち，洪水保険，土地利用規制の実施は被害ポテンシャルを下げるが，流出抑制施設設備を行うとかえって被害ポテンシャルを大きくするという結果となっている．図13.3を見てみると，流出抑制施設設備を行った場合のみ，地区1，2とも期待効用水準が増大していることがわかる．地区1だけではなく地区2でも増大するのは，地区1に世帯や企業が移転することにより地区2の土地需要量が減少し，地代が安くなるからである．最後に，図13.4の施策による社会的便益を見てみる．ここでも，流出抑制施設整備では施策のレベルを上げると増加するが，洪水保険や土地利用規制では減少している．

以上のことをまとめると，まず流出抑制施設整備は便益が投資費用を上回る，次に洪水保険は保険料の増大という費用が被害軽減額による便益を上回る，さらに土地利用規制は土地資産の放出という費用に比べて被害軽減額による便益を上回る，という結果となった．しかし，本章で設定したパラメータは資産の選好に対する値が小さく設定されているため，被害軽減額による期待効用水準への影響が小さくしか表れてきていないことが考えられる．

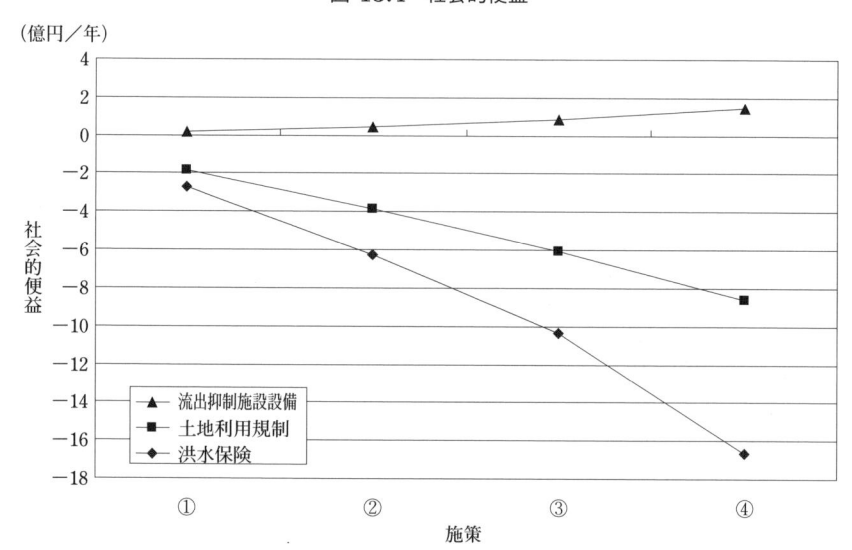

図 13.4 社会的便益

(億円／年)

縦軸: 社会的便益
横軸: 施策 ①②③④

凡例:
- ▲ 流出抑制施設設備
- ■ 土地利用規制
- ◆ 洪水保険

これについてはパラメータの感度分析を行うことを今後の課題としたい。

4.2 施策を組み合わせて実施した場合

3種類の施策を組み合わせて実施した場合について，シミュレーションを行った結果の一部を図 13.5，13.6 に示す．図 13.5，13.6 はすべて 2 種類の流出抑制施設整備（各図とも左側：施策なし，右側：40,000m^3）を基準として，土地利用規制と洪水保険を組み合わせて実施した場合の結果を示している．図 13.5 は水害危険地区（地区 1）の世帯数を示しており，被害ポテンシャルの一部を表している．図 13.6 は地域全体の社会的便益を示しており，社会厚生を表している．

施策を組み合わせて行っても，地区 1 の世帯数は減少する．したがって，流出抑制施設整備を行っても土地利用規制や洪水保険制度整備という施策を組み合わせて行えば，被害ポテンシャルを減らす可能性がある．また，施策を組み合わせて行った場合には，どの組合せを実施しても世帯の総効用が減少するだけでなく，地域全体の社会的便益もマイナスになってしまうとい

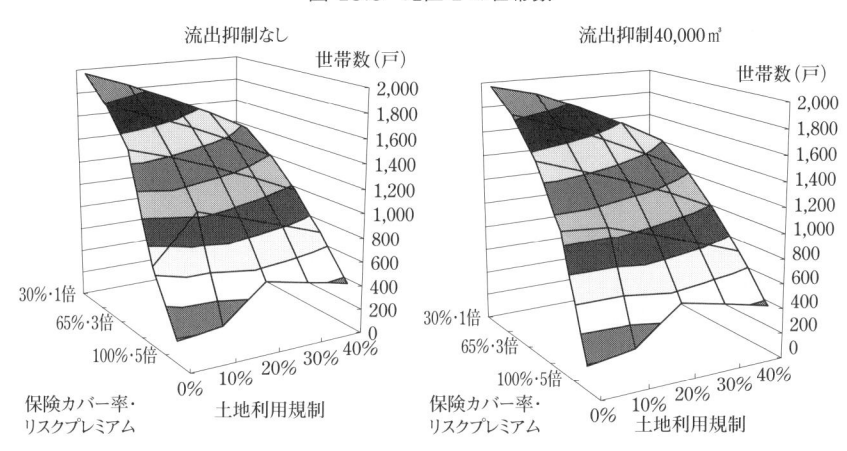

第 13 章　土地利用変化を考慮した防災の経済評価

図 13.5　地区 1 の世帯数

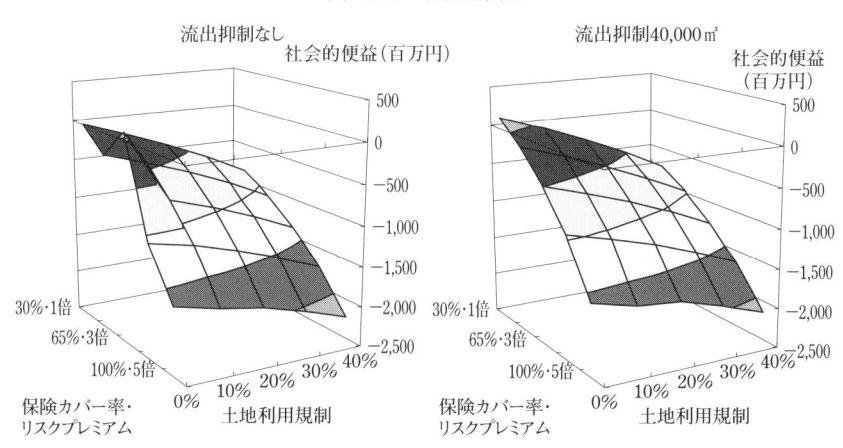

図 13.6　社会的便益

う結果となった。これは流出抑制施設整備による効用や社会的便益の増加分よりも，他の2つの施策による減少分の方が大きいためである。すなわち，施策を組み合わせて行った場合には，流出抑制施設整備による効果は，洪水保険と土地利用規制による効果に比べて小さいことになる。

5. おわりに

　本章では，従来では同時に評価することが難しかった洪水保険，土地利用規制，治水（流出抑制）施設整備という3種類の施策について，同時かつ整合的に評価することができるモデルを構築した．また，本評価モデルは，各地区の世帯数や企業数を推定できることから被害ポテンシャルについても評価することが可能である．シミュレーション結果においては，流出抑制施設整備だけがわずかながら効果がある一方で，被害ポテンシャルを増加させることになることが示された．逆に，土地利用規制や洪水保険は効果は得られないものの，被害ポテンシャルを減少させることが示された．これについてはもう少し詳細なデータを用いることやパラメータの感度分析を行うとともに，モデルの改良についても検討していきたいと考えている．特に，本モデルでは保険料やカバー率などを外生的に与えているため，今後は公的関与のあり方や再保険およびその他の資産市場も含め，洪水保険システムの成立条件を踏まえたモデリング（Ekenberg et al. 2003; Brouwers 2003）を行い，実現可能性を考慮したうえで検討できるようにする必要があると考えている．さらに，モデルの中にまだ評価されるべきである施策の効果，例えばカタストロフ性や当該地区に対する安心感のようなものが十分評価できていないと思われるため，これらについても考慮できるようなモデルに改良するとともに，計算過程において精緻化していきたい．

第14章 ライフラインシステムのリダンダンシーの評価

谷本　圭志

1. はじめに

　阪神・淡路大震災の教訓の1つとして，ライフラインシステムのリダンダンシーの確保がある。限られた予算制約のもとで，ライフラインの管理者は効果的にリダンダンシーを確保する必要に迫られており，そのためにはリダンダンシーの確保によって得られる効果を評価しなくてはならない。すでに定着したリダンダンシーの定義があるとはいいがたく，ここでは，システムを構成する要素（施設や部品，系。オペレーションズ・リサーチの分野においては「ユニット（unit）」と一般的に呼ばれている）を増やすことの効果をリダンダンシーを確保することのそれと解釈する。従来，リダンダンシーの評価は主に確率論に基づいた信頼性や冗長性の観点からオペレーションズ・リサーチの分野で発展してきた（日本信頼性学会編 1997; 三根・河合 1998）。また，具体的な対象として，道路システムを対象とした高山・大野（1988），高山（1989），朝倉他（1998），岡田他（1999），南他（1997），上水道システムを対象とした磯山・片山（1982），市東・星谷（1998），山本他（2001a,b），電力システムを対象とした朱牟田他（1995）などがある。これらはいずれもシステムを構成する要素の故障に対するシステム全体の機能を評価したものと考えられる。しかし，これらの既存の指標と経済性との関係は必ずしも自明ではない。

　リダンダンシーを確保することの経済的観点における主な意義として，①故障時における損失を軽減する，②システムの保全性を向上させることがある。①はシステムを構成するある要素が故障しても他の要素が機能していれば，システム全体としての最低限の機能を維持し，社会に与える損失を

小さくすることができることを意味している。リダンダンシーそのものを評価するものではないが，①の観点における評価に適用することができる方法論，つまり，故障時における損失の計測に関しては多くの研究が蓄積されている（例えば，朱牟田他（2002），杉田・野崎（1998）など）。また，岩瀬・林山（1998）はリダンダンシーの確保に伴う非利用価値を CVM（Contingent Valuation Method）を用いて評価している。非利用価値もシステムの故障に対する社会的損失の軽減効果の一部であるとすれば，これらの従来の研究は①の観点における評価が主であるといえる。

　リダンダンシーが乏しいシステムは，1つの要素だけであってもそれが故障するとシステム全体の機能が大幅に低下するため，通常時に適切な保全を行うことで故障の機会を減じることが要請される。しかし，保全を実施するには一定の期間内にシステムの機能をすべてないしは部分的に制限しなくてはならない。例えば，水道システムを更新する場合，その工事を実施している間は給水を停止するか，迂回用の水道管を設置もしくは応急給水するなどの措置を講じることになるが，いずれにしても通常時に比べた利便性の低下は不可避的である。道路を補修する場合についても同様であり，身近に体験する道路工事時での交通渋滞を思い浮かべると機能の制限が必ず伴うこと，その間での社会的な影響がいかに大きいかは容易に想像がつくであろう。リダンダンシーが十分に確保されていれば，システムのある1つの要素を保全している間の代替機能を他の要素が担いうるため，保全を実施している間の社会的影響を小さくすることができる。しかし，リダンダンシーのないシステムにおいてはそうすることができず，機能の制限が直ちに社会的影響を発生させることから，現実には保全の実施自体が不可能である。よってリダンダンシーの確保はシステムの保全性を高めることに寄与する。先述の②の観点は，この寄与のことである。

　しかし，この観点に基づいたリダンダンシーの経済的評価の蓄積は社会基盤整備の分野においては十分になされていない。一方，オペレーションズ・リサーチにおいてはシステムの保全性に関して研究の蓄積がある（研究のレビューについては Wang（2002），Cho and Parlar（1991）を参照されたい）。それらの研究のトピックは「取り替え問題（replacement problem）」と呼ばれており，システムがどのような状態にある場合にどのような維持管理を行うべきか（更新するか，何もしないでおくかなど）といった保全政策についての成

果が蓄積されている．もっとも，そこではリダンダンシーという概念は少なくても明確には出ておらず，単一の構成要素から成るシステムの最適な保全政策が議論の中心であり（例えば Kawai et al. (2002)），複数の構成要素を対象とした研究であっても保全政策の最適性（例えば van der Duyn Schouten et al. (1990)）や計算のアルゴリズムの開発（Dekker 1995）が中心であり，リダンダンシーの評価を直接的な目的とした研究は見られない．

　取り替え問題のモデルにはいくつかの分類があり，その 1 つに「総期待割引費用（total expected discounted cost, 単に total cost と呼ぶ場合もある）」を最小化する保全政策を動的計画問題として定式化するアプローチがある．ここに，「総期待割引費用」とは，今から将来までに発生する期待費用の現在価値である．このアプローチに基づくモデルを援用することで，システムの保全性の向上をも踏まえたリダンダンシーの確保の効果を経済的に評価することが可能である．

2. 基本モデル

　まずは，単一の要素から構成されているシステム，つまり，リダンダンシーが確保されていないシステムを想定しよう．システムの劣化の状態を離散値 i で表し，$i \in \{0, 1, \cdots, s+1\}$ とする．ここに，0 は新品同様の劣化状態であり，数値が大きくなるほど劣化が進行していることを表し，$s+1$ は故障状態を表している．時間を等間隔に離散的に区分し，任意の時間を時期と呼ぶ．システムの管理者は各時期にシステムの劣化状態を観測することができ，観測した劣化状態に基づいてシステムを更新するか何もしないかのいずれかの行動をとるものとする．劣化状態が i のもとで更新を行う場合には当該の時期に更新費用 $C(i)$ を要し，次期の劣化状態が 0 となる．何もしなかった場合には当該の時期に運転費用（いわゆるオペレーションのための費用のみならずその間に発生する社会的な損失，例えば水道システムにおける漏水に伴う損失などを含む）$L(i)$ が発生し，次期までに劣化が進行する．現在の劣化状態が i であるもとでの次期の状態 j は推移確率 p_{ij} で表される．なお，更新せずにシステムの劣化状態が改善することはない．つまり，$p_{ij} = 0 \ (j < i)$ である．地震などの災害による劣化（被災）の過程もこの推移確率に反映されているものとする（注：任意の時期における地

震の状態を明示してモデル化することもできる.谷本他(2003),Tanimoto et ai. (2005)を参照のこと).当該の時期に劣化状態がiである場合に,その時期以降に最適な行動を選択した場合に現在から無限遠までに生じる期待費用の現在価値を最適値関数(value function)$V(i)$で表す.1期当たりの割引因子を$\beta\,(0<\beta<1)$で表すと,システムの管理者が更新した場合の期待費用の現在価値$R(i)$と何もしなかった場合のそれ$W(i)$は次式で表される.

$$R(i) = C(i) + \beta V(0) \tag{14.1}$$

$$W(i) = L(i) + \beta \sum_{j=i}^{s+1} p_{ij} V(j) \tag{14.2}$$

任意の時期においてシステムの管理者は期待費用の現在価値の小さな行動を選択することが費用最小化の意味で合理的である.以後,政策(policy)とは各劣化状態に対してどの行動を割り当てるのかを意味するものとする.すると,最適な保全政策は次式の動的計画問題として定式化できる.

$$V(i) = \min\,[R(i), W(i)] \tag{14.3}$$

以下の性質が満たされている場合,制御限界政策(control limit policy)が費用最小化の観点で最適な保全政策となる.

1) $C(i), L(i), L(i) - C(i)$がiに関して非減少.
2) 任意のkに対して$\sum_{j=k}^{s+1} p_{ij}$がiに関して非減少.

制御限界政策とは,システムの劣化状態に関して閾値(これを「制御限界状態(control limit state)」という)が存在し,その閾値を超えると更新を選択し,そうでない場合には何もしないことが合理的であるという通常のわれわれの直感にあう政策である.この命題の証明は,2)が成立するもとではiに関して非減少な任意の関数$f(i)$について任意のkに対して$\sum_{j=k}^{s+1} p_{ij} f(i)$が$i$に関して非減少であること,逐次近似法という動的計画問題の数値解法を用いることによってなされる.その詳細は三根・河合(1998),Kawai et al.(2002)を参照されたい.

(14.3)式に示す動的計画問題を解くことにより,現在のシステムの劣化状態がiである場合での期待費用の現在価値が$V(i)$として得られる.

第 14 章 ライフラインシステムのリダンダンシーの評価

システムの構成要素を 1 つ付加することで得られるリダンダンシーの経済効果を評価する場合，(14.1)，(14.2)，(14.3) 式は以下のように修正される．ただし，要素の集合を $N = \{1, 2\}$ とし，それぞれの要素の任意の劣化状態を i_1, i_2 で表し，要素 $n \ (\in N)$ の運転費用，更新費用をそれぞれ L_n，C_n，双方の要素を同時に更新する場合の更新費用を C_{12} で表す．また，要素 n のみを更新する場合の期待費用の現在価値を R_n，双方の要素を同時に更新する場合のそれを R_{12} で表す．

$$R_1(i_1, i_2) = C_1(i_1, i_2) + L_2(i_1, i_2) + \beta \sum_{j_2=i_2}^{s+1} p_{i_2 j_2} V(0, j_2) \tag{14.4}$$

$$R_2(i_1, i_2) = L_1(i_1, i_2) + C_2(i_1, i_2) + \beta \sum_{j_1=i_1}^{s+1} p_{i_1 j_1} V(j_1, 0) \tag{14.5}$$

$$R_{12}(i_1, i_2) = C_{12}(i_1, i_2) + \beta V(0, 0) \tag{14.6}$$

$$W(i_1, i_2) = L_1(i_1, i_2) + L_2(i_1, i_2) + \beta \sum_{j_2=i_2}^{s+1} p_{i_2 j_2} \sum_{j_1=i_1}^{s+1} p_{i_1 j_1} V(j_1, j_2) \tag{14.7}$$

$$V(i_1, i_2) = \min \left[R_1(i_1, i_2),\ R_2(i_1, i_2),\ R_{12}(i_1, i_2),\ W(i_1, i_2) \right] \tag{14.8}$$

当初から存在していた要素を 1，付加されたそれを 2 とする．すると，第 1 節で言及した①の効果，すなわち，1 つの要素が故障しても他の要素が機能していれば，発生する損失を少なくすることができることは，次式が成立していることに対応している．

$$L_1(s+1, i_2) \leq L(s+1) \tag{14.9}$$

同様に，リダンダンシーを確保することで更新時に生じる社会的な損失が軽減されることは，以下の式が成立している場合に相当する．

$$C_1(i_1, i_2) \leq C(i_1) \tag{14.10}$$

以上より，1 つの要素を付加してシステムのリダンダンシーを確保したことに伴う期待費用の軽減額は次式のように得られる．ただし，要素 2 を付加した際の要素 1 の劣化状態が i_1 であり，要素 2 は新品，すなわち劣化状態

は 0 であるとする。
$$V(i_1) - V(i_1, 0) \tag{14.11}$$

以上は 1 つの要素を付加することによってリダンダンシーが確保された結果，無限遠までの期待費用の現在価値がどれだけ軽減できるかを評価する例である。この例を要素の数に関して一般化することは定式化上は容易である。システムが m 個の要素から構成されている場合，最適値関数を各要素の劣化状態の関数，すなわち $V(i_1, i_2, \cdots, i_m)$ として動的計画問題を解けば期待費用の現在価値の軽減額を (14.11) 式と同様に求めることができる。しかし，要素の数の増加に対して求めなくてはならないが変数の数が指数的に増加し，動的計画問題は NP-hard 問題となってしまう。このため，複数の要素から構成されるシステムについては，その解法のためのアルゴリズムを用いることが提案されている（例えば Dekker (1995)）。しかし，システムがネットワークである場合に生じる外部性，つまり，当該の要素の更新，運転費用は他の要素の劣化状態に依存するという構造を踏まえて適切に計算する手法は未だ提案されておらず，今後の研究課題となっている。

3. 分析例

利用者への水供給を 1 つの水源に依存している地域においては，水源からその地域までの送水システム（以後，単に「システム」という）は事実上の「生命線」である。リダンダンシーがまったく確保されていないシステムにおいては，システムが故障すると地域への水供給は停止し，多大な損失が発生する。このため，故障を未然に防ぐためには，通常時からのシステムの保全が重要となる。しかし，保全の際に水の供給を一時的に停止することが余儀なくされ，給水車での配水などの代替手段によったとしてもその費用や利用者への不便の大きいことから，実際には保全を実施しえない状況にある。このため，水道管理者がとりうる唯一の保全政策は「故障したら更新する」とならざるをえないが，故障の際に生じる社会的な損失も大きいことから，リダンダンシーの確保が検討に値する方策である。以下では，以上に示した想定のもとにある送水システムを取り上げ，そのリダンダンシーを高めることによって期待費用の現在価値の軽減額を算出する例を示す。ただし，送水システムを対象とする際には以下の点に留意が必要である。

- システムは地中に存在していることが一般であり，その劣化状態を常時観測することはできない．劣化状態を観測するには点検を要する．（不完全情報）
- ただし，システムが故障した場合には，その異変に水道管理者が気づくことが自然と考えられる．つまり，システムが故障状態にあった時にのみ水道管理者は点検せずとも劣化状態を観測することができる．（部分観測性）

この2つの性質を考慮すると，前節で述べた基本モデルを拡張したモデルを構築する必要がある．以下では，そのモデルの定式化を行うとともに，そのもとでの最適な保全政策の分析を行ったうえで，期待費用の現在価値の軽減額を算出する．

3.1 定式化

既存の送水システムを構成する要素の任意の劣化状態を i で表す．新規に付加する要素は鋳鉄管などの耐劣化性能が非常に高いものであるとし，劣化は生じないものとする．つまり，新たに付加する要素の劣化状態はつねに 0 であり，定式化においては付加する新たな要素の劣化状態の記述を省略する．水道管理者のとりうる行動は，既存の要素の劣化状態が観測された際に「更新する」か「何もせずに次回の点検までの間隔を決める」のいずれかとする．ただし，故障状態が観測された際には，直ちに更新するものとする．以下に示す変数 V, R, H における添字はリダンダンシーの確保の有無（有 1，無 0）を表している．

・リダンダンシーを確保しない場合の期待費用の現在価値 V_0

この場合，水道管理者は要素を点検して劣化状態を観測することができないことから，次式のように定式化することができる．ただし，$\alpha_i = p_{i\ s+1}$ である．

$$R_0(i) = C_0(i) + \beta V_0(0) \tag{14.12}$$

$$V_0(i) = L_0(i) + \beta \sum_{j=i}^{s} p_{ij} V_0(j) + \beta \alpha_i R_0(s+1) \tag{14.13}$$

・リダンダンシーを確保した場合の期待費用の現在価値 V_1

この場合，水道管理者は要素を点検して劣化状態を観測することができることから，次式のように定式化することができる．ただし，I は点検費用である．点検は当該の時期に即座に行われ，点検によって劣化状態が i と観測された後に，その際に更新をせずに T 期間後に再点検する場合の期待費用の現在価値を $H_1(i;T)$ で表している．

$$R_1(i) = C_1(i) + \beta V_1(0) \tag{14.14}$$

$$H_1(i;T) = L_1(i) + \beta \sum_{j=i}^{s} p_{ij} H_1(j;T-1) + \beta \alpha_i R_1(s+1) \tag{14.15}$$

$$H_1(i;0) = I + V_1(i) \tag{14.16}$$

$$V_1(i) = \min\left[R_1(i), \min_{1 \leq T \leq \infty} H_1(i;T)\right] \tag{14.17}$$

3.2 最適な保全政策の分析

(14.14)〜(14.17) 式に示すように，ここでの動的計画問題は前節で示したそれより幾分複雑な構造を有している．よって，前節に示した制御限界政策の十分条件をこれらの式に対してそのままあてはめることはできない．詳細は Tanimoto et al. (2005) に譲るが，基本的には前節と同様のプロセスを経ることで制御限界政策の最適性を導くことができる．以上に留意すると，第2節に示した1)，2) に加えて以下の条件が成立している場合に制御限界政策が十分最適である．

3) $L_1(i) \leq (1-\beta)C_1(s+1)$, $(\forall i \leq s)$
4) $C_1(i) + I \leq C_1(s+1)$, $(\forall i \leq s)$

3) は故障状態における事後的な更新の費用 $C_1(s+1)$ がそれ以外の任意の状態での（その状態が将来無限遠までに継続した場合の期待値としての）運転費用よりも大きなことを，4) は事後的な更新の費用がそれ以外の任意の状態での更新費用と点検費用の和よりも大きなことを要請している．すなわち，故障状態における更新に多大な損失が発生するシステムにおいては，制御限界政策が十分に最適な保全政策となる．

3.3 期待費用の現在価値の軽減額の算出

1期間を1年とし，各費用が表14.1，推移確率は (14.18) 式のように与えられているとする．実際問題へ適用する場合には，更新費用や運転費用は本書の第4章で紹介されているような経済評価の手法を用いて与える必要がある．

$$p_{ij} = \begin{pmatrix} 0.8 & 0.1 & 0.1 & 0.0 \\ 0.0 & 0.7 & 0.2 & 0.1 \\ 0.0 & 0.0 & 0.6 & 0.4 \\ 0.0 & 0.0 & 0.0 & 1.0 \end{pmatrix} \tag{14.18}$$

求められた期待費用の現在価値を表 14.2 に示す．新しい要素を付加した場合には，劣化状態が 0 もしくは 1 である時には何もしない場合の期待費用が更新する場合のそれよりも小さいことから何もしないことが最適であり，

表 14.1 計算に使用したデータ（費用の単位：百万円）

更新費用	$C_1(0), C_2(0)$	50	運転費用	$L_1(0), L_2(0)$	5
	$C_1(1), C_2(1)$	50		$L_1(1), L_2(1)$	5
	$C_1(2), C_2(2)$	50		$L_1(2), L_2(2)$	5
	$C_1(3), C_2(3)$	100	点検費用	I	5
			割引因子	β	0.96

表 14.2 期待費用の現在価値（単位：百万円）

$V_1(0)$	337.0	$R_1(0)$	373.5	$W_1(0)$	337.0	$V_0(0)$	341.8
$V_1(1)$	367.4	$R_1(1)$	373.5	$W_1(1)$	367.4	$V_0(1)$	374.4
$V_1(2)$	373.5	$R_1(2)$	373.5	$W_1(2)$	385.7	$V_0(2)$	399.6

表 14.3 点検間隔（単位：年）

劣化状態	点検間隔
0	5
1	3

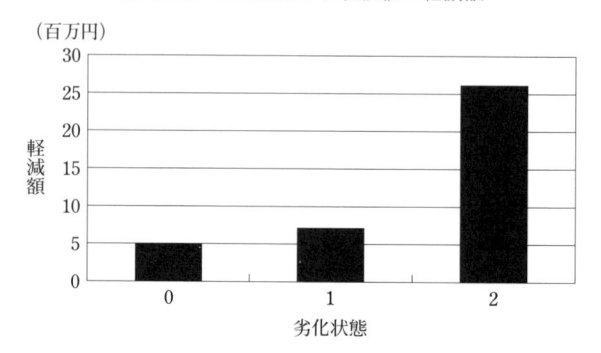

図 14.1 期待費用の現在価値の軽減額

劣化状態が 2 である時は更新することが最適であることがわかる。つまり，制御限界政策が最適な保全政策となっている。これは，ここで示した例が 3) を満たしており，4) は満たされていないもののその程度はわずかであり，また，4) は制御限界政策の十分条件であることから，結果的に制御限界政策が最適となったと考えられる。表 14.3 に示すように，何もしない場合には，劣化状態 0 においては 5 年後に，劣化状態 1 においては 3 年後に再点検をすることが最適である。リダンダンシーを確保することによって軽減できる期待費用の現在価値，すなわち $V_0(i) - V_1(i)$ を図 14.1 に示す。劣化が進行しているほど，リダンダンシーを確保することに伴う期待費用の軽減額が大きい結果となっている。

4. おわりに

本章では，ライフラインシステムのリダンダンシーを確保することが，システムのある構成要素が故障したとしても機能している他の要素を利用することでシステム全体としての機能を維持する効果をもたらすのみならず，通常時におけるシステムの保全性の向上に寄与し，ひいては故障を生じにくくする効果をもたらすことに着目し，その観点に基づいてシステムの運用に際して生じる期待費用の現在価値がどれだけ軽減できるかを評価する方法を示した。

この方法を実際問題に適用する場合にはいくつかの課題がある。その1つは，すでに述べたように，要素の数が多いと計算量が膨大となり，解が算出できなくなるという点である。これについては，要素の数が多い場合に適用可能な計算アルゴリズムを援用する，要素の区分に配慮して要素の数をいたずらに増やさない，劣化状態についても同様にシステムの管理者の意思決定に意味を持つ状態区分を行うなどがその基本的な対処方法となる。それ以外にも，以下の点について留意する必要がある。

- 劣化状態をどのように定義すべきかについては明確な考え方はない。例えば，水道システムの場合には漏水量や水道管の構造的・物理的強度など，ここで示したモデルの状態として用いることができるいくつかの候補があり，そのどれを用いるのか，もしくはどのように総合化するのかはこの方法を利用する者が判断しなくてはならない。
- 推移確率を適切に推計するためのデータが十分に整備されていない。例えば，現在供用されている施設のこれまでの更新や補修の履歴が明らかでない場合には，これまでにどれだけの自然の劣化過程に曝され，またどれだけ人為的な制御が施されたのかを知りえないため，自然の劣化過程のみを分離して推計するのは困難である。このような制約のもとでの具体的な推計方法は貝戸他（2003）が参考となる。

第15章 多地域経済システムにおける分権的災害リスクマネジメント

横松 宗太

1. はじめに

　巨大自然災害が発生すれば，家計や企業の家屋や施設だけでなく，社会基盤施設も被害を受ける可能性がある。地域の社会基盤施設（地方公共財）に大規模なダメージが発生した場合，その復旧のために地域政府は多額の支出を余儀なくされる。それにより地域政府の財政収支が極めて悪化するという事態も生じうる。よってそのような事態を避けるためには，事前に社会基盤施設に対する防災投資（災害リスクコントロール）を適切に実施することが重要となる。

　災害リスクのコントロールは，それを最も効率的に遂行できる主体が行うことが望ましい。地域政府は多くの社会基盤施設（地方公共財）を供給している。よってそれらの社会基盤に対する防災投資は，それらを管理する地域政府が地方分権的に実施することが望ましい。その一方で，自然災害後の円滑な復旧・復興活動を確保するために，被災地域の地域政府に財政的な支援を行う制度の必要性が議論されている。しかし危険地域の地域政府が常に中央政府による被災時の救済処置を期待することになれば，社会基盤施設に対する事前の防災投資が過小になる危険性も存在する。

　一方，家計が地域間を自由に移動する場合，自身の地域選択が移動前後に居住する地域における災害リスクの大きさや地域政府の財政構造に及ぼす影響を考慮しない。このような家計の地域間移動に伴う外部経済性が存在するため，地域政府の分権的防災投資により災害リスクのパレート最適な地域間配分が実現する保証はない。この場合，中央政府が地域間の財政移転を通じて積極的に地域政府の災害保険会計に介入することにより，地域政府に対

して社会的に最適な防災投資を行うように誘導することが必要となる。

　家計の自由な地域間移動がもたらす種種の外部経済性の問題は，多地域空間経済において最も重要なテーマの1つとして位置付けられている。地域間の災害リスク配分問題においては，家計が移動することによって地域リスクが変化する。また，ある地域の防災投資の影響は，家計の移動や地域政府間のリスクファイナンス市場を通じて他の地域に波及する。しかし地域政府は自身の防災投資が家計の居住地選択や他地域に与える影響を考慮に入れない場合がある。本章では種種の外部経済性が混在する多地域経済において，地域政府が分権的に社会的に最適な防災投資を実現する方策について検討する。以下，第2節では，多地域経済システムにおける地域政府による災害リスクマネジメントの問題を，地方公共財の地域間配分問題の枠組みに対応付ける。また地域間リスク配分に関するいくつかの研究について紹介する。第3節では，地域政府による分権的防災投資問題における均衡解とファーストベスト解を示す。第4節では，地域政府による分権的防災投資と代替的なリスクファイナンス施策を組み合わせ，望ましい地域間災害リスク配分を達成する方法について検討する。第5節では今後の課題を述べる。なお本章は横松他（2001）に基づいている。モデルの詳細な分析は元論文を参照されたい。

2. 災害リスクと多地域経済システム

　自然災害は局地的な現象である。その一方，ある地域で地震が発生すれば，住民数にかかわらずすべての地域住民が地盤の揺れをうけるという非競合性を有している。また事前においてはすべての地域住民が等しい災害の生起確率に直面する。一方，地域には多数の地方公共財としての社会基盤施設が存在する。社会基盤施設への耐震化や耐水化等の防災投資は，地方公共財の機能レベルの向上を意味する。また，堤防や広域防災拠点等の防災施設も地方公共財である。災害予測技術やGIS，災害注意報・警報，避難誘導等も地方公共財といえる。それらのレベルは地域住民のリスク選好等に応じて決定されることが望ましい。一方，地域の相互保険システムや共済組合等はクラブ財的な性格を持つ。保険金や支援金そのものは私的な消費に換えられるものであるが，システムの存在がもたらす事前のリスクプレミアムの軽減便

益は会費を支払った家計に共同で享受される。そして，家計は自身のリスク選好に従って地域を自由に選択する。その際に自身の地域選択が移動前後に居住する地域における災害リスクの大きさや地域政府の財政構造に及ぼす影響を考慮しない。それによって家計の地域間移動は財政的外部経済性を伴う。以上のように，自然災害リスク（以後「災害リスク」と略記する）の地域間配分の問題は，地方公共財の地域間配分の問題としての性格を持つ。

多地域経済を対象とした地方公共財の地域間配分の理論に関しては，Tiebout (1956) や Oates (1972) をはじめとした膨大な蓄積によってすでに研究系譜が形成されている。地方公共財の理論において最も重要な問題の1つが家計の地域間移動に伴う外部経済性の問題である。これまでに技術的外部経済性，財政的外部経済性，金銭的外部経済性や移動費用外部経済性など，さまざまな想定の下で種種の外部性が発生しえることが示されてきている。そして中央政府の介入等を通じた外部経済性の内部化の可能性と方法論が検討されてきている。

そして最近では地域間におけるリスク分担関係に関する研究も発展している。1990年前後より EU の経済統合を念頭においた，連邦制における地域政府間（ヨーロッパの場合は国家間）のリスク配分の研究が蓄積されつつある。労働や資本の可動性の向上が，他地域へのリスク移転や地域間のリスク配分に与える影響に関する分析が進んでいる。例えば Wildasin (1995) では，地域間移動費用の大きさが労働のような動く要素の所有者と，土地のように動かない要素の所有者の間のリスク配分を決定する構造を示している。また Hercowitz et al. (1991) では近視眼的でない政府を仮定して，相対的に豊かな資源を保有する地域の政府が他地域へのギフトを通じて社会全体のリスクマネジメントに貢献する可能性について検討している。ここでも移動費用の大きさが地域政府の行動に決定的な影響を与えることになる。一方，災害リスク管理問題における防災投資のように，リスクそのものを制御する緩和投資行動（mitigation）を組み込んだ地域間一般均衡モデルに関しては，現状では蓄積が少ない。そのような中で，Persson et al. (1996) は連邦政府が実行するリスク配分政策が，地域政府の地域内保険システムや緩和投資に与える影響について分析している。EU 型とアメリカ合衆国型の2タイプの連邦制を場合分けして，2段階の政府の財政政策の政治的均衡を導出している。ただしそこでは対称的な2地域のモデルが定式化され，それによって人

口移動に伴う問題が排除されている．

　一方，わが国の土木計画学の分野に目を転じれば，いくつかのグループが災害リスク下の地域間一般均衡分析を展開している．横松他（2000b）は地方自治体が地域住民から徴収した税を原資に市場で Arrow 証券型災害保険を購入するモデルを定式化している．また，庄司他（2001）は2地域2財一般均衡モデルを定式化し，2地域がそれぞれ1種類の財の生産に特化し，他方の財を他地域から移入する構造を有する場合の災害リスクの空間的相関性を分析している．また，高木他（1996）や上田（1997）は災害現象の局地性に着目し，家計や企業の立地行動を扱った一般均衡モデルを開発している．そこでは防災投資による資産価値の増大効果の計測に主眼がおかれている．

3. 分権的災害リスクマネジメントと地域間均衡

3.1　分権的防災投資モデル

　多地域経済システムのモデル化にはさまざまな枠組みがあるが，本章では以下のように設定する．本章では非対称的な2地域で構成される社会を考える．地域政府は自身の行動が他地域政府の行動や家計の人口移動，市場価格に及ぼす影響を考慮に入れず，自地域家計の期待効用水準のみを最大化するように災害リスクマネジメントを行う．一方，家計は自身の居住地選択行動が移転前後の地域の災害リスクに及ぼす影響を考慮に入れず，自身の期待効用水準が最大となるように居住地域を選択する．家計の地域間移動には費用がかからないとし，またリスク事象の事前の移動を対象とする．

　災害が生起する可能性がある危険地域 h（hazardous）と，確実に災害が起こらない安全地域 s（safe）で構成される社会に N 人の家計が居住する．各家計はどちらかの地域に居住し，居住地域の生産に1単位の労働を提供して賃金を得る．危険地域 h は人口 n_h に関して収穫逓減な生産技術 $f(n_h:\bar{K})$ を有する．$\bar{K}$ は歴史的に与えられた社会基盤であり与件としよう．なお，表記の簡単化のため $\bar{K}$ を省略し，危険地域の生産関数を $f(n_h)$ と表現する．$f'(n_h) > 0$, $f''(n_h) < 0$ を仮定する．なお「$'$」は1価関数における1階微分を，「$''$」は2階微分を表す．一方，安全地域 s は危険地域 h と比べて圧倒的に大きいものとする．安全地域 s は人口 n_s に関して収穫一定の生産技術

$f_s(n_s) = n_s$ を有すると仮定する[1]。$n_h + n_s = N$ が成立する。

危険地域 h ではある期間に2種類の状態が生起しうる。すなわち災害が到着しなかった状態「平常時 $(j=0)$」と到着した状態「災害時 $(j=1)$」が,それぞれ確率 $1 - \pi(g), \pi(g)$ で生起すると仮定する。ただし g は防災施設水準である。そして災害時には地域 h の社会基盤の一部が損なわれる。災害後,社会基盤の損壊は完全に修復され,災害時の生産機能(労働の限界生産性)には影響が及ばないと仮定する。現実には,災害により家計や企業の資本も損壊する。本章では地域政府による社会基盤に対する防災投資と災害後の復旧費用負担に焦点をあてるため,私的部門における資産喪失の問題は取り上げない。危険地域で生じる被害額は社会基盤の復旧費用で表される。家計数に応じて社会基盤のストック量が異なり,被害額は家計数の関数として $L(n_h)$ と表される。ただし $L'(n_h) \geq 0, L''(n_h) \geq 0$ を仮定する。また危険地域では事前に防災施設を整備することによって,災害の生起確率を減少させることができる。災害の生起確率 $\pi(g)$ は $\pi'(g) < 0, \pi''(g) > 0, \lim_{g \to \infty} \pi(g) = 0$ を満足すると仮定する。また水準 g の防災投資を行う時の費用を $C(g, n_h)$ と表す。$C(g, n_h)$ は $C_g \geq 0, C_n \geq 0, C_{gg} \geq 0, C_{nn} \geq 0, C_{gn} \geq 0$ 満足する。ただし下付きの g, n はそれぞれ g, n_h による偏微分を表す[2]。

すべての家計は同質であり,合成財の消費によって効用を獲得する。家計の効用関数を $U(x_i^j)$ で表す。ここに,x_i^j は地域 i $(i=h,s)$ の状態 j $(j=0,1)$ における1家計当たりの合成財の消費量である。家計はリスク回避的であり,$U'(x_i^j) > 0, U''(x_i^j) < 0$ を仮定する。家計は事前に自由に居住地を選択することができる。ただし被災後における人口移動は生じないと考える。

---

[1] すなわち安全地域に居住する家計の消費は,人口が危険地域との間で出入りすることにより影響を受けない。安全地域において労働力に関して収穫一定の生産関数を仮定することにより,危険地域を open として取り扱うことができる。それと同時に社会の総人口 N を一定として,都市システム全体としては close として取り扱うことに可能となる。これにより,危険地域の地域政府の行動が均衡効用水準に及ぼす影響を容易に評価することが可能となる。

[2] $\partial C(g, n_h)/\partial n_h = 0$ のとき,防災投資は純粋な地方公共財であり,家計はレベル g の防災投資効果を非競合的に享受することができる。また,$C(g, n_h) = \tilde{c}(g) n_h$ で表される時,防災投資は準私的財であり家計は人口水準にかかわらず一定の費用を負担する。前者の例として,治水事業があげられる。治水事業の規模が一定であれば,流域人口が変化しても投資費用は影響を受けない。後者の例としては公共施設の耐震投資等があげられる。人口が大きくなれば必要となる公共施設の整備量が多くなり,それと比例して耐震投資の必要量も増加すると考えられる。もちろん,現実の防災投資の費用は複雑であり,このような簡単な想定が該当する事例は稀である。しかしこのような仮定を設けることにより,防災投資の効果の本質的な性質を理解することが可能となる。

危険地域では，社会基盤に帰着するレントは地域に居住する家計の間で分配される．分権的防災投資モデルでは，事前の防災投資 g や事後の社会基盤の損壊に伴う負債 L の返済は，すべて地域 h に居住する家計が負担すると考える．この時，各地域で生産された財は当該地域の家計消費，防災投資及び災害復旧のために利用され，地域間交易は生じない．

危険地域の政府 h の行動は以下のように定式化される．

$$\max_{x_h^0, x_h^1, g} \left\{ \{1 - \pi(g)\} U(x_h^0) + \pi(g) U(x_h^1) \right\} \tag{15.1a}$$

$$\text{subject to } f(n_h) = n_h x_h^0 + C(g, n_h) \tag{15.1b}$$

$$f(n_h) = n_h x_h^1 + C(g, n_h) + L(n_h) \tag{15.1c}$$

$$x_h^0, x_h^1, g \geq 0 \tag{15.1d}$$

内点解を仮定すると，防災投資水準 g に関する以下の最適化条件を得る．

$$\frac{-n_h \pi'(g)[U(x_h^0) - U(x_h^1)]}{\{1 - \pi(g)\} U'(x_h^0) + \pi(g) U'(x_h^1)} = \frac{\partial C(g, n_h)}{\partial g} \tag{15.2}$$

上式の左辺の分子は1単位の財を防災施設整備に投入した時に地域 h の全家計が獲得する限界期待効用の総和を表している．分母は1単位の財を1人の家計が合成財として消費した時の期待限界効用を表している．したがって，左辺は防災投資の合成財に対する限界代替率を危険地域の家計 n_h に対して集計した値である．一方，右辺は防災投資水準 g に関する限界費用である．(15.2) 式は防災投資に関する Samuelson 条件に相当する．

一方，分権的防災投資モデルでは地域間における財政移転を考慮していないため，安全地域における各状態下の資源制約は次式で表される．

$$n_s = n_s x_s^0, \quad n_s = n_s x_s^1 \tag{15.3}$$

よって $x_s^0 = x_s^1 = 1$ であり，家計の期待効用水準は $EU_s(n_s) = U(1)$ である．

家計は地域間を自由に移動する．地域人口は2つの地域の期待効用水準が等しくなる大きさに決定される．市場均衡は (15.1b), (15.1c), (15.2) 式および

$$\{1 - \pi(g)\} U(x_h^0) + \pi(g) U(x_h^1) = U(1) \tag{15.4a}$$

$$n_h + n_s = N \tag{15.4b}$$

を同時に満足するような g, x_h^j, n_i $(i = h, s)(j = 0, 1)$ として求まる．

3.2 社会的最適配分モデル

分権的防災投資モデルでは，危険地域の地域政府が独自に防災投資を実施するケースを検討した．本節では社会的最適配分解を定義しよう．社会的最適配分モデルでは，中央政府が両地域の社会厚生を最大にするように，危険地域における最適な人口規模，防災投資水準および地域間の財政移転を決定する．ここでは中央政府が両地域で生産された生産物を両地域間で配分すると考える．地域間で事後的に財政移転が実施されるため，安全地域に居住する家計の消費量も状況依存的に変化することになる．また家計が自由に地域間を移動できる環境と整合をとるために地域間の等期待効用制約を設ける．社会的最適配分問題は以下のように定式化される．

$$\max_{x_i^j, g, n_i, \overline{U}} \{\overline{U}\} \tag{15.5a}$$

$$\text{subject to } n_s + f(n_h) = n_h x_h^0 + n_s x_s^0 + C(g, n_h) \tag{15.5b}$$

$$n_s + f(n_h) = n_h x_h^1 + n_s x_s^1 + C(g, n_h) + L(n_h) \tag{15.5c}$$

$$\{1 - \pi(g)\}U(x_h^0) + \pi(g)U(x_h^1) = \overline{U} \tag{15.5d}$$

$$\{1 - \pi(g)\}U(x_s^0) + \pi(g)U(x_s^1) = \overline{U} \tag{15.5e}$$

$$n_h + n_s = N, \quad x_i^j, g, n_i \geq 0 \tag{15.5f}$$

ただし $\overline{U}$ は代表的家計の期待効用水準である．内点解を仮定すると，各地域での状態間の消費量に関して以下の関係が成立する．

$$\text{MRS}_{h01} = \text{MRS}_{s01} \equiv \text{MRS}_{01} = \frac{\{1 - \pi(g)\}U'(x_i^0)}{\pi(g)U'(x_i^1)} \quad (i = h, s) \tag{15.6a}$$

$$x_h^0 = x_s^0 \equiv x^0, \quad x_h^1 = x_s^1 \equiv x^1 \tag{15.6b}$$

ただし，MRS_{i01} は地域 i の家計の期待効用 $EU_i(x_i^0, x_i^1)$ における条件付き財 x_i^0 と x_i^1 の間の限界代替率を表す．(15.6a) 式は地域 h と地域 s の家計の間の，条件付き財の事前的意味でのパレート最適配分条件にあたる．また (15.6b) 式は等期待効用制約 (15.5d)，(15.5e) より得られる（付録参照）．地域間で限界代替率のみならず状況依存的な消費量，効用水準も一致することがわかる．また最適人口配分条件は次式のように与えられる．

$$\{1-\pi(g)\}U'(x^0)\left\{f'(n_h)-x^0-\frac{\partial C(g,n_h)}{\partial n_h}\right\}$$
$$+\pi(g)U'(x^1)\left\{f'(n_h)-x^1-\frac{\partial C(g,n_h)}{\partial n_h}-L'(n_h)\right\}$$
$$=\{1-\pi(g)\}U'(x^0)\{1-x^0\}+\pi(g)U'(x^1)\{1-x^1\} \quad (15.7)$$

それぞれの中括弧は各状態における地域の労働の純社会的限界生産物を表す．換言すると，各地域・各状態下において，追加的に 1 家計が転入してきたときに，当該家計が地域にもたらす生産の増分から自身が消費するための合成財や防災投資の供給費用の増分，災害時の損失の増分を差し引いた水準，すなわち限界的家計の地域に対するネットの貢献を意味する．社会的最適人口配分は，状況依存的限界効用で重み付けをした期待社会的純限界生産物が地域間で等しくなるように決められる．社会的最適防災投資水準は以下の Samuelson 条件を満足する水準に決まる．

$$\frac{-N\pi'(g)[U(x^0)-U(x^1)]}{\{1-\pi(g)\}U'(x^0)+\pi(g)U'(x^1)}=\frac{\partial C(g,n_h)}{\partial g} \quad (15.8)$$

ここでは支払意思額を社会全体の N 人の家計で集計している．

社会的最適配分モデルでは，中央政府が地域の生産水準，防災投資水準，地域間財政移転を決定できる．このモデルにおいて中央政府は，①事前の時点における地域間資源配分（リスクコントロール），②事後の時点における地域間所得配分（リスクファイナンス）を決定する．中央政府のリスクコントロールの目的は，事前の時点における社会全体における効用タームで表現した期待社会的純生産物の最大化にある．状況 j $(j=0,1)$ における社会全体の純生産物（= 消費量）X^j は

$$X^0 \equiv n_h x_h^0 + n_s x_s^0 = n_s + f(n_h) - C(g,n_h) \quad (15.9\text{a})$$
$$X^1 \equiv n_h x_h^1 + n_s x_s^1 = n_s + f(n_h) - C(g,n_h) - L(n_h) \quad (15.9\text{b})$$

と表せる．最適人口配分条件（15.7）の左辺は地域 h の状況依存的限界効用で重み付けされた期待社会的純限界生産物を，右辺は安全地域における期待社会的純限界生産物を表している．（15.7）式は効用タームで評価された社会的純生産物の最大化条件にほかならない．一方，Samuelson 条件（15.8）は防災投資へあてるために諦めるべき最適な消費財の水準を決定する．リス

クコントロールの条件式（15.7），(15.8) により，社会全体における（効用タームでの）期待社会的純生産物の最大化が達成されることになる。中央政府のいま1つの役割はリスクファイナンスにある。リスクファイナンス手法は社会で生じた被害額を異なる個人の間で分散させる手段である。リスクファイナンス手法を適用しても社会全体での総被害額は変化しない。社会的最適配分モデルでは，(15.6b) 式に示すように，社会全体において利用可能な状況依存的な総消費量 X_0, X_1 を家計間に等しく分配する。

4. リスクファイナンスと地域間災害リスク配分

4.1 フルカバー型災害補償モデル

分権的防災投資モデルでは社会的最適な資源・人口配分が達成されない。その理由は，①危険地域政府が自地域の家計の期待効用のみを考慮して防災投資水準を決定する，②災害リスクの地域間分散を行えない，③地域間人口移動により外部経済性が発生することにある。本モデルのタイプの分権的経済においては種種の方面に社会的最適水準からの歪みが反映される。そこで中央政府による介入を最小限にしながら社会的最適配分を達成する地方財政システムについて検討する。本節では2通りのシステムがもたらす帰結について紹介することとしよう。

はじめに中央政府が危険地域の地域政府に対して給付・反給付均等の原則を満たす災害保険を提供する場合を考える。これをフルカバー型災害補償モデルと呼ぼう。危険地域の政府 h は期待保険金支払額に等しい保険料 $\pi(g)m$ を事前に支払うことによって，災害時に保険金 m の給付を受けることができる。中央政府は危険地域の保険料 $\pi(g)m$ を事前に安全地域に給付し，災害時の保険金 m は安全地域から調達することにより融通する。危険地域の政府 h の問題は以下のように表される。

$$\max_{x_h^j, g, m} \left\{ \{1-\pi(g)\}U(x_h^0) + \pi(g)U(x_h^1) \right\} \tag{15.10a}$$

$$\text{subject to } f(n_h) = n_h x_h^0 + C(g, n_h) + \pi(g)m \tag{15.10b}$$

$$f(n_h) = n_h x_h^1 + C(g, n_h) + L(n_h) + \pi(g)m - m \tag{15.10c}$$

$$x_h^j, g, m \geq 0 \tag{15.10d}$$

保険金の水準 m は危険地域の選択変数である．中央政府が地域間補償システムを運営しており，安全地域の政府は危険地域の政府が決定した保険料 $\pi(g)m$ を受け入れ，災害時に補償額支払い m を行うことが義務付けられている．政府 h はフルカバーの保険契約を選択する．

$$m = L(n_h), \quad x_h^0 = x_h^1 \equiv x_h \tag{15.11}$$

内点解を仮定すれば，政府 h の防災投資行動は以下の Samuelson 条件を満足する．

$$\frac{-n_h \pi'(g)[U(x_h^0) - U(x_h^1)]}{\{1 - \pi(g)\}U'(x_h^0) + \pi(g)U'(x_h^1)} = \frac{\partial C(g, n_h)}{\partial g} + \frac{d\tilde{\pi}(g)}{dg} m \tag{15.12}$$

ただし，$d\tilde{\pi}(g)/dg$ は，防災投資が保険料に及ぼす影響に関する政府 h の推測的変動である．政府 h が自己の防災投資が保険料に及ぼす影響を完全に考慮して戦略的に行動する場合，上式において $d\tilde{\pi}(g)/dg = \pi'(g)$ (<0) が成立する．(15.12) 式の左辺は限界的防災投資に対する支払意思額の和を意味し，右辺は政府が認識する防災投資の実効限界費用を意味する．すなわち防災投資の実効限界費用は，投資に要する限界費用から，その投資によって保険料が軽減される便益 $-\pi'(g)m$ を差し引いたネットの費用に相当する．政府によるフルカバー契約の選択 (15.11) を考慮すると，条件 (15.12) を以下のように整理できる．

$$\frac{\partial C(g, n_h)}{\partial g} = -\pi'(g)L(n_h) \tag{15.13}$$

上式は防災投資水準の限界的 1 単位の費用が，それによってもたらされるフルカバー保険料の軽減額 $-\pi'(g)L(n_h)$ に等しいことを示す．また $-\pi'(g)L(n_h)$ は期待被害軽減額に等しい．したがって (15.13) 式は防災投資の限界費用を期待被害軽減額に一致させる伝統的な費用便益分析の条件式と等価である．換言すると期待被害軽減額を用いた伝統的費用便益分析は，他の地域ないし中央政府が当該地域のフルカバーの保険をリスクプレミアムを要求せずに引き受けてくれる状況における防災投資原理である．一方，政府 h が防災投資が保険料に及ぼす影響を考慮せずに myopic に行動する場合，(15.12) 式において $d\tilde{\pi}(g)/dg = 0$ が成立する．この場合，最適防災投資水準は端点解 $g = 0$ となる．政府 h にとっては災害が生じた際の被害額がフルカバー

されているため，防災投資のために追加的に支出するというインセンティブは働かないことになる。

一方，安全地域 s の政府は受動的に行動する．安全地域の状況依存的消費水準は次式で与えられる．

$$n_s = n_s x_s^0 - \pi(g)L(n_h) \tag{15.14a}$$

$$n_s = n_s x_s^1 + (1-\pi(g))L(n_h) \tag{15.14b}$$

均衡期待効用水準は以下のように決まる．

$$EU_h(n_h) = U\left(\frac{f(n_h) - C(g,n_h) - \pi(g)L(n_h)}{n_h}\right) \tag{15.15a}$$

$$EU_s(n_s) = \{1-\pi(g)\} \cdot U\left(1 + \frac{\pi(g)L(n_h)}{n_s}\right)$$

$$+ \pi(g) \cdot U\left(1 - \frac{(1-\pi(g))L(n_h)}{n_s}\right) \tag{15.15b}$$

$$EU_h(n_h) = EU_s(n_s), \quad n_s + n_h = N \tag{15.15c}$$

政府 h のフルカバー選択によってリスクが完全に地域 s に移転している．地域 s では期待消費量については $\{1-\pi(g)\}x_s^0 + \pi(g)x_s^1 = 1$ のままである．しかし政府 h が有する推測的変動 $d\tilde{\pi}(g)/dg$ の内容の如何にかかわらず以下の関係が成立する．

$$EU_h(n_h) = EU_s(n_s) < U(1) \tag{15.16}$$

すなわち，中央政府がフルカバー型災害補償システムを導入することにより，社会全体の均衡効用水準が地域間の財政移転が行われないときの水準よりも小さくなる．フルカバー保険を通じて災害リスクを回避できる危険地域 h でさえ，人口が過剰に流入して労働の限界生産性が減少することにより，保険が利用不可能な状況よりも期待効用が減少するという逆説的な結果が生まれる．ここでの中央政府の失敗の原因は，非対称的地域の経済に給付・反給付均等の原則を満たす保険システムを適用した点にある．本書第2章で説明されたように，市場において，危険な主体がリスクの一部ないし全部を安全な主体に引き受けてもらう際には，必ず保険料の中に期待保険金支払い額に追加した支払い，すなわちリスクプレミアムを含める必要がある．

リスクプレミアムの移転によって両者は契約を通じてパレート改善する。集合リスクが存在する場合，社会全体のリスクを消滅させることはできない。できることは，より多くの主体がリスクを分担することまでである。社会全体として集合リスクに備えるためには，危険地域にリスクプレミアムを負担させる必要がある。リスクプレミアムを伴うリスク配分システムを通じて，社会厚生を増加させることが可能になる[3]。

4.2 介入型災害補償モデル

中央政府がフルカバー型災害補償システムを導入した場合，分権的防災投資モデルより均衡期待効用水準が低下することが判明した。フルカバー保険は中央政府により強制的に導入されたものである。この場合，安全地域の家計が危険地域のリスクプレミアムを負担することとなり，安全地域の家計の効用が分権的防災投資モデルの場合よりも低下することに原因がある。安全地域の家計が危険回避的であれば自発的にこのような保険システムを受け入れないだろう。さらに，危険地域の政府が保険料に関してmyopicに行動する場合，防災投資に対する誘因がなくなるという問題も生じる。本節では中央政府が強制的にフルカバーの保険を整備するのではなく，地域政府が災害保険を市場で購入するような場合を取り上げよう。

ここでは介入型災害補償モデルと称して，市場保険によるリスクファイナンスと中央政府による地域間財政移転を組み合わせた方法について分析する。いま，地域間市場に状況依存的証券（Arrow証券）を導入しよう。基礎編第2章で詳述したように，Arrow証券とは災害が生起した時に1単位の富を支払ってくれるが，それ以外の時には支払いがないような証券を意味する。Arrow証券1単位当たりの事前の価格を p^j $(j=0,1)$ としよう。証券の価格は市場において内生的に決定する。地域政府 i が保有するArrow証券の束を $\boldsymbol{a}_i = \{a_i^0, a_i^1\}$ と表そう。Arrow証券の束 $\boldsymbol{a}_i$ への支払いは次式で

---

[3] (15.16) 式のように均衡効用水準が減少したことは，安全地域の生産技術の収穫一定の仮定にも依存している。安全地域の技術が収穫逓減であれば人口流出によって期待消費水準が増加することになるし，また無限の人口が居住していれば1家計当たりの消費や効用に変化はない。しかし，危険地域がリスクプレミアムを負担することによって均衡効用水準を上昇させられる余地があるという結論はどのケースにもあてはまる。よって，ここでの収穫一定による効用減少の結果自体には本質的な意味はない。

表される。
$$q_i = p^0 a_i^0 + p^1 a_i^1 \quad (i = h, s) \tag{15.17}$$

また,中央政府は政府 h の行う防災投資に対して定率の補助金 τg を給付すると同時に状況依存的な地域間財政移転 η_h^j を実施する。ただし τ は補助金率である。このような財政制度の下における危険地域の政府 h の行動は以下のように表される。

$$\max_{x_h^j, g, a_h^j} \left\{\{1-\pi(g)\}U(x_h^0) + \pi(g)U(x_h^1)\right\} \tag{15.18a}$$

$$\text{subject to } f(n_h) = n_h(x_h^0 + \eta_h^0 - \eta^0) + C(g, n_h) + q_h - a_h^0 - \tau g \tag{15.18b}$$

$$f(n_h) = n_h(x_h^1 + \eta_h^1 - \eta^1) + C(g, n_h) + L(n_h) + q_h - a_h^1 - \tau g \tag{15.18c}$$

$$x_h^j, g \geq 0 \tag{15.18d}$$

ただし η^j は一律の還付金である。

一方,安全地域の政府 s は Arrow 証券を購入することにより,危険地域の災害リスクを引き受ける。なお現行の公会計システムのもとでは,安全地域の政府が投機性のある Arrow 証券を購入するという仮定は現実的ではないかもしれない。しかし,その時でも中央政府が安全地域に対して状況依存的に正負の所得移転を行うことを通じて,Arrow 証券が取引される市場と等価な公的災害保険制度を施行することができる。この時,以下で分析するような災害リスクの分散を達成することが可能である。政府 s の問題は以下のように表される。

$$\max_{x_s^j, a_s^j} \left\{\{1-\pi(g)\}U(x_s^0) + \pi(g)U(x_s^1)\right\} \tag{15.19a}$$

$$\text{subject to } n_s = n_s(x_s^0 + \eta_s^0 - \eta^0) + q_s - a_s^0 + T \tag{15.19b}$$

$$n_s = n_s(x_s^1 + \eta_s^1 - \eta^1) + q_s - a_s^1 + T \tag{15.19c}$$

$$x_s^j \geq 0 \tag{15.19d}$$

同様に安全地域は居住家計当たり η_s^j の地域間財政移転と危険地域の防災投資への補助金 T を負担しなければならない。なお政府 s にとって政府 h が

決定する g は与件である。また，中央政府は状態毎に以下の財政バランスを満足する。

$$\tau g = T \tag{15.20a}$$
$$n_h \eta_h^0 + n_s \eta_s^0 = N\eta^0 \tag{15.20b}$$
$$n_h \eta_h^1 + n_s \eta_s^1 = N\eta^1 \tag{15.20c}$$

まずはリスクファイナンス市場の均衡を導出しよう。問題（15.18a）〜（15.18d），問題（15.19a）〜（15.19d）より政府 h, s の Arrow 証券の購入に関する最適化条件は次式で与えられる。

$$p^0 = \frac{\{1-\pi(g)\}U'(x_i^0)}{\{1-\pi(g)\}U'(x_i^0)+\pi(g)U'(x_i^1)} \quad (i=h,s) \tag{15.21a}$$
$$p^1 = \frac{\pi(g)U'(x_i^1)}{\{1-\pi(g)\}U'(x_i^0)+\pi(g)U'(x_i^1)} \quad (i=h,s) \tag{15.21b}$$
$$p^0 + p^1 = 1 \tag{15.21c}$$

すなわち各政府は規格化された a_i^0, a_i^1 の期待限界効用がそれぞれの市場価格 p^0, p^1 に一致するように，各状態に対応する Arrow 証券の水準 a_i^0, a_i^1 を決定する。Arrow 証券の価格 p^0, p^1 は状態毎に証券市場が清算される水準に決定される。すなわち価格 p^0, p^1 は，事前の保険料 (q_h+q_s) が，いずれの状態 $(j=0,1)$ が生起してもすべて保険金として 2 政府の間で分配されるような水準に決まる。

$$(p^0 a_h^0 + p^1 a_h^1) + (p^0 a_s^0 + p^1 a_s^1) = a_h^j + a_s^j \quad (j=0,1) \tag{15.22}$$

また地域間人口配分に関する均衡条件

$$\{1-\pi(g)\}U(x_h^0)+\pi(g)U(x_h^1) = \{1-\pi(g)\}U(x_s^0)+\pi(g)U(x_s^1) \tag{15.23a}$$
$$n_s + n_h = N \tag{15.23b}$$

と合わせることによって，以下の関係が成立する（付録参照）。

$$x_h^0 = x_s^0 \equiv x^0, \quad x_h^1 = x_s^1 \equiv x^1 \tag{15.24}$$

すなわち，家計の自由な地域間移動が保証された多地域経済システムにおける地域政府間の Arrow 証券市場においては，危険地域の家計と安全地域

の家計は期待効用水準において等しいのみではなく，各状態において同じ水準の消費を行い等しい効用を得る均衡が実現する．この均衡条件式 (15.24) は，社会的最適な分配条件式 (15.6) と等価である．すなわち市場保険を導入することにより最適なリスクファイナンスを実現することができる．

危険地域政府 h の防災投資行動に目を転じると，政府 h が Arrow 証券価格に対して myopic に行動する場合，防災投資に関する Samuelson 条件は次式により与えられる．

$$\frac{-n_h \pi'(g)[U(x_h^0) - U(x_h^1)]}{\{1-\pi(g)\}U'(x_h^0) + \pi(g)U'(x_h^1)} = \frac{\partial C(g, n_h)}{\partial g} - \tau \quad (15.25)$$

また，(15.18b), (15.18c), (15.19b), (15.19c), (15.24) 式より両地域の家計の状況依存的消費水準は以下のように表される．

$$\begin{aligned}
x^0 &= \frac{1}{n_h}\{f(n_h) - C(g, n_h) - q_h + a_h^0 + \tau g\} - \eta_h^0 + \eta^0 \\
&= \frac{1}{n_s}\{n_s - q_s + a_s^0 - \tau g\} - \eta_s^0 + \eta^0 \quad (15.26a)
\end{aligned}$$

$$\begin{aligned}
x^1 &= \frac{1}{n_h}\{f(n_h) - C(g, n_h) - q_h + a_h^1 + \tau g - L(n_h)\} - \eta_h^1 + \eta^1 \\
&= \frac{1}{n_s}\{n_s - q_s + a_s^1 - \tau g\} - \eta_s^1 + \eta^1 \quad (15.26b)
\end{aligned}$$

上式を (15.7) 式に代入することにより次式を得る．

$$\begin{aligned}
&\{1-\pi\}U'(x^0)\left[\left\{f' - \frac{f}{n_h}\right\} - \left\{\frac{\partial C}{\partial n_h} - \frac{C}{n_h}\right\} - \frac{a_h^0 - q_h + \tau g}{n_h} + \eta_h^0\right] \\
&+ \pi U'(x^1)\left[\left\{f' - \frac{f}{n_h}\right\} - \left\{\frac{\partial C}{\partial n_h} - \frac{C}{n_h}\right\} - \left\{L' - \frac{L}{n_h}\right\} - \frac{a_h^1 - q_h + \tau g}{n_h} + \eta_h^1\right] \\
&= \{1-\pi\}U'(x^0)\left[-\frac{a_s^0 - q_s - \tau g}{n_s} + \eta_s^0\right] + \pi U'(x^1)\left[-\frac{a_s^1 - q_s - \tau g}{n_s} + \eta_s^1\right]
\end{aligned}$$
$$(15.27)$$

以下，記号「$*$」は当該変数が社会的最適解の水準において定義されていることを示す．また，a_i^{j*}, q_i^* は本モデルの均衡水準を示す．政府 h の Samuelson 条件 (15.25) が社会的最適化条件 (15.8) が一致するためには，定率補助金率は

$$\tau = \frac{-n_s^* \pi'(g^*)[U(x^{0*}) - U(x^{1*})]}{\{1-\pi(g^*)\}U'(x^{0*}) + \pi(g^*)U'(x^{1*})} \quad (15.28)$$

を満足しなければならない．また，地域間の最適人口配分条件式（15.27）を満足するためには，地域間財政移転

$$\eta_h^0 = \left\{\frac{f^*}{n_h^*} - f'^*\right\} - \left\{\frac{C^*}{n_h^*} - \frac{\partial C^*}{\partial n_h^*}\right\} + \frac{a_h^{0*} - q_h^* + \tau g^*}{n_h^*} \tag{15.29a}$$

$$\eta_h^1 = \left\{\frac{f^*}{n_h^*} - f'^*\right\} - \left\{\frac{C^*}{n_h^*} - \frac{\partial C^*}{\partial n_h^*}\right\} - \left\{\frac{L^*}{n_h^*} - L'^*\right\} + \frac{a_h^{0*} - q_h^* + \tau g^*}{n_h^*} \tag{15.29b}$$

$$\eta_s^0 = \frac{a_s^{0*} - q_s^* - \tau g^*}{n_s^*} \tag{15.29c}$$

$$\eta_s^1 = \frac{a_s^{1*} - q_s^* - \tau g^*}{n_s^*} \tag{15.29d}$$

が必要となる．リスクファイナンス市場が完備されていても，一定の人口のもとでは危険地域の政府による分権的な防災投資は過小となる．そこで防災投資の定率補助率 τ が，防災投資の Samuelson 条件において，危険地域の家計の支払意思額の総和を社会全体の支払意思額の総和に補正する役割を担う．そして家計数に比例して行われる財政移転 η_i^j が，限界生産性に関する技術的外部経済性と，防災投資の費用負担に関する財政的外部経済性，そして災害保険料を通じた金銭的外部経済性を内部化する．中央政府が以上の条件を満足する地方財政政策 $(\tau, \eta_h^0, \eta_h^1, \eta_s^0, \eta_s^1)$ を採用すれば分権的に社会的最適な地域間資源・リスク配分を達成することが可能となる．

5．おわりに

本章では災害リスクが局地的現象であることに着目して，災害リスクに直面した地域政府の分権的な防災投資行動が社会全体にとって効率的なリスク配分を達成する可能性について分析した．自由な人口移動がある多地域経済においては，フルカバー型災害補償モデルのように，危険地域に対して一方的に優遇的な施策を提供しても社会厚生を改善できない．地域政府が市場において Arrow 証券型の災害保険を取引することによって，社会的に最適なリスクファイナンスの枠組みが用意される．一方，社会的最適な防災投資を分権的に達成するためには，中央政府は危険地域の政府に対して，ある水準の定率補助金を提供する必要がある．それと同時に危険地域への人口移動を

抑制するための地域間財政移転を行う必要がある。それらの複合的な条件を満足する地方財政政策が採用される時，分権的に社会的最適な地域間資源・リスク配分を達成することが可能となることが示された。

また，本章では今後に以下のような課題を残している。第1に，本章では地域政府の近視眼的行動を仮定した。それに対して，地域政府が家計の人口移動に対して戦略的に行動することも考えられる。それによって例えば他地域の防災投資に対する地域政府のフリーライド行動を分析することができる。第2に，本章では地域政府の防災投資行動に焦点を絞るため，家計の行動を居住地域の選択のみに限定した。本来リスクマネジメントには，地域政府が提供するレベルと各家計が自己責任に基づいて管理するレベルとが存在する。今後は効率的なリスク管理主体の配分問題についても検討する必要がある。第3に，本章では静学的枠組の中で災害リスクの地域間配分を取り扱ったにすぎない。今後は中央政府による災害基金制度の設立等，動学的な地域間災害リスク配分について研究する必要がある。

付録 $x_h^0 = x_s^0$, $x_h^1 = x_s^1$ の証明

(15.6a) 式より
$$\frac{U'(x_h^0)}{U'(x_h^1)} = \frac{U'(x_s^0)}{U'(x_s^1)} \tag{15.30}$$

を得る。また制約条件 (15.5d), (15.5e) より

$$\{1-\pi\}\{U(x_h^0) - U(x_s^0)\} + \pi\{U(x_h^1) - U(x_s^1)\} = 0 \tag{15.31}$$

を得る。ここで $x_h^0 > x_s^0$ と仮定すれば $U'(x_h^0) < U'(x_s^0)$ である。(15.31) 式が成立するためには $U(x_h^1) < U(x_s^1)$, $U'(x_h^1) > U'(x_s^1)$ が必要である。したがって $U'(x_h^0)/U'(x_s^0) < 1 < U'(x_h^1)/U'(x_s^1)$ が成立する。これより $U'(x_h^0)/U'(x_h^1) < U'(x_s^0)/U'(x_s^1)$ となり (15.30) 式に矛盾する。$x_h^0 < x_s^0$ と仮定しても同様に矛盾が生じる。よって $x_h^0 = x_s^0$, $x_h^1 = x_s^1$ が成立する。

また，介入型災害補償モデルにおいて，(15.21a), (15.21b) 式より，

$$\frac{p^0}{p^1} = \frac{(1-\pi)U'(x_h^0)}{\pi U'(x_h^1)} = \frac{(1-\pi)U'(x_s^0)}{\pi U'(x_s^1)} \tag{15.32}$$

を得る。これより（15.30）式の関係が成立する。また，家計の地域間移動による均衡条件（15.23a）より（15.31）式の関係が成立する。以降，上と同じ証明を辿ることにより $x_h^0 = x_s^0$, $x_h^1 = x_s^1$ が導かれる。

第16章　自然災害保険の設計

多々納裕一

1. はじめに

　地震等の自然災害は，その発生頻度は小さいが，一度それが発生した場合の被害は甚大なものとなる。この種の自然災害が発生した後，復興・復旧のための資金が十分に確保されないと，経済成長経路の下方シフトが生じ，永続的な影響（レベル効果）として残留することとなる。このような2次的経済的被害を軽減し，災害後の復興を円滑に進めるためには自然災害に対する金銭的な備えを事前に講じておくことが大変重要である。

　大数の法則が成立するような特徴を持つリスクに関しては，保険数理的にフェアーな保険料（損害の期待値と等しい保険料率）を徴収し，保険カバー率も100%となる保険がパレート効率的となる。さらに，自由参入，完全情報等の条件が成り立つ完全競争下の経済においては保険市場の均衡によりこのような保険が自発的に供給されることになる。しかしながら，自然災害，とりわけ地震のような災害では，被害が集合的に発生するため，大数の法則の成立の条件である事象発生の独立性が本質的に侵されている。このため，保険数理的にフェアーな保険料率を採用した保険では，大地震のような大規模災害を引き金に同時に生じる巨額の被害に対して，保険金が満額支払われなくなる可能性が十分にあり，保険システムそのものが持続可能ではなくなる。したがって，地震保険の提供に際しては伝統的な保険学の理論を単純に適用することは適切ではない。さらに，地震保険には保険学で伝統的に取り扱われてきた問題，例えば，逆選択やモラルハザードなどの問題にいかに対処するかという問題も重要な課題として残されている。

　小林・横松（2000）はこの種のリスクを2段階のくじとして表現し，その

リスクファイナンシングの方法を理論的に検討している（第2章参照）。しかしながら，現実に保険システムの持続可能性を考慮した保険構造（料率とカバー率の組み合わせ）を求めるための具体的な方法論に関しては検討されていない。

一方，シミュレーション技術の発達によって，想定地震を与えた場合の地震被害予測の精度は高まってきている。また，震源の活動間隔や規模に関する調査研究も蓄積されてきており，地震シナリオの生起確率についても研究が進められている（例えば，石川・奥村（1995））。このような状況下で，個々の地域の地震リスクの評価が可能となりつつある。また，シミュレーション技術の発展によりそれを用いたリスク評価を行うことにより，そこから得られる知見を適切に反映した保険構造の設計が可能性を実際の地域を対象として検討することは実際上極めて重要であると考えられる。また，逆選抜の問題をできるだけ回避するためには地域ごと，対象ごとに保険料率はきめ細かに検討されなければならない。しかしながら，この種の問題は，多数の次元を持つ制御変数を有する確率制約を有する計画問題となり，実際のシステムを対象として問題の解を求めることは容易ではない。

グエン他（2003）は，自治体により公的な地震保険が提供されている状況を想定し，地域ごとに異なる地震リスクに応じた保険料率およびカバー率を求める問題を対象として，保険システムの存続可能性を制約条件とする社会的厚生最大化問題として公的保険構造の設計問題を検討している。本章では，グエン他（2003）に依拠しながら地震被害シミュレーションとこの数理計画モデルとを結合したハイブリッド設計モデルによる公的保険構造の設計問題を検討しよう。

2. 分析の視点

2.1 保険市場の問題点

自然災害ではよく見られる強い集中性（時間，場所）や連鎖性（地震によって生じる火災など）によってリスクの独立性が本質的に侵され，損失の発生に強い相関性が見出されることが少なくない。この種の保険を提供することは，保険会社にとっては経営が破綻するリスクを負うことになる。このため，自然災害は戦争などと並んで損害保険の免責条項とされる場合も少なく

なかった。

　また，自然災害はその生起頻度自体が少ないため，保険料率の設定の基礎となるリスク評価のためのデータが極端に少ないという問題もあり，市場を通じた効率的な保険の供給は困難であるとみなされていた。しかしながら，実際には，伝統的な保険市場においても，災害リスクを保険でカバーするための仕組みが機能してきた。元受け保険会社が引き受けたリスクを，再保険会社が空間的に分散化することによって，低頻度で大規模な被害が補償されてきたのである。

　人類のすべてが同時に被害を被るようなカタストロフを想定するならそれでも困難であるが，多くの災害は少なくとも空間的には限定された広がりの中で発生する。多くの災害は，1つの国や地域内に被害がとどまるのである。このため，再保険市場を通じて特定の国や地域のリスクを世界中の国々に分散化すれば，理論上は災害リスクに関しても十分な補償を提供しうる効率的な保険システムが成立しうる。

　1980年代までは，おおむねこのようなシステムによって災害のリスクのファイナンシングが行われてきた。しかしながら，1990年代に入って，高額の補償を必要とする災害の頻発によって，いくつもの保険会社や再保険会社が破綻し，再保険料も大幅な上昇を見せた。

　また，再保険が利用可能な災害の規模は意外と小さい。Froot（1999a）によれば，1つの再保険プログラムで補償されうる最大の保険金額はおおむね5億ドル程度である。また，Dohty and Cummins（1998）によると，元受保険業界が支払う保険金総額が150〜200億ドルを上回る自然災害に対する再保険市場は存在しないと報告されている。このような状況から，大きな災害のカバーのために再保険を利用することがあまり容易ではないことがうかがえる。このことから，再保険需要が増加したというよりはむしろ，これらの損失の補填のために再保険市場に資金不足が生じ，かつ，リスクプレミアムが上方修正されたために供給の減少が生じたためであると考えられている。

　このような1990年代の再保険料の高騰が契機となって，伝統的な再保険のみに依存することなく，災害リスクを分散化するための仕組みとして，災害保険の証券化等の代替的手段が検討され，実際に市場で取引されるようになってきた。

　しかしながら，災害証券など代替的リスク移転手法の市場規模はそれほど

大きくない。Swiss Re. の推計によれば，おおむね 99 年における災害証券の残高は 25 億ドルと再保険市場に代替するほどの規模には成長していない。

2.2 日本における災害リスクのファイナンシング

保険料率の算定は，過去 467 年間（1498 年から 1964 年まで）に起こった主要な 320 地震を対象として，その際の被害を再現し，被害率の期待値を求めて純保険料が算定されている（日本地震再保険会社 1997）。この際，地域によるリスクの違いは 4 段階に分類され，保険料率の差も平準化されている。このような料率導入のねらいは，日本に居住する家計がほぼ同等の保険料率を支払うことで地震保険の普及を促進するねらいがあった。しかしながら，このような保険料の平準化は，よりリスクの低い世帯から，よりリスクの高い世帯に所得移転をすることにほかならず，地震災害リスクの認知の問題ともあいまって，地震保険の普及を阻害する要因となっていたとも指摘できる。

阪神大震災の時点における地震保険の付保率（地震保険を購入している世帯数÷全世帯数）が全国で 7％，兵庫県では 3％とわずかな世帯しか付保していなかったことによる。現在は，12.6％（1996 年 6 月現在）の世帯が地震リスクに対して保険を保有しているが，その普及率はまだ十分とはいいがたい。この結果から見て，逆選抜の現象が生じていた可能性を否定できない。

2.3 シミュレーション技術の発展と保険設計

近年，シミュレーション技術の発達に伴って，自然災害によって生じる被害の予測が比較的高い精度で可能となり，自然災害のリスク評価が可能となってきたのである。大規模な自然災害は希少現象であり，生起頻度は少ない。このことはリスク評価に際して，統計分析を用いる際にデータ不足をもたらしていた。シミュレーション技法の発達は希有な現象を計算機上で模擬実験することでこのデータ不足の問題に一定の解決をもたらしたのである。近年は，シミュレーションによるリスク評価を専門とする企業も登場し，この種のサービスが市場を通じて提供されるようになり，自然災害リスクのファイナンシングを可能とする技術的な基盤が提供されるようになってきたのである。

このように自然災害のシミュレーションは，リスク評価や政策分析に広範に用いられている．しかしながら，現在特に日本で求められているようなリスク細分型の料率設定等に用いるのには課題も少なくない．日本における地震のリスクは高く，保険料率は比較的低い．にもかかわらず，保険が普及せず損失の少なからぬ部分を被災者がみずから抱えなければならない事態を放置すれば，大規模災害後の復興は極めて困難なものとなろう．このような事態を防ぐためにも，より効率的な保険システムの導入が不可欠であると考えられる．このためには，逆選抜の問題を軽減し，個々人が自身で負うリスクの程度に応じた保険料率の設定が必要であろう．このためには，シミュレーション技術の利用は不可欠である．

ただし，保険料率を細分化し，保険料率やカバー率を効率的な水準に定めるためには，克服すべき課題が多数存在する．例えば，日本で現在利用されている地震被害を再現するシミュレーションの多くは，震源のタイプや位置，地震の規模等の条件を入力したうえで，地震動の強度やゆれの大きさ等を再現し，建物やライフラインの損傷程度，人的被害等を予測するものがほとんどである．このため，ある地域の地震リスクを評価するために，リスクカーブを求めようとするとそれだけで大変な作業と計算が必要となる，つまり，想定しうる地震シナリオを多数用意し，それらに対して1つ1つシミュレーションを行ったうえで初めて被害の確率分布が求まり，リスクカーブが描けることになる．

また，カバー率や保険料率等の保険構造を詳細にある程度狭い面積を持った地域ごとに設定しようとすると，保険構造の代替案自体多数の次元を持つことになる．このため，多数の地震シナリオを考慮し，かつ，多数の代替案の中から望ましい案を選択することが必要となる．これは現代の計算機をもってしてもそれほど容易なことではない．そして，このような計算を可能とするような計算技術が求められている．

Ermoliev et al. (2000) は，確率亜勾配法（Stochastic sub-gradient Method）を開発し，地震や洪水のシミュレーションと組み合わせることで，自然災害リスクに対する保険の設計を可能とする方法を開発した．これらの研究は上述の計算技術上の問題点を克服する可能性を与えるものである．しかしながら，彼らの研究では保険カバー率を代替案とし，災害準備基金を最大となるような代替案が求められていたり，保険システムの存続可能性の分析に主眼

が置かれていたりと，本研究で問題とするような社会的な厚生の問題を議論してはいない．さらに，保険の供給可能性を左右する再保険の考慮もなされていない．

グエン他（2003）では現実の地域の地震リスクを対象として，保険そのものの存続可能性を制約条件として考慮したうえで社会的厚生を最大化するような保険構造を求めるための方法論を提示し，実際に兵庫県を対象とした実証分析を通じてその有効性を検証することを目的とする．この際，数値計算方法としては Ermoliev et al.（2000）と同様に確率亜勾配法を用いて現実の地域を対象としたシミュレーションモデルを，それを用いたリスク評価を行いながら保険構造の代替案を絞り込むこととする．また，再保険を導入した場合の効果を併せて分析することする．

3. 保険構造のモデル化

対象地域内の各地域を $j=1,\cdots,m$ とし，地震シナリオを $\omega = \{\omega_t, t=0,\cdots,T-1\}$ で定義する．地震シナリオ ω_t は t 年における各々の地震断層の活動（内陸断層，プレート断層）場所，地震の起こる時間や規模である．ω は T 年間分のシナリオで，確率空間 $\omega \in (\Omega, \mathcal{F}, \mathbf{P})$ に従う．

いま，災害準備金を R^t とすると

$$R^{t+1}(\omega) = R^t(\omega) + \Pi + N\left(S^t(\omega)\right) - S^t(\omega) - M^t \qquad (16.1)$$
$$t = 0, \cdots, T-1, \omega \in \Omega$$

と書ける．ここで，R^0 を災害準備金の初期値，Π を各年に公的地震保険が得る保険料の総額，$S^t(\omega)$ を支払保険金額，M^t を再保険料とする．災害準備金は保険料収入 Π によって年々蓄積されるが，年々 M^t だけ再保険会社に支払わなければならない．そして，災害が起こったときにはこの災害準備金から保険金額 $S^t(\omega)$ を保険加入者に支払わなければならないが，$N(S^t(\omega))$ だけの金額が再保険会社から支払われる．ただし，Π や M^t は地震シナリオによらず，事前に決められた額である．

再保険スキームとしてはさまざまなオプションが存在するが，ここでは，共同保険（コインシュランス）の形の再保険でレイヤーの上限がない場合を取り上げることとする．すなわち，再保険会社が公的地震保険に支払う保険

金額 $N(S^t(\omega))$ は次のように決定される。

$$N\left(S^t(\omega)\right) = \begin{cases} 0 & (S^t(\omega) < N_0) \\ \alpha\left(S^t(\omega) - N_0\right) & (S^t(\omega) \geq N_0) \end{cases} \quad (16.2)$$

N_0 はあらかじめ決められた閾値で，保険金請求額がこの値を超えた場合には，その請求額の一定割合 α が再保険会社によって補填されることが取り決められているものとする。また，最保険料は再保険会社が引き受けるリスクに依存するものとし，保険数理的に公正な保険料に付加率 γ をかけた水準に定まっているものとする。すなわち，再保険料は

$$M^t = \gamma \mathbf{E}\left[N\left(S^t(\omega)\right)\right] \quad (16.3)$$

と設定する。ここで，γ は付加率であり，本章では $\gamma = 2.0$ と設定した。公的地震保険が被害関数 $L_j^t(\omega)$ に対し，保有する保証のカバー率を $\{0 \leq q_j \leq 1, j = 1, \cdots, m\}$ とする。ここで，保険金額 $S^t(\omega)$ は以下の関係を満たす。

$$S^t(\omega) = \sum_{j=1}^{m} L_j^t(\omega) q_j \quad (t = 0, \cdots, T-1) \quad (16.4)$$

一方，地域 j に住む世帯の純所得 $x_j^t(q_j, \pi_j, \varepsilon^t(\omega))$ は以下のように定義する。

$$x_j^t\left(q_j, \pi_j, \varepsilon^t(\omega)\right) = y_j^t - \pi_j q_j g_j - (1 - q_j) l_j^t\left(\varepsilon^t(\omega)\right) \quad (16.5)$$

ここで，y_j^t は代表的個人の（粗）所得，π_j はプレミアム率である。g_j は地域 j の個人平均資産額である。したがって，地域 j に居住する代表的個人が支払う保険料は $\pi_j q_j g_j$ となる。$l_j^t(\varepsilon^t(\omega))$ は1世帯当たりの損害額であり，地震被害シミュレーションにより与えられる保有資産の損傷度 ε（全損（$\varepsilon = 3$），半損（$\varepsilon = 2$），一部損（$\varepsilon = 1$），無損（$\varepsilon = 0$））に依存して次式で与えられる。

$$l_j^t(\varepsilon^t(\omega)) = \begin{cases} g_j & (\varepsilon^t(\omega) = 3) \\ 0.5 g_j & (\varepsilon^t(\omega) = 2) \\ 0.05 g_j & (\varepsilon^t(\omega) = 1) \\ 0 & (\varepsilon^t(\omega) = 0) \end{cases} \quad (16.6)$$

(16.5) 式は代表的個人の純所得 $x_j^t(q_j, \pi_j, \varepsilon^t(\omega))$ が平常時には所得 y_j^t から保険料 $\pi_j q_j g_j$ の差として与えられ，災害時にはこれに損害額 $l_j^t(\varepsilon^t(\omega))$ から受

け取り保険金額 $q_j l_j^t(\varepsilon^t(\omega))$ を差し引いた自己負担被害額 $(1-q_j) l_j^t(\varepsilon^t(\omega))$ を控除した値として，得られることを示している．

この地域の厚生水準をベンサム型社会的厚生関数とし，期待効用の和で与れば，地域の厚生水準は

$$w(q,\pi,\omega) = \sum_{t=0}^{T} \frac{1}{(1+r)^t} \sum_{j=1}^{n} \sum_{\varepsilon=0}^{3} n_j^t(\omega,\varepsilon) u\left\{x_j^t(q_j,\omega_j,\varepsilon)\right\} \quad (16.7)$$

となる．ここで，r は社会的割引率，n_j は地域 j の人口である．

本章では保険制度が持続可能な範囲内で住民の厚生を最大化するような保険制度の設計問題を考える．すなわち，保険金が不払いとなるリスクに制約を加えることで，保険制度の持続可能性に関する条件を満たしたうえで，社会的厚生を最大化するようなカバー率とプレミアム率 (q,π) を求めようとするものである．すなわち，次のような数理計画モデルを定式化する．

計画問題 (I)

$$\text{目的関数 } W(q,\pi) = \mathbf{E} w(q,\pi,\omega) \to \max \quad (16.8)$$

$$\text{subject to } 0 \leq q_j \leq 1,\ 0 \leq \pi_j \leq 1, \quad (16.9)$$

$$P\left\{\tau(q,\pi,\omega) < T\right\} \leq \beta \quad (16.10)$$

ここで，(16.10) 式は保険システムの持続可能性を保証するために与えた制約である．この公的地震保険を普及させるためには何らかの形で保険の存続に対する保証をしなければならない．そのために，本章では保険制度の持続可能性をあらかじめ定められた計画期間 T を通じて，保険金の不払い確率 β を与件とする．

保険システムが持続可能というのは $\forall t \in [0,T]$ に対して $R^t(q,\pi,\omega) < 0$ と定義できる．保険存続可能性 $\tau(q,\pi,\omega)$ を次式によって定義しよう．

$$\tau(q,\pi,\omega) = \min\ [t : R^t(q,\pi,\omega) < 0, t > 0] \quad (16.11)$$

この際，計画モデル (I) の確率制約をラグランジュ緩和を実施し，確率制約にラグランジュ乗数を乗じて目的関数に加えて緩和計画問題を構成できる．

緩和計画問題 (II)

$$W(q,\pi,\omega) = \mathbf{E}\left\{w(q,\pi,\omega) - c\chi(\tau(q,\pi,\omega))\right\} \to \max \quad (16.12)$$

$$\text{subject to } 0\ \leq q_j \leq 1, 0 \leq \pi_j \leq 1 \quad (16.13)$$

図 16.1 ハイブリッド計画モデル

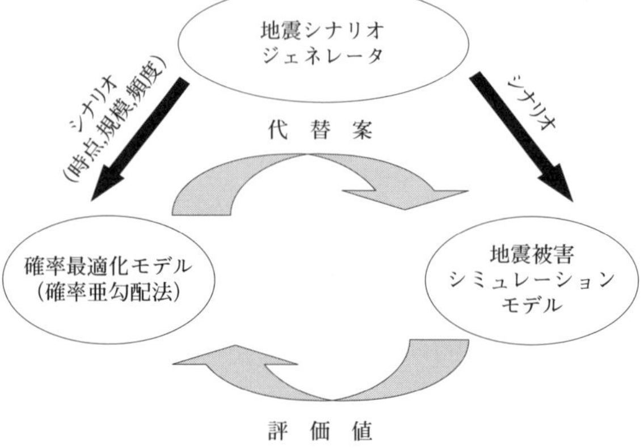

ただし，$\chi(\tau(q,\pi,\omega))$ は以下のように定義される関数である。

$$\chi(\tau(q,\pi,\omega)) = \begin{cases} 1 & (\tau(q,\pi,\omega) \leq T) \\ 0 & (\tau(q,\pi,\omega) > T) \end{cases} \quad (16.14)$$

4. ハイブリッドアプローチによる解法モデル

図 16.1 に示すように地震被害モデルと最適確率モデルで構成されるハイブリッド計画モデルによって最適解を求める。まず，代替案と地震シナリオから地震被害シミュレーションによって地域厚生水準という評価値を得ることができる。次に，この値と地震シナリオから最適確率モデルによって，代替案を更新していく。この代替案がまだ最適でなければ最適解を得られるまで繰り返し計算によって，代替案を更新していくことになる。

以下はシミュレーションによる地震シナリオ生成，地震被害シミュレーションと確率最適化モデルについて説明する。

4.1 シミュレーションによる地震シナリオ生成

本章ではシミュレーションによる地震シナリオ生成は奥村・石川（2001）

の研究により，プレート境界地震や断層地震の平均活動間隔や活動期のばらつきで地震発生時期のシナリオを求める．

地震活動間隔は対数正規分布やポアソン分布に従う再生過程でモデル化される．プレート地震や最新活動時期が明確な断層地震は活動間隔が対数正規分布に従い，最新活動時期が不明確な断層地震は活動間隔がポアソン分布に従うとする．本研究ではそれぞれの分布に従う確率事象をモンテカルロシミュレーションによって生成した．

4.2 地震被害シミュレーション

上記計画問題では，地震シナリオの生起確率と各シナリオに応じた被害額を被害対象ごとに算定することが必要である．上述したように本章では奥村・石川（2001）の研究に基づき地震シナリオに関しては，活断層等の地震ハザードを特定し活動に伴う地震の規模を与えるとともに，その活動時期に関しても，活断層については再生過程（対数正規分布，指数分布），プレート境界地震に関してはポアソン過程として生起確率を与えることとした．被害額の算定に際しては，シミュレーションモデル（佐伯 1999）を用いて，各シナリオに応じた被害額を地域ごとに算定することとした．

このようにして与えられる情報をもとにして，上記計画モデルを解くわけであるが，このモデルは，確率制約を含み微分不可能な関数を有しており，また期待値で定義する項もあり，シナリオや次元数が多数存在するため，代替案を更新するたびに全シナリオに対し，計算を行うような通常の数理計画法では求解は困難である．

4.3 確率亜勾配法

そこで，この難点を確率亜勾配法（Ermoliev 1988）を用いて解決する．確率亜勾配法は解の改善方向を求めるのにシナリオを部分的にしか用いない．さらに，差分計算自体は1つの方向を定めるのに数回のみが必要となる．簡単化のために，$x = (q, \pi)$，$f(x, \omega) = w(q, \pi, \omega) - c\chi(\tau(q, \pi, \omega))$ と再定義する．

確率亜勾配法では，代替案更新方向は以下の式で計算できる．ここで $h^{ki} \in \{h \in R^n \mid -1 \leq h^i \leq 1, i = 1, \cdots, n\}$ なる一様乱数ベクトルである．

$$\xi^k = \frac{1}{R}\sum_{i=1}^{R}\frac{f\left(x^k+\Delta_k h^{ki},\omega^{ki}\right)-f\left(x^k,\omega^{k0}\right)}{\Delta_k}h^{ki} \tag{16.15}$$

X への射影 Π_X を用いて，解を更新する．解が収束するまで繰り返し計算を行う．

$$x^{k+1} = \Pi_X\left[x^k+\rho^k\xi^k\right] \tag{16.16}$$

ここで，写像関数 $\Pi_X(y) \stackrel{def}{=} \arg\min\left\{\|y-x\|^2 : x \in X\right\}$ を用いた．

ただし，ρ^k はステップサイズであり，次の条件が満たされる時，x^k は最適解に収束することが証明されている（Elmoriev 1988）．

$$\rho_k \geq 0, \sum_{k=0}^{\infty}\rho_k = \infty, \sum_{k=0}^{\infty}\mathbf{E}\left(\rho_k\Delta_k+\frac{\rho_k^2}{\Delta_k^2}\right) < \infty \tag{16.17}$$

解析は以下の手順で行った．

1. 初期解 (q^0,π^0) を与え，イテレーション回数を $k=0$ とする．$h^{ki} \in \{h \in R^n \mid -1 \leq h^j \leq 1, j=1,\cdots,n\}$ を満たす一様乱数 h^{ki} を発生させ，確率亜勾配 ξ^k を次式によって求める．

$$\xi^k = \frac{1}{R}\sum_{i=1}^{R}\frac{f\left(x^k+\Delta_k h^{ki},\omega^{ki}\right)-f\left(x^k,\omega^{k0}\right)}{\Delta_k}h^{ki} \tag{16.18}$$

2. X への射影 Π_X を用いて，解を更新する．

$$x^{k+1} = \Pi_X\left[x^k+\rho^k\xi^k\right] \tag{16.19}$$

3. 解が収束していれば，停止．そうでなければ，ステップサイズを更新し，$k=k+1$ とし Step1 へ．

以上示してきたような方法を用いることで，現実の地域に対する保険構造を実用的な計算速度で設計することが可能となるものと考えられる．次節では，兵庫県を対象地域として，実証分析を通じて本方法の有効性に関して検討する．

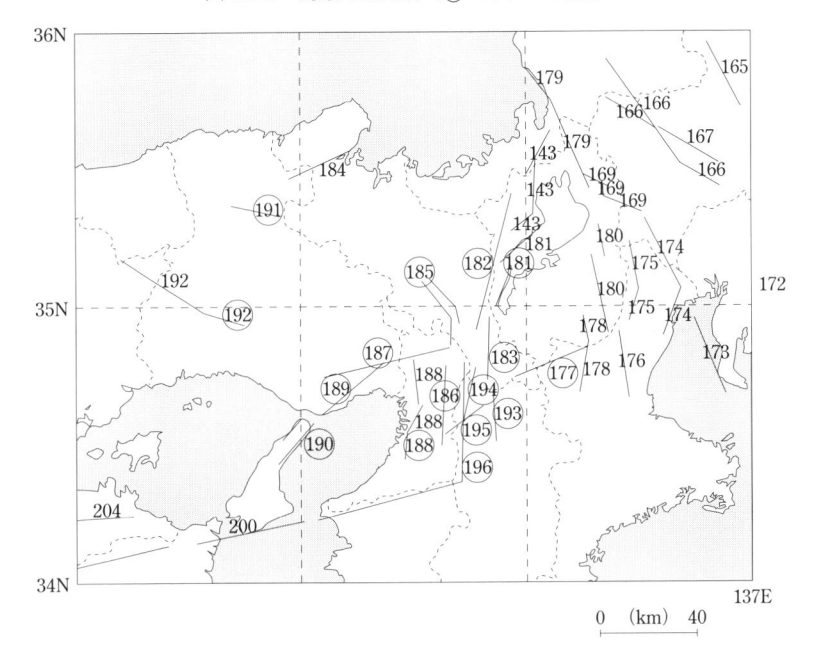

図 16.2　対象地震断層（◯ で囲んだ断層）

5. 対象地域と実証分析

　実証分析としては公的地震保険の設計問題を取り上げる．このために，市区町村ごとのリスク評価や人口，取得等の特性を把握する必要が生じる．そして，図 16.2 に示すように兵庫県に影響を及ぼす可能性のある地震断層として 16 活断層を調べ，さらに，プレート断層（南海地震）も考慮入れて，あらゆるの地震活動パターンを 10 万シナリオとして求めた．
　そして，シミュレーションモデルを用いて，各シナリオに応じた被害額を地域ごとに算定することとした．図 16.3 では花折断層帯による地震の被害額を示すものである．
　再保険に関しては本研究では被保険額が 1.5 兆円以上になると再保険負担割合を 50% と設定している．図 16.4，16.5 はそれぞれ再保険を導入しないケースと導入したケースの収束過程を表している．この問題は $95 \times 2 = 190$

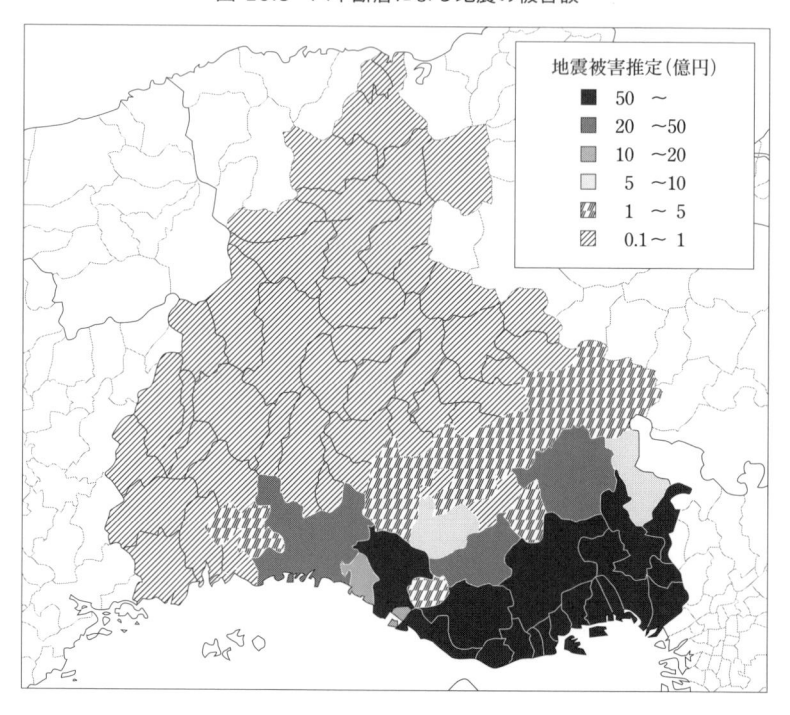

図 16.3 六甲断層による地震の被害額

地震被害推定（億円）
- 50 〜
- 20 〜 50
- 10 〜 20
- 5 〜 10
- 1 〜 5
- 0.1 〜 1

次元の操作変数を持つような大規模な関数であるが，数千程度のインテレーションで求解できるという結果となっている。

　再保険の有無や保険料率・カバー率等の保険構造の違いによる地震による損害の住民への帰着構造を検討するために，各々の保険構造に対応したリスク曲線，社会的厚生，保険システムの破綻確率について計算を行った。

　表 16.1 には再保険を導入していないケースにおいて各保険構造の社会的厚生と保険破綻確率を示している。最適化計算によって，保険破綻確率を現行の 16.26% から 6.00% まで減少させても，社会的な厚生を大きく損なうことのない保険システムが設計されうることが示された。そして，図 16.6 より，最適化によりリスクカーブが左下にシフトしたことが読み取れる。最適化した保険は保険カバー率平均は 47.7% で，保険料率の平均は 0.83% である。

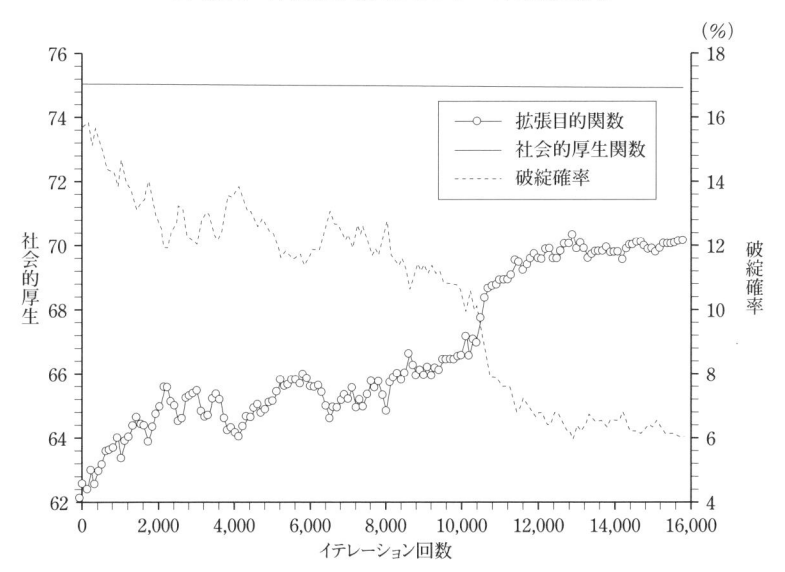

図 16.4 再保険を導入しないケースの最適計算

表 16.1 各保険構造の比較（再保険導入済み）

	現行保険	公正な保険	最適化保険
不払い確率（％）	16.26	51.56	6.00

注：分析対象期間である 100 年間に保険システムが破綻する確率を示している。表中の 6.00％は再現期間では 1600 年に対応する。また，向う 100 年以内に地震が発生する確率は約 95％である。

　再保険を導入した時の各保険の 50 年目におけるリスクカーブは図 16.7 である。この場合も保険不払確率を 6.0％となるように最適計算を行った。再保険のないケースと比べ，保険カバー率とリスクカバー率が向上することがわかった。保険料率もほとんどの地域において減少する傾向が見られ，現実に適用できるような料率になってきていることが読み取れる。平均値で見ると平均保険カバー率は 49.9％，保険料率の平均は 0.70％である。再保険を導入しない時と比べてカバー率がわずかに増加，料率は減少した。

図 16.5 再保険を導入したケースの最適化計算

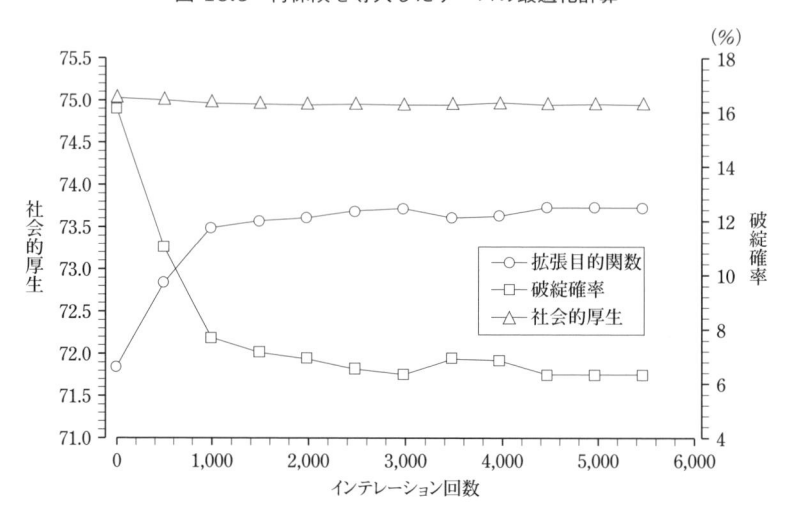

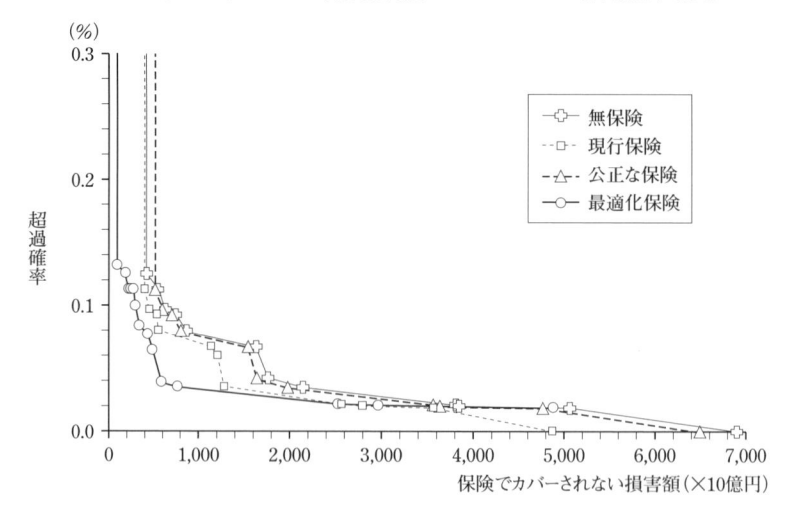

図 16.6 第 50 年における各保険制度のリスクカーブ（再保険未導入）

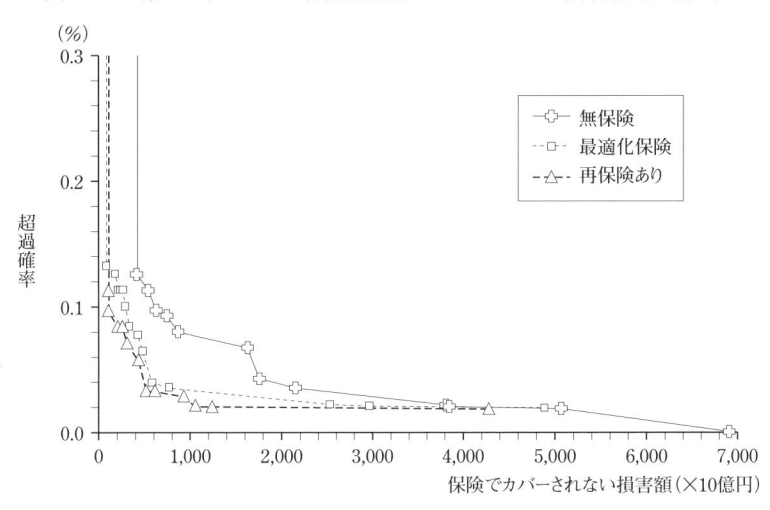

図 16.7 第 50 年における各保険制度のリスクカーブ（再保険導入済み）

6. おわりに

　本章では大数の法則が成立しない条件下で，しかも次元数の多い計画問題を解くための地震被害シミュレーションと確率最適化モデルとのハイブリッド計画モデルを構築するとともに，保険構造の設計問題を対象に実証分析を行った。さらに，この計画問題は非常に決定変数の多い問題となるが，確率亜勾配法を適用することで，十分実用に耐えうるモデル解法が構成される。実際，兵庫県における設計問題でも，パーソナルコンピュータを用いて十分計算可能なレベルの解法となっていることが確認された。
　実証分析の結果から，保険システムの破綻のリスクを大きく改善し，かつ再保険が導入されていない場合でも，社会的厚生が現行の地震保険の場合に比べてさほど減少しないような保険システムが設計されうることが示された。同じ破綻確率での比較を通じて，再保険を導入したケースと導入していないケースとを比較すると保険料率は再保険の導入に伴って減少するという傾向が読み取れた。このケースでは再保険料率を保険数理的に公正な保険

料の 2 倍という高い水準に設定したが，それでも，再保険の導入によって，地域全体の社会厚生が向上することが示されている。自然災害保険等の集合的なリスクに対する保険料は保険数理的に公正な保険料に加えて破綻のリスクを防ぐための付加料率が必要であるといわれているが，これを裏付ける結果となっている。

　また，本章では公的地震保険に関しても完全な規制下にある場合を想定しており，自由な保険市場を通じた災害保険の提供に関しては分析を行っていない。このような保険市場を活用し，社会的に効率的な保険を提供することのできる制度を設計するための間接的な誘導施策に関しては今後研究を発展させていくことが必要であろう。

第17章　復興政策の経済評価

横松　宗太

1. はじめに

　巨大災害は一国の経済成長に無視できない影響を及ぼす。経済の中枢機能が集中している首都圏における巨大地震はナショナルリスクとも呼ばれている。しかしながら家計や企業は，つねに災害に対して十分な財政的な対応をできるように準備しているわけではない。カタストロフリスク市場においては，家計や企業は被災時に部分的な保証しか得られない場合がある（Froot eds. 1999; 小林他 2000a）。また，事前には予期しえない規模の被害が生じる場合もある。事前の備えが不完全であった場合，被災した家計や企業，政府は復旧の資金を事後的に調達することになる。家計は貯蓄の切り崩しや金融市場からの借り入れ，消費水準の減少等を通じて，政府は赤字財政や課税等を通じて復旧資金を工面することになる（小林他 2000b）。本章では動学マクロ経済モデルを用いた災害復興過程の分析事例を示す。政府の災害後の財政調達施策が家計の行動やマクロ経済の長期的な動学過程に及ぼす影響について考察する。

　巨大災害と一国経済の挙動の関係を分析するためには動学マクロ経済モデルが必要となる。動学マクロ経済モデルに関しては Solow モデルを嚆矢として膨大な研究の蓄積がある。中でも Ramsey モデルは多方面への応用や拡張が施され，時間軸上の家計の消費行動を分析するうえでの基盤となっている。Ramsey モデルの防災問題への応用事例としては，Tatano et al. (2003)，Yokomatsu et al. (2002) 等がある。Tatano et al. (2003) ではインフラ資本と民間資本の2種類の資本が存在する2地域経済をモデル化し，災害によって地域間のみならず2種類の資本の間でも損壊の不均質性が生じる状況を

対象としている．そして被災後に2種類の資本価額の比が災害前の最適成長経路上の比と乖離している状態を「復旧期間」と定義している．そしてこの時，被災後の社会は，両資本のバランスを最適比に戻すために，まずはより深刻な損壊を被った方の資本に集中的に投資するべきであることを指摘し，この時に経済成長率は被災前の成長率を上回ることを示している．Tatano et al. (2003) では経済成長モデルにおける balanced growth への移行期間を「災害復旧期間」の概念と整合させながら最適投資行動の特徴を記述している．

ただし Ramsey モデルでは家計が時間軸上で無限の視野を持つ（無限の寿命を持つ，ないし子孫に対して完全に利他的な選好を持つ）ことが仮定されている．それによって所与の政府支出のもとでは，一括税によるか政府借り入れによるかという財源調達の方法は資源配分にまったく影響を持たないことになる．時間軸上の財政移転は，将来の減税ないし増税を予期する家計の貯蓄行動によって完全に相殺される．いわゆる Barro の中立命題が成立する（Barro et al. 1992）．中立命題は家計が政府と同等の無限視野を持つという仮定に起因して生じる．

このような Ramsey モデルの制約を弱めるために最も頻繁に利用されるのが世代重複モデルである．世代重複モデルでは家計の時間軸上の視野の有限性（寿命が有限である，かつ子孫に対して完全な利他的選好は持たない）が仮定され，家計は政府よりも高い割引率を持つ．一方，政府は無限の将来までの時間を通じて財政をバランスさせればよい．それによって世代重複モデルでは政府の財源調達方法は家計の消費・資産形成行動に実質的な影響を及ぼす．政府が被災直後に発行した公債は将来の黒字財政によって償還されることになるが，その時に課税される主体は，復旧活動が行われた時点で生存していた主体とは異なる可能性がある．この時，課税を免れる家計，課税される家計の消費機会は変化する．

本章では財政移転を通じた災害被害の世代間配分と経済の復興過程の関係を分析することを目的として，基本モデルとして Blanchard (1985) の連続時間型・世代重複モデルを採用する．Blanchard (1985) の連続時間型・世代重複モデルは視野を無限大に発散させると Ramsey モデルに連結するという一般性を有しており，またハミルトニアンを用いた分析を可能とするなど利便性が高いものである．そして本章では，マクロ経済分析を行う際の最

も基本的な経済環境である閉鎖経済と開放経済を対象として，一国経済の災害復興過程を定式化する．それぞれの経済環境において，被災国政府が復旧資金をすべての世代に均等に負担させる方法を対象として，政府の財政政策が個々の家計の消費行動やマクロ経済全体の動学に与える影響について分析し，比較検討を行う．以後，第 2 節では基本モデルを定式化する．第 3 節では閉鎖経済を仮定して一国の災害復興過程について記述する．そして第 4 節では開放経済を仮定して一国の災害復興過程について記述し，両者の相違点について考察する．第 5 節では今後の課題を示す．なお本章は横松他（2002）に基づいている．詳細な数式の展開については元論文を参照されたい．

2. 基本モデルの定式化

2.1 モデル化の前提

Blanchard（1985）による連続時間型の世代重複モデルを想定する．連続時間軸上の各時点 s で p の大きさのコホート（世代 s）が誕生する．各家計の生存期間は不確実であり，年齢にかかわらず死亡事象が p の率で Poisson 到着すると仮定する．以上の仮定によって世代 s の時点 $t\,(\geq s)$ における大きさは $p\exp\{-p(t-s)\}$ で与えられ，任意の時点において社会の総人口は 1 に保たれる．また生存しているすべての世代の家計の平均余命は p^{-1} となる．連続時間型の世代重複モデルにおいて，p は家計の時間軸上の視野の長さを表すインデックスとなる．p が小さいほど家計の視野は長く，$p=0$ の時モデルは Ramsey モデルに一致する．

家計は親や子供に対する利他的選好を持たないと仮定する．また完全競争的な年金市場が存在すると仮定する．各家計は死亡した際に自身のすべての資産 v を保険会社に提供するかわりに，死亡しなかったら年金 pv を保険会社から受け取る契約を結ぶ．すなわち本モデルでは年金契約は負の生命保険契約として定式化される．

国内には企業が存在し，資本と労働に関して 1 次同次の技術を用いて完全競争的に操業しているとする．家計は年齢にかかわらず一定の労働を非弾力的に供給すると仮定する．そして任意の時刻 t における国内の生産を，生産資本ストック $K(t)$ のみに依存した生産関数 $F(K(t))$ により表すことと

する。$F(K(t))$ は以下の新古典派の性質を満足するものと仮定する。

$$\frac{dF(K)}{dK} \geq 0, \quad \frac{d^2F(K)}{dK^2} \leq 0, \quad \lim_{\delta \to 0}\frac{dF(K)}{dK} = +\infty, \quad \lim_{\delta \to \infty}\frac{dF(K)}{dK} = 0 \tag{17.1}$$

資本の取り付けに関する調整コストは存在しないと仮定する。また，企業の所有権はすべての家計に均等に帰属するとする。すなわち災害による企業の損失をその時点で生存しているすべての家計が均等に負担すると仮定する。したがって家計は企業に対して，労働を供給し，資本市場に資産を貯蓄することを通じて資本を賃貸し，かつ企業を共同で保有するという3つの役割を介して関係していることになる。

時点 t における市場利子率を $r(t)$ とする。第4節では閉鎖経済を対象とするため，$r(t)$ は国内の生産資本ストック $K(t)$ の限界生産性により内生的に決定する。第5節では開放経済を対象とするため，$r(t)$ は世界の資本市場の利子率として外生的に与えられる。本節では両ケースに対応しえる基本モデルをセットアップする。

2.2 経済の動学

各時点における家計の効用関数を対数関数により表そう。任意の時点 τ における世代 s の家計の生涯期待効用関数は以下のように表される。

$$U(s,\tau) = E\left[\int_\tau^{\tau_d} \log c(s,t) \exp\{-\theta(t-\tau)\}dt\right] \tag{17.2}$$

ここに τ_d は死亡時刻を表す確率変数であり，$E[\cdot]$ は死亡時刻に関する期待値操作を意味する。$c(s,t)$ は世代 s の家計の時点 t における消費水準を表す。以後，表記 (s,t) は当該変数が世代 s の家計の時点 t における変数であることを意味する。また θ は家計の割引率である。生涯効用関数の終端時刻 τ_d が Poisson 到着する性質を利用して期待値を計算することにより，$U(s,\tau)$ を次式のように表すことができる。

$$U(s,\tau) = \int_\tau^\infty \log c(s,t) \exp[-(\theta+p)(t-\tau)]dt \tag{17.3}$$

世代 s の家計の時点 τ における生涯期待効用最大化問題は以下のように表される。

第 17 章 復興政策の経済評価

$$\max U(s,\tau) = \int_{\tau}^{\infty} \log c(s,t) \exp[-(\theta+p)(t-\tau)] dt \tag{17.4a}$$

$$\text{subject to } \frac{dv(s,t)}{dt} = \{r(t)+p\}v(s,t) + w(t) - c(s,t) \tag{17.4b}$$

$$\lim_{t \to \infty} v(s,t) \exp\left[-\int_{\tau}^{t} \{r(x)+p\}dx\right] \geq 0 \tag{17.4c}$$

$v(s,t)$ は家計の資産水準を表し，(17.4b) 式は家計の資産の蓄積過程を示す。家計は資産 $v(s,t)$ に関して，企業から利子 $r(t)v(s,t)$ を，保険会社から年金 $pv(s,t)$ を受け取る。家計にとって資産 $v(s,t)$ の実効利子率は $\{r(t)+p\}$ により与えられることになる。また $w(t)$ は労働賃金を表す。(17.4c) 式は No-Ponzi-Game 条件である。

ハミルトニアンを用いた通常の方法により時間軸上の家計の最適化行動を得ることができる。そして個々の家計によって最適化された各時点の消費水準や資産ストックを一国全体でクロスセクションで集計することによってマクロの消費水準 $C(t)$，資産 $V(t)$，人的資産 $H(t)$ を得る。家計 (s,t) の変数を $x(s,t)$ とすると，時点 t におけるマクロ変数 $X(t)$ は次式で計算される。

$$X(t) = \int_{-\infty}^{t} x(s,t) p \exp\{-p(t-s)\} ds \tag{17.5}$$

若干の計算により，集計化された経済全体の動学は以下の体系で与えられる。

$$C(t) = (p+\theta)\{V(t)+H(t)\} \tag{17.6a}$$

$$\frac{dV(t)}{dt} = r(t)V(t) + W(t) - C(t) \tag{17.6b}$$

$$\frac{dH(t)}{dt} = \{r(t)+p\}H(t) - W(t) \tag{17.6c}$$

$$\lim_{t \to \infty} H(t) \exp\left[-\int_{\tau}^{t} \{r(x)+p\}dx\right] = 0 \tag{17.6d}$$

(17.6c)，(17.6d) 式は次式と等価である。

$$H(\tau) = \int_{\tau}^{\infty} W(t) \exp\left[-\int_{\tau}^{t} \{r(x)+p\}dx\right] dt \tag{17.7}$$

(17.6a) 式を t で微分して， (17.6b)，(17.6c) 式を用いて $H(t)$ を消去する

と経済の動学体系は次式で表される。

$$\frac{dC(t)}{dt} = \{r(t) - \theta\}C(t) - p(p+\theta)V(t) \qquad (17.8a)$$

$$\frac{dV(t)}{dt} = r(t)V(t) + W(t) - C(t) \qquad (17.8b)$$

(17.6a) 〜 (17.6d) 式により表される体系と (17.8a), (17.8b) 式により表される体系は等価である。

3. 閉鎖経済と災害復興過程

3.1 閉鎖経済と定常状態

　本節では前節の基本モデルを閉鎖経済のケースに特定化する。はじめに政府の介入がない市場について分析しよう。この時，以下のような条件が追加される。

$$V(t) = K(t), \quad r(t) = \frac{dF(K(t))}{dK(t)}, \quad W(t) = F(K(t)) - r(t)K(t) \qquad (17.9)$$

$K(t)$ は生産資本ストックである。第1式は，資本取り付けの調整コストが存在しない閉鎖経済では家計の貯蓄がすべて企業の生産への投資にあてられることを意味する。第2式，第3式は1次同次の生産技術と完全競争市場の仮定より導かれる均衡条件である。マクロ経済の定常状態は次式によって定義される。

$$\frac{dC(t)}{dt} = 0, \quad \frac{dV(t)}{dt} = 0, \quad \frac{dK(t)}{dt} = 0 \qquad (17.10)$$

(17.8a), (17.8b), (17.9) 式より，定常状態 (K^*, C^*) は次式を満足する。

$$\{F'(K^*) - \theta\}C^* - p(p+\theta)K^* = 0 \qquad (17.11a)$$

$$F(K^*) - C^* = 0 \qquad (17.11b)$$

上付き「*」は定常状態を表す。図17.1 に $(K(t), C(t))$ に関する位相図を示す。(17.11a), (17.11b) 式で仕切られた領域において，鞍点 S, 鞍点経路（破線の矢印）が存在する。鞍点経路は (17.6a) 式を満足する。任意の $K(t)$ に対して鞍点経路上の $C(t)$ が最適消費水準の集計値として決まる。また，p

が大きくなると曲線（17.11a）が上方にシフトし，交点 (K^*, C^*) は減少する。すなわち家計の視野が短くなるほど定常状態における社会全体の資本，消費の水準は減少する。

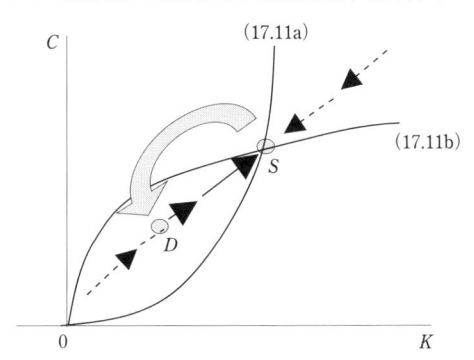

図 **17.1** 定常状態と復興過程（閉鎖経済，財政政策なし）

3.2　災害ショックと復興過程

経済が定常状態 (K^*, C^*) にあると仮定する。時点 t_0 において災害が生起し，$G\ (<K^*)$ の大きさの生産資本が破壊されるとする。以下のようなシナリオを想定しよう。企業の所有者である家計は投資家から借り入れた資本を完全に返却するために G の資金を捻出する。本モデルでは投資家はリスクを負わず，融資した資本の返済を保証されると考える。したがって時点 t_0 において，企業の保有者としての家計はただちに資金 G を調達する。すなわち災害の被害は，t_0 の時点で資産 $v(s,t)$ が G 減少するというかたちで，生存しているすべての家計に帰着する。資産 $v(s,t)$ はストック変数であるので，時点 t_0 における貯蓄の切り崩しの影響を時点 t_0^+ に受ける。家計の消費水準は，非人的資産と人的資産が減少することにより時点 t_0^+ に減少する。人的資産の減少は，社会全体の生産資本が減少することによって労働の限界生産性が減少することによるものである。災害ショックを国民経済にわたって集計化すると以下のようになる。

$$V(t_0^+) = V^* - G = K^* - G = K(t_0^+) \tag{17.12a}$$

$$C(t_0^+) = C^* + (p+\theta)\{-G + dH(t_0^+)\} \tag{17.12b}$$

図 17.1 に示すように，経済は鞍点 S から D にジャンプし，再び鞍点経路上を S に向かって戻る．

　以上のように，本モデルでは災害事象をショックとして導入し，災害の損害の帰着に関して上記のようなシナリオを想定する．そのような想定の根拠に関連して，ここで本モデルにおける災害リスクと政府の役割のとらえ方について若干補足しよう．本モデルにおいて災害は企業の保有者である家計にとって予見不可能なショックである．モデルを通じて，家計による事前の災害保険の購入行動や，投資家によるポートフォリオの選択，企業による投資家へのリスクプレミアムの支払い等は考慮されない．すなわち災害リスク管理に関して合理的でない主体を対象としている．そして実際に合理的でない主体に対して政府が被災時に早急に補助を行うという状況は存在する．本モデルは政府が被災時に被災主体を援助するという役割を持つ状況において，その支出を事後的に調達する過程と経済の復旧経路に関して記述することを目的とする．一方，上述のように本モデルでは投資家はリスクを負わない．資本の利子率にはリスクプレミアムが付加されていないことに留意されたい．本モデルでは災害の被害は企業の保有者が負担すると仮定する．このような仮定は，世界の企業の大きな割合が自営業であり，自営業者の方がリスク管理技術の未熟さも含めて災害に対して脆弱であり，そして実際に多くの災害被害が自営業に起こっているという事実にも由来するものである．

3.3　復旧の政府財政会計

　経済の復興過程に政府が介入する場合を考える．政府は災害復興財政として，企業に対して融資を行う．災害復興財政は次式で表される．

$$\frac{dZ(t)}{dt} - \frac{dB_d(t)}{dt} = r(t)\{Z(t) - B_d(t)\} + \Pi(t) - \Psi(t) \tag{17.13a}$$

$$Z(t_0) = B_d(t_0) = 0, \quad Z(t), \Pi(t), \Psi(t) \geq 0 \tag{17.13b}$$

$$\lim_{t \to \infty} \{Z(t) - B_d(t)\} \exp\left\{-\int_{t_0}^{t} r(x)dx\right\} = 0 \tag{17.13c}$$

第 17 章 復興政策の経済評価

$Z(t)$ は企業への貸付残高を表す。$B_d(t)$ は国債残高すなわち家計からの借入残高を表す。また $\Pi(t)$ は家計からの税収であり，$\Psi(t)$ は家計に対する補助金支出すなわち負の課税である。国債の満期は無限期であり，利率は市場利子率に等しいという無裁定条件が成立しているとする。またネットの貸付残高 $\{Z(t) - B_d(t)\}$ は利子率以上の大きさでは成長しないとする。ここでは復興財政政策を所与とした個々の家計の最適化行動の記述は省略する。マクロ経済の動学は以下のようになる。

$$\frac{dV(t)}{dt} + \frac{dB_d(t)}{dt} = r(t)\{V(t) + B_d(t)\} + W(t) - C(t) - \Pi(t) + \Psi(t) \tag{17.14a}$$

$$V(t_0^+) = V(t_0) - G, \quad B_d(t_0^+) = 0 \tag{17.14b}$$

$$\lim_{t \to \infty} \{V(t) - B_d(t)\} \exp\left\{-\int_{t_0}^{t} r(x)dx\right\} = 0 \tag{17.14c}$$

表 17.1 災害直後の動学（閉鎖経済）

	t_0	t_0^+	t_0^{++}
$V(t)$	V^*	$V^* - G$	
$dV(t)$	$-G$		
$K(t)$	K^*	$K^* - G$	$V(t_0^{++}) + Z(t_0^{++})$
$dK(t)$	$-G$		
$F(K(t))$	$F(K^*)$	$F(K^* - G)$	
$C(t)$	C^*	$(p+\theta)\{V(t_0^+) + H(t_0^+)\}$	
$Z(t)$	0	0	$\Pi(t_0^+) + B_d(t_0^{++})$
$dZ(t)$	0	$\Pi(t_0^+) + dB_d(t_0^+)$	
$B_d(t)$	0	0	
$dB_d(t)$	0	$dZ(t_0^+) - \Pi(t_0^+)$	
$\Pi(t)$	0	$\Pi(t_0^+)$	$\Pi(t_0^{++})$
$\Psi(t)$	0	0	$\Psi(t_0^{++})$

表 17.1 に災害直後の操作変数と状態変数の変化過程を示す。なお，表の空白のコマは，災害直後の変数の推移を記述するうえで特別に着目するに値しない箇所であることを意味する（次節の表 17.2 においても同様）。資産 V，

資本 K は状態変数であるので，災害時点 t_0 における G の減少の影響を t_0^+ に受ける。また，閉鎖経済においては災害時に瞬時に企業に貸し付けるための資本 $Z(t)$ を調達することはできない。事前に備蓄が存在しない限り，被災した瞬間には社会には物的資本しか残っていない。次の時点 t_0^+ では企業は $K^* - G$ の資本で生産を行わなければならない。時点 t_0^+ で生産された財 $F(K^* - G)$ の中から徴収した税を原資に政府は融資 $dZ(t_0^+)$ を行う。すなわち時点 t_0^+ で消費を犠牲にすることによって投資財を調達することになる。融資 $dZ(t_0^+)$ の効果は $Z(t_0^{++})$ を通じて $K(t_0^{++})$ に反映されることになる。このことは開放経済モデルとは好対照をなす。開放経済では海外に無限の財がある。被災国は災害が生起した瞬間に海外から復興の原資を借り入れ，時点 t_0^+ には既に資本が復元した状態 $K(t_0^+) = K^*$ で生産を行える。それに対して，閉鎖経済では被災国が復興資本を自ら生産しなければならない。そのため社会が災害前の状態に資本を復旧するには時間を要することになる。

3.4 一定額の課税システムと復興過程

復興過程の事例を得るために，3.3 節の一般的な災害復興財政を以下のように特定化しよう。第 1 に，企業への貸付は災害の直後の G の融資に限定する。その後企業への貸付残高は一定額 G に止まり，企業からの利子支払いを家計に補助金として還元するとする。また税額は時間軸上で一定とし，かつ同一時点ですべての世代に対して均等であると仮定する。すなわち以下のように災害復興財政を特定化する。災害直後の財政は次式で表される。

$$\Pi(t_0^+) = \bar{\Pi} < G \tag{17.15a}$$

$$dZ(t_0^+) = G = \bar{\Pi} + dB_d(t_0^+) \tag{17.15b}$$

すなわち政府は時点 t_0^+ における融資額を課税と国債の発行により賄う。国債発行額は $dB_d(t_0^+) = G - \bar{\Pi}$ である。時点 $t \geq t_0^{++}$ における財政政策は次式で表される。

$$\Pi(t) = \bar{\Pi}, \quad Z(t) = G = \text{const.} \tag{17.16a}$$

$$B_d(t) = G - \bar{\Pi} = \text{const.} \tag{17.16b}$$

$$\Psi(t) = r(t)\{Z(t) - B_d(t)\} + \Pi(t) = \{1 + r(t)\}\bar{\Pi} \tag{17.16c}$$

$$\Pi(t) - \Psi(t) = -r(t)\bar{\Pi} \tag{17.16d}$$

第 17 章 復興政策の経済評価

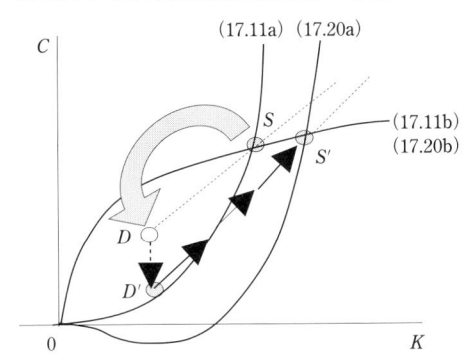

図 **17.2** 災害復興財政と調整過程（閉鎖経済）

すなわち企業への貸付残高，国債残高ともに一定であり，また家計へのネットの税金は $-r(t)\bar{\Pi}$，すなわち家計には毎時 $r(t)\bar{\Pi}$ のネットの補助金が給付されることになる。

マクロ経済の動学について考えよう。時点 t_0^+ において災害復興財政が導入されることによって，時点 $t\,(\geq t_0^+)$ における人的資産の水準は次式のように表される。

$$H(t) = \int_t^\infty \{W(x) - \Pi(x) + \Psi(x)\} \exp\left[-\int_t^x \{r(\mu) + p\}\,d\mu\right]dx \tag{17.17}$$

時点 t_0^+ において集計化された消費 $C(t_0^+)$ は以下の水準にジャンプする。

$$C(t_0^+) = (p+\theta)\{K^* - G + H(t_0^+)\} \tag{17.18}$$

$(K(t_0^+), C(t_0^+))$ は図 17.2 において点 D' で表される。$S \to D'$ へのジャンプは復興財政政策が導入される前の鞍点経路上のジャンプ $S \to D$ と，財政政策の導入による人的資産の変化による消費水準の減少 $D \to D'$ が合成されたものである。そして復興財政政策が導入されると鞍点経路がシフトする。新しい鞍点経路は次式によって与えられる。

$$C(t) = (p+\theta)\{V(t) + B_d(t) + H(t)\} = (p+\theta)\{K(t) - \bar{\Pi} + H(t)\} \tag{17.19}$$

そして新しい鞍点 $S'(V^{**}, C^{**})$ は次式を満足する。

$$\{F'(K^{**}) - \theta\}C^{**} - p(p+\theta)\{K^{**} - \bar{\Pi}\} = 0 \qquad (17.20a)$$

$$F(K^{**}) - C^{**} = 0 \qquad (17.20b)$$

図 17.2 に示すように V^{**}, C^{**} ともに V^*, C^* よりも大きくなる。税額 $\bar{\Pi}$ を大きくすれば V^{**}, C^{**} は大きくなる。しかし $\bar{\Pi}$ の増加は新しい鞍点経路を下方にシフトさせるため,より長い期間,$C(t)$ は財政政策が存在しない場合よりも低い水準に止まることになる。

4. 開放経済と災害復興過程

4.1 開放経済と定常状態

本節では第 2 節の基本モデルを開放経済のケースに特定化する。前節と同様に,はじめに政府の介入がない場合の定常状態について調べることとする。開放経済モデルにおいては世界利子率 $r(t)$ が与件である。本節では,外生的に与えられる世界利子率を $\bar{r}(t)$ と表すこととする。開放経済では,家計による貯蓄 $V(t)$ は企業の生産に投じられる資本 $K(t)$ とは一致しない。家計は海外資本市場に貯蓄することが可能であり,また企業は海外から資本を借り入れることが可能である。その結果,無裁定条件によって国内の資本の限界生産性,投資水準,産出水準が決定する。本節では $\bar{r}(t)$ に依存して決定する生産資本,労働賃金をそれぞれ $\bar{K}(t)$,$\bar{W}(t)$ と表すこととする。それらは次式を満足する水準に決まる。

$$\frac{dF(\bar{K}(t))}{dK(t)} = \bar{r}(t), \quad \bar{W}(t) = F(\bar{K}(t)) - \bar{r}(t)\bar{K}(t) \qquad (17.21)$$

(17.8a), (17.8b), (17.21) 式より,定常状態 (V^*, C^*) は次式を満足する。

$$\{\bar{r}(t) - \theta\}C^* - p(p+\theta)V^* = 0 \qquad (17.22a)$$

$$\bar{r}(t)V^* + \bar{W}(t) - C^* = 0 \qquad (17.22b)$$

$\bar{r}(t) > \theta$,$p(p+\theta) > \bar{r}(t)\{\bar{r}(t) - \theta\}$ の時,$V, C > 0$ の範囲に定常状態 $S(V^*, C^*)$ が存在する。

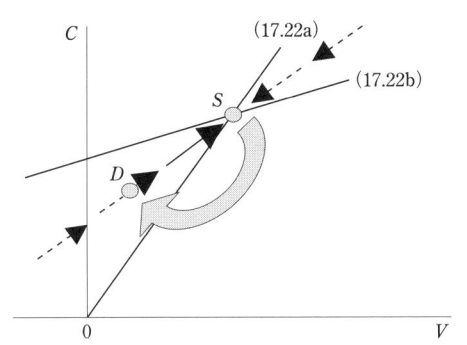

図 **17.3** 定常状態と復興過程（開放経済，財政政策なし）

$$V^* = \frac{\{\bar{r}(t) - \theta\}\bar{W}(t)}{\Theta}, \quad C^* = \frac{p(p+\theta)\bar{W}(t)}{\Theta} \qquad (17.23\text{a})$$

$$\Theta = p(p+\theta) - \bar{r}(t)\{\bar{r}(t) - \theta\} \qquad (17.23\text{b})$$

また図 17.3 に示すように鞍点経路（破線の矢印）が存在する。鞍点経路は (17.6a) 式を満足する。上付き「*」は定常状態を表す。開放経済においても p が大きくなるほど，すなわち家計の視野が短くなるほど V^*, C^* は減少する。なお，開放経済では生産資本 $\bar{K}(t)$ は実質的に外生変数に相当するため，経済の移行動学の対象となる状態変数は国内家計の資産 $V(t)$ となる。よって本節では (V, C) の位相図を扱う。

4.2　災害ショックと復興過程

前節と同様のシナリオを考える。すなわち，経済が定常状態にある時点 t_0 において災害が生起する。$G \; (< \bar{K}(t))$ の大きさの生産資本が破壊され，その被害により企業の所有者である国内家計の資産は G 減少する。閉鎖経済におけるショックの影響と異なる点は，開放経済では人的資産の減少が起こらない点である。消費の減少は非人的資産の減少のみに依存する。開放経済においては災害後，瞬時に（時点 t_0 のうちに）海外から資本が流入し，生産資本が $\bar{K}(t)$ の水準に復元する。それによって労働の限界生産性は減少しない。すなわち災害後に労働賃金は減少せず，人的資産は減少しない。災害

直後の時点 t_0^+ の資産水準，消費水準は以下のように集計される。

$$V(t_0^+) = V^* - G \tag{17.24a}$$

$$C(t_0^+) = C^* - (p+\theta)G \tag{17.24b}$$

図 17.3 に示すように，経済は鞍点 S から D にジャンプし，再び鞍点経路上を S に向かって戻る。

4.3 復旧の政府財政会計

開放経済において災害からの復興過程に政府が介入する場合を考えよう。前節の（17.13a）〜（17.13c）式に対応した，開放経済における災害復興財政の一般的な体系は以下のように表される。

$$\frac{dZ(t)}{dt} - \frac{dB_d(t)}{dt} - \frac{dB_f(t)}{dt} = \bar{r}(t)\{Z(t) - B_d(t) - B_f(t)\} + \Pi(t) - \Psi(t) \tag{17.25a}$$

$$Z(t_0) = B_d(t_0) = B_f(t_0) = 0, \quad Z(t), \Pi(t), \Psi(t) \geq 0 \tag{17.25b}$$

$$\lim_{t \to \infty} \{Z(t) - B_d(t) - B_f(t)\} \exp\left\{-\int_{t_0}^{t} r(x)dx\right\} = 0 \tag{17.25c}$$

前節と同様に，$Z(t)$ は企業への貸付残高，$B_d(t)$ は国内家計からの借入残高，$\Pi(t)$ は税金，$\Psi(t)$ は補助金を表す。財政システムに新たに加わる $B_f(t)$ は，海外に発行する国債残高すなわち海外資本市場からの借入残高を表す。一国経済の資産過程は（17.14a）〜（17.14c）式において，$r(t)$ を $\bar{r}(t)$，$w(t)$ を $\bar{w}(t)$，$W(t)$ を $\bar{W}(t)$ に置き換えた式の組によって表される。

しかし開放経済の場合，より簡略なシステムによって等価な経済を創出することが可能である。第 1 に政府が国内企業への融資に着手する必要はない。国内企業へは，限界生産性が世界利子率の水準に低下するまで，海外から自動的に資本が流入する。そして，前述のように，資本の流入は災害の生起時点 t_0 において瞬時に完了する。本節では以後 $Z(t) = 0$ とする。次に，政府，家計双方にとって，政府が国内の家計から借り入れるのと海外市場から借り入れるのとは無差別である。よって本モデルでは $B_d(t) = 0$ とおいて政府は専ら海外と貸借を行うと仮定する。簡略化されたシステムは以下のよ

うに定式化される。

$$\frac{dB_f(t)}{dt} = \bar{r}(t)B_f(t) - \Pi(t) + \Psi(t) \tag{17.26a}$$

$$B_f(t_0) = 0, \quad \lim_{t \to \infty} B_f(t) \exp\left\{-\int_{t_0}^{t} \bar{r}(x)dx\right\} = 0 \tag{17.26b}$$

世代 s の家計と経済全体の資産の蓄積過程の微分方程式からは $B_d(t)$ の項が省かれることになる。開放経済における災害直後の経済の動学の特徴を表 17.2 に示す。政府は時点 t_0 において任意の大きさの補助金 $\Psi(t_0)$ を家計に給付することができる。課税によっては賄いきれなかった補助金の原資を，海外からの借り入れによって補充することができるからである。時点 t_0^+ 以降，政府は国債の償還や利払いのために家計に対して課税と補助金の給付を行う。一方，損壊した生産資本は市場において瞬時に復元され，産出水準は一定に保たれる。よって災害復興財政における政府の機能は，災害時の損失の世代間再分配に集約されることになる。

表 17.2 災害直後の動学（開放経済）

	t_0	t_0^+	t_0^{++}
$V(t)$	V^*	$V^* + dV(t_0)$	
$dV(t)$	$-G + \Psi(t_0) - \Pi(t_0)$		
$K(t)$	$\bar{K}(t)$	$\bar{K}(t)$	$\bar{K}(t)$
$dK(t)$	$-G + G$	0	0
$F(K(t))$	$F(\bar{K}(t))$	$F(\bar{K}(t))$	$F(\bar{K}(t))$
$C(t)$	C^*	$(p+\theta)\{V(t_0^+) + H(t_0^+)\}$	
$B_f(t)$	0	$\Psi(t_0) - \Pi(t_0)$	
$dB_f(t)$	$\Psi(t_0) - \Pi(t_0)$		
$\Pi(t)$	$\Pi(t_0)$	$\Pi(t_0^+)$	$\Pi(t_0^{++})$
$\Psi(t)$	$\Psi(t_0)$	$\Psi(t_0^+)$	$\Psi(t_0^{++})$

4.4 一定額の課税システムと復興過程

本節でも災害復興財政を特定化する。その際，閉鎖経済との比較が可能となるよう，3.4 節で特定化したシステムに対応した定式化を行う。すなわち，

ここでもすべての世代がすべての時点において均一の税を負担するものとする。ただし前節で述べたように，企業の生産資本は市場において復元され，政府は企業へは資本を融通しない。政府は災害時点 t_0 において資産を損失した家計に対して補助金を支給する。政府は補助金の原資を海外市場で国債を発行することによって調達する。以下の水準の特定化によって，全世代の家計による災害被害の均等負担が達成される。

$$\Psi(t_0) = G = dB_f(t_0), \quad \Pi(t_0) = 0 \tag{17.27a}$$

$$\text{for } t \geq t_0^+, \ B_f(t) = G = \text{const.}, \quad \Pi(t) = \bar{r}(t)G, \quad \Psi(t) = 0 = \text{const.} \tag{17.27b}$$

すなわち時点 t_0^+ 以降，政府は毎時点 $\bar{r}(t)G$ の税収を利子支払いにあて，追加的な借入や貸付は行わない。毎時課される $\bar{r}(t)G$ の税は人的資本の水準を変化させる。

$$H(t) = \int_t^\infty \{\bar{W}(x) - \Pi(x)\} \exp\left[-\int_t^x \{\bar{r}(\mu) + p\} d\mu\right] dx \tag{17.28}$$

一方，時点 t_0 において，非人的資産は $\Psi(t_0)$ の補助により減少を被らない。$V(t_0^+) = V^*$ が維持される。時点 t_0^+ の消費水準は次式で与えられる。

$$\begin{aligned} C(t_0^+) &= (p+\theta)\{V^* + H(t_0^+)\} \\ &= C^* - (p+\theta)\left[\int_{t_0^+}^\infty \Pi(x) \exp\left[-\int_{t_0^+}^x \{\bar{r}(\mu) + p\} d\mu\right] dx\right] \end{aligned} \tag{17.29}$$

政府の介入がない場合とは異なって，ここでは人的資産の減少によって消費水準が災害時点 t_0 に下方にジャンプする。図 17.4 に災害時点 t_0 におけるジャンプ $S \to D$ を示す。新しい鞍点経路は次式を満足する。

$$\begin{aligned} C(t) &= (p+\theta)\{V(t) + H(t)\} \\ &= (p+\theta)\left\{V(t) + \int_t^\infty \{\bar{W}(x) - \Pi(x)\} \exp\left[-\int_t^x \{\bar{r}(\mu) + p\} d\mu\right] dx\right\} \end{aligned} \tag{17.30}$$

したがって，新しい鞍点経路は税の現在価値に消費性向 $(p+\theta)$ を乗じた大きさだけ，古い鞍点経路よりも下方に位置している。新しい鞍点 $S'(V^{**}, C^{**})$

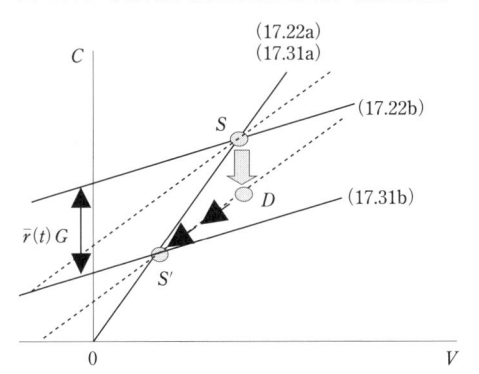

図 17.4 災害復興財政と調整過程（開放経済）

は次式を満足する。

$$\{\bar{r}(t) - \theta\}C^{**} - p(p+\theta)V^{**} = 0 \quad (17.31\text{a})$$

$$\bar{r}(t)V^{**} + \bar{W}(t) - \Pi(t) - C^{**} = 0 \quad (17.31\text{b})$$

$\Pi(t) = \bar{r}(t)G$ に留意すると，

$$V^{**} = \frac{\{\bar{r}(t) - \theta\}\{\bar{W}(t) - \bar{r}(t)G\}}{\bar{\Theta}}, \quad C^{**} = \frac{p(p+\theta)\{\bar{W}(t) - \bar{r}(t)G\}}{\bar{\Theta}} \quad (17.32\text{a})$$

$$\bar{\Theta} = p(p+\theta) - \bar{r}(t)\{\bar{r}(t) - \theta\} \quad (17.32\text{b})$$

V^{**}, C^{**} ともに V^{*}, C^{*} よりも小さくなることがわかる。

4.5 閉鎖経済と開放経済の災害復興

　第 3 節の閉鎖経済モデルにおける災害復興過程と，第 4 節の開放経済モデルにおける小国の復興過程とを比較しよう。それぞれのモデルで記述される経済環境の間には，いくつかの本質的な異同がある。第 1 に閉鎖経済モデルにおける資源の有限性があげられる。繰り返し述べているように，災害時点において閉鎖経済には余分の資源は存在しない。例えば新古典派の生産技術が与えられた閉鎖経済において生産資本が全壊したとしたら，社会は復活

できないことになる．部分的な損壊の場合には，閉鎖経済では災害の次の時点の生産は残存する資本のみによって行わざるをえない．よって閉鎖経済モデルによって近似される一国経済では，開放経済の小国と比べて政府による復旧のための融資のタイミングが $dt = t_0^+ - t_0$ だけ遅れることになる．

また，3.4 節，4.4 節の一定額の課税システムの事例分析では対照的な結果が得られた．そこでは閉鎖経済，開放経済の双方で，災害後のすべての時点で均等に課税するという条件を与えたうえで財政調達システムを特定化した．また，可能な限りシステムを簡単化するため，政府による各種の貸借 $dZ(t), dB_d(t), dB_f(t)$ を政策の初期時点に限定した．すなわち初期時点より後の時点の貸借の残高は一定とした．このような条件を設定して定式化した課税システムであるが，厳密にはそこですべての世代が完全に等しく災害損失を負担しているわけではない．ネットの税負担 $\Pi(t) - \Psi(t)$ を調べると，閉鎖経済モデルにおいては課税の初期時点 t_0^+ で $\Pi(t_0^+) = \bar{\Pi}$，その後の任意の時点 t では $\Pi(t) = -r(t)\bar{\Pi}$ で一定となる．一方，開放経済モデルにおいては時点 t_0 で $\Pi(t_0) - \Psi(t_0) = -G$，その後の時点 t では $\Pi(t) - \Psi(t) = \bar{r}(t)G$ で一定となる．新しい定常状態において K^{**}, C^{**} ないし V^{**}, C^{**} が増加するか減少するかは，初期時点の後の時点 t でのネットの税負担が負か正かに依存する．閉鎖経済モデルでは新しい定常状態で家計は正の補助金を受けているため，K^{**}, C^{**} が増加している．それに対して開放経済モデルでは新しい定常状態で家計は税を負担するため V^{**}, C^{**} が減少している．

しかしながら，将来の定常状態における消費を増加させるべきか，近い世代の消費水準をあまり減少させないべきかは，世代間の価値比較の問題である．財政政策や災害復興過程に関する社会的最適解を定義するためには，社会厚生関数を特定化する必要がある．しかし，どのような社会厚生関数が選ばれるべきかは自明ではない．家計が無限の視野を持つ Ramsey モデルでは，社会厚生関数として家計の目的関数である生涯効用関数を採用することは自然であるといえる．しかし，異なる世代がそれぞれ時間軸上の異なる期間を視野に入れて行動する世代重複モデルでは，1 つの社会厚生関数を選択するために，より強い価値基準を反映させなければならない．すなわち社会計画者が将来世代の厚生をどの程度割り引くかを設定しなければならない．以上のように社会的最適解の同定は，重要な問題であるが，本章の分析の範囲を越えるものであり今後の課題とする．また，社会的最適性より弱い基準

である動学的効率性（Cass 1972）により，政府による災害直後の G の補助と，その資金を世代間で均等に負担させる政策を評価することも今後の課題とする。

本章で明らかにしたことは，閉鎖経済モデルで近似される経済環境にある一国で災害復興財政が要求される際には，復旧の原資を確保する必要上，初期時点では課税超過にならざるをえないということである。その結果，長期的には経済は高い消費水準と資本ストック水準の定常状態に到達する。一方，開放経済における小国の政府は（4.4 節で特定化した財政システムとは反対に）災害時点で課税するというオプションも持っている。しかしながら，直接被災した世代の家計に対して，さらに税負担を求めるという政策は政治的に受け入れられない場合もある。ただちに海外から資本を導入することによって，被災した社会の復興を推進せざるをえない場合がある。その結果，長期的には経済は災害直前の状態よりも低い状態に推移することになる。

5．おわりに

家計の時間軸上の視野が有限である時，閉鎖経済モデルに近い経済環境にある一国が被災した場合と，開放経済モデルの小国に相当する一国が被災した場合とでは資本市場の利子率に及ぼす影響が異なる。換言すると，前者では資本が損壊してもすぐには海外から十分な資本が流入しない。災害に対する備えが十分ではないような状況では，社会は自ら復旧の資本を生産する必要がある。それに対して後者が被災しても世界の利子率はほとんど変化しない。海外には被災国の復興にとって十分な財があり，それらが早期に流入して社会を復旧させる。しかしながら，災害後に長い間，借り入れの償還や利払いを続けなければならない場合もある。被災時に集中的に海外から借り入れを行う災害復興財政が，当該国の経済成長を妨げる可能性もある。

本章では今後にいくつかの重要な課題を残している。第 1 に，世代間社会厚生関数の特定化の問題に取り組む必要がある。本章では復興財政政策としてすべての世代が均等に課税される場合のみを対象としたが，本来どのような世代間分配が望ましいかは，社会計画者が将来世代の厚生をどのように割り引くかに依存する。第 2 に，本章では災害を定常状態における予見不可能なショックとしてモデル化した。閉鎖経済モデルにおいて生産資本への

融資が1タイミング遅れるという分析結果は，事前に備蓄等の対策がとられていないという想定に決定的に依存している。前述のように本モデルは，巨大災害に対して事前の備えが及ばない部分のみを記述したものである。今後は事前の政策に焦点をあてた分析を行う必要がある。例えば事前における復旧資金の積み立ての性格を持つような災害基金システムを構築していく必要がある。特に閉鎖経済において有効な災害基金システムを定式化するためには，貨幣の機能に照射したようなアプローチが考えられよう。第3に，実際にどのような国や状況に対してどのようなモデルを適用させればよいのか整理する必要がある。本章では資源の調達可能性に関して両極端な仮定を持つ閉鎖経済モデルと開放経済モデルを取り上げて，帰結の相違を明らかにした。マクロ経済モデルには，他にもゲーム的な状況を仮定した2国モデルや，開発経済学の知見を取り入れた成長モデル等，さまざまなバリエーションがある。各モデルによって分析されえる理論的な構造や現象再現性等に関する整理が必要である。

展 望 編

第18章　防災経済分析の課題と研究展望

横松宗太・髙木朗義

1. はじめに

　現在，防災経済分析は研究が進むほど課題が増殖していく状況にある。
　本章では防災の経済分析のいくつかのサブテーマについて，今後の研究展望を述べる。第2節ではCATボンド市場をはじめとした新しい災害リスクファイナンス市場において未解明のいくつかの問題について述べる。第3節では災害リスク固有の性格に起因した災害リスク認知に関する問題を示す。また，近年，インフラストラクチャーのアセットマネジメントの分野は急速に体系化が進んでいるが，第4節ではその分野において防災インフラの管理問題としての研究の余地を探る。第5節では災害リスクが地方公共財としての性格を持つことを指摘したうえで，中央政府と地方政府の災害リスクマネジメントに関する機能配分問題に関する論点を指摘する。なお，著者らに防災経済分析のこれまでの成果を鳥瞰し，今後の正しい方向付けをする能力は備わっていないため，以下に記していく展望が，著者らの狭量な学識に基づいて発想した疑問の連なりとなることをお許しいただきたい。

2. 代替的リスク移転市場

　第2章では災害の集合性を意味する集合リスクの概念を考慮したうえで，市場でパレート最適なリスク配分を実現する災害保険システムについて定式化した。しかし現実には，第2章のモデルのように，あらゆる集合リスクと個人リスクの組み合わせに対応した保険契約を設計することは不可能である。よって現実の保険市場の不完備性を考慮した保険システムの研究が積

み重ねられている。また実際の金融市場において災害リスクを交換するさまざまな契約や証券取引が実践されている。第5章では災害リスクに関する代替的リスク移転手法（Alternative Risk Transfer）に関する最近までの動向が紹介された。CATボンドはある地域の特定の災害リスクを投機対象とすることによって，多数の投資家をリスクのプールに参加させ，広くリスクを分散することを可能とした革新的な手法である。CATボンドの詳細な性格に関しては，理論的分析と実務における試行錯誤が同時進行するかたちで解明が進んでいる。以下では今後に取り組まれるべき課題を数点指摘したい。

2.1　ベーシス・リスクとモラルハザード，ミチゲーションの関係

　CATボンドをはじめとした新しい災害リスクヘッジ市場の発展のためには，ベーシス・リスクとモラルハザードおよび逆選択の問題のバランスをとっていく必要がある。伝統的な再保険契約は，元受保険会社の元受保険金支払い金額に応じて再保険金が決まる「対象企業特定型」であり，元受保険会社にとってはリスクヘッジの機能が高い契約形態である一方，再保険者にとってはモラルハザードのリスクに直面することになる。一方，多くのCATボンドが採用する「インデックス連動型」の契約形態では，投資利回りがリスクヘッジする側の個々の損害には依存せず，発行体企業と同じ業種の全社（例えば同じ保険種目を引き受けているすべての保険会社）の対象地域における損害額に連動するように設計されている。すなわち保険業界全体の損害額がインデックスとなって，CATボンドの元本の没収率が決まる。「対象企業特定型」契約と比べてリスクをヘッジする側（元受保険会社）と投資家の間の情報格差は小さく，モラルハザードの機会は減少する。その一方でリスクをヘッジする側はベーシス・リスクに直面することになる。そして第5章で述べられたように，ベーシス・リスクとは元受保険会社が直面するリスクであり，保険契約者への支払いに必要な資金量とインデックスにより決まるCATボンドからの没収資金量との間に乖離が生じるリスクをいう。

　現在，ベーシス・リスクを減少させるための技術が飛躍的に進歩している。多様なインデックスの採用が試みられ，またアメリカのGCCI（Guy Carpenter Catastrophe Index）やRMS index（Risk Management Solutions Index）のように，保険金支払い総額をZIP Code（郵便番号）単位で細分化して地域ごとに指数化したものも開発され実用されている。シミュレーションを通じて，

指数を ZIP Code ベースにまで細分化した場合，ベーシス・リスクをほとんど消滅させることができるという研究成果もある（Cummins et al. 1999b; Major 1999 等）。しかしながら，地域を細分化していくと，地域によっては特定の保険会社がマーケットを独占するケースも発生する。マーケットシェアが高い元受保険会社は損失指数に影響を与えることができるので，それを計算に入れた保険の供給を行う。Major（1999）の論文にコメントを寄せている Perold は，ここに再びモラルハザードが現出する可能性があると指摘している。モラルハザードの可能性は，投資家がそのリスクに見合った利回りを要求することにつながる。元受保険会社にとってベーシス・リスクが低下するという事実が，モラルハザードが起こりえる構造を通じて，かえってヘッジコストを高めてしまうという逆説的な結果が起こりえる。ベーシス・リスクとモラルハザードのトレードオフの問題が指摘されている。

そこで今後の研究展望として「パラメータ連動型」CAT ボンドのアドバンテージの解明を期待したい。「パラメータ連動型」とは CAT ボンドの利回りがリスクポートフォリオに依存せず，地震のマグニチュードなどの災害の物理的な大きさを表すパラメータの数値に連動するタイプを指す。パラメータ連動型は上述のようにインデックス連動型でも起こりえるモラルハザードを排除することができる。しかし 1997 年にパラメトリック再保険社が南関東地域の地震を対象とした CAT ボンドが最初の発行事例であり，インデックス連動型と比べるとこれまでの発行事例は圧倒的に少ない。パラメータ連動型における，物理的な自然現象とある保険会社の保険金支払額の関係の不確実性は，インデックス連動型における保険業界の総保険金支払額と当該保険会社の保険金支払額の関係の不確実性よりも大きい。すなわちベーシス・リスクがより大きいといえる。しかし，シミュレーション技術によるリスクアセスメントや土木・建築技術をはじめとしたリスクコントロールはベーシス・リスクを減少させることができるだろう。現在，自然現象から物理的なフラジリティ，経済的損失を関係付ける手法の開発が進んでいる。また GIS 技術を利用してメッシュベースの資産水準や危険度データの整備が進み，従来よりも多様な被害シナリオの記述が可能になってきている。例えば河川氾濫を伴う水害に関しては，パラメータを降水規模のみならず破堤地点との組み合わせで定義することも検討に値するだろう。また，家屋やインフラに適切な耐震性，耐火・耐水性を持たせることによってもベーシス・

リスクを減少させることができる。例えば性能規定型設計を通じて，一律に建物の耐震性を性能で規定する方法はベーシス・リスクを減少させることに寄与するだろう。また仕様による標記と較べて，性能による耐震性の表現は保険者がリスクを理解するうえでも有用であろう。また，河川の治水計画のような一律の計画規模の考え方とベーシス・リスクの関係についても今後詳細な分析が期待されよう。

2.2 CATボンドのプライシング

　CATボンドの問題点の1つとして合理的な価格が唯一に決まらないという点があげられる。商品の合理的な価格が求まらないことは市場で効率的にリスクを配分するうえで致命的な欠点になりかねない。一般的に金融資産の価格は将来得られるキャッシュフローの現在価値のリスク中立確率による期待値として求めることができる。それは当該資産が市場に存在する複数の資産の組み合わせで複製できることに起因する。当該資産の価値は複製に要した費用に等しいという裁定理論の裏付けによるものである。Black-Scholes式もこの考え方から導かれている。

　しかしCATボンドにはBlack-Scholes式の応用ができない。CATボンドがもたらすキャッシュフローは保険会社の総保険金支払額やマグニチュードなどのインデックス（ないしパラメータ）により決まる。すなわち株式オプションなどの一般的なデリバティブと異なり，まったく価値のないインデックスに連動している。換言すると，CATボンドには価値のある原資産が存在しないため複製することができない。

　にもかかわらず既存の理論研究には，CATボンドの価格付けにリスク中立確率を使う評価法を用いているものが多い。なぜならリスク中立評価法を拡張・一般化して考えれば，インデックスは証券価格である必要はない。証券価格でないインデックスを使用する場合，インデックスの期待上昇率は，実際の期待上昇率からインデックスのリスクの市場価格とインデックスのボラティリティとの積を引いたものに変換すればよいことが知られている。しかしここにインデックスのリスクの市場価格と期待上昇率をどのように推定するのかという問題が残っている。それに対して，既存の研究ではこれらの変数は直接推定することを避けることができる場合が多いことが主張されている。例えば先物市場を利用する方法がある。しかしCATボンドには現

時点では先物市場がないので，やはりリスクの市場価格はわからない。そのため理論研究ではどこかでリスクの市場価格を外生的に与えることになる。

現実には，CAT ボンド市場は流動性が低いため，確率分布モデルを用いて統計学的アプローチにより価格付けを行うことが多い。すなわち過去のデータを統計的に解析・評価することにより，将来予測を行うことが多い。データ量が十分であれば統計的に有意な分析を行うこともできるだろう。しかし将来的には CAT ボンドの市場が厚くなり流動性が高くなることが期待される。その際に統計学的アプローチに代わる方法が求められよう。その時，裁定アプローチは上述の問題を克服できていない。

そこで今後，期待効用アプローチにより均衡価格を求めるモデルを発展させる方向が考えられよう。それは投資家の期待効用最大化を目的とした証券取引をモデル化して市場均衡状態における証券価格を求める方法であり，均衡モデルとも呼ばれている。Cao et al. (1999) 等は天候デリバティブのプライシングのための均衡モデルを示している。均衡モデル自体は証券の価格理論として古くから用いられているが，災害リスクや CAT ボンドの特殊性を反映した理論モデルや実務的なツールとして十分には発展していないように思われる。

2.3 企業のリスクファイナンス

大西他 (2004) は企業の地震保険行動に関して研究を始めている。第 1 章で紹介されたように，昨今，キャプティブ，ファイナンシャル・リインシュランス，ファイナイトなど企業向けのリスクファイナンス技術の開発が進んでいる。しかし大西他 (2004) によると，多くの企業はリスク中立的とみなすことができ，よって企業のリスクファイナンス行動をリスク回避選好によって説明することには限界がある。大西他 (2004) は企業が初期投資後の懐妊期間中に地震に見舞われて急遽，流動性資産を調達する必要に迫られるというシナリオをモデル化して，企業が震災時に追加融資が得られないことにより事業からの撤退を余儀なくされるリスクをヘッジするための手段として保険契約が有効であることを指摘している。資産の流動性の観点から企業の災害リスクマネジメントを分析する研究には多くの展開が残されていると思われる。

ミザーニ (2002) によると，保険会社による再保険契約も含めて，これま

で企業が実際に結んできた保険契約はクレジットライン契約ないしファイナンシャル・リインシュランスのタイプのものが多かった。すなわち保険者と長期的な契約を結び，契約期間の初期段階で保険金支払いが行われた場合にはその後に保険料が上がるかたちで実質的に借入金を返済していくタイプの関係が多かった。ここでは主としてタイミングリスクの分散が行われてきたことになる。よって今一度，（実務において伝統的な）タイミングリスクの分散技術と，（理論面において純粋な保険といえる）クロスセクションのリスクプーリング技術が有する効果について整理しておく必要があろう。契約者間の情報環境や自己資本レベルなどの視点から，種々のリスクファイナンス技術が企業のリスクコントロール行動へ与えるインセンティブ等を整理しておくことが有用であろう。

2.4 リスクプレミアムの推計と防災投資便益

第2章では，防災投資の経済便益を，対象とする防災投資によりもたらされる期待被害軽減額に保険市場のリスクプレミアムを乗じることによって評価することができることを示した。そこでの帰結は市場や効用関数に関してある仮定を置いたうえで導かれたものであるが，それでも防災投資便益に関する一次近似的な指標ないし参照点として一定の意義を持つものである。しかしながら，この方法を実務で採用しようとすると，パラメータとしてのリスクプレミアムをいくらに設定するべきかという問題が浮上する。

自然災害市場に限らずリスクプレミアムの計測はファイナンス工学と統計学のインターセクションの領域において最も重要な課題の1つとなっており，すでに膨大な研究蓄積がある。例えばMayfield（2004）は金融市場全体を対象に，個人の最適化行動と市場均衡を基礎に持つモデルを用いてリスクプレミアムの時間的変動を推計している。

一方，実務的目的を持って，わが国で現時点において地震や水害に対するリスクプレミアムを市場で計測することは難しい。日本において損害保険会社は地震保険をゼロ利潤で運営することが義務付けられている。地域や建物の危険度によって保険料率に差異はあるものの，保険数理上公正な保険として運営されている。政府の再保険バックアップによりそのような公正な地震保険システムが維持されてきた。また水害については，住宅総合保険によって引き受けられる一方で住宅金融公庫による補償がなされてきた。

防災投資の便益評価にリスクプレミアムを導入する方法論は，災害被害に関する責任の考え方と密接に関連している．従来の期待被害軽減額による費用便益分析は政府のバックアップによって災害リスクを保険数理上公正な保険でフルカバーする，あるいは保険に加入していなくても政府が瞬時に復旧資金を給付してくれて事後的に同額を返済していけばよいという状況と整合的な方法だった．それに対してリスクプレミアムを含めた費用便益分析は，家計が国際的な金融市場で自己責任のもとにポートフォリオを運用しなければならない状況と整合的な方法といえる．防災投資の費用便益分析の方法に関するレジームの選択は，金融市場のボーダーレス化やグローバライゼーション，政府の財政事情等に加えて，災害リスクマネジメントの責任に関する考え方にも関わっている．

3. リスク認知とリスクコミュニケーション

3.1　リスク情報と認知

社会の構成員の間で災害リスクを効率的に配分する目的にとって，主体間のリスク情報の非対称性やリスク認知の不完全性は障害となる．第9章ではAlonso型の都市経済学モデルを用いて，災害リスクに関する情報の提供が平常時の土地市場や各主体の厚生に及ぼす影響が分析され，さらに家計のリスク認知バイアスが存在する場合における災害リスク情報の提供効果の歪みについて分析された．主観的な災害リスクと客観的な災害リスクとの間に乖離が存在する場合，補助金や所得税政策のみによっては均衡土地利用を社会的最適な土地利用に誘導することはできない．最適土地利用を実現するためには，危険な地区への転入障壁の設定や適正な敷地規模の管理等の都市計画的な施策を併用することが必要となることが示された．

山鹿他 (2002) は東京都を対象に，地震に関する地域リスクがどの程度地価に影響を与えているのかを地価公示データを用いて実証分析している．山鹿他 (2002) のヘドニック・アプローチに基づいた検証によると，最も地震災害リスクが高い土地の2000年の地価は，相対的に安全な土地の地価と比べて10%程度割り引かれている．また地価の割引は期待被害額を上回っており，それが家計のリスク回避行動を反映したリスクプレミアムを含んでいることが明らかにされている．なお，山鹿他 (2002) はこのような土地市場

を対象とした地域リスクの推計作業は以下の理由で重要性と緊急性が高いと指摘している。それは政府が今後，保険市場等の市場メカニズムを通じて家計や企業の災害リスクマネジメントを誘導する際に，その実効性を示唆するのが，災害リスクが地価へ反映されているか否かという事実である。なぜならば現在，地域の災害リスクが唯一計量化される場所が，災害リスクにさらされた資産の価格すなわち地価であるからである。よって地価が，理論モデルが想定する家計のリスク回避的な立地選択と整合的でないとすると，もはや市場メカニズムに災害リスクマネジメントを期待することはできない。そうなると災害リスクマネジメントは公共がパターナリズムに則って市街地整備等の手法により行わざるをえないだろう。また，市場を通じて防災投資の便益効果を正確に計測することすら期待できなくなる。したがって，今後の総合的な災害リスクマネジメント施策の可能性を検討するうえで，各地の災害リスクの地価への影響を定量的に把握することが急務である。

またリスク認知の地域間格差を計測することも必要となろう。その意義は山鹿他（2002）の問題意識の延長上にある。すなわちリスク認知の地域間格差の有無は今後，防災都市計画を進める際に中央政府が主導するかたちで全国一律の基準を定めるべきか，地方自治体が地域の認知水準に合わせて条例を設定するべきかの方向性を決める材料の1つとなりえる。リスク認知の地域間格差を反映した指標としては県別の地震保険加入率データが存在するが，保険加入率のみによって地域の認知の程度を推し量ることはできない。なぜなら現状において保険料率は県ごとに4段階，個々の建物の耐震性に関して木造・非木造でそれぞれ3段階にしか区切られていない。細分化が進んではいるものの，いまだ大雑把にしかリスクを反映していないため逆選択が生じている可能性がある。すなわち自身が立地する地盤の強さや家屋の耐震性などを正確に理解していることによって，自身が該当する保険料率が割高であると判断して保険行動を回避している場合があるかもしれない。今後，1つ1つの市場や地域を対象として，精度の良いリスク認知の実証分析を積み重ねていくことが求められる。リスク認知水準が市場で顕在化しない場合にはCVMによって推計する方法も有効であろう。

一方，近年，地域災害リスクの評価や地震の予知等につながる工学的技術の進歩がリスク情報の質を向上させている。インターネットや携帯電話等を利用した情報伝達手段の進歩も著しい。例えば台風情報の精緻化によって避

難行動の改善が可能となる場合，事前の水害対策のレベルや方向性は変わってくるだろう．今後，エンジニアリングの進歩によるリスク情報の改善に対応した防災政策の変化についても研究していかなければならない．

3.2　心理学，意思決定理論によるアプローチと死亡リスクの評価

元来,「認知」は心理学が熱心に分析してきたテーマである．心理学は，例えば客観的には本人のためになる代替案を本人が受け入れない問題に関して，現状維持バイアスやリスク認知における楽観バイアス，現在自己利益バイアスなど多くの要因の存在を確認してきている．昨今，行動経済学や経済心理学，行動ファイナンス理論と呼ばれる領域において，心理学と経済学，金融工学との融合が進んでいる．今後，当領域において災害リスクファイナンス市場におけるアノマリーの分析や，利他的動機や相互応報的動機を考慮したボランティア活動やリスクコミュニケーションの分析等が発展することが期待される．

一方，意思決定理論の分野では期待効用理論の公理への疑義に端を発した，期待効用理論の一般化（非期待効用理論）が進められている．「リスク認知」を主観的確率の問題として狭義にとらえるならば，伝統的なベイジアン意思決定理論の枠組みで処理できるであろう．しかし「認知」の中に災害リスクマネジメントの代替案の認識や選択の問題も含めるならば，非期待効用理論によって分析される問題となる．例えば Shackle（1961）が創始した焦点理論や Kahneman et al.（1979）のプロスペクト理論を用いて，リスクコミュニケーションにおけるフレーミング効果によって焦点や参照点が移動するというようなかたちで災害リスク認知のモデル分析を展開できるかもしれない．

意思決定理論に関連して述べると，死亡リスクを管理する問題を基数的期待効用関数を用いて分析するには限界があろう．依田（1997）はベイジアン意思決定理論の独立性公理を否定する立場から，「期待効用関数の不可能性定理」を導出している．そして序数的選好に依拠するならば，可能な意思決定ルールは辞書式ルールのみであると指摘している．従来，防災研究では死亡リスクと資産損失リスクを1つのモデルで同時に扱うことを避けてきた感がある．生命の経済価値に関する研究には膨大な蓄積があるものの，個人の両方のリスクマネジメントへの最適な資源配分行動を基礎に持つような

経済モデルはほとんど見られない。例えば Dynasty model では代表的個人が永続する一族の効用を最大化するため，自身の生存に対する関心ははじめから排除されている。また，横松他（1999）は Yaari のタイプの動学的な生命保険の購入モデルを用いて死亡リスクのミチゲーションの経済価値を導出しているが，物的資産の損失リスクの問題は別のモデルにまわしている。今後，死亡リスクと資産損失リスクの双方に対するリスク選好を明示的に扱った，災害リスクマネジメントのための意思決定モデルの開発を期待したい。その際に辞書式ルールによる公理体系の構築が1つの方向性となるかもしれない。

なお，実務においてはホフマン方式やライプニッツ方式によって生命の価値の金銭評価が行われている。すなわち生命と資産の価値を同一の次元で比較し選択する枠組みが用意されている。しかしながらホフマン方式やライプニッツ方式等の労働対価に関する逸失利益による評価方法では，定年退職後の高齢者の生命の価値を適切に評価できない。この限界は一般的に指摘されてはいるが，特に防災の問題においては著しい機能不全を意味する。なぜなら施設の耐震化による死亡リスクの減少効果は，まず第1に老人等の災害弱者の死亡リスクの減少効果として発現する。このとき老人の生命の価値が逸失利益の方法によって過少に評価されていると，耐震化の経済価値が極めて低く見積もられることになるからである。実務では計算方法の簡便さが重視されるとはいえ，理念としての歪みが計算結果に無視できない影響をもたらす「防災の経済分析」の分野から伝統的方法に対して警鐘を鳴らしていくことも必要だと思われる。

3.3　学習とコミュニケーション

一方，合理的無知の観点からリスクの不認知行動を説明するアプローチもあるだろう。すなわちリスク情報やリスクマネジメント技術を理解するためには学習費用が必要となるという枠組みである。Froot (1999) によると，Residential Re は1997年と1998年にほぼ同じ契約内容の CAT ボンドを発行したが，利回りを構成するスプレッドが576ベーシスから412ベーシスに低下した。Froot (1999) は当初の高利回りには，投資家が証券化スキームを理解するために費やした時間を通じた学習費用が反映されていたと考えている。Froot (1999) の指摘は，リスク認知や学習の問題を部分的には

金銭タームで評価しえる可能性を示唆している。

　一方，リスクコミュニケーションのモデルについては，ゲーム理論など，複数主体間の相互作用を分析しえる枠組みが必要となろう。吉川（1999）によると，「リスクコミュニケーション」は単に科学的なリスク評価を正確に伝達するという概念ではない。専門家ですら客観的リスクを的確に把握し，それに対する対処方策を完全に把握することはありえないという前提に立つ。そして情報交換の過程における双方の意識や態度，発言の意図の推察や理解，信用の醸成などに着目した研究分野となっている。よってこの問題に数理的にアプローチするのであれば，すでにパブリック・インボルブメント（PI）の分野で適用されているようなコミュニケーションゲーム等による枠組み（例えば羽鳥他（2003））も有用であろう。

　先に心理学と経済学の統合を目指した行動経済学の登場について触れた。著者らに行動経済学の展望を述べることは到底できないし，行動経済学の方向性と可能性については専門家達の間で侃々諤々の議論が続いているであろう。それに関連して現時点の著者の偏見を記すと，経済学がどのような人文社会問題でもとり込めるとは思えない。経済学に適した問題領域に境界線は存在し，他の社会科学分野のモデルを意味のあるかたちで経済分析に直接結びつけることは簡単ではないと思う。例えば単に心理学が示した個人行動の非合理的側面を数式で表現しただけでは意味がない。しかし心理学の分野で確立している1つのファクターを経済モデルに導入することによって経済学の伝統的結論がどの方向に修正を受けるかを調べることには意味はあるだろう。意思決定理論や心理学がどちらかというと個人の行動の詳細な記述に主眼を置いているのに対して，経済学は市場メカニズムを通じた資源配分の分析に持ち込んで，一般的感覚によっては気がつきにくい構造を抽出する機能を発揮するべきであろう。

4. 災害リスクとアセットマネジメント

4.1　リアルオプションアプローチ

　ひとたび堤防等の防災施設を整備すると多額の費用がサンクする。その一方，防災施設は，完成時の性能を維持するには一定の費用が必要であるものの，半永久的な耐久性を有する。橋梁や建物を耐震化する場合にも同様で

ある。そのためインフラストラクチャーの防災投資計画は，非常に長い時間（場合によっては無限の将来まで）を対象として費用と便益が比較されることになる。この点は掛け捨て型の災害保険等に代表されるリスクファイナンスの計画と対照的である。防災投資の費用にはライフサイクルコストという概念が必要となる。一方，防災機能がライフサイクルで発生させる便益を整備時点で正確に予測することは困難である。このような状況において，防災投資の意思決定にリアルオプションアプローチを用いることが有効となる。

　公共プロジェクトを対象としたリアルオプション理論については，土木計画学において近年長足の進歩が遂げられた。長江・赤松グループは公共プロジェクトがもたらす便益のリスクが市場で完全にヘッジできないことを指摘して，不完備市場におけるリアルオプション評価手法を開発している（例えば長江他（2003），赤松他（2004））。また織田澤・小林グループはプロジェクトの事前評価，再評価など，時間軸に沿って実施される評価制度がもたらすオプション価値と事業に内在するリスクの関係を考慮した評価システムについて詳細な分析を行っている（例えば織田澤他（2003, 2004））。上田はその以前に事業の最適スケジューリングの問題に評価タイミングが本質的意味を持つことを指摘している（例えば上田（2000））。また，包括的な視野をもってインフラストラクチャー・マネジメントの問題を確率インパルス制御問題として定式化するとともに，プロジェクト会計システムやメカニズム・デザインなど，本分野の課題と展望をとりまとめている（小林・上田 2003）。リアルオプションを含むアセットマネジメント研究は急速に体系化が進んでいるといえる。

　そうであるとすると，今後，防災投資問題にリアルオプションアプローチを適用することによって，はたして新しい着眼点が生まれるだろうか。長江他（2004）は災害リスク下での施設の最適予防的保全戦略について分析している。施設は防災施設ではなく，利用に供することによって便益を発生する一般的な施設を対象としている。モデルでは，施設の機能水準は経年劣化によって連続的に減少するのみならず，自然災害の発生によって不連続に下方にジャンプする。施設の機能水準が，Wiener 過程に従う経年劣化と非定常 Poisson 過程に従う被災事象が組み込まれた確率過程によって表されている。長江他（2004）が指摘するように，災害リスクを考慮する場合，自然的経年劣化と被災による損壊の2種類のリスクが介在することになる。

ここでは長江他 (2004) とは異なるモデルを提案してみよう。施設として建物をイメージしよう。そして建物の壁面が傷むことによる利用者の効用の低下（ここでは「機能的劣化」と呼ぶ）と，鉄筋がさびたりすることによる耐震性の減少（「構造的劣化」と呼ぶ）を別個の状態変数 $X(t), Y(t)$ によって表すこととする。簡単化のため双方の状態変数は観察可能としよう。さらに，機能的補修（壁面の補修）は独立に行えるが，構造的補修（内部の鉄筋の補修）は機能的補修を伴う（ないし同時に補修すると規模の経済が働く）と仮定する。すると両補修ルールは状態変数ベクトル $(X(t), Y(t))$ に依存することになる。そして，おそらく耐震性 $Y(t)$ があるレベルより低下していくと，機能的補修を単独には行わなくなるだろう。「ここまで来たら，もう少し我慢して同時に補修しよう」という戦略になる。あるいは効用を一定のレベル以上に保ちたいがために，同時に行う構造的補修の間隔が短くなり，結果的に耐震性も高いレベルに維持されるという補完性も生じえる。また，外部的な要因によって施設の重要性が低下してきた時に，使用を停止して建物を売却するオプションがある場合や無い場合の維持補修戦略の分析等も興味深いだろう。また，通常は $X(t), Y(t)$ の状態の観察にはコストがかかる。インフラの状態のモニタリング技術や信頼性の診断技術の向上などに連動した決定ルールの導出も考えられよう。

ただしリアルオプションは解けるモデルを作る競技でもある。実務に利用するために定量的ルールを導くモデルが必要であるのか，問題の定性的構造を把握するための簡単なモデルでよいのか，目的に応じた定式化が必要となる。

4.2 会計システム

1993 年に 5 つの関係国際機関（EC, IMF, OECD, UN および世界銀行）の共同編集による 1993 年度版 SNA (Systems of National Accounts) が刊行された (Comission of the European Communities et al. 1993)。93SNA の採択を受けて，OECD, EU 加盟主要国は 1999 年までに 93SNA の導入を完了した。日本では 2000 年 10 月に移行作業の主要部分を終え，93SNA 体系に基づく平成 13 年度版国民経済計算が刊行されている（経済企画庁経済研究所 2000）。93SNA では，自然災害等による経済活動以外の原因による資産変動が重要視され，その記録方法に関して新しい会計手法が導入された。自然災

害に起因する資産,負債,正味資産の変動を,単に蓄積活動の記録を補完するものとしてではなく,広義の(負の)蓄積活動の一部としてとらえ,蓄積勘定の内部に記録する方式が採用されている。これまで自然災害が発生するたびに,災害がもたらした被害を克明に記録する努力が重ねられてきた。しかし災害による被害を蓄積勘定として体系的に記述する方法論が整備されていないため,ともすれば個々の災害被害の個別的な記述にとどまってきたのが実状である。異なる自然災害がもたらした被害を統一的な視点から相互に比較できる状況にはない。今後,93SNAにおける蓄積勘定と整合がとれるような災害会計原則を確立する必要がある。災害会計の整備により,災害基金や保険料の積み立て等による災害復旧費の準備状況を国民に公開するとともに,自然災害による被害を国民のストック量の増減として国民貸借対照表の中に明確に位置付けることが可能となる。

5. 地域政府と中央政府の役割

5.1 災害リスクマネジメントの機能配分

地方財政論をはじめとする政府部門の経済学では,市場の失敗が発生する場合に,どの政府がどのような役割を果たすのかが問題とされる。Musgraveは「財政の3機能」として,公共財の供給する機能である「配分機能」,家計の初期賦存量に変更を与える機能である「所得再分配機能」,完全雇用やインフレ抑制を果たす機能である「経済安定化機能」をあげている。そしてMusgraveの伝統的機能配分論は,地域政府が配分機能を,中央政府が所得再分配機能と経済安定化機能を担うものと考える。

しかし近年,経済環境の変化を背景として,伝統的機能配分論に異論が唱えられている。主な変化は以下の3点である。第1に地域政府が単なる受動的な経済主体にとどまらず,独自の目的を持ってより積極的に行動するようになった。そして場面によっては中央政府との間にゲーム的な状況が発生するようになった。第2に財,サービスや家計の地域間移動が活発になり,租税の外部性の問題が深刻さを増してきた。第3に政府がより広範囲の財を供給するようになった。例えば準私的財は所得再分配機能を兼ねて供給されることが多い。本節では伝統的機能配分論と新たな機能配分論の間の争点と,災害リスクマネジメントの問題との接点をいくつか抽出して,今後の研

究課題として提示したい．

　はじめに，いわゆる Oates の「分権化定理」を拠り所にして，地方公共財が地方政府によって供給されるべきであるというロジックに対する懐疑論がある．すなわち伝統的枠組みでは，中央政府が地域住民の選好に従って差別的に地方公共財を供給することが何故不可能であるかが説明されていない．そして近年それを説明するために，地域住民の選好に関する情報収集費用の比較，地域間競争による効率性向上の可能性，アカウンタビリティの問題等が検討されている．

　アカウンタビリティについて，Seabright (1996) は，政府の行った政策に応じてある地域がどの程度の支配力を持って再選の可否を決定できるかを表す尺度という定義を与えている．そして公共選択論のモデルによって，政府が再選を考慮する時，地方政府の方がより地域住民の選好を反映した政策を施すという結論を導いている．いま，地域の防災政策の問題において，アカウンタビリティとリスクコミュニケーションは密接に関連していると思われる．とりわけリスク情報，認知が不完全でリスク選好が多様なコミュニティで防災政策を採択するためには，被害シナリオに関する住民の合意が必要となる．これは誰の警鐘に耳を傾けるかの問題であり，そしてエージェントとしてどのリスク管理者を選択するかという問題に繋がる．今後この問題を整理することによって，防災施設を地域政府が供給することが望ましいという主張に1つの裏付けを与えることが可能となろう．

　次に，所得の再分配機能に関して，ここでは被災者への補助について述べよう．地域住民が同一の災害リスクにさらされている場合，地域内の相互保険が有効となる．そして被害が立証不可能であるなど，市場で相互保険契約が成立しえない場合には，政府が強制保険としての相互保険政策を実施することが望ましい．そして上述の地方政府の優位性が満足されているとしたら，これは地域政府の機能となる．一方，相互保険を含めた相互扶助の方法にはさまざまな形態がある．例えば被災家屋の修復作業等の協力体制を立ち上げる．農家は食料を実物給付することもできる．また，事前の防災訓練や施設点検の当番制，災害時の連絡システム，災害弱者の援助体制など地域コミュニティに適した方法論がある．この場合も，被災者支援のための所得再分配機能は地域ごとにプールを形成することが望ましいといえる．これも伝統的機能配分論に対する反例となる．

また，中央政府による地域間の金銭的な再分配機能について考えよう。地域間で家計のリスク選好が異なる場合，地域間で集合リスクを分散するための統一的な保険システムに対して政治的合意が成立することは難しいだろう。その一方で，地域政府は自地域の集合リスクを軽減するために，独自に市場で保険を購入したり，他地域の政府と保険契約を結んだりすることもできる。この時，リスク選好の差異は契約時のリスクプレミアムの授受によって対処される。よって市場が成立するならば，地域間の損害の再分配機能についても，地域政府が主導することが効率的となりえる。

　さらにソフトな予算制約 (soft budget constraint) に伴う問題も生じえる。ソフトな予算制約は，地域政府が借金を増大させて返済のための財源が不足した際に，中央政府が事後的に借金返済のための財源を補助する経済環境を指す。この時，地域政府は税収以上の財政支出をしたり，リスク回避の自助努力を怠ったりする誘因が生じる。この場合，中央政府としては，事後的な手当ては行わない，と事前にコミットしておくことが望ましい。しかし，いざ地域が災害により壊滅的な被害を受けてしまうと，中央政府が被災地域に補助を行わないことは人口や企業の大量流出を招くなど，一国経済に損失や歪みを来たすことになる。また人道的な見地から被災者支援を行わないわけにはいかない。結局，事前のコミットは覆されることになる。それを事前に予測する地域にとっては，事前のコミットは信憑性のない脅しとなる場合がある。このような動学的不整合性を分析する理論的研究が進んでいる（例えば横松他 (2004)）。今後，災害被害固有の問題に即した実践的でロバストな方法論の開発が待たれるところである。また，モラルハザードに関する研究には膨大な蓄積がある。モラルハザードは情報の非対称性の問題であるのと同時に地域の努力水準の立証不可能性に起因する問題でもある。

　一方，地方公共財の便益範囲が行政範囲と一致しない場合には，中央政府が供給することが効率的となる。防災の分野では，真っ先に河川堤防整備の例が想起されよう。上下流問題，左岸右岸問題といわれる外部性の存在によって地域の分権的整備にまかせると非効率的な均衡が生起する。また一般的な地方財政政策の問題同様，地域政府間で企業や資本の誘致をめぐって租税輸出，租税競争が起こりえる。

　Wildasin (1995) は地域間の移動費用の大きさが，動く要素 (mobile factor) と動かない要素 (immobile factor) の間の地域リスクの帰着を決定する構造

を導出している．災害リスクの文脈で考えると，災害後に家計の移動費用が小さければ，家計は転出して他地域で被災前と同等の収入を得ることができる．そして損失は被災地の生産資本の所有者やモビリティが小さい家計に帰着することになる．彼らは災害弱者といえるかもしれない．Wildasin (1995) は政府の所得再分配政策は efficiency loss をもたらすことを示しているが，分配に関する価値判断に応じて必要となることもある．

　Myers (1990) は地域政府が人口移動に対して戦略的に行動するならば，分権的経済において社会的最適解が達成されることを示した．地域政府は社会の総人口や人口移動の結果生じる地域間の等効用条件を考慮しながら，他地域に戦略的に gift を贈る．ここでは資源配分に関する均衡解の一意性も保証される．この Myers (1990) を理論的な拠り所として，中央政府の介入を極力排除していく方向性も存在する．「完全地方分権」と呼ばれる考え方である．例えば地域政府が自発的に他地域に所得移転を施すことによって，自地域の人口を流出させるという戦略を通じて，人口配分の社会的効率性が達成される．すなわち補助金を地域政府の裁量にした時に，地域政府がより高い均衡効用水準を追求して交付先を見出すことが期待される．同様の目的により，地域政府は自発的に自地域の地方公共財の便益をスピルオーバーさせる．すなわち戦略的に家計を他地域に居住させて，自地域の公共財にただ乗りさせる．この理論を延長させると，国家的な純粋公共財でさえ，地域政府による最適供給が可能になる．理論的に中央政府の役割はなくなる．

　リスク配分の衡平性について議論を深めていく必要がある．第 15 章では地域間移動費用がなくリスクファイナンス市場が完備した理想的な状況のもとではリスク配分の効率性と衡平性が同時に達成されることが示された．しかし移動費用や市場の不完備性が無視できない大きさを持つ場合には，社会はリスク配分における効率と衡平のトレードオフに直面することになる．中央政府と地方政府の機能配分の決定も，どの範囲でどの要因に関する衡平性を担保するかに関連してくる．近年，被災者支援制度が拡充されているが，そのような潮流の拠り所となる規範について明らかにしていく必要があろう．5.2 節で述べるように，効率性や衡平性に関する社会的規範や価値の選択は当該社会の歴史的・文化的背景に依存したものとなる．

5.2 社会的文脈とモデル

京都大学防災研究所とオーストリアの国際応用システム分析研究所（IIASA）は2001年より毎年，自然災害リスクマネジメントに関する国際会議を共催している。当会議の2004年のテーマは "Implementation Science" に設定され，工学や社会科学で開発された技術を実社会でimplementするための方法論に関する議論が展開された。日本でも近年「社会技術」と呼ばれる分野が同様の問題意識の上に立ち上げられている。それらはあらゆる分野の学問的視点と成果を総動員して取り組まれるべき問題となる。為政者の説明責任や防災教育の問題，文化的背景，宗教，歴史的文脈，政治家や官僚の行動形態などさまざまなファクターが複雑に絡み合ってくる。

したがってImplementation Scienceを体系化するためには，まずは各国の制度的な枠組み，その根底にある災害リスクマネジメントにおける公共の責任に関する考え方を法学のレベルにまで立ち返って整理することが必要であろう。そのうえでタイプごとに基礎モデルを作り，問題毎に本質的なファクターや着目するファクターを基礎モデルに導入して分析を行うというアプローチが基本となろう。

欧米の連邦制を例にとろう。伊多波（1995）によると，連邦制とは「中央政府の介入を伴う地方分権」を修正したものである。より詳細には，地域政府による地方公共財供給に非効率性が発生する時に，それを是正するために州政府，連邦政府が形成され，その介入を認めるというシステムを意味する。そしてPersson et al. (1996b) は欧州連合（EU）の連邦制に関しては "vertically ordered system"，アメリカ合衆国（US）の連邦制に関しては "horizontally ordered system" と性格の相違を区別している。EU systemでは連邦政府は主として地域政府間の所得移転を行い，US systemと比較すると地域政府に対してより大きなcommitment powerを持つ。一方，US systemでは連邦政府が直接的に家計間の再分配に着手する。そのことは連邦政府が国民から直接選出され，国民に対してより大きなアカウンタビリティを負っていることとも密接に関連している。Persson et al. (1996b) はprincipal-agent modelを用いて，EU systemとUS systemそれぞれについて，連邦政府が実行するリスク配分政策が地域政府の地域内保険システムや緩和投資に与える影響を分析している。

日本の中央政府と地方政府の関係を表すモデルも必要である。問題にあわ

せて，日本的な官僚組織やボランティアの性格，農村地域やふるさとに関する価値観や地域間公平性の規範をモデルに導入していく必要がある．今後，日本的公共政策モデルをもって，災害リスクマネジメントの日本的機能配分論を展開していくことを目指したい．

6. おわりに

　防災に関わる問題において，経済分析が開拓できる領域は広大である．本章では膨大な未解決問題群の一部を紹介した．しかし著者らが未踏の領域だと思った場所は，あまりに昔に誰かが通り過ぎたためにすでに足跡が消えてしまっただけかもしれない．あるいは明らかに収穫が期待できない痩せた土壌であったため，誰も見向きもしなかった場所かもしれない．とりとめなく綴った個人的疑問の連なりの中に少しでも読者の研究心を喚起するものがあれば幸いである．

　2004年8月に政府はわが国で起こりうるすべての海溝型地震の今後30年以内の発生確率の推計を完了した（『読売新聞』2004年9月1日）．今後，地震リスクのファイナンス市場はますますダイナミックに展開するだろう．また2004年の夏は各地で大規模な水害が発生し，多くの死傷者と経済的被害をもたらしている．地方自治体や政府による被災者支援の施策が注目を集めている．防災の経済分析は，理論と実践のフィードバックがますます高速に回転する局面を迎えている．

第19章　防災施策の社会的規範

小林潔司・秀島栄三

1. はじめに

　地震等の自然災害が発生すれば，多くの人間が同時に富や人命を損失するというリスクが生じる。交通事故のようなリスクと異なり，このような自然災害のリスクは不特定多数の個人が同時に直面するという特徴がある。すなわち，災害リスクは社会的集団が共有するリスクであり社会的集団リスクと考えることができる。

　社会的集団リスクの問題はKeeney (1980) による多属性効用関数に関する研究の中ではじめて取り上げられた。Keeneyは社会的集団リスクの問題に政府の意思決定が介在する必要性を論じるとともに，意思決定者の考える多属性効用関数の表現方法について考察した。彼は，社会的集団リスクの管理目標として，①期待被害額の最小化，②個人が直面するリスクの個人間での公平性，③カタストロフの回避（生起する被害額の最小化）の3つを取り上げた。

　いま，状況A, Bを考える。状況Aでは10^4単位の被害が10^{-4}の確率で生起する。一方，状況Bでは10^8単位の被害が10^{-8}の確率で生起するとしよう。どちらも期待被害額は1であるが，状況Bの方が社会全体の崩壊につながる被害が生じうることから社会的に問題が大きいだろう。支払意思額の方法は個人が直面するリスクがそれぞれ独立であり，個人リスクを社会的リスクに集計できることを前提に議論を展開していた。しかしこのような方法では社会的集団リスクの問題に十分対処しえないことは明らかである。

　社会的集団リスクに対する社会的選好は以下のような条件で整理することができる。

（条件 1）状況 A では被害額 x が確率 π で，状況 B では被害額 x' が確率 π' で生じるとしよう．いま，$\pi x < \pi' x'$ が成立すれば社会的に状況 A が選好される．
（条件 2）個人がある一定の被害を受ける確率がそれぞれ独立であるとする．状況 A で n 人の人々が一定の被害を受ける確率が $(p_1, \cdots, p_n)$，状況 B で $(p_1, \cdots, p_i+\varepsilon, \cdots, p_j-\varepsilon, \cdots, p_n)$ としよう．この時，$|p_i - p_j + 2\varepsilon| > |p_i - p_j|$ であれば，社会的には状況 A が選好される．
（条件 3）状況 A では被害額 x が確率 π で，状況 B では被害額 x' が確率 π' で生じる．いま $\pi x = \pi' x'$ が成立し，かつ $x < x'$ であれば社会的に状況 A が選好される．

　望ましい防災投資を行うためには，限られた資源のもとで上述の 3 つの条件を同時に達成することができるような対策を講じる必要がある．これに対して Keeney は上記の 3 つの条件が互いにトレードオフすることを指摘し，上述の条件を満足するような社会的厚生関数の構成方法について考察した．このような社会的厚生関数が構築できれば，望ましい防災投資戦略を科学的に検討することが可能となる．そこで，Keeney による社会的厚生関数を紹介し，その問題点について考察してみよう．

2. 社会的厚生関数の構築可能性

　Keeney が提示した多属性効用関数による方法は社会的集団リスクへのアプローチを考察するにあたって極めて示唆的である．以下では彼の方法を簡単にとりまとめよう．Keeney が提示した方法は，個々人の支払意思額に基づいて社会的に望ましいリスクの水準を求めるかわりに，ある社会的意思決定者が存在すると仮定し，意思決定者の決定基準をある多属性効用関数で表現しようとするところに特徴がある．Keeney はまずリスクを voluntary リスクと involuntary リスクに区別する．両者の具体例として前者に対して登山事故，後者に対して原子力発電の事故をあげている．災害リスクは後者に分類できよう．もちろん，両者の区別を完全に決定することは難しい．そして，前者による死亡者数を x，後者による死亡者数を y とおく．意思決定者が，さまざまな死亡者数のペア (x, y) を一対比較法により評価することにより，彼または彼女が考える多属性効用関数を構築しようとするものである．

いま，多属性効用関数を $U(x,y)$ と表そう。さらに，リスクを社会的リスクと個人的リスクに区別するとともに，両者が互いに独立であると仮定する。ここで，意思決定者の効用関数が加法的であると仮定する。すなわち，個人的リスクに対する効用関数を $U_p(x,y)$，社会的リスクに対する効用関数を $U_S(x,y)$ と表す。さらに，それぞれが準加法的に表現されると仮定する。

$$U_p = \alpha_p f_p(x) + \beta_p g_p(y) + (\alpha_p + \beta_p - 1) f_p(x) g_p(y)$$
$$U_s = \alpha_s f_s(x) + \beta_s g_s(y) + (\alpha_s + \beta_s - 1) f_s(x) g_s(y) \quad (19.1)$$

さらに，効用関数 $U(x,y)$ が加法的に

$$U(x,y) = U_p(x,y) + \gamma U_s(x,y) \quad (19.2)$$

と表現されると考える。

個人的リスクに対する効用関数を特定化するために以下の条件を設ける。
(条件 p-1) 個人的 involuntary リスクは無名性を持つ。すなわち，意思決定者は誰が死亡するかに関して無差別である。
(条件 p-2) 個人的 voluntary リスクも無名性を持つ。すなわち，意思決定者は誰が死亡するかに関して無差別である。
(条件 p-3) 個人的リスクに関する限り意思決定者は次の2つの「状況」に関して無差別である。すなわち，リスク x,y の結合分布に対して，A：50％の確率で $(0,0)$，50％の確率で (x,y) が生じる状況と B：50％の確率で $(x,0)$，50％の確率で $(0,y)$ が生じる状況に関して意思決定者は無差別である。

条件 p-1，p-2 から直ちに関数 $f_p(x)$，$g_p(y)$ は線形関数であることがわかる。条件 p-3 は，Fishburn 限界性（Fishburn's marginality）であり，この条件より効用関数 $U_p(x,y)$ は加法関数でなければならない。すなわち，個人リスクに関する効用関数は

$$U_p(x,y) = -x - \lambda y, \quad \lambda > 0 \quad (19.3)$$

と表現される。

一方，社会的リスクに対する効用関数を特定化するために以下の条件を設ける。
(条件 s-1) 社会的リスクの軽減という立場に立てば，involuntary リスクにより確実に x 人死亡することにより，50％ 対 50％ の確率で $2x$ 人死亡するか，まったく死亡しない可能性がある状況のほうが悪い状況とはいえない。

（条件 s-2）involuntary リスクによる死亡者数 x が増加するにつれて，x 人死亡による社会的影響度と $2x$ 人死亡する社会的影響度の差は少なくなる．
（条件 s-3）任意の x に対して involuntary リスクにより x 人が死亡する社会的影響度と確率 p で $(x+1)$ 人死亡し，確率 $(1-p)$ で $(x+1)$ 人生存することが無差別となるような独立な確率 p が存在する．
（条件 s-4）任意の x に対して voluntary リスクにより x 人が死亡する社会的影響度と確率 p で $(x+1)$ 人死亡し，確率 $(1-p)$ で $(x-1)$ 人生存することが無差別となるような確率 p が存在する．

条件 s-4 のもとで条件 s-1, s-2 が成立するためには関数 $f_s(x)$, $g_s(y)$ はともに凸関数で下方に有界でなければならない．一方，条件 s-3 が成立するためには効用関数が Arrow-Pratt の意味における絶対的リスク回避度が一定でなければならない．Keeney はこれらの条件を満足する関数形として

$$f_s(x) = h^{-1}[(1-h)^x - 1] \quad 0 < h < 1$$
$$g_s(y) = d^{-1}[(1-h)^y - 1] \quad 0 < d < 1 \tag{19.4}$$

を提案している．なお，h, d はパラメータである．この時，社会的リスクに対する意思決定者の効用関数 $U_s(x, y)$ は次式のように表せる．

$$U_s(x, y) = h^{-1}[(1-h)^x - 1] + \mu d^{-1}[(1-h)^y - 1] \tag{19.5}$$

ここに，μ はパラメータである．また，効用関数 $U(x, y)$ は次式のようになる．

$$U(x, y) = -x - \lambda y + \gamma\{h^{-1}[(1-h)^x - 1] + \mu d^{-1}[(1-h)^y - 1]\} \tag{19.6}$$

γ もパラメータである．任意の 2 つの状況 (x, y) と (x', y') に対する意思決定者の選好を一対比較法により抽出しながら，多属性効用関数に含まれるパラメータ λ, γ, h, μ, d の値を同定することが可能である．

ここで，まず問題となることは，「果たして意思決定者は任意の状況 (x, y) と (x', y') を容易に比較できるだろうか」ということである．Keeney の方法は意思決定に過度の判断を求めている．また，特に社会的リスクに対する選好の条件の中には，例えば条件 s-2 のようにわれわれの直観に馴染みにくいものもある．絶対的リスク回避度一定の仮定にも議論の余地があろう．こ

こで,著者が特に問題にしたことは,Keeney による多属性効用関数にかかわる技術的問題ではない。むしろ,社会的リスクと個人的リスクを同時に考慮した効用関数自体が果たして構築可能なのかという問題である。

3. 災害リスクの同時評価の不可能性定理

残念ながら,Keeney の方法は,第1節で述べた3つの条件と必ずしも整合がとれておらず,社会的厚生関数の表現問題に成功したとはいいがたい。すなわち,社会的厚生関数は前述の3つの条件を同時に満足するような関数でなければならない。ここで,条件1,2,3を満足するような状況の間の順序関係を社会的選好関係 $\geq_1$, $\geq_2$, $\geq_3$ を用いて表そう。ここに,A$\geq_1$B は状況 A の方が状況 B の場合より期待被害額が小さいことを表す。いま,社会的厚生関数 $W(Z)$ を定義する。ここに,Z は状況を表し,$W(Z)$ は状況 Z に対してある実数値を対応させる関数である。この時,社会的厚生関数は

$$W(A) \geq W(B) \quad \text{if} \quad A \geq_1 B, A \geq_2 B, A \geq_3 B \tag{19.7}$$

を満足する関数として定式化できる。Keeney の多属性効用関数が要請 (19.7) を満足しえないことは簡単な数値事例により容易に示すことができる。すなわち,Keeney の方法は要請 (19.7) により定義される社会的厚生関数の資格を有していない。さらに,以上の議論を敷衍することにより以下の定理を示すことができる。紙面の都合上,証明は省略する。

(不可能性定理)
要請 (19.7) を満足するような社会的厚生関数 $W(\cdot)$ は存在しない。

以上の不可能性定理は非常に厳しい結果である。すなわち,前述の3つの条件を同時に満足するような防災投資の評価法は存在しないことを意味する。換言すれば,期待被害額の最小化,リスク公平化,カタストロフ回避という3つの目標の間に優先度の差異が論理的に存在するのである。したがって,社会的災害リスクの評価問題に対しては現実的に対応せざるをえない。すなわち,①3つの条件のうちある条件を最優先させるか,あるいは②優先度の高い条件についてある基準を特定しその条件を満足する範囲の中で他の条件を満足するような防災投資の方法を模索するという方法論を構築せ

ざるをえない。一方，3つの目標のうち，いずれを優先させるべきかという問題は，価値判断の問題であり論理的に決定することはできない。

4. 経済効率性に基づいた費用便益分析

費用便益分析は，効率性基準に基づいたプロジェクト評価の方法であり，何らかの基準により適当とされるプロジェクトが採択されることとなる。期待被害額，リスクの公平化，カタストロフの回避といういずれの条件を優先させるかにより，異なった費用便益分析の方法が提案されることとなる。標準的な費用便益分析の考え方を適用すれば，まず期待被害額の条件を優先させることになる（方式1）。この方式では，対象とする構造物の安全率は，施設の費用便益比が最大になる水準に決定される。このことを説明するために，死亡率を減少させるための防災投資を考える。各個人の死亡率が防災投資水準 s の関数により表せると考える。防災投資が課税により実施される場合，望ましい投資水準 s は社会的厚生最大化問題

$$\max_s \sum_i (1-p_i)U(w_i - t_i)$$
$$\text{subject to } s = \sum_i t_i \tag{19.8}$$

の解となる。1階の最適条件より次式を得る。

$$\frac{1}{\left(\sum_i \frac{\partial p_i}{\partial s}\right)} = \frac{1}{n}\sum_i m_i - nc \cdot cov\left(m_i, \frac{\partial p_i}{\partial s}\right) \tag{19.9}$$

$$m_i = \frac{U_i}{(1-p_i)\frac{\partial U_i(w_i)}{\partial w_i}} \tag{19.10}$$

ただし，m_i は個人 i の死亡率と富に関する限界代替率であり，死亡率の限界的な増加に対する支払意思額を表している。(19.9) 式の右辺は統計的生命1単位当たりの価値を意味している。(19.9) 式の第2項は個々人の死亡率の改善が一様でない場合の補正項であり

$$cov\left(m_i, \frac{\partial p_i}{\partial s}\right) = \frac{1}{n}\sum_i m_i\frac{\partial p_i}{\partial s} - \frac{1}{n^2}\sum_i m_i\frac{\partial p_i}{\partial s} \tag{19.11}$$

と表現できる。この方法によれば，最適な防災投資の水準は問題（19.8）の解として求められる。しかし，この方式では，リスクの公平化，カタストロフの回避という条件は考慮されない。

例えば，公共施設の一般利用者はその施設の安全性に対する情報を有しておらず，施設の安全性は利用者の行動に影響を及ぼさない。たとえ，個々の施設の安全性に関する情報を利用者に通知できたとしても，利用者は施設利用に際してそのような情報を考慮にはいれないかもしれない。すなわち，個々の利用者は個々の施設に対して安全性を考慮するよりも，自らの生活を取り巻く環境全体の安全性を認知しようとすると考えた方がいいだろう。このことは，個人にとって安全性は一種の公共財になっていると解釈できる。このような意味で，個別の施設ごとに安全性を差別化させる上述の方式1はそれほど魅力ある意思決定方式であると思えない。

5. 費用便益分析の拡張

防災投資を期待被害額に基づいた費用便益分析で決定するためには，それに先行してリスクの公平化，カタストロフの回避に関する評価を行うことが前提となる。すなわち，リスクの公平化，カタストロフの回避の観点から，ある妥当と思われる代替案集合を事前に絞り込み，その中から効率性基準に基づいた防災投資案の評価を行うという方法である。ところで，リスクの公平化，カタストロフの回避という目標の間にどのような優先水準を設けるべきかに関しては意見の分かれるところであろう。これに対して，代替的な1つの考え方としてリスクの公平化という目標を他の目標に対して優先させ，すべての地域，個人に対して一定の水準のリスク（換言すれば安全率）を保証するという方式も考えられる（方式2）。この考え方に基づけば，新規の構築物を建設する場合には，ある一定の水準の技術基準を満足することが常に義務付けられることになる。その技術基準を満足するような耐震補強がなされることを前提として（そのための費用が織り込まれた形で）施設建設の経済評価がなされることになる。しかし，既存の構造物の中でこの技術基準を満足していないものが存在する場合には，いくつかのやっかいな問題が生じる。この場合，技術水準を満足していない構造物は，構造物としての本来の機能を有していないのであり，これらの施設量（その施設を使用する

必要があるのであれば）すべてに対して防災投資がなされる必要が生じる。防災投資がなされるまでは，構造物として十分な機能を有していない施設を過渡的に利用し続けることになる。この場合，技術基準を満足していない構造物を過渡的に使用することに関する法解釈上の新たな問題も生起しよう。防災投資に用いることができる資源は限られており，リスクの公平化，カタストロフの回避を無制限に追求することは不可能である。このような考え方に立てば，カタストロフ回避という目標を明示的に考慮する方法も考えることができる。社会的に甚大な被害が生じる施設やシステム，あるいは地域に対してさらに高度な技術基準（安全率）を適用する方法である。この場合，防災投資は以下の方法で検討されることになる。まず，①リスクの公平化という目標を他の目標に対して優先させ，ある一定の水準のリスク（換言すれば安全率）を保証する。②そのうえで，カタストロフを回避するために重要となる施設やシステムに対して追加的に防災投資の強化を行うという考え方である（方式3）。この場合，一様に適用される安全率は一種のナショナルミニマムであり，この意味でリスクの公平化が最優先されている。新規の施設の計画では，ナショナルミニマムとしての技術基準が担保されているという前提のうえで，費用便益分析が適用されることになる。追加的な防災投資を行うべきか否かはカタストロフ回避便益と追加的費用に関する費用便益分析を行うことによって判断すればいい。

　防災投資が限られた資源のもとで行われる以上，3つの方式の中では方式3が最も現実的な方法であるように思われる。もっとも，3つの方式のいずれを採用すべきかは価値判断の問題であり，論理的にその善し悪しを論じることはできない。また，一般的社会通念として，ナショナルミニマムとしてどのような技術基準を採用すべきかに関しては，極めて学際的な検討を要する問題であり，今後の研究の蓄積が望まれる。

6．おわりに

　本章は防災投資に関する費用便益分析に関する基本的な考え方とその方法論の開発の方向性について考察した。社会的集団リスクの問題を取り扱う場合，期待被害額の最小化，リスクの公平化，カタストロフの回避という3つの条件を同時に考慮することが必須となるが，これら3つの条件と整合

性のとれるような評価方法は存在しない．したがって，これらの条件のうちいずれかに着目するか，先行する条件に対してある基準を設け，その範囲の中で他の目標の部分最適化を図るという現実的な対応をとらざるをえない．その中で，本章ではナショナルミニマムとしての技術基準の設定と，カタストロフ回避のための追加的防災投資便益のための費用便益分析を行うという段階的な方法が望ましいことについて言及した．この場合，カタストロフ回避便益を測定する方法が重要となるが，これに関しては他の章を参照されたい．

　本章は，文部科学省　科学研究費　重点領域研究　都市直下地震（平成8-11年度）で行った研究成果に基づいて本書に合わせて加筆修正を行ったものである．

第20章　災害リスクマネジメントの方法論と経済分析の交差

岡田　憲夫

1. はじめに

　本書の題目「防災と経済分析」には鍵語が埋め込まれている。それは「リスク」である。しかもそれは究極のところ個々人の命や健康の損傷に結びつくという致命性をはらんでいるリスクである。また，それは公共空間に局所的に異なった形で分布しているリスクでもある。したがって本書は，経済分析という切り口からではあるが，自然の振る舞いや人々の行動と社会の防災意識を，このような特徴を持ったリスクとして把握し，リスクマネジメントしていくことを狙いにしている。つまり安全で安心できる減災型の都市や地域を作っていくための政策づくりと実践へとつなげていくための科学的方法論に一里塚を築くことを期している。そこでここでは，少し視点を変えて災害リスクマネジメントの方法論を構築していくうえで，われわれに残された課題について触れておきたい。

2. 致命性をどのように扱うのか

　防災を災害のリスクマネジメントとして捉えた時，それが，「人や地域の生き死に」や「人生や地域生活の岐路」に関わるマネジメントであるという基本的認識が重要になろう。
　このような特性を「致命性（vitality）」と呼ぼう。また致命性は単に個人のレベルではとどまらず，世帯や近隣コミュニティ，都市や地域といった属地的組織や時空間上に形成される社会システムにもあてはまるものである。
　災害がそのような形で牙をむくことが確定したと判断（確信）された時に

は，人や地域は当然「生き抜くこと (survival)」を最優先にした行動選択のモードに入るであろう。例えば洪水氾濫，土砂崩れ，津波などの予兆を察知した場合や，避難指示などが出された時がそのような状況に近いだろう。ただそこには，理解が確信に，そして行動へと結びつくまでの「決断と決行の一里塚」が立ちはだかっている。その一里塚を見掛け以上に「深い谷」にしているものは何であろうか。谷を飛び越えることによって失うかもしれない「もっと快適で活力ある平静の生活」の機会を失することのトレードオフに，この期に及んでも悩むのであろうか。果たして，人や地域は災害の発生が確定しないうちに，「生き抜くこと (survival)」を最優先にした行動選択のモードに，どのようにすれば入ることができるのであろうか。しかも「タイミングを失わず」にである。

多分，そのためには，人や地域は，トレードオフの鎖を断ち切って，「決断と決行の一里塚」の谷を埋めるための，ある種の「制度」を必要とするのではなかろうか。それは，平静（日常）モードに，「生き抜くこと」を優先した緊急モードがある程度割り込むことに対する「備えのモード」を許容し，「当事者が手を掛けて，携わるための枠組み」（ガバナンス，governance）を制度的に設定しておくことではなかろうか。災害のリスクマネジメントは，災害のガバナンスの仕組みのもとに，個別・現実的状況に見合った形で展開されるべきものであろう。逆に，災害リスクマネジメントの具体の展開が，災害のガバナンスの仕組を進化させていくという形で，協働的なダイナミズムが形成されていくのではなかろうか。

3. 生命の自活力として致命性を捉える

「致命性 (vitality)」は災害の直前や直後に「生命力」の限界的能力を試す形で問われるとも考えられる。したがって致命性の本質に迫るには，その裏腹の「自活力 (vigorousness)」の限界的能力も視野に入れた複眼的な捉え方も必要になるのではないか。例えば，実際に災害が起こった時に，コミュニティが互いに助け合える能力は，単に「火事場のばか力」ではなく，平静心を失わない自活力や日常的に築かれたコミュニティの総合的活力そのものでもありえる。またコミュニティ自体，それが生きている限り，それを取り巻く自然・社会環境にも依存しながら内発的に自己組織化し，時間とともに

変化していくであろう．コミュニティの自活力の維持とは，そのような生命システムの持つ持続的な成長の能力とその限界への挑戦であるという捉え方もできよう．

　致命性については次のような捉え方も可能である．実際の生命システムには多様性（diversity）や冗長性（redundancy）が致命性への対応戦略として組み込まれていることが多い．多くのコミュニティから構成される大都市圏地域がそのような多様性や冗長性を備えていることが，全体として災害リスクの軽減につながるはずである．被災しても地域が孤立しないためには，当座は生き抜くための自活拠点（survival center）と，外部に最低限つながる交通・通信アクセス手段（survival access）が必要であろう．これらは災害リスクに対して「致命的に重要な社会基盤（vital infrastructure）」であるということもできよう．社会がどの程度までこのような多様性や冗長性を致命性の観点から許容し，意図的に組み込むかについては，災害のガバナンスの問題も含めて，今後重要な検討課題となろう．そのためには日常性のモードにおける都市・地域やコミュニティの活力とも結びつく形で，多様性や冗長性を総合的に評価するとともに，安全で安心できる社会基盤や社会システムを選択的に導入することが肝要となってくる．

4. 都市・地域，コミュニティを診断する

　それでは，上述したような都市・地域の対災害リスク対応水準やコミュニティの総合的活力はどのように診断すればよいのであろうか．言い換えれば都市や地域，あるいはコミュニティの災害に対する社会経済的脆弱性（socio-economic vulnerability）をどのように診断すれば良いのか．科学はこれにどのような手助けが可能なのか．あるいは科学はそのような要請に応えるためにどのように変わるべきなのであろうか．おそらくこの問いに簡単な答えはないのかもしれない．ここでは筆者が考える都市・地域を捉えるための概念モデルについて紹介しておきたい．災害リスクのもとにある都市・地域やコミュニティの致命性や自活力を総合的に評価するためには，対象を生体システムとして捉えるとともに，いわば病理的な視点から診断と療法を施すことが有効となるであろう．このようなアプローチを都市・地域（またはコミュニティ）診断法と称することにしよう．そのためには災害のリス

クマネジメントの対象としてのコミュニティや都市，地域が無機質的なシステムではなく，生き物としての特徴を備えた多層システムであることに着目することが有用である．図 20.1 は，このような観点から，五層（五重の塔）の生体システムとして都市・地域・コミュニティを捉える図式を示している（岡田他 2000）．

図 20.1　五重の塔の生体システムとしてみた都市・地域やコミュニティ（五層モデル）

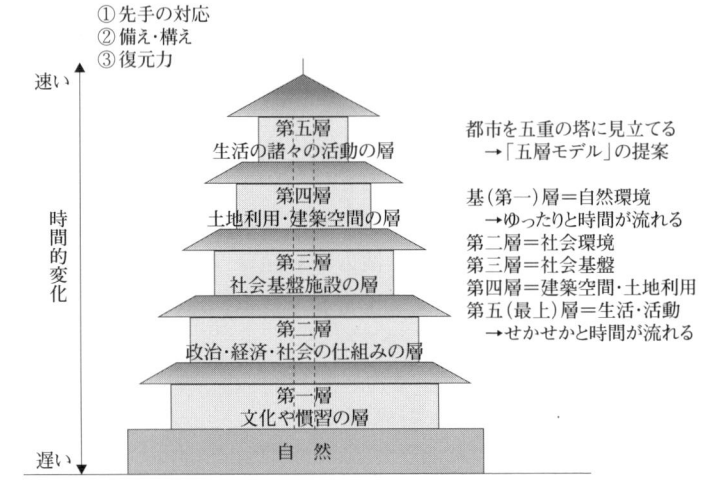

都市・地域，コミュニティの総体としての災害リスク抵抗力を高めておく．
① 先手の対応
② 備え・構え
③ 復元力

速い　時間的変化　遅い

第五層　生活の諸々の活動の層
第四層　土地利用・建築空間の層
第三層　社会基盤施設の層
第二層　政治・経済・社会の仕組みの層
第一層　文化や慣習の層
自然

都市を五重の塔に見立てる
→「五層モデル」の提案

基（第一）層＝自然環境
　→ゆったりと時間が流れる
第二層＝社会環境
第三層＝社会基盤
第四層＝建築空間・土地利用
第五（最上）層＝生活・活動
　→せかせかと時間が流れる

また図 20.2 は，都市・地域やコミュニティを生体システム（vitae system）として捉えるとともに，致命性を複合的に捉えるための図式として岡田が提唱するものである（Okada 2004）．図 20.1 と相互補完的に用いると，より生体システムとしての都市・地域やコミュニティの立体的なパースペクティブを構想することができるのではなかろうか．横軸は個体としての生命システムに備わる致命性の相互作用の複眼構造を，縦軸は，社会からの支援と社会への参加という社会的コミュニケーションの軸を表している．生体システムは自身の内部と外部（環境）に柔らかな境界で分かたれているが，開放的な形で外部ともコミュニケーションし，相互作用していると解釈される．生体システムの（可変的な）自活力が及ぶ領域（domain）は，viability（自己言及的に可変的な実行可能性，つまり外部環境とコミュニケーションしな

がら内発的に変化させていくシステムの制約領域）とみなすことができる。本概念モデルはあくまで試論の域を出ないものであるが，いわゆるマズローが提唱する欲求の段階仮説モデルとある程度の照応性がある。しかし，マズローのモデルでは，安全の欲求や生存の欲求が基底に位置付けられるものの，社会の成長に応じて他の欲求段階に移っていき，最後に自己実現の欲求の段階に至るとされる（フランク・ゴーブル 1978）。Vitae system の概念モデルは，社会の成長がいかなる水準にあっても，安全の欲求は，それに即応してつねに基底に位置付けられるべきものであり，個人（地域）のレベルでの自活力と，社会的（広域的）参加のレベルでの自活力が，いわば相乗的に関わりあって，個人（地域）の総合的なリスクマネジメント能力を形成しているという解釈に立つものである。

図 20.2 生体システム（vitae system）と致命性の複眼（左右）構造

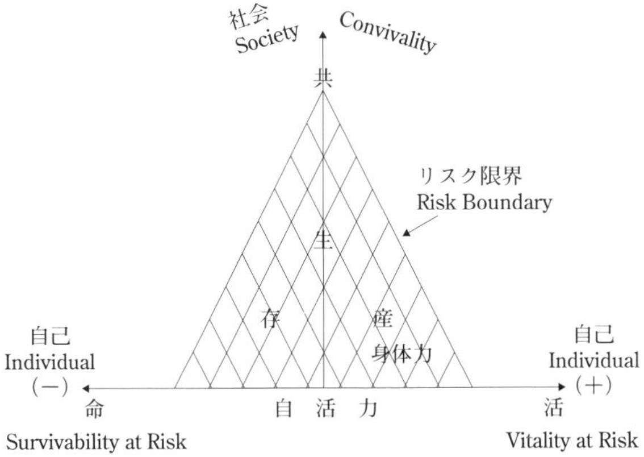

5. 公助，共助，自助とパートナーシップによる防災

20 世紀末に発生した阪神淡路大震災は行政だけでは対応できないことを教訓として示した。それから10年を迎える直前に発生した新潟中越地震はそれが過疎地域においても起こりえることを赤裸々に示した。さらに21世紀の前半には東海・東南海地震が迫っているといわれる。その中で公助（行政が担う防災）だけではもはや人の命は守り切れないということが災害のリ

スクマネジメントの常識となりつつある．そのためには，参加型方式によりお互いにリスクをどのように分担しあうかを議論して合意したうえで，タイミングを失しない時期に実行に移すことが肝要である．問題は致命性に関わるリスクマネジメントは，その重要性のゆえに当事者間ではコンフリクトはあまり生じないタイプの「多主体意思決定問題」の形をとることである．いま，縦軸に実コストや調整コスト（ある種の transaction costs），横軸に対立の程度（level of adversity）をとって，いろいろな「多主体意思決定問題」をこの座標の上に位置付けてみよう．すると災害のリスクマネジメントに関わる「多主体意思決定問題」は明らかに，かなり特殊な類型の問題であることに気付くであろう．それは一次象限の横軸上で，原点に偏った布置をとることからも明らかである．これはこの種の問題が，総論的には対立軸があまりないことを意味している．それにもかかわらず，公助，共助，自助の三者のパートナーシップを形成することがけっして簡単ではないのはなぜであろうか．

6. リスクコミュニケーションにより意思決定にまつわるコストを移転し，軽減する

　その答えの鍵を求めるうえで重要なポイントは，災害のリスクマネジメントに関わる「多主体意思決定問題」には大まかに見てさらに2つの小類型に属する問題が認められるということであろう．1つは，実コストや調整コストが高いと位置付けられるものであり，もう1つはそれが低いと判断されるものである．前者の例としては，耐震診断を組み込んだ耐震補強を行うという問題で，これは行政の支援（公助）と，コミュニティの支援（共助）と，各家庭の自己支援（自助）とが，互いに関係しあったパートナーシップ形成型の多主体意思決定問題であると位置付けることができる．（もちろん，その部分問題として，各主体ごとの意思決定問題を考えることも可能である．）後者の例としては，例えば参加型方式で家具転倒防止を実施する意思決定（とその実践）を図るための多主体意思決定問題があげられる．

　前者のような意思決定問題の場合，リスクコミュニケーションの円滑化による調整コスト（手続きコストには知識獲得コストも含めて考えよう）の低減化が有効であろう．同時に，行政がある程度の資金的支援（補助金や税制

面での控除）をすることで，各家庭（家計）の金銭的負担を軽くするということも現実に行われている（ただし私有財産に対する公的な補助の妥当性やその範囲についてはさまざま議論がありうる）。このような方策は，多主体意思決定問題を座標軸上の原点近くに移動させることにつながり，ひいては問題の協力的解決策を見出すことにつながる可能性がある。一方，後者のような意思決定問題においては，もう1つの次元として，心理コストや態度変化コストを挙げるべきであろう。つまり対立軸と実コスト・調整コスト軸で構成される座標軸上では，この種の問題は原点近くに布置される。しかし，上記のように心理コスト・態度変化コストを明示的に取り上げた第三軸を導入すると，問題の実像はこの軸に沿ってかなり原点から遠ざかることになる。筆者の経験によれば，例えば「転倒防止の技術を身につけ専門家派遣」は，行政やNPOの貢献（ある種の移転）による家庭（家計）が担うべき調整コストの低減という効果があるが，それでも「自宅に専門家を招きいれることの心理コスト」は意外に大きく，これを低減させるためのリスクコミュニケーションが極めて重要であることが判明している。

7. 想定外に及ぶ先見的想像力を喚起し，臨機可変文脈性 (contingency) を措定する

　災害リスクはその致命性とは裏腹に，それが生起する確率がきわめて低い場合や，その確率すら定量化できない場合も多い。その分，いったん起こると，1,000人単位での生命が失われるとともに，経済的にも多大な損失が生じるようなカタストロフな災害がその典型である。1995年に現実に起こった阪神淡路大震災はその一例であるし，差し迫っているといわれる東海・東南海地震は，未然にわれわれの英知でどこまで災害リスクを軽減する方策が講じられるかということについて自然からの挑戦状を突きつけられているとも考えられる。

　しかしながら実際の防災計画がこれまで基本的に想定してきた災害リスクは必ずしも，このようなカタストロフな災害に焦点を置いているわけではない点が厄介である。むしろ広域的に見ると10年，50年，あるいは局所的に見ても長くても100年程度の間隔で繰り返されるような災害を想定していることが普通である。これはいわば単一シナリオを想定した防災計画で

ある。だが 21 世紀における防災計画は，このような単一シナリオの想定を超えた状況に対しても，それなりのリスクガバナンスを求められるのではなかろうか。そのためには，単一シナリオではカバーしきれない状況についても想像力をめぐらし，バックアップできるシナリオを複数個，措定しておくことが有効であろう。この場合，これらのシナリオの生起する確率を問題にすることはあまり意味を持たない。むしろ，そのような可変的で代替的な場面設定（臨機可変文脈性，contingency）に基づいて，想像力によって当事者があたかもその悲惨さをまるごと体験したような状態で，そのインパクトを評価できるとすればどうであろう。このような高度の想像力の喚起に基づく災害の惨状の擬似体験は，これまでは過去の大災害についての「物語り」といった形で，それなりに試みられてきてはいる。筆者らは，昨今のコンピューターシミュレーションの長足の進歩に与った，災害疑似体験想像シミュレーション（Ima-simulation）の開発に，その活路が見出せるのではないかと考えている（Okada et al. 2004）。

8. 分析的評価（analytical evaluation）と文脈全体的評価（holistic contextual assessment）との相互補完性に挑戦する

科学的な方法論がこのような臨機可変文脈性のもとで「まるごとの惨状」の評価にどのような寄与ができるかについては，研究者の今後の挑戦に待つべきであろう。これは定量的なデータと分析モデルに基づく評価（分析的評価，analytical evaluation）に対して，直感的総合評価を行うもの（文脈全体的評価，holistic contextual assessment）とでも呼ぶべきアプローチ）である。災害の致命性は，場合によっては確率的情報とは異次元の「まるごとの惨状」の「文脈全体的評価」がより本質的である場合も多い。

今後は，このような 2 つのアプローチの得失を勘案するとともに，必要に応じて両者を相互補完的に組み合わせた評価法を構築していくことが必要ではなかろうか。

9. 災害リスクマネジメントにおける経済分析のさらなる第一歩を目指して

　筆者自身は，災害リスクマネジメントをシステム科学的に研究しているが，経済分析を専門とする者ではない。したがって，上述した問題提起と概念モデルは，ある意味では木に竹を接ぐ感があるかもしれない。あるいは経済分析の俎上に載りえない課題もあろう。ともかく，都市・地域，コミュニティの自活力や災害に対する社会経済的脆弱性を定量的に分析し，評価する技法としての経済分析モデルの役割と可能性はますます大きくなるであろう。合理的な行動選択や多主体の意思決定問題についての解析的思考実験装置としての有効性は災害リスクについても不動であろう。

　要は，防災とそれを災害リスクマネジメントとして捉えた時の経済分析は，ここで記したいくつかの基本的事項を掬い取ることによって，より本質的なところでオーバーラップするであろう。そのような交差が進むことを期したい。

　ともあれ，上述した事項の是非については，読者所賢の判断にゆだねたい。同時に，本書の共著者らとの今後のさらなる共同研究で検証することにしたいと思う。

参考文献

Amendola, A. Y. M. Ermoliev, T. Y. Ermolieva, V. Gitis, G. Koff, and J. Linnerooth-Bayer, (2000), "A Systems Approach to Modeling Catastrophic Risk and Insurability," *Natural Hazards* 21, pp.381-393.

Anand, P. (1993), *Foundations of Rational Choice under Risk*, Clarendon Press, Oxford.

Anderson, J. E. and L. Young (1992), "Optimal Taxation and Debt in an Open Economy," *Journal of Public Economics* 47, pp.27-57.

Arrow, K. J. (1953), "Le rôle des valeurs boursières pour la répartition la meilleure des risques," *Chahiers du Séminaire d'Econométrie*, CNRS, Paris. (English translation: "The role of securities in the optimal allocation of risk-bearing," *Review of Economic Studies*, Vol.31, 1964, pp.91-96.

Arrow, K. and R. Lind (1970), "Uncertainty and the Evaluation of Pubic Investment Decision," *American Economic Review*, Vol.60, pp.364-378.

Asdrubali, P., B. Sorensen, and O. Yosha (1996), "Channels of interstate risksharing: US 1963-1990," *Quarterley Journal of Economics* III, pp.1081-1110.

Babtwal, V. and H. Kunreuther (1999), "A cat bond premium puzzle?" mimeo., Wharton School.

Barro, R. J. and X. Sala-i-Martin (1997), *Economic Growth*, McGraw-Hill Inc. (大住圭介訳『内生的経済成長論 I, II』九州大学出版会, 1997 年。)

Barro, R. J. and X. Sala-i-Martin (1992), "Public Finance in Models of Economic Growth," *Review of Economic Studies* 59, pp.645-661.

Berknopf, R. L., D. S. Brookshire, M. McKee, and D. L. Soller (1997), "Estimating the Social Value of Geologic Map Information: A Regulatory Application," *Journal of Environmental Economics and Management* 32, pp.204-218.

Blanchard, O. J. (1985), "Debt, deficit, and finite horizons," *Journal of Political Economy*, Vol.93, pp.223-247.

Blanchard, O. J. and S. Fischer (1989), *Lectures on Macroeconomics*, The MIT Press (高田聖治訳『マクロ経済学講義』多賀出版, 1999 年。)

Boardman, A. E., D. H. Greenberg, A. R. Vining, and D. L. Weimer (2001), *Cost-Benefit Analysis: Concepts and Practice*, Prentice Hall, NJ.

Borch, K. (1962), "Equilibrium in a reinsurance market," *Econometrica*, Vol.30, pp.424-444.

Borch, K. (1990), *Economics of Insurance*, North-Holland.

Brouwers, L. (2003), "Spatial and Dynamic Modeling of Flood Management Policies in the Upper Tisza," *Interim Report*, IR-03-002, http://www.iiasa.ac.at

Bucovetsky, S. (1998), "Federalism, equalization and risk aversion," *Journal of Public Economics*, Vol.67, pp.301-328.

Burby, R. (ed.) (1991), *Sharing Environmental Risk - How to Control Governments' Losses in Natural Disasters*, Westview Press.

Cao, M. and J. Wei (1999), *Pricing Weather Derivative: an Equilibrium Approach*.

Carlson, D. A., A. B. Haurie, and A. Leizarowitz (1991), *Infinite Horizon Optimal Control: Deterministic and Stochastic Systems*, 2nd ed., Springer Verlag.

Cass, D. (1972), "On Capital Overaccumulation in the Aggregate, Neoclassical Model of Economic Growth: A Complete Characterization," *Journal of Economic Theory* 4, pp.200-223.

Cass, D., G. Chichilinsky, and H.-M. Wu (1996), "Individual risk and mutual insurance," *Econometrica*, Vol.64, pp.333-341.

Cho, D. I. and M. Parlar (1991), "A Survey of Maintenance Models for Multi-unit Systems," *European Journal of Operational Research* 51, pp.1-23.

Comission of the European Communities, International Monetary Fund, Organisation for Economic Co-operation and Development, United Nations and World Bank (1993), "System of National Accounts 1993".

Cummins, J. D., N. Doherty, and A. Lo (1999), "Can insurers pay for the 'big one'?: Measuring the capacity of the insurance market to respond to catastrophic losses," mimeo., Wharton School.

Cummins, J. D., C. M. Lewis, and R. D. Phillips (1999a), "Pricing excess-of-loss reinsurance contracts against catastrophic loss," in Froot (1999a).

Cummins, J. D., D. Lalonde, and R. D. Phillips (1999b), "The basis risk of CAT loss securities," mimeo, Wharton School, University of Pennsylvania.

Debreu, G. (1959), *Theory of Value*, John Wiley, New York.

de Finettti, B. (1964), "Forsight: its logical laws, its subjective sources," in Kyburg, Jr. H. E. and H. E. Smokler (eds.), *Studies in Subjective Probability*, Wiley.

Dekker, R. (1995), "Integrating Optimisation, Priority Setting, Planning and Combining of Maintenance Activities," *European Journal of Operational Research* 82, pp.225-240.

DeSalvo, J. S. and L. R. Eeckhoudt (1982), "Household Behavior under Income Uncertainty in a Monocentric Urban Area," *Journal of Urban Economics* 11, pp.98-111.

Diamond, P. (1967), "The Role of a Stock Market in a General Equilibrium Model with Technological Uncertainty," *American Economic Review*, 57, pp.759-776.

Dixit, A. K. (1973), "The Optimum Factory Town," *Bell Journal of Economics and Management Science* 4, pp.637-651.

Dixit, A. K. (1989), "Entry and Exit Decision of a Firm under Uncertainty," *Journal of Political Economy* 97, pp.620-38.

Doherty, N. (1997), "Financial innovation in the managemat of catastrophe risk," mimeo, Wharton School, University of Pennsylvania.

Dubin, A. R. (1998), "Maintenance Decisions of Absentee Landlords under Uncertainty," *Journal of Housing Economics*, Vol. 7, No.1, pp.144-164.

Ekenberg, L. and L. Brouwers, *et al.* (2003), "Flood Risk Management Policy in the Upper Tisza River Basin; Simulation and Analysis of Three Flood Management Strategies," *Interim Report*, IR-03-003, http://www.iiasa.ac.at

Ermoliev, Y. M., T. Y. Ermolieva, G. J. MacDonald, and V. I. Norkin (2000), "Stochastic Optimization of Insurance Portfolios for Managing Exposure to Catastrophic Risks," *Annals of Operations Research* 99, pp.207-225.

Ermoliev, Y. M., T. Y. Ermolieva, G. MacDonald, and V. I. Norkin (1998), "On the design of catastrophic risk portfolios," ir-98-056, IIASA, pp.1-13.

Ermoliev, Y. and R. J-B. Wets (1988), *Numerical Techniques for Stochastic Optimization*, Springer-Verlag.

Feldstein, M. (1988), "The Effects of Fiscal Policies When Incomes are Uncertain: A Contradiction to Ricardian Equivalence," *The American Economic Review*, Vol.78, No.1, pp.14-23.

Fischhoff, B., S. Lichtenstein, P. Slovic, S. L. Derby, and R. Keeney (1981), *Acceptable Risk*, Cambridge: Cambridge University Press.

Fisher, I. (1906), *The Nature of Capital and Income*, New York and London: The Macmillan, Co.

Flatters, F., J. V. Henderson, and P. Mieszkowski (1994), "Public goods, efficiency and regional fiscal equalization," *Journal of Public Economics*, Vol.3, pp.99-112.

Frame, D. E. (1998), "Housing, Natural Hazards, and Insurance," *Journal of Urban Economics* 44, pp.93-109.

Friedman, B. M. and M. J. Warshawsky (1990), "The cost of annuities: Implications for saving behavior and bequests," *The Quarterly Journal of Economics*, Vol.105, pp.135-154.

Froot, K. A. (ed.) (1999a), *The Financing of Catastrophe Risk*, Chicago: The University of Chicago Press.

Froot, K. A. (1999b), "The market for catastrophe risk: A clinical examination, National Bureau of Economic Research," Working Paper 7286.

Froot, K. A. (1999c), "The evolving marketf or catastrophic event risk, National Bureau of Economic Research," Working Paper 7287.

Froot, K. A. (1999d), "Introduction," in Froot (1999a).

Froot, K. A. and Paul G. J. O'Connell (1996), *On the Pricing of Intermediated Risk*, National Beureau of Economic Research.

Fujita, M. (1989), *Urban Economic Theory*, Cambridge: Cambridge Univercity Press.

Fukushima, Y. and T. Tanaka (1991), "A new attenuation relation for peak horizontal acceleration of strong earthquake ground motion in Japan," *Shimizu Technical Research Bulletin* 10.

Gollier, C. (1997), "About the Insurability of Catastrophic Risks", *The Geneva Papers on Risk and Insurance* 22, No.83.

Graham, D. A. (1981), "Cost-Benefit Analysis Under Uncertainty," *American Economic Review*, Vol.71, pp.715-725.

Herbert, J. D. and B. H. Stevens (1960), "A Model of the Distribution of Residential Activity in Urban Areas," *Journal of Regional Science* 2, pp.21-36.

Hercowitz, Z. and D. Pines (1991), "Migration with fiscal externalities," *Journal of Public Economics*, Vol.46, pp.163-180.

Holtz-Eakin, D. and A. E. Schwartz (1995), "Spatial productivity spillovers from public infrastructure: Evidence from state highways," *International Tax and Public Finance*, Vol.2, pp.459-469.

Johansson, P.-O. (1987), *The Economic Theory and Measurement of Environmental Benefits*, Cambridge University Press.

Johansson, P.-O. (1993), *Cost-Benefit Analysis of Environmental Change*, Cambridge University Press.

Johansson, P.-O. and K.-G. Löfgren (1995), "Wealth from optimal health," *Journal of Health Economics*, Vol.14, pp.65-79.

Kahneman, D. and A. Tversky (1979), "Prospect theory: An analysis of decision under risk," *Econometrica* 47, pp.263-291.

Kanemoto, Y. and K. Mera (1985), "General equilibrium analysis of the benefits of large transportation improvements," *Regional Science and Urban Economics*, Vol.15, No.3, pp.343-363.

Kawai, H., J. Koyanagi, and M. Ohnishi (2002), "Optimal Maintenance Problems for Markovian Deteriorating Systems, in *Stochastic Models in Reliability and Maintenance* (edited by S. Osaki), pp.193-218.

Keeney, R. L. (1980), "Utility function for equity and public risk, Management Science, 26, pp.345-353.

Keynes, J. M. (1936), *The General Theory of Employment, Interest and Money*, Macmillan. (塩野谷九十九訳『雇用・利子および貨幣の一般理論』東洋経済新報社, 1941 年。)

Kleindorfer, P. R. and H. C. Kunreuther (1999), "Challenges facing the insurance industry inmanaging cat as trophic risks," in Froot (1999a).

Knight, F. H. (1921), *Risk, Uncertainty and Profit*, Houghton Mifflin & Co. (奥隅栄喜訳『危険, 不確実性及び利潤』文雅堂銀行研究社, 1959 年。)

Krugman, P. (1989), *Exchange Rate Instability*, The MIT Press.

Krugman, P. R. and M. Obstfeld (1994), *International Economics: Theory and Policy*, 3rd. edition. (石井菜穂子・浦田秀次郎・竹中平蔵・千田亮吉・松井均訳『国際経済　理論と政策』第 3 版『I　国際貿易』新世社, 1996 年。)

Kunreuther, H. *et al.* (1978), *Disaster Insurance Protection: Public Policy Lessons*, John Wiley.

Kunreuther, H. C. (1997), "Managing catastrophic risks through insurance and mitigation," mimeo., WhartonSchool.

Laffont, J.-J. (1985), *Cours de Theorie Microeconomique, Vol.II, Economie de L'Incertain et de L'Information*. (佐藤公敏訳『不確実性と情報の経済学』東洋経済新報社, 1992 年。)

Lewis, C. M. and K. C. Murdock (1999), "Alternative means of redistributing catastrophic risk in a national risk-management system," in Froot (1999a).

Major, J. A. (1999), "Index hedge Performance: Insurer market penetration and basis risk," in Froot (1999).

Malinvaud, E. (1969), *Leçons de théorie microéconomique*, Dunod, Paris. (林敏彦訳『ミクロ経済理論講義』創文社, 1981 年。)

Malinvaud, E. (1972), "The allocation of individual risks in large markets," *Journal of Economic Theory*, Vol.4, pp.312-328.

Malinvaud, E. (1973), "Markets for an exchange economy with individual risks," *Econometrica*, Vol.41, pp.383-410.

Mansoorian, A. and G. Myers (1993), "Attachment to home and efficient purchases of population in a fiscal externality economy," *Journal of Public Economics*, Vol.52, pp.117-132.

Mayfield, E. S. (2004), "Estimating the market risk premium," *Journal of Financial Economics*, Vol.73, pp.465-496.

Mirrlees, J. A. (1972), "The Optimum Town," *Swedish Journal of Economics* 74, pp.114-135.

Mun, Se-il (1997), "Transport Network and System of Cities," *Journal of Urban Economics*, Vol.42, pp.205-221.

Murphy, K. M., A. Shleifer, and R. W. Vishy (1989), "Industrialization and the Big Push," *Journal of Political Economy* 97, pp.1003-1026.

Myers, G. (1990), "Optimality, free mobility, and the regional authority in a federation," *Journal of Public Economics*, Vol.43, pp.107-121.

Oates, W. (1972), *Fiscal Federalism*, Harcourt Brace Jovanovich.

Okada, N. (2004), "Research Challenges for Integrated Disaster Risk Management July 5-7, 2004 – Challenges toward Implementation Science – , Power Point presentation at IIASA-DPRI Forum on Integrated Disaster Risk Management, Ravello, Italy.

Okada, N. and H. Tatano (2003), "A Japan's Challenge towards Anticipatory and Participatory Urban Disaster Risk Management: Case Study of Tonankai Earthquake Disaster Initiative, Paper Submitted to IUPEA Conference, Louisville, USA, 4-8 September, 2004.

Oron, Y., D. Pines, and E. Shesinski (1973), "Optimum vs. Equilibrium Land Use Pattern and Congestion Toll," *Bell Journal of Economics and Management Science* 4, pp.619-636.

Persson, T. and G. Tabellini (1996a), "Federal Fiscal Constitutions: Risk Sharing and Moral Hazard," *Econometrica*, Vol.64, pp.623-646.

Persson, T. and G. Tabellini (1996b), "Federal fiscal constitutions: Risk sharing and redistribution," *Journal of Political Economy*, Vol.43, pp.979-1009.

Phelps, E. S. (1962), "The accumulation of risky capital: A sequential utility analysis," *Econometrica*, Vol.30, pp.729-743.

Radner, R. (1968), "Competitive Equilibrium under Uncertainty," *Econometrica*, 36, pp.31-58.

Richard, S. F. (1975), "Optimal consumption,portfolio and life insurance rule for an uncertain lived individual in a continuous-time model," *Journal of Financial Economics*, Vol.2, pp.187-203.

Riley, J. G. (1974), "Optimal Regidential Density and Road Transportration," *Journal of Urban Economics* 1, pp.230-248.

Rishel, R. (1975), "Control of system with jump Markov disturbance," *IEEE Transactions on Automatic Control*, pp.241-244.

Rockafellar, R. T. (1976), "Saddle points of Hamiltonian systems in convex Lagrange problems having nonzerodiscount rate," *Journal of Economic Theory*, Vol.12, pp.71-113.

Roson, Roberto (1994), "Transport Networks and The Spatial Economy A General Equilibrium Analysis," *Umea Economic Studies*, No.340.

Seabright, P. (1996), "Accountability and Decentralisation in Government: An Incomplete Contracts Model," *European Economic Review*, Vol.40, pp.61-89.

Savage, L. J. (1954), *The Foundations of Statistics*, John Wiley.

Starret, D. A. (1988), *Foundations of Public Economics*, Cambridge University Press, pp.233-245.

Shackle, G. (1969 (1961)), *Decision, Order and Time in Human Affairs*, Cambridge University Press.

Swiss Re (1998), "Natural catastrophes and major losses in 1997: Exceptionally few high losses", *Sigma* 3.

Takagi, Akiyoshi and Takayuki Ueda (2001), "Evaluation of Flood Mitigation Countermeasures Considering the Interdependence Between Flood Risk and Land Use, First Annual IIASA-DPRI Meeting, http://www.iiasa.ac.at/Research/RMS/dpri2001/papers.html

Tanimoto, K., M. Matsushita, and H. Tatano (2005), "Lifecycle Cost Evaluation of Maintenance Policy –The case of water transmission system in Kobe," selected paper in First International Symposium on System & Human Science – For Safety, Security, and Dependability – , pp.147-158.

Tatano, H., T. Honma, and N. Okada (2003), "Economic Restoration Path after a Large Catastrophic Events: Heterogeneous Damages and Their Effects on Economic Growth," Proc. of the 2003 Joint Seminar and Stakeholders Symposium on Urban Disaster Management and Implementation CBTDC, Beijing, China, pp.209-214.

Tatano, H., Y. Shoji, and N. Okada (2001), "A Multi-Regional General Equilibrium Analysis Taking Account of Disaster Risk," Proc. of the 2001 IEEE International Conf., pp.1773-1778.

Tiebout, C. M. (1956), "A pure theory of local expenditures," *Journal of Political Economy*, Vol.64, pp.416-424.

Turnovsky, S. J. (1997), *International Macroeconomic Dynamics*, The MIT Press.

van der Duyn Schouten, F. A. and S. G. Vanneste (1990), "Analysis and Computation of (n, N)-strategies for maintenance of a two-component system," *European Journal of Operational Research* 48, pp.260-274.

Viscussi, K. W. (1992), *Fatal Tradeoffs: Public and Private Responsibilities for Risk*, New York: Oxford University Press.

Viscussi, K. W. (1998), *Rational Risk Policy*, Oxford: Clarendon Press.

Viscussi, K. W. and W. Evance (1980), "Utility Functions that Depend on Health Status: Estimates and Economic Implications," *American Economic Review* 80 (2), pp.353-374.

Viscussi, K. and J. Aldy (2003), "The Value of a Statistical Life: A Critical Review of Market Estimates Throughout the World," *Journal of Risk and Uncertainty*, Vol.27, No.1, pp.5-76.

Vorst, A. C. (1987), "Optimal Housing Maintenance under Uncertainty, *Journal of Urban Economics*, Vol.21, No.1, pp.209-227.

Vose, D. (2000), *Risk Analysis: A Quantitative Guide*, second edition, John Wiley & Sons, Ltd.（長谷川専・堤盛人訳『入門リスク分析―基礎から実践』勁草書房，2003年。）

Wang, H. (2002), "A Survey of Maintenance Policies of Deteriorating Systems," *European Journal of Operational Research* 139, pp.469-489.

Wellisch, D. (2000), *Theory of Public Finance in a Federal State*, Cambridge University Press, pp.191-199.

Wildasin, D. (1986), *Urban Public Finance*, Harwood, Academic Publishing.

Wildasin, D. (1995), "Factor Mobility, Risk and Redistribution in the Welfare State," *Scandinavian Journal of Economics*, Vol.97, pp.527-546.

Yaari, M. E. (1965), "Uncertain lifetime,life insurance,and the theory of the consumer," *Review of Economic Studies*, Vol.32, pp.137-150.

Yin, G. G. and Q. Zhang (1998), *Continuous-Time Markov Chains and Application: A Singular Perturbation Approach*, Springer-Verlag.

Yokomatsu, M. and K. Kobayashi (2002), "Economic Growth and Dynamic Mitigation Policy, Proceedings of the third IIASA-DPRI annual meeting on "Integrated Disaster Risk management: Mega-city Vulnerability and resiliency".

Zeckhauser, R. (1996), "The Economics of Catastrophes," *Journal of Risk and Uncertainty*, Vol.12, No.2/3.

Zenou, Y. and L. Eeckhoudt (1997), "Bid Rents under Unemployment Risk: Delayed versus Timeless Uncertainty," *Journal of Urban Economics* 42, pp.42-63.

赤松隆・長江剛志 (2004),「経済リスクを考慮した社会基盤投資プロジェクトの動学的財務評価」『土木学会論文集』No.751/IV-62, pp.39-54.

朝倉康夫・柏谷増男・藤原健一郎 (1998),「道路網の機能的階層性と災害時の時間信頼性との関連」『土木学会論文集』No.583, IV-38, pp.51-60.

浅子和美・加納悟・佐野尚史 (1990),「株価とバブル」西村清彦・三輪芳郎編『日本の地価・株価』東京大学出版会，第3章，pp.57-86.

土居丈朗 (2000),『地方財政の政治経済学』東洋経済新報社.

土砂災害防止法研究会編著 (2001),「土砂災害防止法解説 土砂災害警戒区域等における土砂災害防止対策の推進に関する法律」.

江尻良・奥村誠・小林潔司 (2001)，「社会資本の生産性と経済成長：研究展望」『土木学会論文集』No.688/IV-53, pp.75-87.

ゴーブル，フランク (1978)，『マズローの心理学』産業能率短期大学出版部。

グエン・フク・ディン，多々納裕一，岡田憲夫 (2003)，「存続可能性を制約条件とした自然災害保険システムの設計方法に関する研究」『土木計画学研究・論文集』No.20, pp.323-330.

羽鳥剛史・松島格也・小林潔司 (2003)，「プロジェクト情報の提供と住民の学習」『土木計画学研究・論文集』No.20, pp.163-174.

肥田野登 (1997)，『環境と社会資本の経済評価—ヘドニック・アプローチの理論と実際』勁草書房。

本間稔常・多々納裕一・岡田憲夫 (2001)，「資本間の被害の不均質生を考慮した災害後の復旧過程に関する分析」『土木計画学研究・講演集』Vol.24(1), pp.705-708.

堀場勇夫 (1999)，『地方分権の経済分析』東洋経済新報社。

市岡修 (1991)，『応用一般均衡分析』有斐閣。

一瀬剛・横松宗太・喜多秀行 (2004)，「被災体験がリスク認知と防災行動に及ぼす影響に関する統計的分析」『第56回土木学会中国支部研究発表会発表概要集』pp.401-402.

市東哲生・星谷勝 (1998)，「上水道システムの地震リスクマネジメント」『土木学会論文集』No.584, I-42, pp.201-213.

依田高典 (1997)，『不確実性と意思決定の経済学』日本評論社。

伊多波良雄 (1995)，『地方財政システムと地方分権』中央経済社。

井口武雄 (1996)，「大規模災害リスクへの対応」『オペレーションズ・リサーチ』Vol.41, No.2, pp.80-84.

五十部渉・多々納裕一・岡田憲夫 (2000)，「災害リスクが経済成長に与える影響と防災投資の効果に関する研究」『土木計画学研究・講演集』No.23(2), pp.157-160.

磯山龍二・片山恒雄 (1982)，「大規模上水道システムの地震時信頼性評価法」『土木学会論文報告集』No.321, pp.37-48.

岩瀬広・林山泰久 (1998)，「CVMによる幹線交通網整備がもたらすリダンダンシーの経済的評価—支払形態バイアスの検討」『土木計画学研究・論文集』No.15, pp.187-194.

岩田規久男・八田達夫編 (1997)，『住宅の経済学』日本経済新聞社。

貝戸清之・安部允・藤野陽三 (2003)，「実測データに基づく構造物の劣化予測」『土木学会論文集』No.744, IV-61, pp.29-38.

兼森孝 (2000)，「リスク分析」土木学会 『JSEC』Vol.83.

金本良嗣 (1991)，「土地保有税と遊休地の開発」『住宅土地経済』No.1, pp.2-9.

金本良嗣 (1997)，『都市経済学』東洋経済新報社。

鹿島都市防災研究会編著 (1996)，『建築物の地震被害』鹿島出版会。

加藤英明 (2003),『行動ファイナンス―理論と実証―』朝倉書店。
経済企画庁経済研究所 (2000),「我が国の 93SNA への移行について（暫定版）」。
建設省 (1998),「社会資本整備に係る費用対効果分析に関する統一的運用指針（案）」。
建設省 (2000),「治水経済調査マニュアル（案）」。
建設省土木研究所 (1996),「氾濫シミュレーションマニュアル（案）」2月。
小林潔司 (2000a),「社会への提言」『災害リスク研究の最前線と社会への提言』土木学会シンポジウム, pp.57-61.
小林潔司 (2000b),「リスクマネージメントとは」『土木学会誌』Vol.85, pp.8-12.
小林潔司・上田孝行 (2003),「インフラストラクチャ・マネジメント研究の課題と展望」『土木学会論文集』No.744/IV-61, pp.15-27.
小林潔司・横松宗太 (1998),「カタストロフ・リスクと防災投資の経済評価」『土木計画学研究・講演集』No.21(2), pp.443-446.
小林潔司・横松宗太 (2000a),「カタストロフ・リスクと防災投資の経済評価」『土木学会論文集』No.639/IV-46, pp.39-52.
小林潔司・横松宗太 (2000b),「治水経済評価のフロンティア：期待被害額パラダイムを越えて」『河川技術に関する論文集』第 6 巻, pp.237-242.
小林潔司・横松宗太 (2002),「災害リスクマネジメントと経済評価」『土木計画学研究・論文集』No.19（招待論文）, pp.1-12.
小池淳司・上田孝行・伊藤克彦 (2002),「社会資本ストック整備評価に関する研究―生産関数アプローチと応用一般均衡分析による理論的・実証的比較―」『土木計画学研究・論文集』Vol.19, No.1, pp.123-128.
栗野盛光・小林潔司・渡辺晴彦 (2001),「不確実性下における補修投資ルール」『土木学会論文集』No.667/IV-50, pp.1-14.
松村敏弘 (1996),「投資のタイミングの内生化と産業化」浅子和美・大滝雅之編『現代マクロ経済動学』東京大学出版会。
マートン, R. C., 大野克人 (1996),『金融技術革命』東洋経済新報社。
翠川三郎・松岡昌志 (1995),「国土数値情報を利用した地震ハザードの総合的評価」『物理探鉱』Vol.48, No.6.
南正昭・高野伸栄・加賀屋誠一・佐藤馨一 (1997),「拠点的医療施設へのアクセスを 2 系統で保証する道路ネットワーク構造」『土木計画学研究・論文集』No.14, pp.679-686.
三井清・大田清 (1985),『社会資本の生産性と公的金融』日本評論社。
三根久・河合一 (1998),『信頼性・保全性の基礎数理』日科技連。
宮城俊彦・石川良文・由利昌平・土谷和之 (2003),「地域内産業連関表を用いた都道府県間産業連関表の作成」『土木計画学研究・論文集』Vol.20, No.1, pp.87-95.
宮田譲・山村悦夫・加賀屋誠一 (1984),「治水事業の効果体系とその計測方法に関する研究」『第 19 回日本都市計画学会学術論文集』。

ミザーニ (2002),『保険リスクの証券化と保険デリバティブ』シグマベイスキャピタルズ.

森杉壽芳編著 (1998),『社会資本整備の便益評価』勁草書房.

森杉壽芳・林山泰久・丹野智之・髙木朗義 (1999),「不確実性下における便益定義の計量比較」『土木計画学研究・論文集』No.16, pp.403-409.

長江剛志・赤松隆 (2003),「不完備市場におけるリアル・オプション評価」『応用地域学会論文集』Vol.8(2), pp.81-93.

長江剛志・多々納裕一 (2004),「自然災害リスク下での施設の最適予防的保全問題：確率インパルス制御アプローチ」『土木計画学研究・講演集』Vol.29, CD-ROM.

中村孝明・中村敏治 (2000),「ポートフォリオ地震予想最大損失額（PML）評価」『日本リスク研究学会誌』12(2).

日本地震再保険会社 (1997),『家計地震保険制度と地再社：30年の歩み』p.12.

日本信頼性学会編 (1997),『信頼性ハンドブック』.

西村和雄 (1995),『ミクロ経済学入門　第2版』岩波書店.

野口悠紀雄 (1998),『公共経済学』日本評論社.

織田澤利守・小林潔司 (2003),「プロジェクトの事前評価と再評価」『土木学会論文集』No.737/IV-60, pp.189-202.

織田澤利守・小林潔司・松田明広 (2004),「評価費用を考慮したプロジェクトの事前評価と再評価」『土木学会論文集』No.751/IV-62, pp.97-110.

大橋健一・青山吉隆 (1988),「土地政策からみた地域の開発効果の計量化に関する研究」『土木計画学研究・講演集』No.11, pp.391-397.

大西正光・横松宗太・小林潔司 (2004),「なぜ企業は地震保険を買うのか？」, 京都大学大学院工学研究科都市社会工学専攻等, サマースクール2004「建設マネジメントを考える」, 配布資料.

大瀧雅之 (1994),『景気循環の理論』東京大学出版会.

岡田憲夫 (1993),「新しい社会基盤整備時代におけるリスク分析研究の意義と土木計画学のパラダイムシフト」『土木学会論文集』No.464/IV19.2, pp.13-21.

岡田憲夫・小林潔司 (1993),「リスク分析的アプローチの共通性と多様性—リスク分析研究の新たな展開に向けて」『土木学会論文集』No.464/IV19.2, pp.23-32.

岡田憲夫・梶谷義雄・榊原弘之・多々納裕一 (1999),「直下型地震の発生を想定した都市圏道路網の分散・集中特性の性能評価モデルに関する研究」『土木学会論文集』No.632, IV-45, pp.93-104.

岡田憲夫他 (2000),『地域からの挑戦—鳥取県・智頭町の「くに」おこし』岩波ブックレット, 岩波書店.

奥村俊彦・石川裕 (2001),「地震ハザードの再分解による想定地震の位置づけの明確化」『第26回奥野正寛・鈴村興太郎 (1988),『ミクロ経済学2』岩波書店.

太田晴雄 (2001),『「大震災」の経済学』オーエス出版社.

佐伯琢磨 (2002),「地震による被害住民の生活再建にかかわる経済被害の評価に関する研究」東京工業大学学位論文.

齊藤誠 (1999),「自身災害保険と損失緩和措置」Re120.

齊藤誠 (2000), 日本損害保険協会委託研究報告書『自然災害リスク保険市場と金融技術：現在と将来』.

齊藤誠『巨大リスクと保険：金融技術の適用とその経済学的考察』名古屋大学出版会より 2001 年初に出版予定.

齋藤誠・柳川範之編著 (2002),『流動性の経済学』東洋経済新報社.

酒井泰弘 (1982),『不確実性の経済学』有斐閣.

酒井泰弘 (1995),『はじめての経済学』有斐閣ブックス.

榊原弘之・土屋哲・岡田憲夫・多々納裕一 (2000),「不確実性を考慮した家屋の更新に関する意思決定過程のモデル分析」『土木計画学研究・論文集』No.17, pp.401-410.

佐々木公明 (1995),「地方公共財をめぐる諸問題」『土木学会論文集』No.524/IV-29.

佐々木公明・文世一 (2000),『都市経済学の基礎』有斐閣アルマ.

社会環境工学研究連絡委員会, 自然災害工学専門委員会 (2000),「災害に強い社会をつくるために」『社会環境工学研究連絡委員会自然災害工学専門委員会報告』.

庄司靖章・多々納裕一・岡田憲夫 (2001),「2 地域一般均衡モデルを用いた防災投資の地域的波及構造に関する分析」『土木計画学研究・論文集』Vol.18, no.2, pp.287-296.

朱牟田善治・竹中清・桃井直美・石田勝彦 (1995),「地震時における電力基幹系統の信頼性評価法」『土木学会論文集』No.507, I-30, pp.243-253.

朱牟田善治・多々納裕一・山野紀彦 (2002),「地震による電力事業者の営業停止損失の評価モデル」『日本地震工学シンポジウム論文集』Vol.11, pp.2359-2364.

損害保険料率算定会 (2000),「活断層と歴史地震とを考慮した地震危険度評価の研究〜地震ハザードマップの提案〜」『地震保険調査研究』47.

スティグリッツ, J. E., 薮下史郎訳 (1989)『公共経済学』上下, マグロウヒル出版.

杉田秀樹・野崎智文 (1998),「交通施設の地震被害による経済的影響評価システム」『日本地震工学シンポジウム論文集』Vol.10-3, pp.3413-3418.

多田洋介 (2003),『行動経済学入門』日本経済新聞社.

髙木朗義 (1996),「防災投資の便益評価手法に関する研究」岐阜大学博士論文.

髙木朗義 (2000),「防災投資の簡便な便益計測法に関する研究」『土木計画学研究・論文集』No.17, pp.195-204.

髙木朗義・森杉壽芳・上田孝行・西川幸雄・佐藤尚 (1996),「立地均衡モデルを用いた治水投資の便益評価手法に関する研究」『土木計画学研究・論文集』No.13, pp.339-348.

高橋顕博・安藤朝夫・文世一 (1996),「阪神・淡路大震災による経済被害推計」『土木計画学研究・講演集』No.19(2), pp.315-318.

高山純一 (1989),「異常気象時における道路網の連結性能評価法」『土木計画学研究・講演集』No.12, pp.559-565.

高山純一・大野隆 (1988),「連結性能から見た道路網の信頼性評価法」『土木計画学研究・講演集』No.11, pp.251-258.

武井勲 (1987),『リスクマネジメント総論』中央経済社。

谷本圭志・國井大輔・松下眞・多々納裕一 (2003),「社会基盤の維持管理政策とその効果に関する一考察」『第22回日本自然災害学会学術講演会講演概要集』pp.189-190.

多々納裕一 (1993),「渇水リスクの経済的評価法に関する研究－渇水対策プロジェクトに着目して」『土木学会論文集』No.464/IV-19, pp.73-82.

多々納裕一 (1997),「不確実性下の便益評価指標に関する研究」『京都大学防災研究所年報』No.40, B-2, pp.11-19.

多々納裕一 (1998a),「不確実性下のプロジェクト評価―課題と展望」『土木計画学研究・論文集』No.15, pp.19-30.

多々納裕一 (1998b),「開発留保の便益と開発戦略」『応用地域学研究』No.3, pp.21-32.

多々納裕一 (2003),「不確実性下の便益評価問題」『新領域土木工学ハンドブック』朝倉書店, 25.4.2, pp.925-927.

多々納裕一・庄司靖章・岡田憲夫 (2001),「災害リスク下の多地域一般均衡分析」『京都大学防災研究所年報』第44号 B-2, pp.1-14.

徳谷昌勇 (1980),『リスクマネジャー』東洋経済新報社。

東京大学新聞研究所編 (1979),『地震予知と社会的反応』東京大学出版会。

東洋経済新報社『地域経済総覧'02』2001年。

冨永晃宏 (2001),「天白区野並地区の水害について」2000年9月東海豪雨災害に関するミニシンポジウム報告書, pp.31-38.

土屋哲・多々納裕一・岡田憲夫 (2003),「空間応用一般均衡アプローチによる東海地震の警戒宣言時の交通規制に伴う経済損失の評価」『地域安全学会論文集』No.5, pp.319-325.

津野義道 (1997),『劣微分と最適化問題』牧野書店。

上田孝行 (1997),「防災投資の便益評価―不確実性と不均衡の概念を念頭において」『土木計画学研究・論文集』No.14, pp.17-34.

上田孝行 (2000),「事前・事中・事後評価の共通フレームに向けて」『土木学会第55回年次学術講演会・講演概要集』CD-ROM.

上田孝行・髙木朗義 (1997),「防災事業の便益計測法―治水事業を例として」森杉壽芳編著『社会資本整備の便益評価―一般均衡理論によるアプローチ』勁草書房, 第6章, pp.91-126.

上田孝行・髙木朗義 (1999),「便益帰着構成表」伊多波良雄編著『これからの政策評価システム』中央経済社, 第4章, pp.59-82.

上田孝行・髙木朗義・長谷川俊英・森杉壽芳 (1997),「防災投資評価のための不均衡経済モデル」土木計画学研究委員会『阪神・淡路大震災調査研究論文集』pp.31-38.

上田孝行・髙木朗義・森杉壽芳 (1998),「災害脆弱地区の都市整備便益について」『第3回都市直下地震災害総合シンポジウム概要集』pp.481-484.

植草益編 (1999),『現代日本の損害保険産業』NTT出版。

脇田成 (1998),『マクロ経済学のパースペクティブ』日本経済新聞社。

山鹿久木・中川雅之・齊藤誠 (2002),「地震危険度と地価形成：東京都の事例」『応用地域学研究』No.7, pp.51-62.

山口健太郎・多々納裕一・田中成尚・岡田憲夫 (1999),「単一中心都市における甚大な災害リスクに関する情報の提供効果に関する分析」『土木計画学研究・論文集』No.16, pp.333-340.

山口健太郎・多々納裕一・岡田憲夫 (2000),「リスク認知のバイアスが災害危険度情報の提供効果に与える影響に関する分析」『土木計画学研究・論文集』No.17, pp.327-336.

山口光恒 (1998),『現代のリスクと保険』岩波書店。

山本欣弥・星谷勝・大野春雄 (2001a),「冗長性指数による水道システムの地震リスクマネジメント」『地震工学研究発表会講演論文集』Vol.26, pp.1277-1280.

山本欣弥・星谷勝・大野春雄 (2001b),「冗長性指数によるライフラインシステムの地震時リスク解析」『土木学会論文集』No.682, I-56, pp.373-382.

横松宗太 (2003), カタストロフ性を考慮した災害リスクマネジメントの便益評価に関する方法論的研究』京都大学・学位論文。

横松宗太・江崎史昭 (2004),「災害リスクの戦略的不認知と防災政策の動学的不整合性に関する一考察」『土木計画学研究・講演集』Vol.30, CD-ROM.

横松宗太・小林潔司 (1999),「防災投資による非可逆リスクの軽減効果に関する経済便益評価」『土木計画学研究・論文集』No.16, pp.393-402.

横松宗太・小林潔司 (2000a),「防災投資による物的被害リスクの軽減便益」『土木学会論文集』No.660/IV-49, pp.111-123.

横松宗太・小林潔司 (2000b),「自治体保険による地域間最適災害リスク配分」『土木計画学研究・論文集』No.16, pp.369-380.

横松宗太・小林潔司 (2002),「災害復旧のための財政調達」『土木計画学研究・論文集』Vol.19, No.2, pp.265-274.

横松宗太・小林潔司・田中一央 (2001),「分権的防災投資と地域間災害リスク配分」『土木計画学研究・論文集』No.18(2), pp.275-286.

吉川肇子 (1999),『リスク・コミュニケーション』福村出版。

吉野直行・中島隆信 (1999),『公共投資の経済効果』日本評論社。

索　引

アルファベット

Armington 仮定　138
Arrow 証券　34, 269
Black-Scholes 式　318
CAT ボンド　3, 94, 315, 316
Certainty Point　75, 78
CES 型　141
Cobb-Douglas 型　45, 139, 210, 236
CVM　322
Dynasty model　324
Fair Bet Point　75, 78
GIS 技術　317
implement　332
Implementation Science　332
JIS Q 2001　107
Keeney　334
Leontief 型　138
Logit モデル　236
Malinvaud-Arrow 型リスク　29
Mirrless の不平等　165
No-Ponzi-Game 条件　43
Poisson 過程　326
Ramsey モデル　293
ROL (rates in line)　93, 106
Samuelson 条件　263, 265, 267, 272
SNA　327
　93──　327
VaR (Value at Risk)　8
Wiener 過程　326

ア　行

アカウンタビリティ　329
アセットマネジメント　315, 326
安全性診断　174
　家屋の──　176
鞍点　298
鞍点経路　298, 305
生き抜くこと (survival)　344
意思決定理論　323
イテレーション回数　286
イベントカーブ　60, 63
インデックス　318
　──連動型　316
オプション価格 (option price)　24
　等価──　39, 44, 75, 78, 242
　補償──　39
オプション価値 (option value)　80, 81, 326

カ　行

会計システム　326
会計手法　327
開発タイミング　198
外部経済性　259
　技術的──　273
　金銭的──　273
　財政的──　260, 273
外部性　187
開放経済　304
家屋の補修　176
可逆的リスク　41
学習費用　324
完全地方分権　331
確率亜勾配法　280
確率インパルス制御問題　326
確率制約　283
カタストロフ　334
　──な災害　349
カタストロフ災害保険　34
カタストロフリスク　29
環境創出型の社会資本　139
監視・測定　113
間接被害　82
感度分析　147
危機管理 (Crisis Management)　108
期待効用　74
　──アプローチ　319
　──理論　323
　基数的──関数　323

索　引　　367

非——理論　323
期待社会的純限界生産物　265
期待社会的純生産物　265
期待被害軽減額（expected-losses-reduction）
　　24, 40, 321
期待余剰（expected surplus）　24, 168
機能的補修　327
機能的劣化　327
機能配分　328
逆選択　276, 316, 322
客観的効用水準　161, 165
90 パーセンタイル損失額　63
給付・反給付均等の原則（Lexis の原則）　37,
　　266
共助　348
強制保険　329
共同保険　104, 281
居住地選択行動　157
均衡効用水準　158
均衡土地利用状態　158
空間的応用一般均衡モデル　136
空間的相関性　205
空間的波及（スピルオーバー）効果　136
クラブ財　259
クレジットライン契約　320
経済安定化機能　328
経済心理学　323
経済成長　83
　　内生的——モデル　85
建築基準　98
公助　348
構造的補修　327
構造的劣化　327
公的再保険制度　100
行動経済学　323
行動ファイナンス理論　323
国民経済計算　327
個人リスク　29

サ　行
災害会計　328
災害弱者　324
災害脆弱地区　187, 231
財政の 3 機能　328
　　経済安定化機能　328

　　所得再分配機能　328, 329
　　配分機能　328
裁定理論　318
最適人口配分条件　264
最適土地利用状態　165
最適値関数　43
再保険会社　90
再保険契約　316
再保険プログラム　278
再保険料スイング　92
産業連関表
　　47 都道府県間——　144
自活力（vigorousness）　344
事後的な救済　89
自助　348
市場メカニズム　322
辞書式ルール　323
地震被害シミュレーション　277
地震保険　69, 319, 320
　　——制度　101
事前　208
事前的な措置　89
死亡リスク　323
資本レント　210
社会技術　332
社会経済的脆弱性（socio-economic
　　vulnerability）　345
社会厚生　234
社会的集団リスク　334
社会的便益　242
集合性　29, 205
集合リスク　29
収支相等の原則　37
主観的確率　19
主観的効用水準の均等化　165
主観的な信頼度　157
主観的割引率　43
順序保存性　73, 78
状況依存的証券　34, 269
冗長性（redundancy）　345
焦点理論　323
情報伝達手段　322
情報の価値　174
序数的選好　323
所得再分配機能　328, 329

人口・産業の集積　207
心理学　323
水害保険　123
数理計画モデル　277
ステップサイズ　286
性能規定型設計　318
生体システム（vitae system）　346
世代重複モデル　294, 295
線震源モデル　52
総合治水対策　232
相互保険　34, 329
ソフトな予算制約　330
ソローの付け値関数　158
損失率曲線（Vulnerability Curve）　58

タ　行

代替的リスク移転手法　278, 316
タイミングリスク　320
建物資産税　189
多様性（diversity）　345
単一均衡　223
湛水許容地区　231
地域間移動　258
地域間格差　322
地域間財政移転　270
地域間の交易　204
　　──パターン　207
地域コミュニティ　329
治水安全度　231
治水経済調査要綱　121
地代　158
　　──レント　210
　　均衡──　158
　　農業──　158
地方公共財　259
地方財政論　328
致命性（vitality）　343
中立命題　294
超過損失契約　104
直接被害　82
定常状態　298, 304
動学的不整合性　330
等価変分（EV）　74
　　等価的変差──　145
　　非限定──　80, 242

統計学的アプローチ　319
投資タイミングモデル　187
動的計画問題　250
特別目的再保険会社　94
都市型水害　231
都市境界距離　158
土砂災害防止法　231
土地保有税　188
土地利用規制　232
特化　223
トップレビュー　114

ナ　行

2段階のくじ　29
年間期待損失額　62, 70
年間平均損失額　62

ハ　行

ハイブリッド設計モデル　277
ハザードモデル　42
ハザードマップ　151
パートナーシップ　348
パラメータ連動型　317
パレート効率的　276
氾濫計算　127
被害ポテンシャル　232, 234, 243
非競合性　259
費用便益分析　321, 339, 340
ファイナンシャル・リインシュランス（FR）　10, 320
不確実性（uncertainty）　50, 56, 67, 73
　　一次の──　63
　　二次の──　63
不完備市場　326
複数均衡　222, 223
符号保存性　73, 78
不在地主モデル　155
復旧過程　85
プレミアム率　282
フレーミング効果　323
プロスペクト理論　323
分析的評価（analytical evaluation）　350
文脈全体の評価（holistic contextual assessment）　350
平均費用　141

索　引

閉鎖経済　298
閉鎖都市モデル　155
ベーシス・リスク　316
ヘドニック・アプローチ　321
便益　163
便益帰着構成表　198
便益評価指標　73, 79
ヘンリー・ジョージ定理　205
防災計画　349
防災投資　204
　　——の長期的効果　207
補償変分
　　非状況依存的——　39
保険システム　276
保険数理的にフェアーな保険料　276
保険料率　322
保全性．　247
保全政策　250
ポートフォリオ地震リスク分析　66
ホフマン方式　324

マ　行
ミチゲーション　88
無裁定条件　36, 190
面震源モデル　53
元受保険会社　90
モラルハザード　276, 316, 317, 330

ヤ　行
有効性評価　114
余剰　165

ラ　行
ライフサイクルコスト（LCC）　12, 326
ライプニッツ方式　324
ラグランジュ緩和　283
リアルオプションアプローチ　326
リスク　6
リスクアセスメント　7
リスク移転　112
リスク回避　112

——行動　321
リスクカーブ　64, 68
リスクコミュニケーション　11, 115, 323, 325, 348
リスクコントロール　9, 72, 90, 231, 265
リスク算定　111
リスク情報　321
リスク対策　112
リスク中立的　319
リスク中立評価法　318
リスク低減（策）　69, 112
リスク転嫁策　69
リスク特定　111
リスク認知　151, 315, 321
　　——のバイアス　152, 321
リスク発見　111
リスク評価　111
リスクファイナンス　9, 72, 90, 232, 265, 319
リスクプレミアム　121, 239, 320, 321
リスク分析　7, 49, 111
リスク保有　112
リスクマネジメント　5, 6
　　——システム　6, 108
　　——パフォーマンス　113, 114
　　——プログラム　112
　　災害——　72
リダンダンシー　247
立地均衡モデル　232
立地選択確率　81
立地選択行動　81
リミット（limit）　106
流出氾濫モデル　234
流出抑制施設　238, 240
流動性　319
臨機可変文脈性（contingency）　350
レイヤー（layer）　91, 105, 281
レベル効果　276
連邦制　332
労働賃金　210

執筆者紹介（執筆順，*編者）

小林　潔司（こばやし　きよし）　京都大学大学院工学研究科都市社会工学専攻教授
　　　　　　　　　　　　　　　　　　　　　　　第1章，第7章，第19章

横松　宗太（よこまつ　むねた）　鳥取大学工学部社会開発システム工学科助手
　　　　　　　　　　　　　　　　　　　　　第2章，第15章，第17章，第18章

兼森　孝（かねもり　たかし）　応用アール・エム・エス株式会社代表取締役社長　第3章

多々納裕一*（たたの　ひろかず）　京都大学防災研究所教授
　　　　　　　　　　　　　　　　　　　　　第4章，第9章，第12章，第16章

髙木　朗義*（たかぎ　あきよし）　岐阜大学工学部社会基盤工学科助教授
　　　　　　　　　　　　　　　　　　　　　第4章，第11章，第13章，第18章

齊藤　誠（さいとう　まこと）　一橋大学大学院経済学研究科教授　　第5章

中嶋　秀嗣（なかしま　ひでつぐ）　（株）損保ジャパンリスクマネジメント RM システム支援室長　　第6章

湧川　勝巳（わきがわ　かつみ）　財団法人国土技術研究センター　　第7章

小池　淳司（こいけ　あつし）　鳥取大学工学部社会開発システム工学科助教授　　第8章

上田　孝行（うえだ　たかゆき）　東京大学大学院工学系研究科社会基盤学専攻教授
　　　　　　　　　　　　　　　　　　　　　　　　　第8章，第11章

榊原　弘之（さかきばら　ひろゆき）　山口大学工学部社会建設工学科助教授　　第10章

谷本　圭志（たにもと　けいし）　鳥取大学工学部社会開発システム工学科助教授　　第14章

秀島　栄三（ひでしま　えいぞう）　名古屋工業大学大学院ながれ領域助教授　　第19章

岡田　憲夫（おかだ　のりお）　京都大学防災研究所教授　　第20章

防災の経済分析
　　　リスクマネジメントの施策と評価

2005年6月10日　第1版第1刷発行

編著者　多々納裕一
　　　　髙木朗義

発行者　井村寿人

発行所　株式会社　勁草書房

112-0005 東京都文京区水道 2-1-1 振替 00150-2-175253
　　　　（編集）電話 03-3815-5277／FAX 03-3814-6968
　　　　（営業）電話 03-3814-6861／FAX 03-3814-6854
　　　　　　　　大日本法令印刷・鈴木製本

©TATANO Hirokazu, TAKAGI Akiyoshi　2005

ISBN 4-326-50264-9　Printed in Japan

JCLS ＜㈱日本著作出版権管理システム委託出版物＞
本書の無断複写は著作権法上での例外を除き禁じられています。
複写される場合は、そのつど事前に　日本著作出版権管理システム
（電話03-3817-5670、FAX03-3815-8199）の許諾を得てください。

＊落丁本・乱丁本はお取替いたします。
　　　　http：//www.keisoshobo.co.jp

デビット・ヴォース／長谷川専・堤盛人訳
入門リスク分析
基礎から実践
A5判　7,140円
50241-x

ポール・フリーマン, ハワード・クンルーサー／齊藤誠・堀之内美樹訳
環境リスク管理
市場性と保険可能性
A5判　2,520円
50213-4

鷲田豊明
環境政策と一般均衡
A5判　3,780円
50257-6

鷲田豊明
環境評価入門
A5判　2,940円
50162-6

大野栄治 編著
環境経済評価の実務
A5判　2,520円
50193-6

長峯純一・片山泰輔 編著
公共投資と道路政策
A5判　3,675円
50211-8

森杉壽芳 編著
社会資本整備の便益評価
一般均衡理論によるアプローチ
A5判　2,940円
54806-1

R.ゼックハウザー, E.ストーキー／佐藤隆三・加藤寛監訳
政策分析入門〔新装版〕
A5判　4,830円
50148-0

―勁草書房

＊表示価格は 2005 年 6 月現在，消費税は含まれております。